아빠와 딸의

주식 투자
레슨

아빠와 딸의

주식 투자 레슨

가치투자자 아빠에게
워런 버핏과 찰리 멍거의 지혜를 배우다

대니얼 타운, 필 타운 지음
김인정 옮김

에프엔미디어

주식 투자를 어려워하는
한국의 대니얼들에게

나는 5년 전에 한 출판사의 제안으로 '여자의 투자 본능을 깨워라'라는 주제로 책을 준비하다가 직장을 옮기면서 마무리하지 못하고 중단한 아쉬움이 있다. 최근 지인에게 투자 분야 전문 출판사 에프엔미디어를 소개받아 출판을 상의하는 과정에서 이 책 《Invested》의 출간 소식을 들었다. 이 책은 〈뉴욕 타임스〉 베스트셀러다. 저자의 테드TEDx 강연도 무척 흥미롭게 봤고, 5년 전 내가 생각했던 콘셉트와 비슷한 면도 있어서 감격했던 그 책! 나는 1998년 작은 증권사 애널리스트로 입사한 이후 21년 동안 자산운용사, 컨설팅회사, 은행 등을 거쳐 현재 독립 투자 리서치회사에서 일하고 있다. 그동안 국내외 가치투자 관련 책을 많이 접했지만, 이 책은 전문가와 초보자 모두에게 유익한 책으로 단연 돋보인다. 좋은 책에 추천사를 쓰게 되어 참 기쁘다.

이 책은 명문대 출신의 변호사지만 '수포자'였던 대니얼 타운이 헤지펀드계의 거장이자 가치투자자인 아빠 필 타운의 도움을 받아 가치투자를 배워나가는 이야기다. 주 80시간을 일해도 주택 구입비와 학자금 대출을 갚기가 빠듯하던 어느 날, 대니얼은 '경제적 자유'를 얻기 위해 아버지에게 도움을 청한다. 그동안 피해왔던 주식 투자를 배우기로 결심하고 늘 두려워하던 숫자를 대면한다. 워런 버핏과 찰리 멍거를 추종하는 아빠는 그런 딸의 옆을 지키며 가치투자에 대한 지식과 경험을 차근차근 전달한다. 대니얼은 두려움을 호기심으로 바꾸고 힘든 수련 과정을 즐기게 되면서 마침내 '가치투자 전사'로 재탄생한다.

대개 전문가를 대상으로 한 책은 배경 지식이 부족하면 읽기가 어렵고, 초보자를 대상으로 한 책은 깊이 있게 들어가기에 한계가 있다. 그러나 이 책은 주식 투자의 이론과 기술만 건조하게 전달하는 것이 아니라 성격이 극적으로 다른 미국인 부녀의 대화로 이야기를 전개한다. 이들의 가정사는 한국인에게도 낯설지 않아서 공감이 간다. 그렇게 딸과 아빠의 좌충우돌을 따라가다 보면 초보자도 어느새 가치투자의 원리를 이해하게 된다.

이 책은 참신한 매력을 가지고 있다.

첫째, 딸 대니얼은 여과 없이 질문하고 거칠게 반박한다. 우리는 모르는 것이 있어도 '이런 것을 물어보면 무시당하지 않을까?' 싶어서 주저할 때가 많다. 그러나 대니얼은 독자를 대신해 거리낌 없이 질문하고, 동의할 수 없는 부분은 바로 반박한다. 딸의 질문은 직설적이고, 아빠의 대답은 정직하고 친절하다. 그녀는 아빠와 대화하면서 느낀 것을 혼잣말로 다 털어놓는다. '나 이렇게 무식해요!'라고 선전하는 것과 마찬가지일 텐데도 주저하지 않는다. 이 방법은 매우 좋은 공부 기술이다. 책을 읽다가 이해가 안 되는 곳에 밑줄만 치는 것이 아니라 생각과 느낌까지 솔직하게 메모하는 것! 딸을 가르치는 아빠는 어느 때보다도 최선을 다하지 않았을까. 부녀지간의 진솔한 질문과 대답에 몰입하다 보면 '아, 그렇구나!' 하고 눈이 밝아지는 느낌이 든다. 한 문장이 해석되지 않아서 전체 그림이 불투명할 때 누군가 실마리를 건네주면 '유레카'를 외치면서 (옷은 입고) 뛰쳐나가고 싶은 그런 깨달음 말이다. 투자자가 무엇을 궁금해하고 어디에서 답답해하는지 알게 되고, 이를 해석하고 설명해줄 명쾌한 해답을 얻을 수 있다.

둘째, 철학적이면서도 실용적이다. 대니얼은 돈과 자신의 '관계'를 정립하는 것에서부터 이야기를 풀어간다. 그녀는 돈이 자신의 한 부분이라고 말한다. 투자를 통해 부富를 얻는 것과 함께 자신이 추구하는 가치를 실현하는 것. 그 가치에 맞는 기업의 주식을 사는 것은 그녀에게는 한 표를 행사하는 투표권이다. 돈을 자아 밖에 있는 '대상'으로 내버려 둔 것이 아니라 내면으로 끌어들인 것이다. 이것이 최근 우리나라에서도 화두가 되고 있는 '지속 가능한 투자' 또는 '책임 투자'다. '투자를 부를 축적하는 수단으로만 여기지 않고 자신의 가치와 일치시키는 것'이 바로 그녀의 투자 철학이다. 동시에 매우 실용적이다. 구체적이고 친절하다. 12개월 수련 과정마다 활동 사항과 판단 기준을 알려주고, 수련 일지에 목표와 과정을 구체적으로 제시한다. 체크리스트, 핵심 재무지표와 판단 기준, 심지어 데이터를 구할수 있는 곳까지 아낌없이 알려준다.

셋째, 지루하지 않다. 소설처럼 술술 읽힌다. 소설이 아닌데도 감정 이입이 되는 드문 책이다. 많은 사람들이 좋은 투자서의 훌륭함과 유용함을 채 깨닫기 전에 읽기를 포기하곤 한다. 그러나 재미있는 드라마를 보다가 그만두는 경우가 없듯이, 이 책은 다음에 나올 이야기가 궁금해서 중단할 수가 없다. 등장인물은 숫자를 싫어하고 시장의 변동성이 무서워서 투자를 피해왔던 변호사 딸(대니얼 타운). 그녀는 변호사라는 직업의 선입견을 파괴하는 인간적인 매력을 풍긴다. 그런 딸에게 투자를 가르치는 펀드매니저 아빠(필 타운). 대니얼은 딱딱하고 어려운 재무제표와 가치 평가 공식, 기업 정보를 엑셀에 정리하면서 자신의 한계를 극복한다. 용감하고 주체적이지만 여왕 자리를 '물려받는' 엘사가 아니라, 우그웨이 대사부에게 또박또박 대들고 '혼나가며 수련하는' 쿵푸 팬더 포의 이야기다.

학교에서는 주식 투자를 배울 수 없다. 대학에서 재무를 전공했다고 해서 알 수 있는 것도 아니다. 그래서 대학생들은 투자 동아리를 꾸리기도 한다. 벤저민 그레이엄의 책과 워런 버핏의 주주서한을 공부하고 직접 해봐야 비로소 무엇인지 조금 알게 된다. 우리나라에서는 금융 교육을 하지 않는다. 금융감독원과 한국은행이 2018년 실시한 '전 국민 금융이해력 조사'에 따르면 우리나라 성인의 금융이해력 점수는 62.2점으로, 경제협력개발기구OECD 평균 점수(64.9점)보다 낮다. 우리나라가 못살던 시절, 못 배운 것이 한이 된 조부모 세대는 소를 팔아 자식 교육에 바쳤다. 그 전통(?)을 고스란히 이어받은 지금 부모 세대는 노후를 희생하면서까지 자녀 사교육에 돈을 퍼붓는다. 그러나 대학 입시에만 매달린 나머지, 아이들이 사회에 나가서도 금융 문맹에서 벗어나지 못하고 돈의 시간 가치를 허비하는 것을 알까. 최근 투자 전문가들이 '정규 교육 과정에 금융 교육을 의무화하라'는 청와대 국민 청원(이것이 캡처되어 금융권 단체 채팅방에 도배되었다)을 제기한 데는 이 같은 안타까움이 작용했으리라.

그런 점에서 이 책은 금융시장을 이해하고 주식 투자에 입문하려는 이들에게 더할 나위 없이 좋다고 추천할 만하다. 대가들의 투자 방법론에 바로 뛰어들기 전에 이 책으로 기본기를 다지는 것이 훨씬 더 효과적이기 때문이다. 친구 따라 주식 투자를 해봤지만 소문만 듣고 샀다가 꼭지에서 물려 후회한 경험이 있는 사람, 제대로 된 방법을 배워서 다시 출발하고 싶은 사람에게 용기를 주는 책이다. 주식 투자를 어디서 어떻게 시작해야 할지 몰라 막막한 사회 초년생들, 경제적 자유를 얻고 싶지만 막상 투자는 두려운 한국의 대니얼들에게 실질적인 도움이 되리라 확신한다.

정승혜, CFA
모닝스타코리아 이사, CFA한국협회 부회장

서문

완벽한 부모라면 돌을 던져도 좋다. 그렇지 않다면 직업으로 삼은
일도 딸아이에게 가르치지 못한 나를 조금은 이해해주기 바란다. 구
두 수선집 아이는 신발이 없고 목장 아이는 마실 우유가 없다는 오랜
이야기가 있다. 이 책은 전문 투자자를 아버지로 두었지만 투자한 것
이 없는 아이에 관한 이야기다.

하지만 내 탓만은 아니다. 나는 1980년에 투자를 시작했고 첫 번
째 책《주식투자 절대법칙(Rule #1)》이 나온 2006년부터 투자를 가르
쳐왔기 때문에, 대니얼이 수를 따지게 된 초등학교 4학년 즈음부터
투자를 가르치려고 시도했다. 이유는 간단하다. 나는 대니얼이 행복
하기를 바라고, 하고 싶은 일을 할 수 있는 돈이 있다는 것도 행복의
일부이기 때문이다.

투자는 내가 직접 가르쳐야 한다는 것을 알았다. 나와, 간헐적인
책과 강의를 제외하면 성공에 이르는 전략으로서 투자를 가르치는

곳은 어디에도 없기 때문이다. 흔히 분산 매수 후 보유하는 것이 투자라고 여기지만 이것은 연간 1,000억 달러에 달하는 보수와 수수료를 월스트리트의 고리대금업자와 아첨하는 재무설계사들에게 안기는, 영리하게 위장한 투기에 불과하다. 이해하지 못하는 주식과 채권을 사는 것은 투자가 아니다. 워런 버핏은 투자를 가리켜 '현금흐름을 창출하는 자산을 실제 가치보다 훨씬 낮은 가격에 사는 것'이라고 정의했다. 말하자면 10달러 지폐를 5달러에 사는 것이다. 다시 말해 진정한 투자는 매수를 위해 지불한 가격과 매수한 자산에서 발생하는 현금흐름 가치의 차이에서 돈을 벌 수 있다는 상당한 확신이 뒷받침되는 행위다. 그렇지 않다면 모두 투기다.

나는 마찬가지로 분명한 이유에서 대니얼이 자동차 타이어를 교체하는 법도 배우기를 바랐다. 대니얼은 둘 중 어느 것도 배우려고 하지 않았다.

대니얼이 네 번째 학위를 받으며 졸업하고, 직장을 구하고, 작은 아파트를 얻으면서 상황이 달라졌다. 세금과 학자금 대출 상환, 주택 담보 대출 상환 부담이 한꺼번에 몰려왔다. 대니얼은 번듯한 법률회사에서 누가 보더라도 수입이 좋은 변호사로 일해도 부를 축적하기는 어렵다는 충격적인 사실을 깨달았다. 그리고 계산 끝에 평생 월급의 노예로 살아갈 것이 아니라면 투자가 아니고는 선택권을 가지기에 충분한 돈을 모으기가 거의 불가능하다는 사실을 발견했다.

대니얼은 자신이 무엇을 해야 하는지 물었다. 나는 내가 쓴 책 두 권을 주었다. 아이는 대충 넘겨보더니 애초에 투자를 배우는 데 관심이 있었던 사람들이 볼 만한 책이라고 했다. 아이는 투자를 배우고 싫어 하지 않았다. 그저 문제가 사라지기를 원했을 뿐이다. 그렇게 시작된 여정을 담은 것이 바로 이 책이다.

대니얼은 몇 주 동안 생각한 끝에, 자신이 투자에 관심을 갖게 되고 실제로 배워서 투자할 수 있게 된다면 그것은 누구라도 할 수 있다는 뜻이라는 결론을 내렸다. 그러고 나서 자신을 실험 대상으로 해서 투자를 논의하고 그것을 팟캐스트로 제작하자고 제안했다. 엉망진창이 될 것이 확실했다. 똑똑하고 의심 많은 딸이 아버지이자 멘토의 생각에 번번이 반기를 드는 투자 관련 팟캐스트를 과연 누가 듣겠는가? 그런데 놀랍게도 많은 사람이 들었다. 우리의 팟캐스트는 경영·투자 부문 순위에서 늘 상위를 차지하고 있고, 많은 사람이 우리 방송을 반복해서 듣는다는 이메일을 보낸다.

모든 것이 뒤집히고 동료가 적이 되기도 하는 낯설고 혼란스러운 세계로 내몰린 전형적인 영웅의 여정을 따라가는 대니얼에게 확실히 많은 사람이 공감했다. 내 생각만큼 대니얼이 투자를 좋아하게 만들 수는 없었다. 그러나 대니얼은 의식 있는 자본주의자로서 자신이 지지하는 가치에 투자로 '한 표'를 행사하는 것에서 투자에 대한 열정을 발견한 것이 분명했다. 대니얼에게 실수와 손실에 대한 공포는 내 생각보다 훨씬 큰 문제였다. 나는 투자가 그만한 공포의 대상이 아니었기 때문에 처음으로 심각하게 투자의 공포를 생각하게 되었다. '누가 총을 쏘는 것도 아닌데, 이까짓 일이 무서워봤자지.' 베트남 전쟁에 참여했던 나는 늘 그렇게 생각했다. 대니얼이 투자를 망설이는 것이 두려움 때문임을 진심으로 이해하기까지는 시간이 꽤 필요했다. 그 사실을 이해하면서 나는 잠재적인 투자자 수천 명이 겪는

고충에 눈뜨게 되었다. 대니얼은 공포에 맞서고, 악당을 물리치고, 희망의 메시지와 승리에 이르는 계획으로 무장해 귀환하기 위한 자신만의 방법을 찾아야 했다.

지금이야말로 승리를 준비할 시기다. 자신이 지지하는 가치에 돈으로 투표하라는 메시지에 부응할 시기일 뿐만 아니라 주식시장의 폭락에 대비하는 법을 배움으로써 손실의 공포를 극복할 최적의 시기다. 주식시장의 급등에도 불구하고 일부 경제학자들과 나를 비롯한 여러 투자자들은 미국 경제가 곧 불황에 진입하고 주식시장이 하락할 것이라고 생각한다. 사람들 대다수의 생각과는 달리 이런 상황은 멋진 기업을 매력적인 가격에 사는 커다란 기회로 이어질 수 있다. 나는 사람들에게 오늘날 시장의 현실을 알리고 주식시장에서 어떤 일이 일어나든, 어떤 전쟁이 벌어지든, 대통령이 누구든, 언론과 투자 권위자들이 어떤 조언을 하든 관계없이 막대한 재정적 보상을 누릴 수 있는 기량을 키우는 법을 가르치려고 한다. 이것이 나의 사명이다.

이 책이 우리의 해결책이다. 투자자의 아이는 이제 자신만의 투자로 미래를 준비하고 있다. 이제 나는 아이에게 자동차 타이어를 교체하는 법을 가르칠 참이다.

필 타운

나는 투자가 어렵고 까다롭다.

'개인 재무 관리와 투자'라는 말을 들으면 숫자와 대차대조표가 혼란스럽게 떠다니는 짙은 안개의 소용돌이 속으로 길게 뻗은 어두운 길이 머릿속에 그려진다. 운 좋은 사람들 일부는 안개를 헤치고 쉽게 길을 찾는 듯하다. 나는 그런 사람이 되는 법을 배우려는 시도를 오래전에 그만두었다. 나는 늘 숫자에 약했다. 머릿속을 떠다니는 숫자를 잡아 어떻게든 항복을 받아내지만 결코 즐거웠던 적이 없다. 그러나 금융의 문외한이었던 내가 교육을 통해 투자자가 되었고 그 여정을 이 책에 담았다. 내가 성공적인 개인 재무 관리와 투자에 관한 책을 썼다는 사실에 누구보다 놀란 사람이 나 자신일 것이다.

내가 할 수 있다면 정말로 누구든 할 수 있다.

나는 직접 투자를 하는 법을 배웠다. 나는 아버지로부터, 그리고 '제1 원칙'을 개발한 찰리 멍거와 워런 버핏의 지혜로부터 '제1 원칙 투자'를 배웠다. 나는 투자의 이론과 전략, 실제를 배웠다. 그리고 열의가 시들해진 뒤에도 배움에 소홀해지지 않도록 중요한 요소를 도입했다. 어쩌면 가장 중요한 요소일 것이다. 바로 내 돈을 투자함으로써 내가 지지하는 '사명'에 영향력을 행사하는 것이다.

자신의 가치관에 따라 자금을 배분하고 자신의 투자를 받을 자격이 있는 기업을 지원하는 것은 이 투자 수련을 하고 투자하는 방법을 배워야 할 이유로 충분하다. 투자는 자신이 바라는 미래에 돈으로 한 표를 행사하는 것이다. 내가 지지하는 가치관에 내 돈으로 한 표를 던지고 싶다면 타성과 두려움을 극복하고 직접 나서야 한다.

이 책은 많은 부분을 두려움에 관한 이야기에 할애했다. 두려움에 대처하는 나의 방식과 주식시장에 투자하는 다른 사람들의 방식에 관한 이야기다. 돈으로 내가 지지하는 사명에 투표하는 것에서 투자에 대한 열정이 생겼지만 나는 회색 안개 속으로 발을 내딛기가 여전히 두려웠다. 많은 경제학자를 비롯해 아버지를 포함한 투자자들은 미국 경제 불황과 주식시장 하락이 임박했다고 믿는다. 그러나 중요한 것이 있다. 나는 나의 두려움을 이용해 다른 투자자들이 언제 겁을 먹는지 판단할 수 있게 되었고 그들의 공포를 이용해 돈을 벌 수 있게 되었다. 나는 여러분이 두려움의 목소리를 가볍게 듣지 않기를 간절히 바란다. 조심하는 것은 나쁘지 않다. 그러나 두려움이 주는 힘을 결코 간과해서는 안 된다.

나는 2008년 주식시장 붕괴 당시 공황을 경험했고 그로 인해 투자에 겁을 먹었다. 그러나 시장의 폭락도 경기 순환의 자연스러운 한 부분으로 내가 원하든 원하지 않든 일어나게 마련이라는 것을 배웠다. 시장은 정기적으로 하락할 수밖에 없다. 또한 직관에는 위배되지만, 시장의 폭락이 멋진 기업을 헐값에 사서 경제적 자유를 누릴 수 있는 좋은 기회가 된다는 것을 배웠다. 명품 옷을 백화점에서 원래 가격의 반값에 사는 것이나 마찬가지다. 나는 이런 교훈을 바탕으로 두려움을 이해했고 두려움을 이겨낼 힘을 얻었다. 그래서 내 삶의 재정적인 측면이 완전히 달라졌다.

아버지와 나는 나이, 수입, 직업, 수학적 재능에 관계없이 누구라도 할 수 있는 월별 투자 수련 프로그램을 개발했다. 이 수련 과정은 매달 특별히 집중할 주제가 있고 그것을 뒷받침할 세부 훈련 사항을 제시한다. 월별 과제 대부분은 수행하는 데 특별히 많은 시간이 소요되지 않지만 조사(리서치)를 연습하는 달에는 좀 더 특별한 성실성이 요구된다. 나와 여러분의 시간은 한정되어 있으며 소중하다. 이 수련 과정은 하루 종일 직장에서 일에 쫓기고 그 밖에 다른 많은 것들을 처리하느라 고군분투하는 우리의 일상에 꼭 맞는다. 이 투자 수련은 여러분의 일상을 고단하게 하려는 것이 아니라 여러분의 일상에 자연스럽게 흡수되도록 고안되었다. 이것은 여러분의 수련이고 각자 자신에게 맞도록 조정해야 한다.

이 투자 수련은 전적으로 나의 경험이다. 내게 일어난 일은 나와 내 상황에 고유한 것이다. 마찬가지로 여러분이 하는 투자 수련과 경험은 여러분 고유의 것이다. 완벽해지려면 수련이 필요하다. 하지만 완벽한 사람은 없다. 각자의 수련이 다르다는 것은 멋진 일이다. 내가 했던 방식을 맹목적으로 따르기보다는 자신에게 수월한 것과 어려운 것을 파악해 존중하는 편이 여러분의 투자 수련에 훨씬 도움이 될 것이다.

내 경험과 이 책 전체에 걸쳐 소개할 계산법, 체크리스트, 계획표를 비롯한 자원들은 각자의 재정 상황을 진단하는 척도가 될 것이다. 일단 자신의 위치를 확인하고 나면 이 수련을 통해 원하는 방향으로 나아가야 한다. 자신만의 투자 수련을 마친 뒤에는 평생 그 누구도, 무엇도 빼앗을 수 없는 막강한 기량을 갖추게 될 것이다. 이 책이 돈에 대한 여러분의 인식을 전환하는 계기가 되기를 희망한다. 돈은 목적을 이루는 수단이 아니라 행복과 자유의 원천이다.

"행복이란 '항상 행복한 상태'를 가리키는 것이 아니다." 그레첸 루빈Gretchen Rubin은 저서 《지금부터 행복할 것(The Happiness Project)》에서, 매일 치실을 쓰거나 선반 위의 잡동사니를 치우는 것과 같은 작은 목표를 이루고 난 뒤 얻는 잔잔한 행복에 관해 이야기했다. 그러나 인생을 바꾸는 경제적 자유는 그것과는 다른 행복을 준다. 투자 수련은 내가 진정 원하는 삶을 만들어간다는 깊은 행복감을 준다. 크고 격렬하며 자유로운 행복이다. 여러분의 투자 수련도 여러분이 품은 가장 대담한 꿈 이상의 성공으로 이어지기를 바란다.

이제 시작해보자.

차례

1개월 차
용감히 맞서기

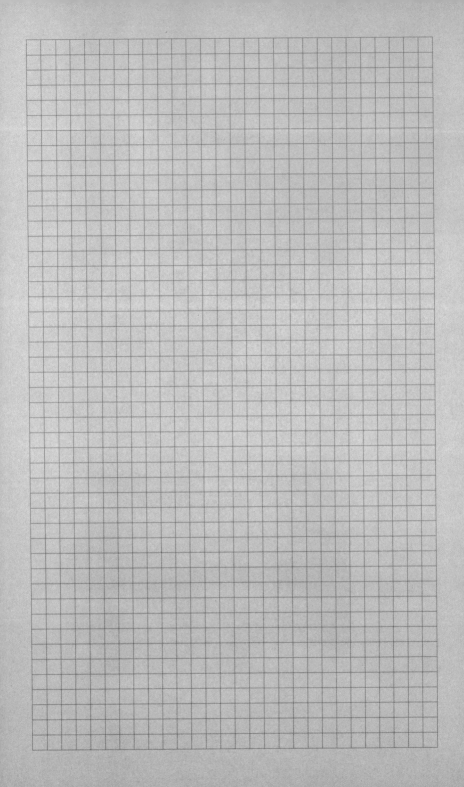

금요일 밤이면 늘 지독히 길었던 한 주를 뒤로하고 눈을 붙이지만 그래봐야 손톱 주변에 일어난 거스러미 같은 지친 일상의 단면을 겨우 정리할 수 있을 뿐이었다. 몇 달 만에 책상에서 제대로 고개를 들었는지 모를 어느 날 아침, 나는 문득 사무실 밖에도 세상이 있다는 사실을 떠올렸다.

나는 콜로라도주 볼더에 있는 국제 법률회사의 초급 변호사였다. 많은 동료들과 마찬가지로 나는 대학교, 대학원, 법학전문대학원을 졸업하고 법률회사에서 열심히 일하는 것이 미래 재정 상황을 위한 '현명한' 결정이라고 생각했다. 뉴욕대학교 법학전문대학원을 졸업한 뒤 나는 노역장이나 다름없는 뉴욕의 법률회사들을 외면하고 고향의 로키산맥으로 돌아와 일과 생활의 균형을 추구하는 콜로라도의 법률회사에 들어갔다. 볼더의 혁신적인 기업 환경에서 벤처캐피털과 스타트업(신생 벤처기업) 전문 변호사로서 늘 꿈꿔오던 일을 할 수 있었지만 좀 더 복잡한 업무를 다루고 싶었던 나는 결국 뉴욕 식으로 일하는 대형 법률회사에 정착했다. 나는 많은 것을 배웠다. 주 80시간을 일하며 스트레스가 심했지만 대출금을 갚아나가는 것으로 타협했다.

그러나 나보다 먼저 입사한 사람들의 일상을 지켜보면서, 더 오래 일하고 더 큰 스트레스를 감당해야 하는, 끝이 보이지 않는 월급쟁이 생활이 기다리고 있다는 사실이 더욱 분명해졌다. 나는 스스로에게 투자하는 중이라고 생각했지만 실상은 평생 멈추지 않는 쳇바퀴에 내 시간을 투자하고 있었다.

돈은 그만한 가치가 없었다. 돈은 변호사로서 충분히 벌 수 있었지만 제대로 살기 위해 필요한 시간은 없었다. 나는 열정적으로 살고 싶었다. 아침에 눈을 뜨면 설레는 마음으로 하루를 시작하고 싶었다. 수년간 경력을 쌓았지만 여전히 같은 쳇바퀴 위에서 돌고 있는 우리 회사의 상급 변호사들을 떠올렸다. 그것은 내가 원하는 삶이 아니었다.

변호사로 일하며 늘 행복을 찾으려고 노력했지만 소용없었다. 돈에 구애받지 않고 행복을 추구한다는 것은 비현실적인 일이었다. 세상에는 돈으로 살 수 있는 특별한 행복이 있다. 새벽 여섯 시부터 자정까지 이어지는 고된 변호사 업무에서 벗어나는 자유를 살 수 있다. 학군이 좋은 곳에 집을 살 수 있다. 병원비와 학자금 대출, 주택 담보 대출 걱정에 한밤중에 잠에서 깨는 일도 영원히 끝낼 수 있다. 경험을 살 수 있고 인생에서 선택할 수 있는 다양한 것, 예를 들면 포르쉐 911을 살 수 있다. 그것을 타고 달릴 시간도 살 수 있다. 하고 싶은 것을 할 능력이 있을 때, 단순한 행복을 넘어 환희와 순수한 자유를 느끼게 된다.

그날 아침 차가운 창밖을 내다보며 기쁨을 느낄 수 없었다. 주위 사람들과 변호사 일이 좋아지는 만큼 과로로 인한 괴로움도 커지면서, 일에서 얻는 경험과 월급이 과연 이만한 고통을 감수할 가치가 있는지 묻는 분기점에 이르렀다.

몸이 아팠다. 거의 2년 동안 음식을 제대로 소화시키지 못했고 수시로 구토를 했다. 이유 없이 하루 종일 고열에 시달리기도 했고, 사무실을 나서는 순간 머리를 얻어맞은 듯 어질어질한 적도 있었다. 편도선염을 앓았고 몇 번이나 재발했다. 잘되지는 않았지만 동료들에게는 되도록 증상을 숨겼다. 구토를 다스리는 약을 처방하며 의사는 스트레스가 원인이라고 덤덤히 말했다. "스트레스는 없는걸요. 저는 지극히 정상이에요." 나는 의사에게 장담했고, 진심이었다. 내가 생각하는 '정상'이 뭔가 잘못되었다는 사실을 그때는 알지 못했다.

인생에서 내게 예정되어 있던 일로부터 달아난 데 대해 우주에서 보내는 경고가 바로 내 몸의 반응으로 나타난 것이라는 사실을 알았어야 했다. 고대 인도 문헌에서는 이를 '다르마dharma를 산다'라고 말한다. 본분을 따른다는 뜻이다. 자신의 다르마 안에 머문다는 것은 고요한 강의 물살 위를 잔잔히 떠다니는 것과 같다. 강물은 원래 일직선으로 흐르지만 어딘가에 부딪히면 강제로 방향이 바뀐다. 우리도 종종 최종 목적지가 아닌 다른 곳으로 향한다. 일생 동안 이렇게 갈지자로 흐르며 큰 물살을 찾아 앞으로 나아간다.

하지만 나는 갈지자로 흐르는 법을 몰랐다. 물살에 떠밀려 강둑에 부딪히면 가라앉지 않으려고 안간힘을 썼고 일렁이는 물결 속에서 간신히 숨을 쉬며 힘겹게 버텼다. 한 걸음만 비껴 내디디면 잔잔한 물살이 있다는 사실을 잊고 있었다.

너무나 오랫동안 지쳐 있다 보니 그것이 멀쩡한 상태인 줄로만 알았다. 일과 생활의 불균형이 극심했지만 나와 같은 종류의 일을 하는 30대 중반 친구들 대부분도 비슷한 스트레스를 경험하고 있었다. 변호사 친구 한 명은 몇 달 동안 거의 잠을 자지 못하다 해외 출장을 가는 비행기 안에서 일명 '미니 뇌졸중'을 경험했다. 몇 달간 격무에 시달린 또 다른 친구는 눈앞에 점이 떠다니고 집에 어떻게 갔는지 기억하지 못하는 극도의 피로 증상을 경험했다. 또 다른 친구는 극심한 스트레스성 위장 장애로 두 차례나 입원했다. 회사에 출근하기 위해 매주 침 치료에 의존하는 지인만 최소 세 명이다. 우리 세대만이 아니다. 한 친구의 아버지는 유명 IT 관련 기업의 고위 관리자였는데 비슷한 연배의 동료들 가운데 유일하게 주식매수선택권(스톡옵션)의 효력이 발생할 때까지 버텼다. 다른 관리자들은 이미 건강상 이유로 회사를 나갔거나 세상을 떠났다. 친구는 이 이야기를 하면서 자기 아버지를 '유일한 생존자'라고 표현했다.

물론 일 말고도 삶이 달라질 수 있는 스트레스의 요인은 또 있다. 내가 아는 어느 부부는 육아와 일을 병행하느라 늘 잠이 부족했는데 불필요한 말다툼을 피하려고 아예 서로 이야기를 나누지 않았다. 약혼자와 파혼하고 연인, 미래, 살 곳을 하루아침에 잃은 한 친구는 수중에 있는 돈으로 이사도 빨리 할 수 있는 집을 찾아야 했다. 돈만 있다고 모든 문제가 해결되지는 않지만 육아, 이사, 보증금 문제에는 돈이 도움이 된다. 게다가 마음의 평화도 따라온다.

우리는 모두 탈진하다시피 했지만 다들 마찬가지라서 그것이 정상이라고 생각하고, '린 인lean in*', 즉 적극적으로 달려드는 것을 미덕으로 여긴다. 그러나 《린 인》의 저자인 셰릴 샌드버그Sheryl Sandberg 조차도 가사에 치이며 동시에 일에서 성공한다는 것이 얼마나 어려운 일인지 진정으로 이해하지 못했었다고 밝혔다.[1] 우리는 계속해서 쳇바퀴를 돈다. 도전이 야망에 영양분을 주고, 일단 쳇바퀴를 멈추면 학자금 대출을 갚을 돈을 마련할 새로운 쳇바퀴가 없을 수도 있기 때문이다.

그러나 나는 해낼 수 있다고 확신했다. 그렇게 나쁘지만도 않았다. 혁신적인 기업 고객들을 돕는 것은 내 일에서 특히 좋아하는 부분이었다. 똑똑하고 현실적이며 친절한 동료들과 일하는 것도 즐거웠다. 그러나 나 때문에 가족들이 힘들어지는 것은 견디기가 어려웠다.

나는 아버지, 어머니, 여동생과 한 약속을 취소하고 크리스마스 연휴 내내 일했다. 너무 자주 있는 일이어서 가족들은 내가 함께하기를 아예 기대하지 않았고 부질없는 계획을 세우지도 않았다. 내가 약속을 지키지 못할 것을 모두가 알았다. 가족들은 일에 열심인 나의 야망을 높이 사고 이해해주었지만 염려도 더욱 커졌다. 최근에는 이런

---

*   셰릴 샌드버그의 2013년 베스트셀러 제목이다. '린 인'은 회의 테이블에서 뒤로 물러나 앉지 않고 앞으로 몸을 기울여 적극적으로 참여한다는 뜻으로, 샌드버그는 이 책에서 여성 개인의 노력이 성공을 좌우한다고 강조했다. 출판 당시, 일과 가정의 양립은 현실적으로 불가능하며 이 책이 다양한 인종과 소득 수준의 여성들이 직면하는 문제를 간과했다고 비판하는 목소리가 있었다. 샌드버그는 싱글맘이 되고 나서 현실을 경험하고, 자신의 주장이 실수였다고 인정하는 글을 페이스북에 올렸다. - 옮긴이

생활을 오랫동안 계속하는 것은 불가능하다며 조목조목 이유를 제시했고, 건강을 해치면서까지 해야 하는 일은 없다고 신랄하게 지적했다. 1월 아침, 나는 진지하게 생각한 끝에 더 이상 가족들에게 상처를 줄 수 없고 가족을 지켜야 한다는 사실을 깨달았다.

그렇지만 쳇바퀴에서 내려올 수 없었다. 학자금 대출과 주택 담보 대출이 남아 있었고 내 일에 대한 애정이 컸다.

나는 대학 시절부터 가깝게 지낸 카말라Kamala에게 전화를 걸었다. "더 이상 어떻게 해야 할지 모르겠어, 캠. 이렇게 얼마나 더 오래 버틸 수 있을지."

카말라는 한숨을 쉬었다. "나도 그래. 매일 아침 출근하기 전에 글을 쓰는데 내 글이 마음에 들지 않아." 훌륭한 작가이자 소설가인 카말라는 매일 새벽 5시에 일어나 두 번째 책을 쓰면서 낮에는 직장에서 마케팅 관련 일을 한다. 카말라의 잠재력은 뉴욕의 비싼 임차료 아래 서서히 묻혔다. "늘 너무 피곤하고 창의력도 바닥난 것 같아. 몇 년 뒤를 내다보며 이런 생각을 하게 돼. 이게 맞나? 계속 이렇게 발버둥 쳐야 하나? 원래 이런 건가?"

"장래성 없는 일에 매달리기에는 작가로서의 네 재능이 너무 아까워. 그게 네 이야기의 결말일 리가 없어." 나는 단호히 말했다.

"그건 너도 마찬가지야. 분명히 그래. 그곳에서 나와야 해. 재정적으로 어떻게 감당할지만 생각해봐."

"그렇지만 쉽지 않아." 나는 얼버무렸다. "내 일은 대부분 좋아. 그렇지만 이 일을 하려면 지금처럼 많이 일해야만 하는 건지, 솔직히 모르겠어."

"올해 실질적인 변화가 있어야 해. 언제까지 이렇게 살 수는 없어. 너무 무의미해."

"포인." 대학 시절 카말라는 '파인fine'을 변형한 '포인foin'이라는 단어를 만들었다. 우리는 '마지못해 동의하다'라는 뜻으로 이 단어를 썼다. "뭘 어떻게 바꿀 수 있을지는 전혀 모르겠지만 일단 해볼 생각은 있어."

"나도 마찬가지야. 어쩌면 우주가 먼지를 일으켜서 세상을 살짝 흔들어놓을지도 모르지."

지친 사람은 카말라와 나만이 아니었다. 일하는 분야도 크게 다르고 자라온 경제적 환경도 다르지만 나와 친구들에게는 비슷한 꿈이 있었고 그것을 주제로 자주 이야기를 나누었다. 우리의 꿈은 재정적으로 유연해지는 것이었다. 공식적으로 은퇴한 뒤 금시계를 차고 골프 코스를 돌며 지내기(지금도 이렇게 하는지는 모르겠지만) 훨씬 전부터, 원하는 것은 무엇이든 할 수 있는 여유를 누리는 것이다. '재정적으로 자유롭다'는 것은 재정이 뒷받침되어 삶에 유연성을 갖는다는 의미다. 즉, 보수가 적더라도 좋아하는 일을 하고, 사랑하는 사람들을 수월하게 돕고, 시간제로 일하고, 믿을 만한 곳에 아이를 맡기고, 보수를 받는 일을 그만두고 비영리 단체 활동을 시작하고, 좀 더 안전한 동네로 이사하고, 여행하고, 대재앙에 대비해 재정적 완충 역할을 할 만큼의 저축이 은행에 있다는 것이다. 어떤 형태로든 각자에게 주어진 삶을 사는 것. 여기에는 궁극적인 목표가 있다. 완전히 은퇴하기를 원하는 시점에 재정적으로 진정한 편안함을 누리고, 더 나아가 돈 걱정 없이 언제까지나 하고 싶은 일을 하는 것이다. 이것이 바로 경제적 자유다.

'경제적 자유'가 의미하는 것은 사람마다 다르다. 내게 경제적 자유는 균형 있는 삶을 의미했다. 구체적으로는 법률회사 그만두기, 건강해지기, 매일 10시간씩 일해야 한다는 압박에서 벗어나 스타트업 기업 및 기업가들과 일하기 같은 것이다. 내게 필요한 것은 재정적 유연성, 공과금 걱정을 없애줄 재정적 완충 장치였다. 부채도 없애고 싶었다.

재정 문제와 관련해 나는 두 개의 자아가 공존한다는 사실을 깨달았다. 현재의 나와 미래의 나는 모두 인생을 즐기고 싶고 안정감도 필요했다. 그러나 현재의 대니얼과 미래의 대니얼은 피할 수 없는 갈등을 겪고 있었다. 미래는 걱정하지 말고 지금 이 순간을 살라는 명상가적인 조언은 현재의 대니얼이 모든 것을 버리고 토스카나 와인 농장을 여행하라고 부추기지만, 미래의 대니얼이 먹고살 일을 생각하면 그다지 좋지 않은 방법이다. 부지런히 일하는 것은 미래의 대니얼에게 좋겠지만 현재의 대니얼과 가족들에게는 그렇지 않다. 두 재정적 자아가 충돌하면서 사는 것은 안정적이지 못하다. 현재의 대니얼과 미래의 대니얼은 공생 관계여야 했다. 내 재정적 자아는 균형이 필요했다.

나는 경제적 자유를 이루어야만 했다. 하지만 방법을 몰랐다.

무언가 나를 압박하기 시작했다. 방법을 찾아야 한다. 초조해지기 시작했다. 쉽게 해결할 방법이 있겠지? 아니, 없을지도 모른다. 나는 더욱 초조해졌고 불안감에 안절부절못했다. 대체 어떻게 해야 할까? 실제로 몸을 움직여야 했다. 나는 커다란 안락의자에서 몸을 일으켜

차를 끓인 다음 다시 의자에 몸을 던졌다.

아버지에게 전화했다. 아버지라면 뭔가 아실 거야.

"경력 관리를 진지하게 고민하는 중이에요. 지금 하는 일을 원할 때 그만둘 수 있는 경제적 자유를 이루려면 어떻게 해야 하죠? 저는 이 일에, 아니, 일에 기대고 싶지 않아요. 돈에 대한 걱정 없이 원하는 일을 하고 싶어요. 자유를 보장해주는 돈이 필요해요."

아버지가 답했다. "얘야, 법률회사에서 주 80시간씩 일하는 것은 확실히 한계에 다다랐어. 본능이 네 몸에 외치고 있는 거야. 이제 삶에 균형을 이룰 방법을 찾아야 하고, 네가 원하는 삶의 방식을 실현하는 데 필요한 돈을 마련해야 해. 그렇지?"

"맞아요. 스타트업 기업을 변호하는 일은 꽤 좋지만 제 삶도 있었으면 해요."

"그래, 너는 네 일을 좋아하고 능력도 있어. 이 일을 계속하고 싶다면 답은 분명해. 그렇지?"

'그런가?'

"투자를 시작해야 해. 그러면 돈을 벌 수 있고 선택권을 갖게 되지. 지금은 선택의 여지가 없어."

물론 예상했던 답이다. 아버지로부터 같은 조언을 들었던 지난 모든 시간이 아련히 떠올랐다.

나의 아버지 필 타운Phil Town은 이미 재정적으로 자유로운 삶을 살고 있다. 아버지는 자신이 하는 일을 좋아하고, 원하는 것은 무엇이든 할 수 있는 여유가 있다. 아버지는 맨손으로 출발해 부를 일구는 방법을 안다. 자신이 직접 해냈기 때문이다.

아버지는 대학을 중퇴한 뒤 생계를 위해 힘든 일을 마다하지 않았다. 젊은 시절에 남미에서 미국 육군 정예 부대 그린베레의 중위로, 그리고 베트남에서 소대장으로 복무했다. 그랜드캐니언에서 강 안내원으로 일하던 시절* 아버지는 투자자 한 사람을 알게 되었는데 나중에 그에게서 저명한 투자자 벤저민 그레이엄Benjamin Graham과 워런 버핏Warren Buffett의 가치에 기반한 투자 전략을 활용하는 방법을 배웠다. 가치투자는 재무적 펀더멘털 분석을 바탕으로 가치보다 낮은 가격에 주식을 매수하는 투자 전략이다. 벤저민 그레이엄과 데이비드 도드David Dodd는 1934년 저서 《증권분석(Security Analysis)》에서 가치투자 개념을 처음으로 정의했다.

아버지의 보충 설명

투자의 기본 개념은 주식을 기업 자체라고 여기고, 시장의 등락을 기회로 활용하며, 안전마진을 확보하는 것이다. - 워런 버핏

부자가 되고 싶다면 워런 버핏을 공부하라. 버핏은 투자에서 세계 최고의 스승이다. 그는 1956년 네브래스카주 오마하에 버핏투자조합 Buffett Partnership을 설립하고 자신과 가족, 친구들의 돈을 투자했다. 그 후 14년 동안 버핏투자조합은 연평균 수익률 31.5퍼센트를 기록했

---

*   1970~1971: 파나마 포트 귤릭 기지 제8특전단 브라보중대 S-4 미 육군 특전부대 중위
       1971~1972: 베트남공화국 포트 백스터 기지 제5수송사령부 보안소대장
       1972~1980: 그랜드캐니언 애리조나 래프트 어드벤처스 강 안내원

고 버핏이 처음 투자한 100달러는 2,500만 달러(현재 달러 가치로 약 1억 7,500만 달러)로 불어났다. 큰 성공을 거둔 그는 1969년 버핏투자조합을 청산하면서 투자자들에게 버크셔 해서웨이Berkshire Hathaway 주식을 매수하라고 강력히 권했다. 오마하에 본사를 둔 버크셔 해서웨이는 버핏과 찰리 멍거Charlie Munger가 함께 이끄는 상장회사로, 버핏은 여기에 전 재산을 투자했다. 그는 자신과 동의어가 된 버크셔를 통해 아메리칸 익스프레스, 코카콜라 등 상장회사 수십 개의 주식을 매수했고 보험회사 가이코와 데어리퀸 등의 기업을 통째로 인수했다. 초기 투자자들이 버핏에게 맡긴 1만 달러는 12억 달러로 불어났다. 이것이 바로 버핏이 오마하의 현인으로 불리는 이유다. 가치투자계의 원로인 그는 2018년 현재 87세에 734억 달러 재산을 보유했고 여전히 버크셔를 운영하고 있다. 이 책에 담긴 투자 관련 지식은 사실상 모두 버핏과 멍거에게서 배운 지식에서 비롯되었다.

아버지는 안개 속에서 길을 밝히는 불빛을 따라가듯 투자에 이끌렸다. 5년 만에 1,000달러를 100만 달러로 불린 뒤, 아버지는 '제1 원칙'이라고 이름 붙인 방법을 기초로 자신만의 심오한 가치투자 전략을 개발했다. 제1 원칙은 버핏에 대한 경의를 담은 명칭이다. 버핏에 따르면 투자에는 단 두 가지 원칙이 존재한다. 돈을 잃지 말라는 것이 제1 원칙이다. 제2 원칙은? 제1 원칙을 잊지 말라는 것이다.

"싸게 사서 비싸게 팔라"와 같은 조언은 단순하고 분명하지만 실행에 옮기기가 쉽지 않다. 아버지의 조언도 단순하게 들리지만 그 내용은 심오하다. 아버지는 멋진 기업(아버지는 좋아하는 기업을 '멋진' 기업이라고 표현한다)이 싼 가격에 거래되고 10년 뒤에는 지금보다 가치가 상승한다는 확신이 설 때 매수한다. 그런 다음 시간이 흐르며 가치가 상승해 전형적인 '멋진 기업'이 될 때까지 기다린다. 지금 주가가 하락하더라도 훌륭한 기업의 주식을 보유했다는 확신을 바탕으로 걱정 없이 주가가 반등할 때까지 기다리며 이론적으로 '절대' 팔지 않는다. 이렇게 하면 돈을 잃지 않는다. 이것이 투자의 제1 원칙이다.

아버지는 자신의 투자 전략에 관심을 갖는 사람들이 있다는 것을 알고 책을 두 권 썼다. 아버지가 쓴 《주식투자 절대법칙》과 《Payback Time(투자 회수 기간)》은 모두 〈뉴욕 타임스〉 선정 베스트셀러 1위에 올랐다. 나는 이 책들이 처음 나왔을 때 읽고서 대단하다고 생각했고 이내 모두 잊고 지냈다. 아버지가 CNBC에 출연해 2008년 주식시장 붕괴를 제대로 예측했고 2009년을 시장의 바닥으로 정확히 짚어냈다는 사실을 발견한 것도 최근의 일이다. 현재 아버지는 투자를 하고 폴로 경기를 즐기며 애틀랜타를 벗어나 말 농장에서 시간을 보낸다. 아버지는 사람들에게 직접 투자하는 법을 가르치는 일에 놀라울 정도로 열정을 쏟고 있으며 아버지에게서 배우려는 사람들이 전 세계에서 모여든다.

나는 아니었다.

나는 아이오와의 작은 마을에서 자랐는데 우리 가족을 포함해 마을 사람 절반이 초월명상 공동체에 참여하기 위해 타지에서 온 사람들이었다. 대학교, 사립학교, 단체 명상돔 등 다양한 형태의 공동체가 있었다. 명상과 요가는 내 학창 시절의 일부였다. 투자는 어디서든 할 수 있으니 아버지는 가족을 모두 데리고 그곳으로 이사했다.

부모님은 옥수수밭과 그 너머로 커다란 호수가 보이는 넓은 터에 함께 설계한 커다란 집을 지었다. 영화 〈꿈의 구장Field of Dreams〉에 등장하는 아이오와 옥수수밭의 현실판이라고 할 수 있었다. 집이 완성되기 전 내가 대여섯 살쯤 되었을 때 아버지와 나는 사고를 당했다. 그때만 해도 우리는 많은 시간을 함께 보냈다. 아버지는 종종 나를 데리고 반쯤 완성된 집을 둘러보며 진척 상황을 점검했다. 하루는 아버지가 복도 벽에 기대어 세워둔 두꺼운 석고판에 떨어진 시멘트를 떨어내려고 석고판 더미를 살짝 기울였다. 그 순간 석고판이 내 쪽으로 쓰러졌고, 아버지의 힘으로도 쏟아지는 석고판의 무게를 이기지 못했다. 아버지는 내게 비키라고 소리치면서 몇 초간 몸으로 석고판을 지탱하다 계단 쪽으로 뒷걸음질 쳤다. 나는 재빨리 몸을 피했지만 석고판은 아버지를 덮치며 다리를 짓눌렀다. 육중한 석고판과 마감이 덜 된 날카로운 계단 모서리 사이에 낀 아버지의 양쪽 정강이뼈가 산산조각 났다. 나는 석고판을 기어 넘어 아버지의 머리맡 계단에 앉았고, 일어나지 못하는 아버지를 보며 두려움에 어쩔 줄 몰랐다.

"가서 도움을 청할 수 있겠니?"

아버지가 물었다. 내가 아버지였다면 비명을 질렀을 것이다. 아버지는 침착했고 이성적이었다. 특수부대 그린베레 출신이기 때문이었을 것이다. 그때는 휴대전화도 없었고 우리가 있던 장소는 인적이 없는 외딴 곳이었다. 아버지가 일어설 수 없다는 사실을 알고 나는 숨을 쉴 수 없었다. 나는 차로 달려가 경적을 울렸다. 그러나 우리 차는 비포장 도로 위에 있었고 아무도 지나가지 않았다. 얼마 떨어진 곳에 농장이 있었다. 커다란 낯선 집에 혼자 가는 것이 겁났지만 선택의 여지가 없었다. 나는 들판을 가로질러 달려가 용기를 끌어모아 힘껏 문을 두드렸다. 안에서 어느 친절한 부인이 대답했고 나는 침착하게 아빠가 이상하다고 말했다. 그 뒤에는 어떻게 되었는지 기억나지 않지만 우리는 병원에 있었다. 아버지는 두 다리에 붕대를 감고 목발에 의지해 절뚝거리면서도 농담을 했다. 일주일 뒤, 아버지는 괜찮아졌다. 다른 많은 일처럼 이 일도 함께 이겨낸 우리는 평소처럼 산책하고, 자전거를 타고, 토론을 하고, 집을 점검했다.

그리고 부모님이 이혼했다. 나는 열한 살이었고 어머니가 우리 자매의 주 양육자가 되었다. 부모님의 관계는 전쟁이었다고밖에 묘사할 수 없다. 전쟁으로 어느 날 갑자기 아버지를 매일 볼 수 없게 되었다. 그런 만큼 나중에 아버지를 만났을 때도 장기저축계좌나 재무상태표 이야기를 하며 시간을 보낼 생각은 하지 않았다. 우리는 가족이 함께 지내는 것, 살 집을 구하는 것과 같은 더욱 중요한 문제에 집중했다.

우리 자매는 아버지가 돈을 번다는 것을 알았고 따라서 여유가 있다고 생각했다. 그러나 이혼이 우리 세계를 뒤흔들었다. 영화 장르로 치면 우리 자매를 사이에 둔 전형적인 이혼 공포물이었다. 무라카미 하루키는 책에서 '행복은 한 종류밖에 없지만, 불행은 사람에 따라 천차만별'[2]이라고 했다. 우리의 불행은 아버지가 예전처럼 곁에 있지 않다는 것이었고, 이유를 알 수 없었다. 다만 분명한 사실은 나조차도 아버지가 우리 곁에 머물 이유가 되지 못한다는 것이었다.

전쟁은 재정 상황도 압박했다. 어머니는 사립학교에서 학생들을 가르치는 일을 구했고, 두 분이 지은 집을 팔았다. 우리는 어머니를 따라 마하리시 대학 유토피아파크로 이사했다. 학생과 교수를 위한 이동식 주택 단지였다. 객관적으로 괜찮은 곳이었지만 그래도 많은 것이 달라졌다. 이동식 주택으로 이사한 날 밤, 예전 집 거실만 한 집에 모든 짐을 억지로 밀어 넣은 긴 하루가 끝난 뒤에도, 그리고 몇 달 뒤 좀 더 자라고 강해진 뒤에도 나는 감정적으로 무너졌고 울음을 터뜨렸다. 부모님 중 누구도 의도하지 않았지만 아버지의 애정과 재정적 여유가 동시에 멀어졌다는 사실이 이사한 그날 비로소 현실로 다가왔다. 어머니의 상황이 너무 비참했고, 그렇지 않아도 힘든 어머니를 더 힘들게 하기 싫어서 울지 않으려고 했지만 슬픔을 감당할 수 없었다. 열두 살이었던 나는 네 살 아이처럼 어머니의 무릎에 엎드려 울었다. 어머니는 나를 품에 안고 괜찮을 거라고 다독였다.

어머니는 우리를 위해 용기를 냈다. 남편을 잃었고, 직접 설계하고 지은 집에서 나와야 했고, 돈을 벌기 위해 인정사정없이 싸우면서도 정서적인 힘으로 내게 위안을 주었다. 나는 그날 밤 어머니가 보여준 용기를 결코 잊지 못할 것이다. 어머니는 용감하게 앞으로 나아갔고, 어머니의 자리를 지켰다. 아버지가 사업 때문에 캘리포니아에 가 있는 동안 어머니는 이혼으로 우리가 나쁜 영향을 받지 않게 하려고 애썼다.

부유한 독신남으로 지내는 아버지를 생각하면 아프고 고통스러웠다. 불공평한 현실에 화가 났다. 어머니는 우리를 부족하지 않게 먹였고, 이따금 작은 아이오와 마을을 벗어나 외식을 시켜주기도 했다. 그러던 어느 순간, 우리에게는 꼭 필요한 것에 쓸 돈만 남게 되었다.

아버지는 가끔 주말에 불쑥 들러 우리를 호텔에 데려가고 닌텐도 게임기를 사주었다. 표면적으로는 아버지와 함께 보내는 시간이 좋았지만 그 모든 상황이 끔찍했다. 아버지는 따로 지내다가 아이들을 만나는 날 디즈니랜드나 동물원에 데려가는 전형적인 '디즈니랜드 대디'였다. 나는 혼란스러웠다. 어머니는 아등바등 돈을 벌어 우리를 겨우 먹여 살리고, 아버지는 방학 때마다 우리를 휴양지의 클럽 메드에 데려가는 식이었다. 그럼에도 불구하고 우리 자매는 아버지가 좋았다. 굉장히 부당한 상황이라는 것은 알았지만 아버지와 함께 시간을 보내고 싶다는 간절함은 달라지지 않았다.

2년 뒤 아버지가 돌아왔다. 아버지도 유토피아파크에 집을 마련했다. 우리 집에서 다섯 집 건너에 있는 이동식 주택이었다. 우리 자매는 두 집을 오갔다. 부모님은 이혼 후 우리 자매의 세계에 닥친 문제를 해결하기 위한 방법을 찾았다. 우리 모두에게 일대 격변의 시기였다. 어머니와 아버지는 와이오밍주 잭슨홀에 집을 두 채 마련했다. 두 집은 계곡이 내려다보이는 산등성이에 위치했는데 걸어서 닿을 수 있는 거리였다. 우리는 그 집으로 이사했다. 따로 살았지만 다시 가족으로서 함께하는 생활이 시작되었다. 순탄하고 쉽기만 한 것은 아니었지만 부모님은 우리를 위해 최선을 다하려고 노력했다. 이혼후 몇 년 동안 입었던 상처에도 불구하고 부모님의 노력은 효과가 있었다. 더 이상 돈은 문제가 되지 않았고, 이혼하며 합의한 조건과는 별도로 아버지는 어머니가 대학원에 다닐 수 있도록 비용 일부를 지

원했다. 우리는 부모님과 함께 명절을 보냈고, 두 분도 많은 일을 함께 겪어온 지인으로서 잘 지냈다. 우리 가족에게는 효과적인 방법이었다.

내가 잭슨홀에서 고등학교에 입학하자 아버지는 투자에 관한 이야기를 시작했다. 그러나 아무리 들어도 시간을 들일 만한 가치가 있다는 확신이 서지 않았고 아버지의 의도와는 달리 포기하고 싶다는 생각만 더 확고해졌다. 아버지는 우리 자매와 함께 저녁을 먹거나 차를 타고 갈 때마다 투자를 시작해야 한다고 열변을 토했지만 우리는 대부분 흘려들었다.

아버지에게 투자는 세상에서 최고의 화두였다. 칵테일파티에서 우연히 마주쳐 예의상 몇 마디 나누었을 뿐인데 관심도 없는 자신의 일상을 끝없이 늘어놓는 사람들이 있다. 투자 이야기만 나오면 아버지도 꼭 그랬다. 나는 연예계 소식이 올라오는 블로그를 즐겨 읽는데, 별생각 없이 느긋하게 쉬면서 읽기 좋기 때문이다. 아버지는 똑같은 이유로 머릿속으로 계산하기를 즐겼고 몇 시간이든 계속할 수 있었다.

내가 찾은 방법은 조용히 식사하면서 아버지의 머릿속 계산이 끝날 때까지 기다리는 것이었다. 그런 다음 아버지가 방금 한 말을 순식간에 잊기를 바라면서 다른 주제로 이야기를 꺼냈다. 금융은 너무 무겁고 복잡한 주제였고 부모님의 이혼만으로도 세상은 이미 충분히 무겁고 복잡했다. 부모님이 이혼한 후 재정적 불안을 겪은 기억 때문에 투자와 관련된 모든 것에 편견이 생겼다.

그러나 20대에 들어서 주식을 사거나 전담 재무상담사를 둔 사람들을 만나게 되고, 주식시장이 투자할 만한 곳이라고 여기는 사람들이 아버지 말고도 있다는 사실을 알게 되면서 어쩌면 내가 쓸모 있는 기술에 대해 지나치게 편견을 가진 것인지도 모른다는 생각이 이따금 들었다. 나는 아버지가 부를 창출하기 위해 전업으로 삼은 일에 관심을 갖기 시작했고, 아버지와의 관계는 아주 좋았다. 마음만 먹으면 투자에 관심을 가질 수도 있겠다고 생각했다.

그래서 나는 마음먹고 나섰다. 대학 친구들을 따라 아버지는 권장하지 않았던 단타 매매를 시도했다. 스스로 얼마나 무지한지도 몰랐던 나는 이틀 만에 투자한 돈의 절반을 날렸다. 투자한 금액이 너무 적어서 수수료 부담이 잠재 이익을 잠식한 탓도 있었고, 친구들에게서 얻은 최신 정보와 직감이라는 '확실한' 조합이 무색하게 주가가 속절없이 하락한 탓도 있었다. 나는 주식시장은 내가 이해하지 못하는 수렁이라는 사실을 빠르게 깨달았다.

나는 '투자'라는 불가사의한 것이 유용한 기술일지 모른다는 막연한 생각과 아버지를 조금 더 이해할 수도 있다는 기대로 아버지를 도와 투자 관련 조사를 하며 어느 해 여름을 보냈다. 조사라고 해도 숫자를 스프레드시트에 입력하는 것이 전부였다. 나는 아버지의 방식대로, 아버지의 체계를 따라 기계적으로 일을 처리했을 뿐, 제대로 이해하려는 노력은 하지 않았다. 아버지가 일하는 모습을 가까이에서 본 것도 그때가 처음이었다. 말하자면 아버지가 늘 말로 설명한 소시지 제작 과정을 직접 보는 듯한 기분이었다. 아버지가 그토록 많은 일을 한다는 것, 그리고 투자 방법을 개발했다는 것이 존경스러웠다. 망치를 든 사람에게는 모든 것이 못으로 보이는 법이다. 아버지에게는 직접 하는 투자가 모든 문제의 해결책이었다.

나는 아버지와 1월 아침에 전화로 나눈 대화를 떠올렸다. "직접 투자는 하고 싶지 않아요. 너무 어렵고 시간도 없거든요. 정말 너무 어려워요." 아버지가 소리 내어 웃기 시작했고 나는 계속 투덜댔다. "그리고 너무 바빠요. 천재들도 주식 투자 결과는 형편없잖아요. 제게는 너무 어려워요. 배울 시간도 없는걸요."

아버지는 껄껄 웃었다. "투자가 어렵고, 게다가 바쁘다는 말이지?"

"바로 그 말이에요. 제 말뜻을 알아주셔서 다행이에요."

"일을 그만두고 뭐가 됐든 네가 원하는 것을 할 자유를 누리려면 시간이 얼마나 필요한지 계산을 해보자."

"전 투자는 못 해요. 무슨 말씀을 하실지 알고 앞날이 막막하다는 것도 분명히 알지만 이 문제만큼은 보수적으로 접근하겠어요."

"보수적이라!" 아버지의 목이 메었다. "제1 원칙이 뭐지?"

나는 건조하게 제1 원칙을 읊었다. "돈을 잃지 말 것."

"그것보다 더 보수적일 수 있을까?"

"돈을 잃지 않는 것이 중요하다는 데는 전적으로 동의해요. 하지만 돈을 잃지 않는 방법으로 주식시장이 최선인가요? 저는 시장을 믿지 않아요. 더 안전한 방법이 있을 거예요."

마침내 누그러진 아버지가 주제를 바꾸면서 통화는 곧 끝났다. 아버지의 뜻은 알았지만 이번에는 조금 달랐으면 했다. 벌써 수천 번은 들은 이야기였다. 아버지는 스프레드시트를 하나 만들고 순식간에 수많은 숫자를 언급하면서, 워런 버핏처럼 투자하는 법을 배우면 내게도 좋을 것이라고 말했다. 자세한 이야기는 없었다. 실제로 도움이 되는 말도 없었다.

어떻게 한다는 것인지는 몰라도 버핏처럼 투자하기에 내 일상은 너무 피곤했다. 아버지가 숫자에 재능이 있다는 사실은 익히 알고 있었다. 내가 잘하는 것은 따로 있다. 숫자는 절대 아니다. 내가 돈을 느긋하게 굴릴 만한 사람이 못 된다는 사실도 분명히 알았다.

물론 내게 경제적 자유를 줄 다른 방법이 분명히 있을 것이었다. 나는 본업인 법률 업무에 집중할 수 있도록 이 문제를 마음 뒤쪽으로 밀어두었다. 그러나 몇 주 동안 소위 내 삶이라는 것을 바쁘게 살며 위장약을 삼킬 때마다, 나는 월급의 노예에서 벗어날 수 있는 방법을 찾으려고 노력했다.

문제는 금융-산업 복합체, 줄여서 금산 복합체라고 불릴 만큼 견고하고 거대한 금융 서비스라는 시스템이 전혀 가깝게 느껴지지 않는다는 점이었다. CNBC 방송에 출연해 자기만 모든 것을 꿰뚫어 본다는 듯 서로를 향해 소리를 지르는 사람들에게 질렸고, 책과 신문에 등장하는 용어들도 낯설었다. 두 차례 겪은 대형 불황은 주식시장이 신뢰할 수 없는 동업자라는 사실을 가르쳐주었다.

혼자서 투자를 공부해야 했을 때처럼 이번에도 회피하고 싶은 마음이 먼저 들었다. 그럼에도 불구하고 나는 답을 찾아야만 했다.

금산 복합체는 돈을 불리려면 단 두 가지 선택만이 존재한다고 말한다.

1. **비축한다:** 물건을 재미로 사거나 넉넉히 쟁이려고 하지 말고 돈을 모으고 모으고 또 모아서 가장 보수적으로 투자한다.

2. 전권을 위임한다: 내 돈을 건넬 수 있는 영광스러운 기회를 준 자산관리사에게 감사하며 돈을 맡기고, 그들이 내 돈을 잃든 말든 관계없이 수수료를 지불한다.

나는 직접 돈을 잃는 것은 당연히 원하지 않았고, 다른 사람이 내 돈을 잃는 것도 싫었다. 나는 좋지 않은 시기에 취업시장에 진입했다. 2000년대 초반 경기가 불황에 접어들었을 때 대학을 졸업했고 2000년대 후반 불황기에 법학전문대학원을 졸업했다. 두 번 다 금산 복합체가 극단적인 혼란에 빠진 시기였다. 인간은 도대체 실수에서 배우는 법이 없는지, 시장이 상승할 때는 모두 다 천재처럼 굴지만 시장이 하락하면 결국 무지를 드러낸다. 비축한다는 것은 안전하게 들리고, 안전한 것은 멋지다. 선택은 쉬웠다.

나는 금융계의 '저장 강박자'가 될 작정이었다.

결정한 뒤 짜릿한 기분으로 인터넷을 검색해 정보를 찾기 시작했다. 돈을 모으는 것으로 성공해서 허공에 돈다발을 뿌린 80대 노인에 관한 이야기가 어딘가 있지 않을까?

그런 이야기는 어디에도 없었지만 대신 국채를 발견했다. 국채는 생각과 달리 재미있는 투자는 아니었다. 국채는 미국 재무부가 발행하고 연방정부가 지급을 보증하는 채권이고 따라서 무위험 투자로 여겨진다. 적어도 다른 어떤 자산보다 위험 부담이 적다. 정부에 돈을 찍어내는 기계가 있기 때문이다. 10년 만기 국채 금리는 전 세계적으로 '무위험 수익률'로 통한다. 따라서 국채보다 위험한 투자 자산은 무위험 수익률보다 더욱 높은 수익률을 제공해야 한다.

금융 용어는 금융과 관련한 의사 결정 과정에서 나와 같은 '일반인'들을 의도적으로 불리한 위치에 세우고 간단한 거래를 처리할 때조차 중간에 사람을 개입시킨다. 그런 점에서 인터넷에서 설명을 찾을 수 있으니 정말 다행이었다. 금융업계 종사자들이 쏟아내는 전문용어를 빠르게 찾게 해주는 인터넷과 정보의 민주화가 내 유일한 무기였다.

나는 돈을 비축할 계획을 마련했다. 비유적으로 말하자면 침대 매트리스 아래 돈을 묻어둘 생각이었다. 이렇게 해서 작게나마 돈이 모이면 안전이 검증된 예금 계좌로 옮길 것이다. 크게 불리지는 못하겠지만 줄지도 않을 것이다. 나는 볼더에서 농산물 직거래 장터가 열리는 날, 한쪽에 마련된 커피 판매대에서 친구와 함께 아메리카노를 마시며 기운을 얻는다. 내게는 그런 순간들이 필요하다. 그런 생활을 크게 희생하지 않으면서 할 수 있는 만큼만 저축할 계획이었다. 체력이 되는 한 변호사 일을 계속하고 학자금 대출을 갚고 시장의 등락에 신경 쓰지 않으면서 예금 계좌에 돈이 불어나는 것을 지켜보다가 금리가 오르면 국채를 살 수도 있을 것이다. 건강이 심각하게 나빠지지만 않는다면 몇 년 더 버티다 직장에서 스트레스가 덜한 자리로 옮길 수도 있을 것이다. 준비는 끝났다.

그만하면 내게는 성공이다. 아버지도 성공이라고 여길 것이다. 나는 돈을 잃지 말라는 제1 원칙을 글자 그대로 준수하고 있었다.

1월 말, 아버지가 며칠간 볼더에 들렀고 나는 직접 세운 저축 계획에 들떠 한껏 뿌듯한 기분이었다. 아버지는 일과 관련해 근처에서 회의가 있을 때면 주말에는 볼더에 머물며 함께 시간을 보내려고 노력했다. 나는 일요일에 아버지와 가까운 시내로 나가서 브런치를 즐기며 의기양양하게 계획을 발표했다.

"돈을 매트리스 아래 묻어두기로 결심했어요. 우선 돈을 모으고, 그 돈으로 뭘 할지는 나중에 생각하려고요."

침묵이 흘렀다. 아버지는 액티브active 투자 외에 예금 계좌도 선택지로 책에 포함하지 않은 것을 후회하고 있을 것이다. 인생은 그런 것이다.

"돈을 잃지 않는 이런 천재적인 계획을 왜 아무도 생각하지 못한 거죠?"

"저축? 그냥 모은다고?" 아버지가 답했다.

"예금 계좌에 이자가 거의 없다는 건 알아요. 돈을 불리는 전략도 아니죠. 하지만 적어도 돈을 잃지는 않잖아요. 제1 원칙을 철저히 따르는 방법이죠!"

"인플레이션은 어쩌고?" 아버지가 물었다.

'인플레이션?'

"인플레이션이 무슨 뜻인지는 알지?"

어느 정도는 알았다. 인플레이션의 존재는 알았다. 인플레이션을 모르는 사람은 없다. 시간이 흐르며 물가가 상승하고 화폐의 구매력이 감소하는 현상이다. 하지만 원인은 몰랐다. 정부가 돈을 찍어내고, 더 많은 돈이 유통되고, 그래서… 돈이 덜 유용해지고… 가치가 낮아지고… 덜 좋아지고… 아무튼 뭐든지 덜 좋은 상태가 되는 것을 가리키지 않나? 그렇다. 나는 '인플레이션'을 정확히 정의할 수 없었다.

"인플레이션은 결국 돈의 구매력이 감소하는 현상을 뜻해. 이유를 간단히 설명하마. 정부는 사람들이 일자리를 갖기를 원해. 정부가 대출을 장려하고 더 많은 돈이 시중에 유통되면서 소비가 늘고 수요가 증가하며 점차 물가를 끌어올리지. 증가한 수요를 충족하기 위해 기업은 임금을 올리거나 새로운 일자리를 만들고 그 결과 경제가 성장해. 그 결과 다시 소비가 증가하고 소비 증가는 수요 증가로 이어지지. 임금이 더 오르고 더 많은 일자리가 생기고 소비는 더욱 증가해. 이런 현상을 가리켜 인플레이션이 가져오는 '선순환' 효과라고 해."

아버지는 마시던 콜라를 가리켰다. 스스로에게 일요일에만 특별히 허락한 설탕이었다. "내가 어렸을 때는 10센트만 내면 콜라를 살 수 있었지만 지금은 1달러 50센트를 줘야 해. 똑같은 콜라인데 말이지. 10센트의 가치가 그만큼 급락한 거야. 벤저민 프랭클린Benjamin Franklin이 '1페니를 저축하는 것은 1페니를 버는 것과 같다'라고 했던 그때는 1페니로 오늘날 화폐 가치의 1달러에 해당하는 물건을 살 수 있었어. 인플레이션의 영향으로 1페니의 구매력은 98퍼센트 이상 감소했지."

"소비가 늘고 임금이 오르고 일자리가 느는 '선순환'. 그건 잘 알아요. 그런데 인플레이션 이야기를 꺼내신 이유는요?"

"네 돈의 현재 구매력을 단순히 유지라도 하려면 그 돈을 이용해서 더 많은 돈을 버는 것이 유일한 방법이라는 뜻이야."

"아뇨, 아뇨, 아니죠. 아버지는 늘 고평가된 기업에 투자해 돈을 잃는 대신 '현금을 깔고 앉는' 편이 낫다고 하셨잖아요. 제가 하려는 방법이 바로 그거예요. 문자 그대로 현금을 깔고 앉아 있으려는 거라고요."

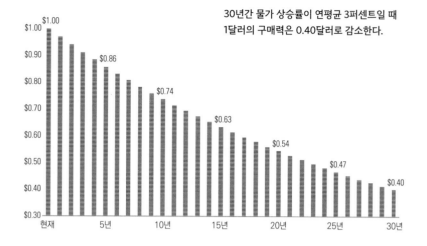

30년간 물가 상승률이 연평균 3퍼센트일 때
1달러의 구매력은 0.40달러로 감소한다.

"그래, 좋다. 현금을 깔고 앉는다는 말을 했지. 하지만 너무 오랫동안 현금을 깔고 앉아 있다가는 인플레이션 때문에 손해를 보게 돼. 인플레이션은 시간이 흐름과 함께 네가 가진 돈의 구매력을 떨어뜨린다고 했어. 지금 저축한 1달러의 가치가 구매력을 기준으로 내일이면 하락한다는 뜻이야. 네가 아무것도 하지 않고 가만히 있는다면 모레는 더, 글피는 조금 더, 10년 후에는 훨씬 더, 그리고 30년 뒤에는 엄청나게 더, 말하자면 지금 40센트에 해당하는 가치로 하락하겠지."

현재 생활비로 연간 약 8만 달러를 지출하는 사람이 동일한 생활 방식을 유지한다면 30년 뒤에는 연간 약 20만 달러가 필요할 것이다.

인플레이션으로 인해 재정에 발생하는 커다란 구멍이 분명히 보이기 시작했다. 내가 가진 돈의 가치가 매년 하락하지 않게 하려면 그 돈으로 연간 3퍼센트 이상 수익을 올려야 한다. "잠깐만요. 저축을 하면 아무 잘못 없이도 돈을 잃는다는 말씀이세요? 현재 생활 수준을 유지라도 하려면 투자를 해야 한다고요?"

"바로 그거야." 여전히 놀란 내 표정에 아버지는 당황한 듯했다. 아버지는 좀 더 간단하게 설명했다. "과거 연평균 물가 상승률이 3퍼센트 수준이었으니 연평균 수익률이 3퍼센트는 되어야 물가 상승분을 상쇄할 수 있지."

이해를 못 한 것이 아니었다. 이미 알고 있는 사실이었다. 그러나 인플레이션이라는 현실을 저축에 적용해본 적은 없었다. 그런데도 아버지는 연간 3퍼센트 물가 상승률을 따라잡기 위해서는 투자해야 한다는 사실을 성인이라면 누구나 안다는 듯 설명하고 있었다. 왜 아무도 말을 해주지 않았을까? 심지어 아버지도 미리 말해주지 않았다. 아니, 나만 빼고 모두 알고 있나? 내가 아직 어른이 덜 된 건가? 학교에서 '인플레이션은 죽음과 세금처럼 피할 수 없으므로 반드시 연간 3퍼센트 수익을 올려야 한다'라고 가르쳤는데 내가 수업을 빠졌나?

한숨이 나왔다.

"저축이 '아무것도 하지 않는' 훌륭하고 중립적인 행위라고 생각했어요. 매달 돈을 얼마간 떼서 쌓이게 내버려 뒀죠."

"하지만 쌓이는 게 아니지." 게다가 아버지는 주요 제품의 가격 상승률이 물가 상승률을 추월하는 현상도 설명했다. 조부모님은 1951년 오리건주 포틀랜드에 5,000달러를 들여 첫 집을 장만했다. 할아버지가 신입 부기 담당자로 일하며 받는 연봉에 해당하는 금액이었다. 지금은 부기 담당자의 1년 치 연봉으로 괜찮은 집을 찾기가 쉽지 않다. 포틀랜드처럼 비싼 도시에서는 아예 불가능하다. 포틀랜드에

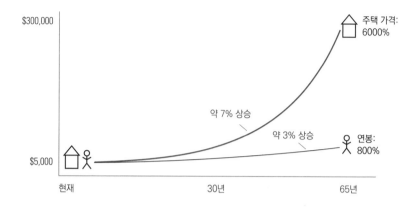

서 현재 비슷한 집을 구하려면 30만 달러가 필요한데 경력 있는 부기 담당자의 연봉은 4만 달러 수준이다.

"인플레이션 덕분에 부기 담당자의 연봉은 65년 동안 800퍼센트 인상됐어. 복리 기준으로 연평균 3퍼센트 상승했지. 그런데 포틀랜드의 주택 가격은 좋은 입지, 인구 증가, 정부의 부동산 대출 보증과 세금 정책에 힘입어 65년 전보다 6,000퍼센트 뛰었어. 복리 기준으로 연평균 7퍼센트 상승한 셈이지."

아버지는 설명을 이어갔다.

"저축한 돈을 불리지 않으면 은퇴 후 괜찮은 식당에서 저녁을 먹기도 어려울 거야. 아예 불가능하지는 않더라도 말이야. 건강 관리는 말할 것도 없지. 결국 제자리에서 버티기라도 하려면 반드시 투자해야 해. 물에 빠지지 않고 버티려면 수익률이 3퍼센트 이상은 되어야 할 거야."

"하지만 다들 저축하라고 하는걸요! 다들 그렇게 조언해요! 모아라! 돈을 저축해라! 안전하게 지켜라! 제1 원칙, 돈을 잃지 말 것!"

아버지는 이제 대놓고 비웃었다. '하느님, 제 앞에 있는 이 사람을 포크로 찌르지 않도록 도와주세요.' 변호사 자격증을 잃을 수는 없었다.

"저축을 독려하는 것은 돈을 쓰지 말고 저축하라는 뜻이야. 물가가 오르고 '내일'은 더 비싸게 사야 한다는 사실 때문에 사람들은 가진 돈 전부에 더해 '오늘' 빌릴 수 있는 돈까지 전부 써버리려고 하는 경향이 있어. 그래서 소비 대신 저축을 독려하는 거야. 일단 목돈이 모였다면 예금 계좌에 넣어 묵혀두라고 조언하는 사람은 없단다."

이게 다 무슨 말인가? 나는 좌절했다. 저축이 바람직한 방법이라고 조언한 사람들조차 저축을 진짜 투자의 전주곡 정도로 여겼다는 것인가? 저축으로는 충분하지 않다는 말인가?

"저축으로는 충분하지 않아." 아버지가 낮게 말했다. 아버지는 웃음을 참으려고 애썼지만 그럴수록 내 분한 마음은 더 커졌다.

"인플레이션이 제가 저축한 돈을 잠식한다는 말이네요." 나는 분한 마음을 가라앉히며 아버지의 말을 이해해보려고 애썼다. 그리고 충돌하는 정보를 천천히 받아들였다. "왜 진작 말씀하지 않으셨어요?"

아버지는 크게 웃었다. "말했어! 줄곧 말해줬잖아!"

내가 기억하기로는 아니었다. 설령 그랬다고 해도 내가 제대로 듣고 있는지 신경도 쓰지 않았다는 것은 분명하다.

"말도 안 돼." 나는 혼잣말을 내뱉었다. "결국 피할 길이 없네요. 좋든 싫든 경제와 주식시장은 저와 연결되어 있으니."

"그렇지." 이 대답도 벌써 열네 번째다. "탁자 밑으로 숨고 싶은 표정이구나."

"아뇨, 숨고 싶은 게 아니라 제 손으로 직접 투자를 하지 않을 방법을 찾고 싶을 뿐이에요. 해결책을 찾았다고 생각했는데 그 방법이 실제로 돈을 잃는 아주 확실한 방법이라는 말씀이잖아요."

아버지는 나를 물끄러미 바라보았다. "맞아."

"답답해요." 나는 비명에 가까운 소리를 내뱉었다.

몸을 좀 움직여야 했다. 나는 아버지와 함께 몇 블록을 걸어 내 아파트로 갔다. 나는 카펫 위로 몸을 굴려 아래를 향한 개 자세를 취했고 아버지는 전혀 신경 쓰지 않았다. 부모님 덕분에 초월명상과 요가는 어린 시절부터 내 일상의 한 부분이 되었다. 요가 자세로 몸을 길게 늘이는 것은 좌절감이 내 안에 자리 잡는 것을 막는 나만의 방식이었다. 나는 명치까지 숨을 보내고 등 아래쪽까지 깊이 숨을 들이마시면서, 중요한 무언가를 오랫동안 놓치고 지내왔다는 사실에서 오는 공황에 가까운 두려움을 씻어내려고 노력했다. 인플레이션이 저축에 부정적인 영향을 미친다는 생각이 머릿속을 떠나지 않았고 그생각을 떨칠 방법을 찾아야 한다는 생각에 머릿속이 빙빙 돌았다. 나는 매트리스 아래 돈을 묻어두는 것이 꽤 안전한 방법이라고 생각했다. 그런데 이제 생쥐 한 마리가 매트리스 아래 집을 짓는 느낌이다. 생쥐는 내가 어렵게 번 소중한 돈을 한 장씩 야금야금 갉아 거대한 보금자리를 만들고 있었다.

아버지가 이미 소파에 몸을 던졌기 때문에 나는 큰 의자에 앉았다. 아버지는 엑셀 프로그램을 실행해 스프레드시트를 만들었다. 금융과 관련된 설명을 하려고 할 때마다 늘 하던 일이다. 나는 아버지가 내민 스프레드시트를 흘깃 보았다. 나는 스프레드시트를 좋아하지 않을뿐더러 그것을 해석하는 데도 관심이 없었다.

아버지가 스프레드시트의 내용을 요약해 설명했다. "스크루지처럼 저축하고 철저히 검소하게 산다면 30년 후에는 은퇴가 가능해. 하지만 그런 은퇴 후 생활도 4년 정도만 유지할 수 있을 거야. 아무리 검소하게 생활해도 지출이 늘면서 저축을 빠르게 소진시킬 테니까."

좋지 않다.

"내가 왜 그랬고 왜 투자를 시작했는지 알겠지?" 아버지는 잠깐 숨을 고르더니 말을 이었다. "나는 스물여덟 살 때 프랑스 아쉬람(명상 센터)에서 하루 12시간씩 6개월간 명상을 했어. 베트남 전쟁의 기억을 어떻게든 떨쳐내려고 시작한 일인데 효과가 있었어. 돈에 대해 생각하기 시작한 것도 바로 그때였어. 6개월을 더 지내면서 숙식을 해결하려면 4,000달러가 필요했는데 그만한 돈이 없었지. 완전한 깨달음에 이르는 길을 가로막는 단 한 가지가 바로 돈이라는 사실이 너무 끔찍했단다."

"6개월 더 깊이 명상했다면 깨달음을 얻었을까요?" 나는 회의적인 말투로 물었다.

"글쎄, 지나고 보니 아니었을 것 같아. 하지만 원했던 일이지. 그때는 영적 자유가 제일 중요했거든. 그런데 돈 때문에 하지 못했어. 미국으로 돌아와 명상을 가르치고 관광객들에게 강을 안내하는 일도 계속했지만 늘 돈이 문제였지. 그러다 투자를 가르쳐주겠다는 사람을 만났어.[*] 돈이 항상 바닥나는 상황에 지쳐 있었기 때문에 제안을 받아들였지. 투자를 배우기 시작하면서 내가 제대로 선택했다는 것을 알았어. 강에서 물살을 따라가는 것만큼이나 쉬웠거든."

아버지는 이해할 수 없었을 것이다. 투자는 나를 행복하게 하지 못했다. 두렵게 할 뿐이었다.

용기를 내서 다른 사람의 도움 없이 투자에 나선다고 해도 시장에 투자한 돈 전부를 잃을 것이 분명했다. 아버지는 어떤 종목이 오를 거라고 기대하고 매수하는 순간, 내가 샀다는 바로 그 이유로 주가가 하락할 것이라며, 이것을 가리켜 '투자의 감정적 법칙'이라고 했다. 줄서기를 떠올리면 비슷하다. 우리는 언제나 빨리 줄어드는 것처럼 보이는 줄에 서지만, 내가 발을 들이는 순간 줄이 줄어드는 속도는 느려지고 결국 정체된다. 물론 치러야 하는 비용은 주식 투자가 훨씬 크지만 선택이 필요하다는 점에서 주식을 사는 것도 줄서기와 거의 같다. 다른 점도 있다. 어느 줄에 설 것인가는 반드시 선택해야 하는 문제다. 하지만 주식 투자는 반드시 해야만 하는 것은 아니다.

기업의 주가를 떨어뜨릴 수 있는 요인들을 생각할 때면 양쪽 끝에 육중한 문이 있는 밀폐된 콘크리트 계단을 따라 불빛이 희미한 주차 건물에 들어서는 기분이다. 하필 핸드백이 작고, 붐비는 술집에서 실수로 발사될까 봐 후추 스프레이도 챙겨 나오지 않은 밤이다. 넘치게 따른 숙성 버번위스키를 몇 잔 마셨고 불길한 예감이 '그 콘크

---

[*] 아버지는 어떻게 멘토를 만났고 그것이 아버지의 인생을 어떻게 변화시켰는지를 주제로 첫 번째 책 《주식투자 절대법칙》을 썼다. 베스트셀러였다고 말했던가?

리트 계단에 들어서지 말 것'을 경고한다. 술에 취한 상태에서 느끼는 이런 공포는 좋지 않다. 막연한 두려움이 아니라는 사실을 잘 알기 때문이다. 세상에는 두 가지 유형의 사람이 있다. 어떤 사람은 밀폐된 계단을 봐도 아무렇지 않고, 어떤 사람은 예감이 좋지 않다고 느낀다. 특히 여성들은 깊은 무의식에서 밀폐된 계단을 의식한다. 반면 남성들 대부분은 밀폐된 계단에 전혀 개의치 않는다.

여성 투자자는 남성에 비해 위험 허용 한도risk tolerance가 낮은 경향이 있다. 최근 연구에 따르면 피델리티를 통해 투자하는 여성의 단 4퍼센트만이 더 큰 수익을 얻기 위해 기꺼이 거액을 투자할 의사가 있다고 답했다. 전체 여성의 90퍼센트는 인생에서 어느 시점이 되면 가정의 재정 문제에 관한 유일한 의사 결정자가 될 것이다. 이성적으로는 나 자신의 가정을 위해 투자해야 한다고 판단했지만 본능은 내게 밀폐된 계단에서 어서 빠져나가 택시를 부르라고, 요금이 크게 올랐지만 그만한 값을 한다고 주식 투자에 대해 경고를 보내고 있었다.

"아버지는 저와 다른 것 같아요. 세상이 조여오는 느낌이에요. 투자를 할 수 있겠다는 자신감이 전혀 생기지 않아요. 아버지에게는 깊은 자신감이 있고요."

아버지는 잠시 생각하더니 말했다.

"처음부터 그랬던 것은 아니야. 배우는 과정이 필요했어. 오히려 파산하면 용감해질 수도 있지. 지금 내가 가진 자신감은 기업의 실제 가치를 분명히 안다는 것에 근거해. 무슨 일이 일어날지는 누구도 예측할 수 없기 때문에, 정말로 싸게 살 수 있는 기회가 아니라면 매수하지 않지. 누구나 예측이 틀릴 때가 있거든. 싸게 사는 게 바로 내 보호 장치야."

"그래도 위험이 큰 상황을 좋아하시잖아요. 실제로 모험을 즐기시고요."

"전혀 그렇지 않아. 자신이 무엇을 하고 있는지 모르는 것이 모험이지. 나는 내가 무엇을 하고 있는지 정확히 아는 편이 좋아."

"저는 위험 회피형 변호사예요. 모험은 꿈도 꾸지 않아요."

"그건 투자자로서 굉장한 장점이야. 자기 재정의 미래를 걸고 도박을 해서는 안 되지." 아버지는 한쪽 눈을 찡긋했다.

"어쩌면 네 생각보다 더 투자가 적성에 맞을 수도 있겠어."

"아, 뭐…." 나는 말끝을 흐렸다. 직접 투자를 회피한 것은 밀폐된 콘크리트 계단의 매우 현실적이고 물리적인 공포에서 스스로를 보호하는 지극히 합리적인 선택이었다. 투자를 생각하지 않고 아무것도 하지 않으면 끔찍한 공포도 사라졌다. 공포가 사라지면 마음이 놓였다. 하지만 은퇴 생활을 4년밖에 유지할 수 없다는 사실이 또 다른 밀폐된 계단을 만들었다. 콘크리트 벽으로 둘러싸인 사면초가의 상황이었다.

나는 투자와는 거리가 먼 주제로 대화를 이끌었고 우리 둘 다 집에서 업무를 처리하며 남은 하루를 보냈다. 아버지가 애틀랜타로 돌아가기 전까지 주말 동안 우리는 안전한 주제에서 벗어나지 않았다.

중요한 정보를 놓치고 지냈다는 사실에 몹시 화가 났다. 어느 정도 알고는 있지만 실제로는 한 번도 깊이 생각해본 적 없는 개념을 곰곰이 생각한다는 것은 콧구멍 속 큰 덩어리를 맞닥뜨리는 것과 같다. 어두운 구멍 속에 그것이 숨어 있다는 사실은 쭉 알고 있지만 추한 실체를 대면하는 것은 다른 문제다. 나는 매일 인플레이션에 관해 생각했고, 인플레이션을 생각할 때마다 궁금해졌다. 또 어떤 것을 놓쳤을까? 내가 모르는 줄도 모르고 있는 것은 또 무엇이 있을까? 이런 생각을 떨쳐버릴 수 없었다.

그 주 후반, 재무상담사로 일하는 친구를 직장 행사에서 우연히 만났다. 이 친구라면 아버지에게서 배운 인플레이션을 알고 있을 것 같았다. 아마 고객들에게 인플레이션에 관해 경고도 할 것이다.

"들어봤어? 인플레이션에 대해서?" 나는 큰 소리로 물었다.

친구는 잠시 멈칫한 뒤, 다음에 무슨 말이 나올지 궁금해하며 대답했다. "그런데?"

"아무 짓도 안 해도 인플레이션 때문에 돈의 가치가 사정없이 떨어진다는 걸 알고 있었어?" 다시 세차게 밀려드는 좌절감에 목소리가 커졌다.

"그런데?" 친구는 와인을 한 모금 마셨다. 친구는 동요하지 않았다. 인플레이션이 얼마나 끔찍한지 이해하지 못한 것이 분명했다.

"돈이 그냥 사라진다니까! 저축하고 저축하고 또 저축해도 1달러, 1달러씩 서서히 사라지는 거야. 단 한 푼도 안 남을 때까지! 단 한 푼도!"

"어느 정도 맞는 말이야." 친구는 쉽게 동의했다. "인플레이션은 화폐의 구매력을 감소시켜. 연간 3퍼센트 정도지. 돈이 실제로 사라지는 것은 아니고 구매력이 줄어드는 거야."

"알고 있었구나."

친구는 어색하게 어깨를 으쓱하더니 걱정된다는 얼굴로 말했다.

"네가 모르고 있는 줄 몰랐어."

어쩌면 나는 너무 많은 것을 모르고 있는지도 모른다. 얼마나 모르는지 조사해볼 필요가 있을지도 모른다.

인플레이션은 별난 녀석이다. 경제학자들은 거시경제 관점에서 인플레이션을 긍정적 요인으로 본다. 국제통화기금International Monetary Fund, IMF 소속 경제학자들을 비롯한 여러 학자들의 연구에 따르면 상대적으로 낮은 수준의 인플레이션이 꾸준히 지속될 때 더욱 많은 일자리가 창출되고 임금이 상승하는 소비, 임금, 고용의 선순환 효과가 나타난다.[3] 그러나 인플레이션이 '긍정적인' 수준 이상으로 가속화되면 임금과 고용이 따라잡을 수 없을 정도로 화폐 가치가 급락한다. 바로 이때 저축의 가치가 하락한다. 물론 부채의 가치도 함께 하락하고 그것이 대출과 소비를 부추긴다. 반면 소비를 하지 않으면 선순환이 멈춘다. 일본은 국내 수요 부진으로 장기 디플레이션과 초저인플레이션에 갇혀 있다. 일본의 고용시장에서는 임금 인상이 없고, 일본 소비자들은 소비보다 저축을 선호해서 수입의 매우 작은 부분만 소비한다.[4] 인플레이션이 발생하면 주식시장은 대개 상승한다. 기업의 매출과 이익은 인플레이션에 비례해 증가하는 경향이 있기 때문이다.[5] 한마디로 인플레이션은 저축에 부정적이지만 주식시장에는 긍정적이다.

나는 주식시장을 좀 더 진지하게 살펴봐야겠다는 생각을 1주일 가까이 하고 또 했다. 아버지에게 전화를 걸어야 했지만 내키지 않았다. 전화를 걸면 아버지와 돈에 관한 대화를 다시 시작하게 될 것이고 그것은 내가 원하는 일이 아니었다. 그러나 달리 생각하면 내게는 기꺼이 도움을 줄 이 분야의 전문가가 가장 가까운 곳에 있었다. 나는 무엇이 미래를 위한 올바른 결정인지 알았다.

그다음 주말, 나는 심호흡을 하고 아버지에게 전화를 걸었다.

"돈을 어떻게 할지 아버지와 이야기를 해보고 싶은 것도 같아요." 나는 어렵게 말을 꺼냈다. 아버지는 내가 도망칠 수도 있다는 것도 이미 알고 있었다. 아버지는 나를 잘 알았다.

"내 생각은 이렇단다." 아버지가 조심스럽게 말을 꺼냈다.

나는 들을 준비가 되어 있었다. "아버지 생각은요?"

"올해를 제1 원칙 투자를 배우는 해로 삼아야 할 것 같구나. 지금은 투자에 문외한이지만 1년이 지나면 자신감을 갖고 능숙하게 투자할 수 있을 거다."

'음… 뭐라고요?' 밀폐된 콘크리트 계단이 다가오는 것 같았다. 경제적 자유를 얻으려면 뭐든 해야만 한다는 것은 알았지만 직접 투자는 마지막 수단으로 여겼다. 바보 같은 인플레이션 때문에 저축은 물 건너갔지만 재무상담사에게 전권을 위임하는 방법은 아직 괜찮아 보였다. 아버지에게 맡길 수는 없었다. 아버지가 운용하는 펀드는 증권거래위원회Securities and Exchange Commission, SEC 규제 때문에 순자산이 많은 투자자만 고객으로 받았다. 내 은행 잔고는 기준에 맞지 않았다. 하지만 내 돈을 맡아줄 다른 누군가를 찾을 수 있을 것이다. 더 나은 누군가가 있을 것이다.

아버지는 내가 확신하지 못한다는 사실을 알았다.

"무슨 생각을 하는지 안다. 돈 관리를 다른 사람에게 맡겨서는 경제적 자유를 얻지 못한다는 사실을 알려주마. 증명해 보여주지. 그런 다음 올해 남은 기간 동안 투자 방법을 배우면 돼."

"굉장히 자신만만하시네요."

"물론이지. 넌 할 수 있어. 문제없단다."

나는 곰곰이 생각했다. 투자에 쓸 시간을 어떻게 만들어낸단 말인가? 내게는 누구를 만날 시간조차 없다. 사실 이 부분은 완벽하게 만족한다. 오래 사귄 남자 친구와 헤어진 후 얼마간 시간이 필요했다. 내 인생에 다른 사람을 위한 빈자리가 생길 때까지 누구도 만나지 않기로 결심했다. 인생에서 한 순간만이라도 자신에게만 집중할 수 있는 단순함이 좋았다. 하지만 아무리 단순하게 산다고 해도 언제까지나 지금처럼 지낼 수는 없다. 건강도 돌봐야 하고 가족에게 지워질 부담도 생각해야 했다. 나 혼자만이 아니라 가족들을 위해서라도 좀 더 나은 삶을 꾸려야 했다. 카말라와 약속했던 것처럼 어떤 조치가 필요했다. 아무것도 하지 않은 채 불평만 하고 있을 수는 없었다.

정말로 선택의 여지가 없었다. 세상은 내게 손을 내밀었고 나는 그 손을 잡아야만 했다.

나는 조심스럽게 팔을 뻗었다. "일상적인 일로 만든다면 효과가 있을 거예요. 투자에 시간을 들여야 한다면 요가처럼 일상의 한 부분이 되도록 해야 해요."

아버지도 동의했다. "투자는 네 생활의 일부가 되어 매끄럽게 어우러질 거다. 시간이 갈수록 실력도 늘겠지. 새로운 산업과 기업, 일자리에 대해 끊임없이 배워야 한다는 것이 내가 투자를 좋아하는 이유란다. 투자는 세상을 향해 난 창문과도 같거든."

"평생교육." 나는 미소를 지었다. "법률이나 의료를 비롯한 전문 분야도 평생교육과 수련이 필요하죠."

"마음에 드는 표현이야. 우리는 투자 수련이라고 할 수 있겠구나."

'나의 투자 수련, 좋다.'

의사이자 저술가인 아툴 가완디Atul Gawande가 수습 기간 동안 수련 과정에서 경험한 내용을 기록한 글이 떠올랐다. 그는 번번이 실패하던 중심 정맥관(각종 액체 전달을 위해 굵은 정맥에 삽입하는 긴 관) 삽입을 어느 날 드디어 제대로 해냈다. "그날 무엇을 어떻게 달리한 것인지 아직도 모르겠다. 하지만 그날 이후로 정맥관이 들어갔다. 수련에는 이런 재미가 있다. 우리는 매일매일 한 조각씩 해야 할 일을 해낸다. 그러다 보면 언젠가 전체가 완성된다. 정확히 어떻게 그렇게 된 것인지 스스로도 설명할 수 없지만 의식적 학습이 무의식적 지식이 된다."[6]

아버지가 투자의 조각들을 건네준다면 나는 그 조각들로 전체를 완성하리라는 희망을 품고 수련할 것이다.

"실제로 어떻게 진행되는 건지 알려주세요."

"나는 기업의 '이야기'를 구성하는 방법으로 기업을 평가한단다. 네가 스스로 기업을 조사하고 어렵지 않게 이야기를 완성할 수 있을 때까지 매달 이야기의 요소 하나하나를 가르쳐줄 생각이야. 너만의 관심 기업 목록을 만들 수 있도록 도와주마. 그런 다음 그 기업들을 언제 사야 하고 포트폴리오는 어떻게 구성해야 하는지 알아볼 거야. 수련 일정은 네 업무에 따라 조정할 수 있어. 자, 이렇게 진행할 계획이다."

아버지는 1부터 12까지 숫자를 적었다.

"이번 1개월 차에는 용기를 내는 것으로 충분해. 이 일을 생각했다는 것만으로도 대단한 일이야. 대부분 하지 못하는 일이지. 겁이 난다는 것도 안다. 네가 정말 자랑스럽구나."

"고마워요, 아버지." 나는 미소를 지었다.

"점점 나아질 거야. 2개월 차에는 너만의 '숫자', 즉 네가 경제적 자유를 얻기 위해 얼마가 필요한지 계산할 거야. 그럼 전권을 위임하면 안 되는 이유를 납득하게 될 거야. 재무상담사에게 돈을 건네는 것으로는 경제적 자유를 얻을 방법이 없다는 것을 알게 될 거야. 무조건 그래. 이달은 수월한 편이야. 3개월 차에는 주식시장이 무엇이고 어떻게 작동하는지 알아보고 4, 5, 6개월 차에는 좋은 투자의 원칙, 매수할 기업을 선택하는 방법, 좋은 사업 여부를 판단하는 방법을 알아볼 거야. 7, 8개월 차에는 가치 평가를 배우고 적정 가격을 판단하는 방법을 다룰 계획이야."

속이 울렁거렸다.

"수학에 대한 걱정은 잘 안다. 그래서 기간을 충분히 길게 잡았어. 사실 네가 하루 만에 모두 이해할 내용을 두 달에 걸쳐 다루는 셈이야. 수련할 시간이 충분한 만큼 마음 편하게 다음 단계로 넘어갈 수 있을 거다."

"좋아요. 남은 몇 달은 뭘 하죠?"

"9개월 차는 네 적성에 맞을 거다. 네가 좋다고 생각한 기업들을 나와 함께 검토하고 좋은 기업이라는 판단을 반박할 근거를 찾을 거야. 그 기업에 투자하면 안 된다는 주장을 입증할 근거를 찾는 거지. 10, 11개월 차에는 위기가 닥쳤을 때 오히려 강해지는 '안티프래질antifragile' 체질을 갖춘 포트폴리오를 구성하는 방법을 알아보고 12개월 차에는 모두 마무리할 거야. 이 모든 것들이 모여 기업의 이야기가 만들어진단다. 이즈음이면 성공적인 직접 투자 방법을 알게 되고 앞으로 평생 기량을 발휘하게 될 거다. 자유를 향한 길을 잘 헤쳐나갈 수 있을 거야. 해볼 만하겠지?"

나는 숨을 크게 한 번 쉬고 미소를 지었다. 아직 아무것도 약속하지 않았다.

"우선 전권을 위임하면 왜 안 되는지 납득이 되면요."

1개월 차 수련

나는 돈에 대한 걱정 때문에 원하는 방식대로 살지 못하고 있다는 사실을 깨달으면서 이 투자 과정에 들어섰다. 경제적 자유가 주어진다면 무엇을 할 것인지 떠오르는 대로 나열해본다. 일을 계속 한다. 일은 줄이고 자원봉사를 한다. 다른 일을 구한다. 학자금 대출을 갚는다. 병원비를 낸다. 가족을 돌본다. 여행을 한다. 자선단체에 기부한다. 좀 더 편안히 잔다…. 그렇게 했을 때 어떤 기분일지 용기를 내어 글로 적어본다.

1. Sheryl Sandberg, Facebook post, May 6, 2016.
2. Haruki Murakami, 《해변의 카프카(Kafka on the Shore)》, 2005
3. M. Sarel, "Non-Linear Effects of Inflation on Economic Growth," IMF Staff Papers 43 (March 1996). R. Barro, "Inflation and Growth," Federal Reserve Bank of St. Louis Review (May/June 1996), and M. Bruno, "Does Inflation Really Lower Growth?" Finance and Development 32, no. 3 (September 1995).
4. Paul Krugman, "What Is Wrong with Japan?" http://web.mit.edu/krugman/www/nikkei.html, Robin Harding, "Japan Returns to Inflation for First Time Since 2015," Financial Times, March 3, 2017.
5. http://www.investopedia.com/university/inflation/inflation4.asp
6. Atul Gawande, 《나는 고백한다, 현대의학을(Complication: A Surgeon's Notes on an Imperfect Science)》 (New York: Picador, 2003)

2개월 차
은퇴 숫자 알기

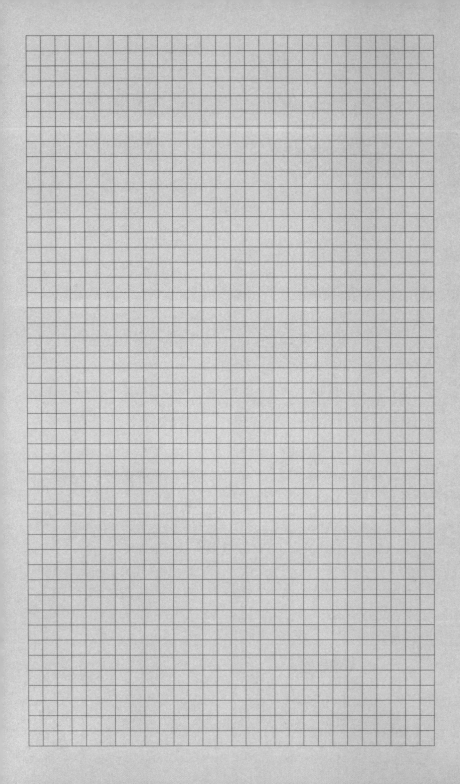

아버지는 예정보다 몇 주 일찍 애틀랜타 집으로 돌아갔다. 아버지가 다녀간 뒤 나는 우리가 이야기한 것들을 곰곰이 생각했다. 직접 투자는 그다지 내키지 않았고, 업무로 인한 스트레스에 초조함이 더해지면서 위통이 심해졌다. 1년이라는 시간 동안 내가 과연 투자에 집중할 수 있을까?

살다 보면 정말 바빠질 때도 있는 만큼, 체계적인 환경을 마련하고 강제성을 부여해야 1년 동안 집중력을 잃지 않을 가능성도 더 높아질 것 같았다. 나는 아버지에게 '투자 수련' 진행 상황을 매주 전화로 확인하면 어떨지 제안했다. 아버지도 나도 곧 다른 일로 바빠질 테니 정기적으로 통화해 상황을 점검하면 수련하는 데 도움이 될 것 같았다. 나는 곰곰이 생각했다. 주식시장은 어쩌지? 나는 주식시장을 신뢰하게 될까?

'주식시장' 혹은 '시장'은 전 세계 증권거래소를 포괄적으로 가리킨다. 가장 잘 알려진 시장은 아마도 뉴욕증권거래소NYSE일 것이다. 많은 나라에는 고유한 증권거래소가 있고 그 시장이 모여 세계 주식 시장을 구성한다. 아버지가 주식시장이나 시장이라고 할 때는 모두 합해 약 6,000개 미국 기업의 주식이 거래되는 뉴욕증권거래소와 나스닥NASDAQ, 기타 소규모 거래소를 가리켰다. 아버지가 '시장보다 잘하고 있다', '시장을 앞서고 있다'라고 하면 미국 시장 전체 평균 수익률보다 높은 수익률을 기록하는 중이라는 뜻이었다.

1600년대에 네덜란드는 역사를 바꿀 혁신을 도입했고 그것이 현재 시장의 형태로 이어졌다. 네덜란드는 회사를 주식으로 작게 나누어 일반 대중도 사고팔 수 있게 했다. 이로써 회사 전체가 아닌 일부를 소유하는 것이 가능해졌다. 매매가 이루어진 장소, 즉 지금의 거래소 역할을 한 곳은 술집이었다. 당시 사람들은 술집에 둘러앉아, 회사가 띄운 선박 여러 척 가운데 하나라도 인도에 제대로 도착하고 안전하게 돌아온다고 가정할 때 어떤 회사 주식이 가장 가치가 있을지 점치곤 했다.*

상장회사(거래소에서 대중에게 소유권을 판매할 수 없는 비상장회사의 반대 개념)들이 거래된 최초의 시장은 현재 주식시장과 거의 같은 방식으로 작동했다. 매도자가 큰 소리로 가격을 외치고 매수자도 자신이 원하는 가격을 외치면 매도자와 매수자가 합의한 특정 가격에 거래가 성사되었다. 시장에서는 이런 식으로 가격이 오르내린다. 벼룩시장과

---

* 　시장의 거품을 환기시키는 역사적인 사건이 발생한 곳도 네덜란드였다. 튤립 구근의 가격이 집 한 채 가격에 맞먹는 수준까지 급등했다 폭락한 것이다.

마찬가지로 주식시장에서 거래되는 어떤 기업도 미리 정해진 가격은 없다. 가격은 오로지 특정 순간 매수자가 지불하려는 금액과 매도자가 받으려는 금액을 반영해 결정된다.

오늘날의 금산 복합체 체제에서도 규모만 더 커졌을 뿐, 네덜란드 사람들이 수백 년 전 술집에 모여 했던 일을 그대로 하고 있다. 증권거래소에서도 네덜란드 술집에서와 마찬가지로 가격 협상이 이루어진다. 사람들은 지정된 장소인 객장에서 직접 주식을 사고판다. 가격이 널뛰기하지 않고 순조롭게 오르내리도록 돕는 중개인이 있다는 점만 제외하면 과거와 다르지 않다. 증권거래소에서 주식을 매매한다는 것은 기존 주주로부터 해당 주식을 사거나 다른 투자자에게 판다는 뜻이다. 거래는 해당 기업을 거치지 않고 전적으로 증권거래소에서 밝은 색 외투를 입은 남자들에 의해 이루어진다. 아버지가 객장에서 CNBC 방송과 인터뷰를 할 때 밝은 색 외투를 입은 사람들이 화면에 비치는 것을 본 적이 있다. 컴퓨터가 등장한 이후 거래의 상당 부분을 컴퓨터가 처리하면서 거래가 이루어지는 과정을 눈으로 확인하기는 더욱 어려워졌다. 그러나 가격 협상 과정은 과거와 동일하고 여전히 사람들이 관여한다. 과거에 매수자가 옆에 있는 매도자에게 희망 가격을 외치는 데 30초가 걸렸다면 지금은 1,000분의 1초만에 거래가 처리된다.

다른 사람을 대신해 종목을 선택해주는 일이 돈이 된다는 사실을 알아낸 사람들도 있다. 이들은 자산관리사라는 직업과 재정 자문업이라는 산업을 만들었다. 아버지와의 첫 번째 통화가 며칠 뒤로 다가오면서 밀폐된 콘크리트 계단의 양쪽 벽이 나를 향해 서서히 조여오는 것 같았다. 나는 재무상담사에게 의뢰해 투자 수련 시간을 단축해야겠다고 생각했다. 어쩌면 스스로 해보는 과정 없이 곧바로 끝낼 수도 있는 방법이었다.

내 영혼의 어둡고 깊은 곳에서는 금융과 관련한 문제에서 도망치고 싶었고 그래서 유능한 자산관리사에게 돈을 건네주고 권한을 넘기는 방안에 강하게 끌렸다. 영화 〈신부의 아버지〉에서 웨딩플래너 역의 마틴 쇼트는 스티브 마틴에게 "저를 믿으세요. 저는 이 일로 밥벌이를 합니다"라고 자신 있게 말했다. 나야말로 누군가를 절실히 믿고 싶었다.

내가 하려는 것이 나쁜 거래라는 사실은 인지하고 있었다. 금산 복합체가 선전해온 가치 명제는 자산관리사들이 이 분야의 전문가이며, 그들에게 내 돈의 운용을 부탁하는 특전을 누리려면 대가를 지불해야 한다는 것이었다. 그들은 투자가 너무 어려우니 대가를 지불하고 그들에게 맡겨야 한다는 인상을 사람들에게 심어주었다. 직접 투자 능력에 관한 자신감을 앗아가려는 금산 복합체의 시도였다.

그들의 마케팅은 성공했다. 그들의 전략을 알았지만 대가를 지불한 투자에서 손실이 발생하더라도 전적으로 내 잘못은 아니니 직접 돈을 잃는 것보다는 나을 것 같았다. 나는 단순히 조종사를 잘못 선택했을 뿐이고 비행기가 추락한 것은 조종사의 탓이다.

사전 탐색 차원에서 나는 재무상담사로 일하는 친구에게 전화를 걸었다. 친구와 일로 엮이는 것이 그다지 내키지는 않았지만 친구의 설명을 듣는 것도 재미있을 것 같았다. 하지만 친구는 내 자금이 충분하지 않아서 맡을 수 없다고 말했다.

나는 깜짝 놀랐다. SEC 규정에 따라 헤지펀드는 소액 투자자를 받을 수 없다. 하지만 친구가 일하는 곳은 일반 대형 은행이었고, 은행은 나와 같은 소액 투자자를 위한 곳이라고 생각했다. 친구는 수수료 구조 때문에 투자금 25만 달러 이하는 받지 않는다고 설명했다. 내 자금은 25만 달러와는 거리가 멀었고 기회는 그렇게 내게서 멀어졌다.

친구의 경우 고객을 유치하면 일단 총액의 2퍼센트를 연간 관리보수로 제하고 남은 돈을 운용하고 여기에도 운용보수를 부과한다. 수수료는 고객 부담이다. 결국 고객의 투자 원금은 모든 수수료를 감당하고 재무상담사가 시간을 들일 가치도 있을 만큼 충분해야 한다. 이론상 재무상담사는 수수료를 상쇄하고도 남을 만큼 큰 수익을 거둔다.

물론 이것은 재무상담사의 서비스를 받을 수 있을 때의 이야기다. 친구의 말에 따르면 자산관리사는 일반적으로 투자금 50만 달러 미만은 받지 않고, 좀 더 큰 금융회사에서는 최저 투자금이 300만 달러다. 자산관리사는 수익 발생 여부와 관계없이 운용보수를 부과한다. 다시 한번 강조하면 성공하든 실패하든 보수를 받는다. 우리는 그들의 고객이 되는 특권에 대가를 지불한다. 성과에 대한 보수가 아니다. 서비스 자체에 대한 수수료다.

나는 투자금을 책임져달라고 돈을 내고 부탁하는 것조차 불가능했다.

전권을 위임하려는 사람이 나 혼자만이 아니었다는 것은 확실하다. 2017년 세계 주식시장 자금 규모는 약 70조 달러였다.[1]

$70,000,000,000,000

0이 많다. 확실히 우리 대부분은 금융, 주식시장, 원자재 상품, 회계를 배워야 한다는 압박감에서 필사적으로 달아나려고 한다. 솔직히 먹고사느라 너무 바쁘고 효과적으로 배울 수 있다고 믿지도 않는다. 그러면서도 한편으로는 주식시장에 투자하고 싶어 하는 것 같다. 주식시장에 있는 돈의 85퍼센트는 나와 같은 소액 투자자에게서 나온 것이기 때문이다. 401k 연금, 개인퇴직연금IRA, 은행 예금, 보험금 등은 모두 우리처럼 평범한 사람들이 전문가에게 운용을 맡긴 자금이다.

주식시장 자금의 85퍼센트는 '우리' 돈이다.

이처럼 우리는 시장을 통제하지만 오로지 대리인을 통해서일 뿐이다. 우리를 대신해 결정을 내려주는 대가로 수수료나 일정 비율의 보수를 지불하는 것 자체는 아주 쉽다. 그러나 다른 사람에게 보수를 지불한다는 것은 일을 잘 해낼 누군가를 찾아야 한다는 뜻이고(쉽지 않다), 그 누군가에게 우리가 힘들게 번 돈의 상당 부분을 지불해야 한다는 뜻이며(기분이 좋지 않다), 종종 우리 돈이 어디로 가고 있는지 모른 채로 지내야 한다는 뜻이다(좋은 생각이 아니다). 내게 맞는 다른 방법이 있을 것이다. 나는 아버지가 설명한 방법을 하나하나 머릿속으로 실행해보았다.

전권 위임 방법

- 뮤추얼펀드mutual funds
- 시장지수펀드market index funds
- 상장지수펀드exchange-traded funds, ETF
- 로보어드바이저robo-advisers

뮤추얼펀드: 뮤추얼펀드는 주식과 채권으로 이루어져 있다. 일반적으로 재무상담사가 펀드를 구성할 주식과 채권을 선택하고 그 대가로 수수료를 받는다. 수익이 나든 손실이 나든 관계없다. 심지어 내가 맡긴 돈을 잃더라도 재무상담사는 돈을 번다. 아버지에게 처음 이 이야기를 들었을 때는 믿기 어려웠다. 게다가 펀드매니저도 1~2퍼센트 수수료를 받고 마케팅 수수료도 추가로 발생한다. 뮤추얼펀드는 '액티브하게' 운용된다. 시장을 이기기 위해 실제로 사람이 어떤 일을 한다는 뜻이다. 시장지수(뒤에서 설명한다)가 탄생하기 전까지 뮤추얼펀드는 소액 투자자들이 손쉽게 시장의 일부를 살 수 있는 유일한 수단이었다. 사람들이 여전히 뮤추얼펀드에 투자하는 것은 대표적인 퇴직연금인 401k 상품 대부분이 같은 펀드회사나 펀드 공급자의 상품 중에서 투자할 펀드를 선택하는 구조이기 때문일 것이다. 401k 관리자나 상담사, 뮤추얼펀드 매니저가 부과하는 총수수료는 수익 여부에 관계없이 대개 3퍼센트를 초과한다. 물가 상승률 3퍼센트에 수수료 3퍼센트를 더하면 펀드에서 손실이 발생하더라도 원금의 6퍼센트가 사라지는 구조다. 아무리 생각해도 정신 나간 짓이다.

시장지수펀드: 시장지수는 주식의 집합이고 이 주식의 평균은 시장 전반의 상황을 보여준다. 뉴스에서 매일 시장지수가 언급되지만 이번 조사를 하면서 비로소 제대로 알게 되었다. 스탠더드앤드푸어스 500은 대표적인 시장지수로, CNBC에서 늘 언급하는 'S&P'가 바로 이것이다. S&P500 지수를 구성하는 500개 종목은 시장을 구성하는 6,000여 개 종목을 대표하는 지표로 여겨진다. '다우'는 30개 대형 종목으로 구성된 다우존스지수를 가리키는데 역시 시장 전체를 대변하는 좋은 지표다. 뱅가드Vanguard와 같은 펀드회사는 지수를 구성하는 모든 주식을 적절한 규모로 사서 지수를 모방하고 그것을 펀드 형태로 만들어 우리에게 판매한다. 주식과 채권을 '액티브하게' 운용하는 일반 뮤추얼펀드와 달리 시장지수펀드는 '패시브하게(수동적으로)' 운용한다. 이것은 어떤 주식을 사야 할지 판단하기 위해 조사와 분석을 하는 사람이 따로 없다는 것을 그럴듯하게 표현한 것이다. 우리는 펀드회사나 펀드 공급자로부터 시장지수펀드를 산다. 다행히 최소 매수 금액은 1,000달러 수준이고 수수료율은 0.05~0.74퍼센트로 낮다. 그러나 이 지수펀드를 재무상담사가 대신 선택해주면 서비스 대가로 수수료 1~2퍼센트를 추가 부담할 수 있다. 이 경우 연간 총수수료 부담은 약 3퍼센트로 늘어난다.[2]

상장지수펀드: 상장지수펀드(이하 ETF)는 인기 있는 선택지다. 시장지수펀드와 마찬가지로 지수를 추종하지만 일반 주식처럼 증권회사에서 사고팔 수 있고, 매수자와 매도자 중 어느 쪽이 더 많은지에 따라 가격이 등락한다. 이런 유연성 때문에 시장지수펀드보다는 약간

더 비용이 든다. 수수료율은 1퍼센트 미만으로 자산관리사의 수수료율과 비슷하지만 ETF의 시장 가격과 지수를 구성하는 기초자산(주식) 가격의 차이 때문에 실제 비용은 1~2퍼센트 수준이다.[3] 즉, 전문가에게 ETF 선택을 맡긴다면 매년 투자금의 3퍼센트가 사라지는 것을 볼 수 있다.

로보어드바이저: 사람이 아닌 컴퓨터가 자문 역할을 한다는 점이 다를 뿐, 일반 재무상담사와 마찬가지로 펀드를 선택해주는 역할을 한다. 사람을 대신하는 만큼 비용은 더 저렴하다. 전통적인 증권회사에서도 로보어드바이저 도입이 늘고 있는 추세로 앱이나 홈페이지에서 찾을 수 있다. 로보어드바이저의 수수료율은 0.15~0.50퍼센트 수준이다. 총수수료율이 2.5퍼센트에 달할 수도 있다는 뜻이다.

나의 은퇴 숫자

전권을 위임하는 방법에 관한 조사를 마쳤다. 나는 투자 수련 첫 주 통화에 문제없이 대비했다. 아버지는 전권 위임으로는 절대 성공할 수 없다고 나를 설득하려고 벼르고 있었겠지만 나도 먼저 해둘 말이 있었다.

"아버지, 어떤 선택지가 있는지 조사해봤는데 제게 생각이 좀 있어요."

"그래, 뭘 찾았는지 들어보자."

"투자에 직접 나서는 대신 선택할 수 있는 방법이 여럿 있는데 대부분 서비스 대가로 비용의 2~3퍼센트가 들더라고요."

"그렇지!" 아버지가 소리쳤다. "뛰어난 실력에 적은 보수를 받으면서 남의 돈을 어디에 얼마나 배분할지 책임지고 결정해줄 사람은 없어. 이제 너의 은퇴 숫자를 찾아보자. 그런 다음 네가 찾은 선택지 중에 그 숫자를 달성하도록 도와줄 만한 것이 있는지 살펴보는 거야."

"제 은퇴 숫자요?" 내가 하고 싶은 이야기는 전권 위임이었다.

"원할 때 일을 그만두려면 얼마를 모아야 할까? 그게 바로 너만의 '은퇴 숫자'란다."

농담이겠지? 어떻게 그런 것을 알 수 있단 말인가? 제일 먼저 떠오른 생각은 '조만간' 그만두고 싶다는 것이었고, 다음으로 든 생각은 '필요한 금액은 여러 가지 요인에 따라 달라지는 것 아닌가?' 하는 것이었다. 세 번째로 생각한 것이 '숫자에 관한 이야기는 정말 싫다'는 것이었다. 이쯤에서 머리가 멈추어서 생각한 것을 하나도 말하지 못했다.

아버지는 종잡을 수 없는 내 침묵을 무시하고 말을 이어갔다. "그리고 너만의 은퇴 숫자를 구하려면 먼저 복리의 놀라운 힘에 관해 알아야 해."

그러고 보니 전에 아버지와 저녁을 먹으면서 복리의 힘에 관한 설명을 들은 적이 있었다. 토끼의 번식력에 관한 도표를 본 적이 있는가? 열 마리로 출발한 토끼는 3대를 거치며 4,000마리로 불어난다. 복리의 힘도 토끼와 비슷하다. 투자에서 복리는 벌어들인 돈을 계속해서 재투자해 원금에서 발생한 이익이 기하급수적으로 복리로 쌓이며 돈이 스스로 불어난다는 뜻이다. 예를 들면 다음과 같다.

1. 10달러를 투자해 연말에 20퍼센트 수익이 발생한다. 2달러를 벌었다.
2. 2달러를 재투자한다. 즉, 원래 내 돈 10달러와 '공돈' 2달러를 투자한 상태다.
3. 다시 20퍼센트 수익이 발생한다. 이번에는 12달러의 20퍼센트인 2달러 40센트를 벌었다.

추가 이익 40센트는 복리 효과 덕분에 공돈에서 발생한 이익으로, 돈이 스스로 벌어들인 돈이다. 마법의 돈이다. 투자 원금을 추가하지 않아도 돈이 계속해서 불어난다. 이것이 부를 창출하는 복리의 놀라운 힘이다.

"재투자를 하지 않고 이익을 실현해버리면 그해에는 결국 복리의 힘을 잃게 되지." 아버지가 말했다. "처음에는 사소한 차이여도 그것이 결국 인생을 바꾼단다. 복리 효과를 한 해 더 누리면 수백만 달러가 늘어날 수도 있어. 장기간 투자하는 사람과 단 몇 년간 짧게 투자하는 사람의 은퇴 숫자가 얼마나 다른지 믿기 어려울 거야. 전용기를 갖느냐 마느냐의 차이가 될 수도 있거든."

"정말요?" '전용기 수준의 차이'라는 말에 관심이 갔다. 이왕이면 제대로 하고 싶었다.

"대니얼, 넌 운이 아주 좋단다. 젊고 공부도 많이 했고 돈도 잘 벌지. 수입의 10퍼센트를 저축하고 시장지수에 투자한 다음 남은 돈으로 생활하는 법을 배우면 조기 은퇴도 가능해. 하지만 나처럼 나이든 사람들 중에 저축도 없고 투자도 하지 않으면서 복리의 기회를 놓친 사람들은 분명히 문제에 직면하게 될 거야. 내 또래 사람들 중에 저축액이 50만 달러 이상인 사람은 단 15퍼센트에 불과하단다. 즉 베이비 붐 세대 대부분은 은퇴 후에 돈이 바닥날 가능성이 높다는 뜻 이지. 다행히 너처럼 젊은 사람들은 아직 복리 효과를 여러 해에 걸 쳐 누릴 수 있어서 유리해. 네 나이에 네 수입으로 성공적으로 투자 하는 방법을 배운다면 부자가 되지 않으려야 않을 수 없지."

포인. 전용기와 아주, 대단히 큰 부자라는 단어가 반복해서 언급되 고 나는 나의 은퇴 숫자에 귀를 기울인다. 아버지가 영업에 뛰어나다 는 사실은 누구나 인정하는 바다. "만만치 않을 텐데요. 계산해주세 요." 내가 대답했다.

전화기 너머로 아버지가 자판을 치며 '셀'을 비롯해 스프레드시트 관련 단어를 중얼거리는 소리가 들렸다. 아버지가 숫자에 달려든 동 안 나는 홀로 남겨져 멍하니 있었다. "지금 가진 돈이 얼마지?" 아버 지가 물었다. '그다지…'라고 대답해야 했지만 내게는 비장의 무기가 있었다.

"집을 팔면 학자금 대출을 상환하고 4만 달러 정도 남아요."

"그래, 정말로 인생을 바꾸고 싶다면 그런 결단이 필요하지. 그런 다음 돈을 모으면 돼."

무려 집을 판다는 이야기를 하는데도 아버지는 피자에 올릴 재료 를 추천하듯 무심하게 반응했다. "대니얼, 진짜 최고의 피자를 맛보 고 싶다면 로마 토마토로 승부를 봐야 해"라고 말하는 것과 다를 바 가 없는 말투였다. 하지만 그것은 위험을 무릅쓰기를 마다하지 않는 아버지에게나 해당되는 이야기다. 아버지에게는 정말로 큰 문제가 되지 않았던 것이다. 아버지의 피자 재료 추천은 계속되었다.

"초기 투자금으로 4만 달러가 있고, 앞으로 매년 1만 5,000달러를 퇴직연금 계좌에 넣는다고 해보자. 쉽지는 않겠지만 무리한 수준은 아니지? 그리고 소득이 증가할 테니까 매년 연금 저축액도 5퍼센트씩 늘려보자."

"사실 매년 5만 달러 정도는 추가로 저축해야 한다고 말씀하실 줄 알았어요."

"그렇지 않아. 더 많이 벌어서 더 많이 저축한다면 경제적 자유도 더 빨리 얻을 수 있겠지. 하지만 그런 가능성은 배제하고 직접 투자로 큰 수익을 낸다는 가정에서 출발해서 결과를 보자. '수익이 연간 15퍼센트 복리로 불어난다.' 굉장하게 들리겠지만 네 힘으로도 가능한 일이야. 투자한 4만 달러에서 매년 15퍼센트 수익이 발생하고, 비과세 계좌에 매년 1만 5,000달러를 저축하면서 저축액을 매년 5퍼센트씩 늘리고, 지금부터 30년 뒤 은퇴한다고 가정하면 은퇴 후 생활비 지출을 연간 8만 달러 수준으로 유지하면서도 95세가 되었을 때 6억 1,500만 달러를 보유할 수 있어."*

"6억 1,500만 달러라고 하셨어요?"

"그래. 매년 15퍼센트 수익을 거둔다면 이런 차이가 발생하지. 복리 덕분이야. 물론 너도 알다시피 인플레이션 때문에 그때 6억 1,500만 달러의 가치는 지금의 1억 500만 달러에 해당할 거다. 하지만 그

---

* 이 장에 제시한 계산에서는 1) 3퍼센트 인플레이션, 2) 65세부터 수령 가능한 퇴직연금 수령액에 30퍼센트 연방소득세 과세를 가정했다. 내 웹사이트 www.danielletown.com에서 직접 계산해볼 수 있다.

런 것까지 계산할 필요는 없어."

"잠깐만요, 뭐라고요? 실제 가치가 6억 1,500만 달러의 5분의 1에도 못 미친다고요?"

"그래. 인플레이션 때문이지."

이제는 밀폐된 콘크리트 계단 전체를 '인플레이션'이라는 벽지로 두른 것 같았다. 하지만 아흔다섯 살이면 1억 500만 달러로도 그럭저럭 지낼 수는 있을 것이다.

"그렇다면 15퍼센트 수익을 내기 위한 현실적인 선택지를 이야기해보자. 재무상담사에게 전권을 위임하거나, 시장지수를 매수하거나, 직접 투자하는 방법이 있어. 직접 투자할 때의 수치와 연간 수익률 15퍼센트는 방금 이야기했고."

아버지는 애널리스트들이 향후 7~10년간 시장의 상승 폭을 연평균 1~6퍼센트 수준으로 예상한다는 것을 알아냈다.[4]

"바로 이거야! 1980년대, 1990년대, 그리고 2009년 이후 이어진 급등세가 재현되리라고 예상하는 사람은 아무도 없어."

아버지는 컴퓨터 자판을 좀 더 두드린 다음 통화를 이어갔다.

"오, 이런. 시장이 대체로 고평가 상태인지 아니면 저평가 상태인지 알기 위해 버핏이 활용하는 두 가지 지표를 확인했더니 둘 다 시장이 현재 상당한 고평가 상태라고 가리키고 있어. 연말에 두 지표를 모두 알려줄게. 지금으로서는 이렇게 말할 수 있겠구나. 첫째, 앞으로 2~3년 동안 연평균 1퍼센트 상승을 기대하는 것은 합리적인 추정이야. 둘째, 앞으로 30년 동안 시장이 연평균 6퍼센트 상승한다는 것은 굉장히 낙관적인 기대로 보여. 하지만 미친 척하고, 배당을 감안한 주식시장 평균 수익률로 지난 100년 연평균 수익률 수준인 7퍼센트를 가정해보자."

"좋아요." 나는 동의했다.

자판을 가볍게 두드리는 소리가 들렸고 몇 분 뒤 다시 아버지와 연결되었다.

"좋아. ETF와 뮤추얼펀드에 투자하는 재무상담사에게 전권을 위임한다고 할 때 합리적인 추정치는 이렇단다. 시장 수익률이 연 7퍼센트 수준이라면 재무상담사와 펀드매니저에게 2퍼센트를 지불하고 남은 네 몫은 5퍼센트야. 앞으로 30년간 연평균 투자 수익률이 5퍼센트 수준이고, 30년 동안 일해서 버는 돈은 그대로 모아서 앞서 이야기한 대로 저축액을 불린다고 해보자. 연평균 투자 수익률이 5퍼센트라면 아파트를 팔아 4만 달러를 만들어 투자하고 매년 1만 5,000달러를 저축했을 때 은퇴하고 7년이 지난 72세가 되면 가진 돈이 바닥난다는 뜻이야. 그리고 죽을 때까지 월마트Wal-mart에 서서 일해야겠지."

"뭐, 형편없네요." 달리 무슨 할 말이 있겠는가?

"이제 수수료율이 아주 낮은 시장지수펀드를 매수하면 어떻게 되는지 계산해보자. 그래도 아직 부족해. 은퇴 후 12년이 지나면 돈이 바닥나고, 마찬가지로 죽을 때까지 월마트에서 일해야 해." 아버지의 요약에 따르면 시장 수익률이 역사적 평균 수준일 경우, 30년 더 죽어라 일하며 스크루지처럼 모으고도 76세가 되면 가진 돈이 바닥나는 것이 확실했다. 76세에도 건강하다면 이후 20년 정도를 파산 상태로 살아야 한다. 그렇다면 정부가 사회보장제도와 건강보험 체계를 수정하기를 바라는 편이 나을 것이다.

우리는 계산이 처리되는 동안 잠시 침묵했다.

"뭐, 그것도 형편없네요." 나는 다시 심드렁하게 중얼거렸다. "6억 1,500만 달러는 어떻게 된 거죠?"

"네가 묻지도 않을 줄 알았어. 이 숫자들을 이용해서 다른 어떤 결과가 가능한지 보여주마."

아버지는 스프레드시트로 몇 분간 작업하고 의기양양하게 돌아왔다. "됐어!" 스프레드시트보다 아버지를 행복하게 만드는 것은 없다. "봐라. 매년 수익률이 20퍼센트일 때 투자 수익이야."

헛기침이 나왔다. "7퍼센트, 아니 15퍼센트보다도 높네요."

"그렇지만 가능한 일이야. 워런 버핏의 30년간 매매 내역을 고스란히 베끼기만 해도 매년 20퍼센트 이상 수익률을 거둔다는 연구 결과가 있어.[5] 훌륭한 투자자들이 하는 방법을 알려줄게. 매년 20퍼센트 복리 수익률을 달성하는 법을 배우고, 앞서 이야기한 금액을 매년 투자하고, 30년 동안 일도 계속한다고 가정하면 은퇴 시점에 연간 생활비로 인플레이션 조정 기준 8만 달러를 지출해도 돈이 바닥나지 않는 것뿐만 아니라 95세에 73억 달러를 자손들에게 남길 수 있을 거다."

그런 수익률을 거두려면 정확히 무엇을 해야 하는가? 아버지가 제시한 숫자는 그림의 떡이나 마찬가지였지만 그야말로 천문학적인 숫자여서 내 관심을 끌었다. 이제 호기심이 생겼다.

"전설적인 26퍼센트는요?" 나는 아버지를 놀리듯 말했다. 아버지는 무엇 때문인지 늘 '연간 수익률 26퍼센트'를 이야기했다. "제가 어떻게든 그 수익률을 넘어선다고 가정할 때 얼마나 더 일하면 은퇴할 수 있을까요?"

"워런 버핏은 만일 운용하는 자금 규모가 크지 않았다면 틀림없이 연간 수익률 50퍼센트를 달성할 수 있었을 거라고 말했어.* 그러니 26퍼센트가 가능성 없는 수익률이라고 생각하지는 마라. 버핏과 위대한 제1 원칙 투자자들처럼 투자해서 연평균 복리 수익률 26퍼센트를 달성한다면 9년 뒤에는 일을 그만둘 수 있어. 지금부터 9년이야! 인생이 바뀌는 거지. 나쁘지 않아. 95세에는 결국 큰돈을 손에 쥐게 될 거야. 150억 달러쯤 되겠지. 물론 생활비로 8만 달러를 쓰던 때보다 생활 수준도 좀 더 나아졌을 테니 그리 큰돈은 아니겠지."

"말도 안 돼요."

"정말이야. 이 숫자들을 봐라."

나는 아버지가 이메일로 보낸 스프레드시트를 열었다. 아버지가 옳았다. 도표에 따르면 최초 4만 달러를 투자해 연평균 26퍼센트 수익률을 올릴 경우 60년 뒤에는 149억 달러를 손에 쥐게 된다. 물론 인플레이션을 감안해 구매력 기준으로 환산하면 25억 달러에 해당하는 금액이다. 단, 현재 달러화의 구매력 기준으로 내가 연간 8만 달러 소비 수준을 유지할 경우에 한해서다. 물론 사소한 문제는 아니다. 내 소비 규모는 틀림없이 늘 것이다. 스프레드시트를 만지작거리

---

*   워런 버핏: "자금 규모가 투자 성과에 아무런 영향을 미치지 않는다고 말하는 사람이 있다면 그것은 선동에 불과합니다. 제가 최고의 수익률을 거둔 시기는 1950년대였습니다. 다우지수를 크게 앞섰죠. 수치를 보면 잘 알 수 있습니다. 하지만 그 당시 투자금은 아주 소액이었습니다. 투자금이 적은 것은 구조적으로 굉장한 장점입니다. 100만 달러로 1년에 50퍼센트 수익은 거뜬히 올릴 수 있다고 봅니다. 아니, 충분히 가능합니다. 장담하죠."[6]

며 언제쯤 일을 그만둘 수 있을지 알아보는 것은 예상외로 꽤 재미있었다.

놀라웠다. 단 9년이다. 30년이 아니다. 복리의 힘은 진짜였다.

"목표가 왜 하필 26퍼센트인지 궁금할 거야. 3년 뒤 돈을 두 배로 불려주는 연평균 복리 수익률이 정확히 26퍼센트야. 3년마다 돈을 두 배로 불리는 것, 이게 바로 목표라는 뜻이지. 위대한 제1 원칙 투자자 모니시 파브라이Mohnish Pabrai는 자동차 번호판에도 26을 새길 정도로 26퍼센트에 집중했어. 운용 자금이 수천 달러가 아니라 수억 달러라면 높은 수익률을 달성하기가 훨씬 어렵다는 사실을 누구보다 잘 알고 있는데도 말이야."

전화기 너머에서 다른 목소리가 들렸다. "아, 잠깐만." 아버지가 누군가에게 '감사합니다'라고 말했고 식기세척기 문을 여닫는 듯한 알림음이 크게 울렸다. "가사 도우미가 막 아침을 가져다줬어."

"오, 하느님." 나는 고개를 저었다.

"나도 안다." 아버지의 웃음소리가 들렸다. "즐거운 인생이지!" 아버지는 큰 소리를 내며 식사하기 시작했고 나는 아직 전화기를 들고 있었다. 아버지는 우물우물 음식을 씹으며 세계 최고의 투자자들이 어떤 방식으로 투자하고 수익을 얼마나 거두는지 이야기했다. 그 사람들은 그것을 비밀로 하지도 않는다고 했다. 저명한 펀드매니저 피터 린치Peter Lynch는 책까지 써서 정보를 공유했다. 위대한 투자자들은 수년간 사람들에게 직접 투자에 나서는 편이 낫다면서, 수수료 부담이 없으니 자산관리사에게 돈을 맡기고 모든 책임을 회피하는 것보다 더 높은 수익률을 거둘 수 있을 것이라고 말해왔다. 아버지는 버핏도 이런 방식으로 투자하고 버핏처럼 투자하는 다른 투자자들도 있다며 이름을 말했다. 아침 식사가 거의 끝나갈 때 아버지는 이런 유형의 투자자들이 수십 년 동안 연평균 20퍼센트가 넘는 수익률을 기록했고 수십억 달러를 운용하는 투자자들도 마찬가지라고 말했다.[*]

정보를 소화하는 동안 나도 아버지에게 들리도록 전화기에 대고 후룩후룩 소리를 내며 차를 마셨다. 아버지가 언급한 숫자들이 '만일' 사실이라면 매우 유용한 정보다. 굉장한 가정이다. "만일 매년 15퍼센트 수익을 올릴 수 있다면 제 은퇴 숫자는 뭐죠?"

"매년 15퍼센트 수익률이면 은퇴 숫자는 170만 달러이고 17년이 걸리지." 아버지가 말했다. "만일 매년 26퍼센트 수익을 올리고 일을 조금 더 오래 한다고 가정하면, 4만 달러로 출발한 너의 은퇴 숫자는 78만 달러고 9년 뒤에는 일을 그만둘 수 있어."

9년. 나는 빠르게 머리를 굴렸다. 2년 정도로 단축하려면 어떻게 해야 할까? 내가 원하는 것은 그것이었다.

"바로 지금 시작해서 가능한 한 많은 금액을 투자하도록 노력해야지."

"수수료를 부과하는 재무상담사는 그만한 수익률을 돌려주지 못하겠군요."

"그래. 전권을 위임하면 그만한 수익률을 기대할 수 없고 은퇴 상태를 오랫동안 지속할 수도 없어. 직접 투자는 해볼 만한 베팅이야.

---

[*]   투자자들의 이름과 감사 후 투자 수익률은 이 책 〈부록〉 '슈퍼 투자자의 투자 성과(감사 후)'를 참고하라.

잘되면 잠재 수익이 아주 크고, 잘못돼도 잃을 것은 별로 없어."

"시장지수펀드와 ETF는 확실히 시장을 추종하지만 그 정도 수익률로는 충분하지 않고요."

"바로 그거야. 버핏은 제대로 투자하는 법을 배울 생각이 없다면 S&P500과 같이 시장을 추종하고 수수료율이 낮은 지수를 사는 것이 차선이라고 했어. 시장 수익률 수준인 평균 7퍼센트 수익률을 감수해야 하고 말이지. 기본적으로 너는 미국 시장이 시간이 지나면 오른다는 데 베팅하고 있어. 미국은 다른 나라와 비교해 지속 가능한 경쟁우위를 확보하고 있으니 좋은 베팅일 거야. 미국은 대륙을 둘러싼 두 대양이 문자 그대로 해자 역할을 하고 세계 최강의 군대, 탄탄한 화폐, 자유로운 언론, 미래에 투자할 수조 달러도 갖추고 있어. 머리 좋은 사람도 많고 열심히 일하는 사람들도 많아. 높은 윤리의식, 개인의 책임을 중시하는 문화, 공정한 세금 제도가 있고 정부의 개입은 제한적이야. 모두 미국 주식시장에 돈을 집어넣는 것이 나쁘지 않은 결정이고 투자인 이유를 설명하지. 같은 돈을 그리스나 아르헨티나 주식시장에 넣는다면 그건 도박이야. 이미 말했지만 지금 가진 돈보다 투자금이 훨씬 많지 않으면 지수 투자만으로는 네가 원하는 자유를 얻을 수 없어."

"그래도 실력 있는 펀드매니저에게 전권을 위임할 수 있다면 좋겠어요." 나는 모을 수도 없고 맡길 수도 없으며 투자자가 되어야 한다는 분명한 결론을 어떻게든 받아들이려고 애쓰다가 혼잣말을 했다. 아버지가 웃음을 터뜨렸다.

"그 사람들을 너무 믿는구나. 그들 대부분은 시장을 간신히 이겨.

이기기라도 한다면 말이지만."*

"그럴 리가요. 그들이 시장을 이기지 못하면 아무도 돈을 맡기지 않겠죠."

"사실인걸. 거의 모두가 시장을 이기지 못하는데 그다지 상관하지 않는 것 같아. 사람들 대다수는 돈에 무지하고 관심도 없어. 오로지 전권을 위임하려고만 하지. 너처럼 말이야. 하지만 그러려면 엄청난 비용을 지불해야 해."

"하지만 고객에게 도움을 주고 보수가 아깝지 않은 좋은 뮤추얼펀드 매니저들도 분명히 있어요. 그래서 고객이 있는 거죠. 뮤추얼펀드 매니저라는 직업이 여전히 존재하는 이유이기도 하고요."

"돈을 운용하는 사람들 대부분은 터무니없는 소리를 워낙 잘해서 주술사들이 더 믿을 만해 보일 정도야. 뮤추얼펀드 매니저라는 직업이 아직 존재하는 이유는 단 하나, 인터넷 시대 이전의 유물이라는 점이야. 인터넷이 도입되고 온라인으로 정보를 얻게 되면서 우리 스스로 자금을 운용하는 것이 가능해졌어. 심지어 다른 펀드매니저가 운용하는 펀드를 매수하는 펀드매니저들도 있어. 그 사람들은 투자가 아니라 새로운 고객을 유인하는 데 시간을 쏟지. 투자를 잘해서가 아니라 새 고객을 데려온 대가로 월급을 받기 때문이야."

"정말요?"

"그래. 새로운 고객을 유치하려면 그동안 기록한 실적이 경쟁자들에 비해 뒤지지 않고, 그렇게 나쁘지 않은 실적으로 고객을 잃지 않

---

* S&P 다우존스의 연구에 따르면 전체 대형주 주식형 펀드의 5.88퍼센트만이 3년 후 시장을 이겼고, 4년 연속으로 시장을 이긴 펀드는 전무했다.[7]

았다는 사실을 보여주어야 해. 그러니 잘해야만 하고 또 그것이 일을 잘해야 하는 유일한 동기가 돼. 그들은 수수료를 지불하면 시장을 초과하는 수익률을 돌려준다는 동화 같은 이야기를 하지. 드물게 예외적으로 큰 수익을 올리는 사람들도 있지만 단기간 수익률일 뿐이고 투자 기간 대부분은 단순히 시장을 추종하는 수익률에 만족한단다. 높은 수익률이 아니라 고객 유지가 중요하니까."

"그러니까 진짜 문제는 어떻게 해야 좋은 펀드매니저를 찾아 투자를 맡기는가 하는 거네요. 방금 말씀하신 제1 원칙 투자자들 같은 펀드매니저요!" 내가 씁쓸하게 말했다.

아버지가 코웃음을 쳤다. "좋은 펀드매니저를 가려내려면 그 사람들을 평가할 수 있을 정도로 투자를 알아야 해. 그게 유일한 방법이야. 투자 교육의 장점은 직접 투자가 가능해진다는 것 이상으로 커. 부동산이든 비상장회사든 종류에 관계없이 모든 투자 활동에서 유용하게 활용할 수 있는 풍부한 지식을 갖게 되는 거지. 전권 위임은 언제라도 가능해. 투자 수련을 시작하고 제1 원칙을 배우면 펀드매니저들을 평가하는 방법을 알 수 있어. 그들이 좋은 사람인지, 아니면 버니 매도프 같은 사람인지 구분하는 방법을 알게 되지. 그리고 정말 좋은 펀드매니저들의 관심을 끌 만큼 충분한 돈도 마련할 수 있고 말이야."

"그러니까 아버지 말씀은 제가 좋은 자산관리사에게 돈을 맡기고 싶어도, 좋은 사람을 찾으려면 어쨌든 투자를 배워야 한다는 거죠?"

"그렇지. 그 사람들이 시장을 이기지 못하는 이유는 무엇이고 반면 제1 원칙 투자자들이 빈번하게 시장을 이기는 이유는 무엇인지 다음 달에 알아볼 거야."

"그래요. 그때 이야기해요." 어깨 위로 아버지가 한 말의 무게가 느껴졌다. 좋은 투자자를 평가하는 유일한 방법은 투자하는 법을 배우는 것이다. 자유를 누리기에 충분한 돈을 버는 유일한 방법도 투자를 배우는 것이다.

"투자 수익이 자유를 준다는 건 알겠어요. 하지만 주식시장이 자유를 얻는 유일한 방법이라는 데는 확신이 서지 않아요. 주식시장은 여전히 못 믿겠어요."

"사실 네가 반드시 주식시장에 투자해야 한다고 생각하지는 않아." 아버지가 답했다.

"무슨 말씀이세요?" 내가 소리쳤다. "늘 주식시장 이야기만 하시잖아요!"

"그건 주식시장이 누구나 소파에 앉아서도 접근할 수 있는 시장이기 때문이야. 너도 알다시피 다른 투자는 그만큼 접근성이 좋지 않아. 하지만 제1원칙을 비롯한 투자 원칙은 다른 투자에도 적용 가능하지. 현금흐름을 창출하는 모든 투자에 적용할 수 있어."

"예를 들면 부동산시장에도요?"

"그래. 너도 아파트를 샀지? 그때 우리는 투자 대상으로서 그 아파트의 여러 가지 장점과 단점에 대해 논의했어."

"그랬죠. 볼더의 공간적 제약, 어느 정도 꾸준히 주택 수요를 창출하는 주변 대학교, 볼더의 아름다운 자연과 입지, 기술 산업이 2001년처럼 붕괴한다면 일어날 일, 2008년 부동산시장이 붕괴되었을 때 벌어진 일 등을 이야기했죠."

"그리고 우리는 두 가지 이유로 그것이 투기가 아니라 강력한 투자라고 판단했지. 첫째, 볼더의 부동산시장은 장기적으로 유지될 것이다. 둘째, 아파트를 임대해서 현금흐름 유입을 기대할 수 있다. 제1 원칙에 부합하는 투자였어. 너는 무의식중에 제1 원칙에 근거해 분석한 거야. 그리고 전부 옳았지."

나는 웃었다. "그건 쉬웠어요! 우리 동네와 이 도시를 잘 알거든요. 여기에 집을 사려면 얼마가 필요한지, 집을 빌린다면 월세는 얼마인지도 알고요. 재무제표를 읽을 필요도 없었고 알려지지 않은 CEO가 무엇을 할 것인지 추측할 필요도 없었죠."

"주식을 매수할 때도 몇 겹의 정보가 더 필요할 수는 있지만 과정은 같아. 무엇이 투기이고 무엇이 투자인지 판단해야 해. 투자를 투기와 구분하는 요인은 확실성이야."

나는 곰곰이 생각했다. 부동산에 투자할 때 임대 목적에 초점을 맞추면 당장 큰 자금이 필요하고 모든 자금이 하나의 부동산에 묶여, 원할 때 빠져나오기 어렵거나 아예 불가능하다. 게다가 나는 화장실을 수리하는 방법도 몰랐다. 반면 주식은 언제든 원하면 편안히 소파에 앉아 매도할 수 있고 여러 회사에 나누어 투자하는 것도 가능하다. 그래도 나는 여전히 필사적으로 다른 선택지를 찾았다. 아버지가 옳다고 인정하고 싶지 않았다. 나는 주식시장을 신뢰하고 싶지 않았다.

"그렇다면 대안이 있지." 아버지가 말했다. "한 친구가 있는데 도미노피자 가맹점을 열어서 엄청나게 돈을 벌고 폴로 경기를 즐기면서 살아. 그에게는 훌륭한 사업이지. 입지와 브랜드가 전부거든. 너도 돈을 긁어모을 수 있어. 그가 지금 운영하는 점포만 40개가 넘을걸."

"경험이 전혀 없는 분야의 사업이라…."

"그 친구가 했던 방식 그대로 해야겠지. 먼저 도미노피자 매장에서 일하고, 매장 관리를 배우고, 그런 다음 네 가게를 여는 거야. 하지만 네 말대로 네가 잘하는 분야가 아닐 수도 있어."

"그게 아니에요. 일을 잘하고 못하고의 문제가 아니라, 법률 분야의 경력을 다 버리고 피자 가게를 여는 것이 제 타고난 소명일까요? 아니에요."

"그래. 소명이라고 표현한 사실만 봐도 알 수 있지, 엘리트 씨." 아버지가 놀렸다. "사실 가맹점을 여는 것도 아주 어려운 일이야. 좋은 위치에는 이미 어디든 패스트푸드점이 있거든. 그래서 차선의 입지를 선택하거나 아니면 이제 막 뜨는 프랜차이즈 가맹점을 열어야 하는데 그건 당연히 결과가 덜 보장된 투자일 수밖에 없지."

"기술 스타트업을 발굴하는 일도 할 수 있어요." 내가 말했다.

"아, 그래?" 아버지가 천천히, 의심스럽다는 듯 답했다.

"실제로 어느 정도 경험도 있어요. 물론 직접적인 것은 아니지만 그런 기업들 여러 곳과 일해왔어요. 스타트업이 일반적으로 직면하는 문제에 관해서는 실제로 많은 경험을 갖고 있고요. 어떤 함정이 있고, 중요한 것은 무엇이고, 처음으로 창업에 나선 사람들이 생각하지 못하는 것은 무엇인지 알아요."

"맞아." 아버지가 천천히 말했다. "그래도 삶은 기본적으로 힘든 거야." 아버지는 스타트업 몇 곳에 자금을 댔고 운영도 했다. "실패가 좋은 경험이 된다고 아무리 많은 책에서 이야기해도 개인에게 실패는 대개 재앙이야. 성공한 기업가, 연쇄 창업가, 성공한 벤처캐피털리스트들이 눈에 들어오겠지. 일곱 번 실패한 뒤 경력이고 저축이고 아무것도 남지 않은 사람들은 보이지 않고 말이야. 쉰 살이 되도록 한 번도 성공을 경험하지 못한 사람도 있어. 능력이 뛰어나거나 대단히 운이 좋지 않은 한 굉장히 고달플 수도 있는 게 삶이야. 그런데 넌 능력과 운, 둘 다 가졌어."

내가 법률 일을 하는 이유를 떠올려보았다. 변호사로서 나는 사실상 직접 위험을 무릅쓰지 않고서도 스타트업과 일할 수 있었고 그 사실이 좋았다.

하지만 그게 전부였다. 더 이상 논쟁할 근거가 없었다. 말문이 막혔다. 주식시장에 내 돈을 투자하는 것 말고는 빠져나갈 다른 방법이 보이지 않았다. 나는 정말로 돈을 잃고 싶지 않았다.

"얘야, 한 걸음 물러서서 지금 당장 너를 압박하는 문제에 집중해보자. 더 나은 삶을 준비할 기회가 왔는데 그 결과가 실패일까 봐 잔뜩 걱정하고 있지. 하지만 더 나은 삶을 준비할 기회를 가졌다는 사실은 놓치고 있는 거야!"

그 말에서 어떤 통찰을 얻었다. 아버지는 더없이 옳았다.

"현재 상황에 안주하는 것은 모험을 감행하는 것보다 나쁜 선택이야. 너는 투자를 배우지 않더라도 자연히 누릴 수 있는 몇 년의 은퇴 기간을 잃을까 봐 걱정하고 있어. 두려움에 너무 깊이 매몰돼서는 안 돼. 어떤 방법을 선택해도 두렵기는 마찬가지야. 대부분 사람들과는 달리 억지로 일에 매달릴 필요는 없다는 사실만도 감사할 일이야. 다케다 와헤이竹田和平를 기억하니?"

음. 기억이 날 듯 말 듯 했다.

"다케다 와헤이는 일본의 워런 버핏이야."

"투자로 수십억 달러를 벌었나요? 아니면 유명한 가치투자자라서요?"

"둘 다야. 몇 년 전 일본에 갔을 때 그 사람 집을 방문해서 만난 적이 있어. 물론 그가 버핏처럼 투자하는 건 맞지만 또 다른 중요한 성공 요인이라고 생각하는 것이 있다면 무엇인지 궁금했지. 대답이 뭐였는지 아니?"

"돈을 잃지 않는 것?"

아버지가 크게 웃었다. "분명히 그걸 생각했을 거야."

"버핏이 한 말을 훔치고 싶지 않았나 봐요."

"사실은 답을 줬어, 진심으로. 그는 자기 비결이 '마로maro*'라고 했어. 감사하는 마음이지. 세계적인 대부호이자 성공한 투자자인 그의 비밀은 감사하는 마음에 있었어."[8]

나는 웃었다. "비결이 무엇이냐는 성가신 질문에 대한 답으로 준비해둔 말인 것 같은데요."

아버지는 웃음을 멈췄다. "일본에서 '마로'는 굉장히 유명해. 그의 투자에서 가장 중요한 개념이지. 그는 자신이 투자한 모든 회사에 감사함을 일상적으로 표현하는 제도를 도입했어."

'와, 말을 행동으로 보여주는 사람이었네.'

"그는 회사에 투자할 때 감사하는 마음을 표현하는 정책을 회사 전

---

* 일본어 마고코로(まごころ, 真心)는 '진심, 성심, 참마음'을 뜻한다. - 옮긴이

체에 도입하라고 CEO에게 요구해. 직원들에게는 감사를 표현하는 것을 잊지 말라고 강조하고. 서로 감사를 나누는 시간이 회의의 한 부분이 되고 기업 문화의 일부가 되는 거야. CEO가 요구를 받아들이지 않으면 다케다는 지분을 팔아치우겠지. 그는 하루에 천 번씩 감사하는 습관을 키워왔고 그것이 성공의 비결이라고 내게 말했어."

"천 번요? 다른 일은 생각도 못 하겠어요. 집중해서 감사를 표하기에는 하루 열 번도 너무 많죠."

"그래, 좋아. 하루 천 번까지는 못 해도 하루 두 번은 가능하겠지? 하루 한 번은?"

"물론이죠." 사실 좋은 생각이었다. 감사한다는 것은 대개 좋은 일이다. 하지만 그동안 좀 더 자주 감사하려고 의식적으로 노력할 때마다 억지로 하고 있다는 느낌이 들었고 감사한 마음도 거짓으로 느껴졌다. 그리고 거짓된 감사함은 죄책감을 불러일으켰다. "강요해서 하는 감사는 저와는 잘 맞지 않는 것 같아요."

"그래, 알았다." 아버지가 곰곰이 생각했다. "만족스럽지 않은 일도 받아들이고 희망을 찾을 수 있겠니? 네가 직면한 문제들에 대해 감사하다고 말로 표현할 수 있겠니? 감정을 스스로에게 강요할 필요는 없어. 네 경험의 어떤 부분에 대해 감사하다는 말을 밖으로 하는 것뿐이야."

나는 깊이 생각했다. 마음에 들었다. 문제를 파악하고 긍정적인 면을 찾아서 에너지의 방향을 돌려놓는 것. 그것은 문제를 어둠 속에서 빛 아래로 옮기는 일이었다.

그 순간 나는 내 몸이 스트레스를 느껴 내 삶에 긴급하게 변화가 필요하다는 사실을 드러내 알렸음에 감사했다. 아버지에게 나를 도울 수 있는 지식과 경험, 시간이 있음에 감사했다. 그달에 내 재정적 현실을 직시할 용기를 발견했고 그렇게 함으로써 늘 품고 있던 걱정을 약간이나마 덜었다는 사실에 감사했다. 내가 느낀 감사함은 진심이었다.

아버지는 부드럽게 말했다. "네가 이렇게 용기를 낸 것, 그리고 너를 도울 수 있게 해준 것에 감사한다. 그건 쉬운 일이 아니야."

나는 무슨 말을 해야 할지 몰랐다. 투자에 뛰어드는 것이 전적으로, 명백히, 말도 안 되게 쉬운 것과는 전혀 거리가 먼 일이라는 사실을 아버지는 한 번도 인정한 적이 없었다. 나는 이제 투자를 겁낼 수도 있다고 인정하는 아버지와 무엇을 해야 할지 몰랐다. 더 놀라운 것은 아버지가 장기적이고 헌신적인 방식으로 나를 정말로 돕고 싶어 한다는 사실이었다. 나는 그 사실을 깨닫고 아버지에게 크게 저항할 필요는 없다는 생각이 들었다. 아버지도 내게 조금은 공감했을 것이다. 나는 아버지의 생각이 크게 틀렸기를 바라는 것을 그만두고 닫힌 마음을 조금이나마 열었다.

아버지는 헛기침을 하고 이렇게 요약했다. "경제적 자유를 이루려면 기본적으로 간단한 수학적 요소 네 가지를 생각해야 해."

1. 최소 연간 지출
2. 남은 투자 기간
3. 투자할 자본
4. 투자요구수익률

"첫 번째 요소인 지출은 네가 하기 나름이야. 나는 13년 동안 연 4,000달러 미만으로 생활했지만 가난하다고 생각하지 않았어. 가장 많이 벌었던 때는 베트남 전쟁 당시였어. 육군에서 매달 441달러를 받았는데 비행기에서 낙하하고 작전 지역에 투입될 때 받는 추가 수당을 포함한 것이었어. 너는 나보다 필요한 게 많을 테고 필요한 만큼 소비하지 못하면 분명히 가난하다고 느낄 거야. 두 번째 요소인 남은 기간은 고정된 요인이야. 네 인생에는 지금 시작해서 성공적으로 복리 수익을 올릴 수 있는 수많은 세월이 남아 있어. 그러니 지금 바로 시작해야 해. 셋째, 투자할 자본도 고정된 변수야. 마법처럼 갑자기 많은 돈을 벌어들일 방법이 있다면 모르겠지만 대부분 그렇지 못하지. 이상하게 소득이 늘면 지출도 그만큼 늘고 저축은 늘 모자라니까."

일리 있는 말이라고 생각하며 기분이 씁쓸해졌다.

"더 쓰고 싶은 욕구와 싸워서 가능한 한 투자금을 늘려야 해. 특히 복리로 돈을 불릴 시간이 가장 많이 확보된 투자 초반에 그렇게 해야 하지."

"좀 더 일찍 시작하게 하지 그러셨어요." 나는 조심스럽게 말했다.

"그러려고 했어! 네가 듣지 않았지."

"그건 맞아요."

"그래서 지금 당장 시작해야 하는 거야. 자, 경제적 자유에 도달하는 데 필요한 네 번째 요소인 요구수익률 역시 대부분 사람들에게 고정된 변수야. 버핏과 멍거처럼 투자하는 법을 기꺼이 배우려고 하지 않는 한, 시장보다 높은 수익률을 달성하겠다는 건 부질없는 생각이야. 하지만 배울 용의가 있다면 인생이 달라지겠지."

"하지만 그건 전업 투자자들 얘기죠." 내가 반박했다. "저는 짬을 내서 해야 하고 그래서 아버지처럼 기업을 조사할 수 없어요. 다른 곳에 쓸 시간이 아예 없는걸요! 간신히 하루하루 버티는 상황이라고요."

"연복리 수익률 26퍼센트는 굉장히 높은 목표야. 하지만 지수에 투자하는 것보다 적은 위험을 부담하면서 시도할 수 있다면 어떨까? 지금 시간을 조금만 투자한다면 나중에 얻는 보상은 엄청날 거야. 시간을 쓰지 못한다면 너는…."

"저도 알아요." 나는 아버지의 말을 가로막았다. "죽을 때까지 월마트에서 일한다." 머릿속에서 현재의 대니얼과 미래의 대니얼이 싸우고 있었다. 내게는 시간이 부족했다. 하지만 시간을 내지 않으면 몇 년 뒤 완전히 새로운 인생을 살 가능성은 없었다.

"그건 확실히 나도 바라지 않아. 투자는 내가 가르쳐줄 수 있는 가장 유용한 보호책이야. 무엇 때문에 주저하는 거니?"

'예', '아니요'로 답할 수 있는 질문이 아니었다. 아버지가 그 문을 열었다. 아버지의 첫 번째 실수였다. 다시 두려움이 거세게 밀려왔고 나는 아버지에게 강하게 반발했다.

"거시경제의 세계가 제가 예측하거나 상상할 수 없는 방식으로 주식시장에 영향을 미치는 건 어떡하고요? 2008년에 부동산 관련 증권이 미국 경제를 둔화시키고 있다는 것을 이해하지 못했고 눈치도 채지 못한 것은 어떻고요? 세계대전은요? 규제 당국에 거짓말하는 회사들은요? 어떤 업종의 특정 회사가 좋은 투자 대상인지, 전체 산업이 하락세인지 판단할 만큼 업계에 대해 충분히 알지 못하는 것은요?" 아버지는 내 사실상의 반대를 논리로 이겼지만 더 깊은 걱정거리들이 한꺼번에 밀어닥쳤다. "알아야 할 것이 너무 많아요. 아버지가 아버지 투자 방식에 상당한 확신이 있다는 것은 알지만 어떻게 해서 그런 확신 단계에 이르셨는지는 몰라요. 제 말은 이만하면 충분하다는 것을 어떻게 아느냐 하는 거예요. 그게 진짜 문제라고요."

아버지는 내가 좋은 정보를 얻을 수 있을지 걱정한다는 사실을 알았다.

"그래, 좋은 질문이야. 너도 다 알게 될 거야. 내가 가르쳐줄 거니까."

내가 알 거라는 확신이 없었다. 기업은 사람으로 이루어진다. 사람은 실수를 저지른다. 사람은 감정적이고, 회사 일 외에 다른 일이 인생에서 일어나고, 거짓말로 남에게 책임을 전가하려고도 하고, 옳은 일을 하기를 원하면서도 그렇게 하지 않는다. 사람들은 때때로 훔치고 은폐한다. 기업을 흔들림 없는 거대한 존재로 보는 것은 완전히 잘못된 것이다. 내게는 거대한 존재가 흔들리는지 여부를 조사해 판단하는 능력이 반드시 필요했다.

"먼저 멋진 회사를 선택하는 것이 넓은 의미에서 어떤 효과가 있는지 보여주고 싶구나." 아버지가 말을 끊었다. "그런 다음 특정 회사를 선택하는 방법, 좋은 정보를 얻는 방법을 자세히 알아볼 거야. 좋은 투자의 비결은 기다림이야. 네가 준비를 마치고 시장이 준비되기 전까지는 네게 어떤 것도 시키지 않으마."

"전에 말씀하신 '숙련에 이르는 네 단계'가 생각나요."

"그래, 바로 그거야!"

아버지는 종종 숙련에 이르는 네 단계를 언급했는데 그 이야기가 늘 머릿속에서 맴돌았다. 첫 번째는 인식하지 못하는 무능력unconscious incompetence 단계다. 능력이 전혀 없고 아무것도 모르기 때문에 전혀 신경이 쓰이지 않는다. 말하자면 내가 요트 경기에 무능하며, 무능하다고 의식하지도 않는 것과 같다.

두 번째는 인식하는 무능력conscious incompetence 단계다. 무엇을 알아야 하는지는 알지만 잘할 능력은 없는 단계를 가리킨다. 가라오케에 갈 때 나는 노래를 못한다는 것은 의식하지만 잘하려고 노력하지도 않는다. 나는 오히려 칸막이 뒤에서 몸을 웅크린 채 칵테일을 마시고, 노래를 부르는 친구들의 흥을 돋우고, 브리트니 스피어스의 노래가 나오면 춤을 추는 것이 좋다. 이것이 내게는 '나쁘지 않은 밤'이다. 반면 내가 능력을 발휘하고 싶은 상황이라면 인식하는 무능력 상태가 견딜 수 없이 고통스러울 것이다.

세 번째는 인식하는 능력conscious competence 단계다. 무엇을 알아야 하는지 알고 있으며, 집중력을 유지하고 의식한다면 잘 해낼 능력도 있다. 다행히 연습을 통해 능력을 빠르게 향상시킬 수 있다. 인식하는 무능력에 고뇌하던 잔인한 시절은 뒤로하고 좋은 날들을 앞두고 있는 것이다.

네 번째는 인식하지 못하는 능력unconscious competence 단계다. 이 단계에 이르면 어떻게 해야 하겠다고 생각하지 않아도 잘 해낼 수 있다. 운동선수들은 인식하지 못하는 능력이라는 극단적 경험을 흔히 '그 영역'에 도달했다고 이야기한다. 말하자면 바스켓을 수월하게 통과하는 농구공을 아무 생각 없이 바라보는 것과 비슷한 상태다. 버핏은 기업 인수 여부를 몇 분 안에 결정할 수 있다고 말한다. 나는 버핏이 바로 인식하지 못하는 능력 단계에 있다고 생각한다. 나는 인식하는 능력 단계라면 기꺼이 만족할 것이다.

"네 생각보다 훨씬 빨리 인식하는 능력 단계에 이르게 될 거야." 아버지가 장담했다.

아버지는 따로 시간을 내어 나를 가르치겠다고 제안했다. 아버지는 워낙 바쁜 사람이라 그 제안을 가볍게 생각할 수 없었다. 아버지가 1년 동안 끝까지 해줄 수 있다고 확신하지는 못했지만 아버지가 원하는 일이어서 가만히 지켜볼 수밖에 없었다. 다만 미래의 대니얼에게 필요한 일이라는 것은 알았다. 현재의 대니얼 역시 얻을 것이 있다고 생각했던 것 같다. 나는 프로젝트와 내게 주어진 임무, 다른 사람들의 문제를 처리하며 살아왔다. 투자 수련은 나 자신을 위해, 오로지 나만을 위해 할 수 있는 일이었다. 아버지를 좀 더 잘 아는 계기, 아니 아버지의 다른 모습을 아는 계기가 될 수도 있었다.

하지만 한 가지 걱정이 남았다. 내가 경영대학원이 아니라 법학대학원을 간 데는 이유가 있었다. 숫자는 내 머릿속을 헤엄치다 귀로 빠져나가고 그것으로 끝이다. 내게 재무제표는 해독 불가능한 작고 검은 숫자들의 모음에 불과하다. 뇌에서 전기 분해가 일어나듯 매 순간 숫자들이 머릿속을 해치는 것이 물리적으로 느껴진다. 회계를 겁내는 사람은 나만이 아니고 여기에는 정당한 이유가 있다. 엔론Enron 회계 사건은 공인회계사들이 보기에도 회계가 불가사의한 기술일 수 있음을 입증했다.

"제가 수학에 형편없는 것 아시죠? 재무제표는 제가 좋아하는 게 아니에요."

아버지가 부드럽게 말했다. "나는 네게 시험해보고 내 제자들이 따라 할 수 있는지 판단할 생각이야. 네가 이해할 수 있다면 다른 사람들도 할 수 있을 테니까."

나는 웃었다. "좋아요. 같은 생각을 하고 있었네요. 저는 가르칠 만하세요?"

"물론이지. 네게 기업의 가치를 평가하는 방법을 가르쳐줄 생각이야. 버핏도 말한 것처럼 우리는 2미터 높이 장애물을 뛰어넘으려고 하지는 않을 거야. 우리가 상대할 장애물은 20센티미터 높이야. 넌 잘할 거다. 걱정할 것 없어."

"곧 주식을 사야 하나요? 그건 정말 싫은데요."

"아니지! 주식을 사도록 허락하지도 않을 건데, 괜찮겠니? 아마 준비를 마치기도 전에 주식을 사고 싶어서 조바심이 날 거다."

나는 아버지에게 살짝 눈을 흘겼고, 아버지는 보지 못했어도 무언가 느낀 것 같았다. "올해가 끝날 때까지는 어떤 기업도 사겠다는 기대를 해선 안 돼. 먼저 지식의 중심에 도달해야 해. '존재 안에 자신을 세우고, 행동하라.'" 아버지는 《바가바드기타(Bhagavad Gita)》의 시구를 인용했다.

나는 아버지의 말뜻을 이해했다. 초월명상과 요가에 더해 나는 영어와 산스크리트어로 쓰인 《베다(Veda)》 성전을 읽으며 자랐다. 이미 사어가 된 5,000년 전 언어로 쓰인 《바가바드기타》의 인용구를 주고받는 대화는 우리 가족에게 극히 평범한 일이었다. 부모님은 그런

대로 성공한 괴짜였다. 아버지의 말은 투자 지식이 내 안에 바로 서야만 내 본능도 옳을 수 있다는 의미였다. 그 말은 시장에 실제로 돈을 투자하는 것이 몹시 두려웠던 내게 완벽한 위안이 되었다.

"걱정 마세요, 아버지. 저도 뭐든 사겠다고 섣불리 나서고 싶지 않으니까요. 생각하시는 것보다 저는 더 오래 기다릴지도 몰라요!"

"아마 네 생각 이상으로 이 일에 빠져들 거다."

내가 할 수 있는 것은 아버지의 말을 믿고 수련 단계 하나하나에 집중하겠다고 계획하는 것뿐이었다. 나는 투자를 배우게 된다면 제대로 배우겠다고 결심했다. 빈둥거릴 시간이 없었다. 생각했던 시기보다 더 빨리 자유롭게 살 가능성이 자석처럼 끌어당겼다.

우리는 인사를 나누고 전화를 끊었다. 아버지는 내게 전권 위임은 선택지가 아니라는 사실을 납득시켰다. 나는 직접 할 것이다. 호기심, 불안, 자신감이 묘하게 뒤섞였다. 나는 직접 하기로 했다.

내가 직접 할 것이다.

2개월 차 수련

내 은퇴 숫자를 알고 싶지 않았지만 일단 알게 되자 달성하는 것이 가능해 보였다. 자신의 은퇴 숫자를 찾기로 결심한다. 수익률을 달리하고 여러 조건을 다양하게 입력해 경제적 자유에 이르는 다양한 경로를 찾아 더 큰 결정권과 재량권을 확보한다. 내 웹사이트(www.danielletown.com)에 올려둔 '은퇴 숫자 계산기Your Number Calculator'를 이용하면 자신의 은퇴 숫자를 좀 더 쉽게 찾을 수 있다. 의식적으로 연습을 반복하고, 자신의 문제를 꾸준히 인정하고 인식하며, 모든 문제에서 아무리 사소한 것이라도 진정으로 감사할 이유를 찾는 것이 무엇보다 중요하다.

1. https://data.worldbank.org/indicator/CM.MKT.LCAP.CD
2. 다음 자료들 참조. guides.wsj.com/personal-finance/investing/how-to-choose-an-exchange-traded-fund-etf/ ; https://www.fool.com/investing/general/2015/07/23/vanguard-500-index-fund-low-cost-but-are-there-bet.aspx
3. Jason Zweig, "The Expensive Ingredient of Cheap ETFs," Wall Street Journal, April 14, 2017
4. Morningstar
5. Gerald S. Martin and John Puthenpurackal, "Imitation is the Sincerest Form of Flattery: Warren Buffett and Berkshire Hathaway," SSRN, April 15, 2008, Table VII.
6. Amy Stone, "Wisdom from the 'Oracle of Omaha,'" BusinessWeek, June 5, 1999
7. S&P Dow Jones Indices, "Fleeting Alpha: Evidence from the SPIVA and Persistence Scorecards"
8. Janet Bray Attwood and Ken Honda, 《Maro Up: The Secret of Success Begins with Arigato: Wisdom from the "Warren Buffett of Japan"》 (Amazon Digital Services, 2015)

3개월 차
지지하는 사명에
돈으로 투표하기

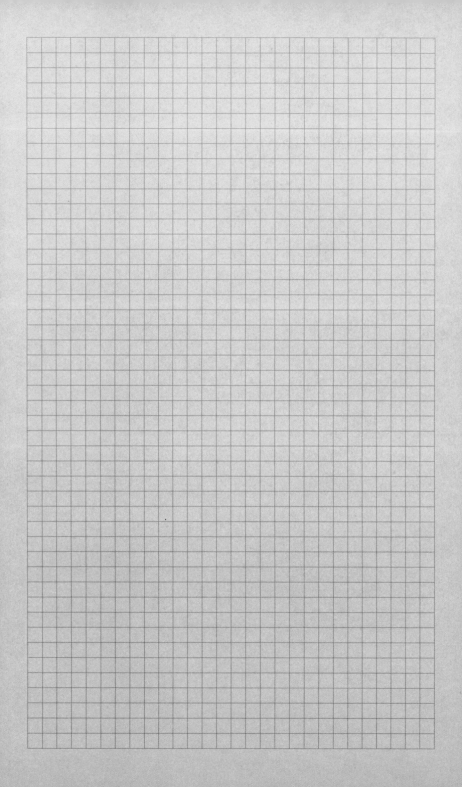

이의를 제기했지만 단박에 꺾이고 아버지와 함께하는 투자 수련을 약속했다. 내 변명은 모두 사실이었다. 나는 여전히 바빴고, 수학은 여전히 자신없었으며, 받아들여야 할 정보의 양은 여전히 감당하기 버거웠다. 투자 공부를 꾸준히 할 수 있도록 일상에 잘 통합하는 방법은 무엇일까? 이제는 현실적으로 생각해야 했다.

어떤 것이 버겁다고 느낄 때는 체계화하는 것이 도움이 되었다. 체계화는 대상이 물건이든 생각이든 혼란을 줄여주는 효과가 있다.

일출이 보이는 우리 집 창문으로 파란 하늘이 가득 들어온 쌀쌀한 토요일 아침, 나는 커다란 의자에 앉아 세부 계획을 생각하기 시작했다. 투자 수련을 어디서, 언제 할 것인가? 요가를 연습할 때 나는 몸을 눕힐 매트를 준비했고 단 5분만이라도 그 위에 올라서면 그날 해야 할 수련을 한 것으로 여겼다. 요즘은 회사 장애인용 화장실에 들어가 문을 걸어 잠근 채 다른 장소를 애써 상상하며 호흡하고 몇 차례 몸을 숙여 발가락까지 손을 뻗는 것이 유일한 요가 수련일 정도로 나만의 시간이 절실히 필요했다. 병균이라도 옮을까 봐 바닥에 닿지 않으려고 조심하면서도 마음은 요가 매트 위에 누워 있는 것과 다르지 않았고 그것이 중요했다. 나는 적어도 노력하고 있었다. 달리기를 하는 사람에게는 운동화 끈을 묶고 집을 나서는 것만으로도 훌륭한 시작이다. 투자에서 요가 매트나 운동화 같은 역할을 할 수 있는 것은 무엇일까?

투자는 나의 '할 일' 목록에 있는 다른 일에서 시간을 빌려 하는 일이었다. 투자 수련에 시간을 쓰겠다는 열망을 유발할 매력적인 환경을 갖추지 못한다면 아마 할 일 목록에 있는 다른 일들과 마찬가지로 투자 수련도 흐지부지되고 말 것이다.

사실 내게는 투자 환경이라고 할 만한 것이 없었다. 재택근무용 사무실이 없었고 협소한 내 아파트에는 아예 그럴 만한 공간이 없었다.

정리 정돈 전문가인 곤도 마리에[1]는 자신이 바라는 이상적인 공간을 구체적으로 시각화하라고 말한다. 나는 늘 그랬듯 커다란 의자에 파묻힌 채 창밖으로 보이는 장중한 대학 캠퍼스를 응시하며 무엇이 내 수련에 불을 붙일 만한지 생각했다. 내가 투자하는 이유를 상기시켜주어야 하고, 내 투자에 유용한 버팀목이어야 하고, 문서와 투자 관련 자료들을 쌓아둘 장소가 되어야 했다. 나는 내 투자 공간을 만드는 일에 착수했다.

투자 공간의 마법

버핏을 추종하는 투자자 가이 스파이어Guy Spier는 저서 《워런 버핏과의 점심식사: 가치투자자로 거듭나다(The Education of a Value Investor)》에, 자신의 영웅인 버핏을 떠올리기 위해 사무실에서 버핏과 함께 찍은 사진을 소중히 간직하고 있고, 긴장을 유지하기 위해 입식 책상을 사용하며, 자신의 판단에 영향을 받지 않도록 기업 분석 자료를 가능한 한 멀리한다고 적었다. 반면 버핏은 대부분 시간을 컴퓨터 앞에 앉아 자신의 생각과 반대되는 주장이 담긴 기업 분석 보고서를 꾸준히 읽는다. 아버지도 사무실에 사진을 몇 장 두었지만 모두 등 뒤에 있어서 자주 보지는 않는다. 각자 자기만의 방식이 있는 것이다.

비좁은 상자 같은 내 아파트는 이미 물건들이 구석구석 차지하고 있었다. 하지만 곤도 마리에가 옳았다. 나는 시각화를 통해 내게 가장 중요한 것이 무엇인지 떠올렸다. 나는 늘 식당이나 주방에서 작업하는 것이 좋았다. 그곳에는 어떤 힘이 있고, 몸을 길게 뻗을 공간이 있고, 간식도 있다. 간식은 일을 잘 끝마치는 데 굉장히 중요한 요소다.

실제 투자 수련은 식탁에서 하기로 결정했다. 하지만 그러려면 투자 관련 물품들을 말끔히 치우고 정리하는 일을 자주 해야 했다. 그래서 상자를 마련해 투자에 필요한 용품을 담아 이동식 사무실처럼 쓰기로 결심했다. 투자 상자가 있는 곳이 바로 투자 사무실이 되는 것이다.

나는 사무실에 필요한 실용적인 물품 몇 가지와 함께 내 의도와 두뇌가 향할 곳을 상기시켜줄 수 있는 부적들을 담았다. 첫 번째는 마로, 즉 내 문제를 감사히 여기도록 일깨워줄 물건이었다. 나는 몇 년 전 진단이 어려운 심장 질환을 앓았다. 치료가 끝난 뒤 의사는 모든 것이 나아지고 있다는 사실을 잊지 말라며 심장 모양의 돌을 주었다. 그것이 첫 번째 부적이었다.

두 번째는 내가 지치거나 더 이상 투자에 집중하고 싶은 생각이 들지 않을 때 이 수련의 이유를 상기시켜줄 부적이었다. 내가 배워야 할 가치투자자들의 전통을 일깨우는 북극성 같은 것, 바로 아버지의 존재였다. 투자 수련을 하려고 자리에 앉을 때마다 아버지는 전화와 이메일, 내 머릿속을 비롯해 어디에나 있었다. 식탁 옆 책장 선반에는 이미 '명예의 전당'을 마련해, 내게 주는 친필이 담긴 아버지의 책 두 권의 초판을 올려두었다. 아버지는 거기에 있었다.

책을 진열한 것은 좋은 생각이었다. 다른 책은 쌓아서 노트북을 올려두었다. 아버지가 쓴 《주식투자 절대법칙》, 《Payback Time》 몇 권, 《워런 버핏과의 점심식사》, 이본 쉬나드Yvon Chouinard의 《Let My People Go Surfing(파도가 칠 때는 서핑을)》, 그레첸 루빈의 《지금부터 행복할 것》, 아툴 가완디의 《나는 고백한다, 현대의학을》이었다. 쌓아 올린 책 맨 위에는 내 재정 상태를 정리하는 일에 깔끔하고 효율적이고 단호하게 임해야 한다는 것을 상기시켜줄 《인생이 빛나는 정리의 마법》을 올려두었다. 표면적인 수준에 그치지 않고 현상을 깊이 들여다볼 것, 시장의 거시경제 변수를 고려할 것, 전부 잘되고 있는 것처럼 보일 때라도 사실은 매우 잘못되고 있는 중일 수도 있다는 것을 알려주는 《빅숏(The Big Short)》도 함께 두었다.

가이 스파이어는 자신의 초기 투자자였던 아버지의 사진을 사무실에 두고 자신이 누구를 위해 일하고 있는지 늘 생각한다. 어머니와 동생이 반드시 나를 필요로 하는 상황은 아니지만 그래도 두 사람을 챙길 수 있는 여유를 갖는 것이 내가 생각하는 경제적 자유의 중요한 부분이어서 나는 우리 사진을 책장에서 꺼내 컴퓨터 옆에 두었다. 그럭저럭 괜찮았지만 아직 부족했다. 좁은 내 집 곳곳에는 이미 가족사진이 여럿 놓여 있었다. 나는 카말라를 비롯해 가까운 친구 두 명과 뉴욕에서 밤에 놀러 나가 찍은 사진 몇 장을 세워두었고 그것은 좋은 자극이 되었다. 아름다운 풍광을 배경으로 산을 오르는 내 모습이 담긴 사진도 골랐다. 한 친구가 선물해준 그 사진을 보면 마음이 트였고, 산과 바다, 도시, 내가 선택한 어느 곳이든 갈 수 있는 날들을 갖게 되는 것이 바로 경제적 자유라는 생각을 떠올릴 수 있었다. 모두 내가 좋아하고 계속해서 보고 싶은 사진이었다. 그러려면 사진을 상자에서 꺼내 내 투자 사무실에 세워두는 방법이 유일했다. 사진은 동기를 부여하는 작지만 멋진 수단이다.

'또 뭐가 있을까….' 나는 투자 수련 상자를 열도록 유혹하고 마음이 끌릴 분위기를 조성할 만한 것이 있을지 생각했다. 수련하려고 앉았을 때 좋은 향이 나도록 여행용 향초를 상자에 넣었다. 매번 찾지 않도록 라이터도 함께 넣었다.

쉽게 손에 닿도록 헤드폰도 넣을까 생각했지만 성능이 좋은 헤드폰은 그것 하나뿐이어서, 투자하지 않는 시간에도 사용하고 싶었다. 나는 상자에 넣는 대신 언제든 쉽게 꺼내 쓸 수 있도록 현관 열쇠 바구니에 넣어두기로 했다.

왠지 모르게 몇 년 전 카트만두에 갔을 때 기념품 판매대에서 산 마니차prayer wheel*를 집어 들었다. 살짝 고장 나고 근사하지도 않지만 이 마니차를 볼 때 느끼는 것이 있다. 티베트 불교에서 기도를 하는 동안 마니차를 돌리는 것은 기도의 에너지를 우주로 보내는 행위다. 나는 책장 선반 위 아버지의 서명이 있는 책 옆에 마니차를 두고 바퀴를 돌렸다. 그것이 투자 수련에 거는 내 소망, 기도, 바람을 우주로 보내주었다. 마니차의 존재는 '바라는 것만으로는 이룰 수 없다'는 사실을 떠올리게 했다. 바라는 것이 있다면 직접 바퀴를 돌려야만 한다. 나는 투자를 바라고 그렇다면 수련해야만 한다.

책장에 집어넣은 투박한 플라스틱 수납함 안에 나의 품격 있는 사무실이 마련되었다. 식탁 위에 쌓아 올린 책, 부적, 사진, 컴퓨터. 완벽히 갖춰진 가이 스파이어의 도서관과는 거리가 멀었지만 그런대로 괜찮았다. 완벽한 것에 집착하다 좋은 것을 망쳐서는 안 된다고 하지 않던가.

작게나마 내 공간을 만들면서 자신감도 조금 생겼다. 짙은 안개 속으로 곤두박질치고 소용돌이를 그리며 빨려 들어가는 느낌이었지만 적어도 내 사무실과 물건만은 잘 정리되어 있을 것이었다.

다음으로 컴퓨터를 준비했다. 나는 '투자 수련'이라는 폴더를 만들어 컴퓨터 바탕화면에 눈에 띄게 배치했다. 뉴스 기사를 스크랩하고 정리하는 용도로 사용하던 메모장 앱**에도 새로 메모장을 만들

---

* 기도·명상 때 돌리는 바퀴 모양의 경전. - 옮긴이

어 '투자 수련'이라고 이름 붙였다. 각각의 폴더 안에 무엇을 담을지는 정하지 못했지만 적어도 준비는 되었다. 이렇게 준비해두면 2년, 8년, 혹은 10년 뒤 과거에 찾아둔 자료를 보고 싶을 때 쉽게 찾을 수 있고 같은 일을 두 번 할 필요가 없다.

이제 사무실도 마련했으니 실제로 어디에 투자할 것인지 생각할 수 있었다. 기업이 무엇인지는 안다. 기업은 모든 주식과 공개시장의 기반이고, 기업이 현재 어떤 방식으로 운영되는지 알려면 기업의 출발을 아는 것이 중요하다. 기업과 법적 책임이 진화하면서 임원들은 기업을 망치고도 수백만 달러를 받는다. 나는 내 돈이 거쳐 갈 시스템의 기반을 확실히 알고 싶었다.

기업: 의제의 역사

기업은 우리가 필요로 하는 물건과 이동 수단, 먹을 것, 살 곳을 제공한다. 당연히 그렇다. 우리는 기업이 하는 일에 개인적으로 책임을 지지 않으면서 투자할 수 있는 방법으로 기업과 주식시장을 인격화했다[법률 용어로는 이것을 '의제(legal fictions)'라고 한다***]. 나는 그날 법인격 의제의 역사를 떠올리다가 주방 한가운데 서서 투자 사무실을

** 이 글을 쓸 당시 에버노트 앱을 사용했는데 이 밖에도 좋은 메모장 및 파일 정리 앱과 웹사이트가 많다.

*** '의제'는 본질은 다르지만 법률적으로 동일한 것으로 처리해 동일한 효과를 주는 일을 가리킨다. 기업은 인격의 존재를 의제하는 방식으로 인간으로서의 지위를 인정받는다. - 옮긴이

둘러보았고 내 돈이 파렴치한 경영진을 거쳐 가지 않게 하는 방법은 무엇인지에 생각이 미쳤다.

기업은 수천 년 전부터 존재해왔지만 영국이 역사를 바꿀 혁신에 나선 것은 네덜란드가 증권거래소를 발명하고도 수백 년이 지나서 였다. 바로 주주의 유한책임을 인정한 것이다. 문자 그대로다. 주주의 책임은 회사의 자산에 국한되며 개인 자산에는 회사의 채권단이 접근할 수 없다. 유한책임이 법제화되면 회사가 파산하더라도 가정이 붕괴될 걱정이 없기 때문에 이 개념은 다른 무엇과도 비교할 수 없을 만큼 기업가 정신을 강하게 자극했다. 기업가들에게 이처럼 환상적인 개념인 유한책임은 기업과 투자자 모두에게 양날의 검으로 작용한다. '인간은 늘 자신의 이익을 추구하며 합리적으로 행동한다'라는 영국 경제학자 애덤 스미스Adam Smith의 기본 전제는 비양심적인 행위에 대한 처벌이 기업의 방패에 부딪혀 약화될 때 크게 수정된다.

미국에서는 기업이 가끔 탈선하지만 장점이 단점을 능가한다는 시각이 서서히 자리를 잡았다. 법인 제도는 천사와 괴물을 동시에 낳았다. 중산층에게 왕이 된 듯한 안락함을 선사하는 기업도 있고 공동체를 파괴하는 기업도 있다. 어떤 기업은 가난한 사람을 부유하게 하고 어떤 기업은 부유한 사람을 가난하게 만든다. 내가 투자자가 된다면 가치와 사회적 사명을 중심에 둔 투자를 하고 싶다. 명예를 지키며 내가 중요하게 여기는 가치를 추구하는 기업은 어떤 기업인가? 어떤 기업은 그렇지 않은가? 나는 그것이 알고 싶었다.

정보 비대칭에 대처하기

나는 기업 법률 업무를 다루며 상장회사와 주주 사이에 본질적으로 정보 비대칭이 존재한다는 사실을 늘 알고 있었다. 만일 내 전문 분야인 스타트업에 투자한다면 먼저 투자할 가치가 있는지 판단하기 위해 회사의 창업자를 알아볼 것이다. 주식시장에서 거래되는 기업에 투자하는 대형 투자자들도 같은 과정을 거친다. 임원들을 자주 만나고, 사무실과 제조 시설을 방문하고, 전문가에게 재무 상태를 검토하게 한다. 나와 같은 소액 투자자는 이 가운데 어느 것도 하지 않는다. 내가 상장회사 투자를 두려워하는 이유 중 하나는 주주들이 가진 정보가 경영진보다 적어서 주주가 근본적으로 불리할 수밖에 없다는 사실이다. 회사가 가진 정보와 주주가 가진 정보는 결코 같을 수 없다.

주주는 회사의 주인이지만 회사를 경영하지는 않는다. 변호사로서 보는 기업의 구조는 매력적이지만 잠재적인 투자자로서는 만만찮은 문제다. 잠재적인 소유주인 내게 기업의 유한책임은 투자를 유인하는 요인이지만 본질적인 지배구조를 살펴보게 하는 요인이기도 하다. 다시 양날의 검이다. 대신 주주들은 회사의 중요한 결정을 내리는 이사회에 앉을 사람들을 투표로 선출한다. 이사회는 회사 경영을 담당할 임원들을 고용하고 임명한다. 이사회는 주주의 이익을 위해 의사 결정을 해야 한다는 신인의무fiduciary duty라는 법률적이고 윤리적인 책임을 지지만 그 책임을 다하는 방법에는 상당한 재량권이 주어진다. 이론적으로 주주는 회사에 대한 간접적 통제가 가능하다. 이사가 일을 제대로 하지 못할 경우 다른 사람으로 교체할 수 있다(이사의 신인의무 위반이 심각하면 다른 수단을 동원할 수 있다). 기업에 따라 다르겠지만 단 몇 시간 회의에 참여하는 대가로 연 25만 달러 이상 받는 자리를 차지하려는 사람들은 실제로 줄을 섰다. 따라서 이사회 구성원 중에는 배를 흔들어 파문을 일으키기보다 제대로 살펴보지도 않은 채 '경영상 이익'을 도모한다는 이유로 CEO의 결정을 승인하는 사람들도 종종 있다.

이사회는 회사를 성장시키고 주가를 끌어올릴 임원을 채용하는 대가로 보상을 받고, 임원들은 실적과 주가로 이사회를 만족시켜 보상을 받는다. 주가가 오르면 주주에게도 좋은 일이지만 이런 보상 구조는 임원들이 기업의 장기적 성장보다 단기적 의사 결정에 치중하도록 독려하는 비뚤어진 결과를 낳는다. 일부 기업에서 임원에게 돌아가는 보상이 나날이 늘어나는 데 의문이 들지 않는가? 엄청나게 큰 보상은 오로지 돈이 목적인 CEO를 낳았다. 기업에 장기적으로 해를 입힐 결정을 하고도 연봉 수백만 달러를 챙기고 결국 '황금 낙하산golden parachute*'을 타고 탈출하면 그만인 것이다.

2015년 석유 개발회사 슐럼버거Schlumberger의 CEO는 12퍼센트 인상된 현금 보상을 포함해 총 1,830만 달러를 지급받았다. 같은 해 회사는 전체 직원의 20퍼센트에 해당하는 2만 5,000여 명을 해고했다. 매출과 이익이 전년 대비 각각 27퍼센트, 41퍼센트 감소했기 때

---

* 비자발적으로 해임되는 경영진에게 퇴직금과 별도로 거액의 퇴직 위로금을 지급하는 제도로, 인수를 시도하는 기업의 부담을 가중시켜 적대적 인수·합병을 막는 방법으로 활용되었으나 미국 금융위기 당시 최고 경영자들이 경영 실패에도 불구하고 거액의 위로금을 챙기면서 논란이 되었다. - 옮긴이

문이다. 엔론, 월드컴WorldCom, 타이코Tyco, 헬스사우스HealthSouth
는 부유해지거나 그럴듯해 보이기를 원하는 CEO가 회사를 이끈 대
표적인 사례로 꼽는다. 안타까운 일이지만 이와 같은 도덕적 부패로
인해 CEO의 급여가 직원의 급여는 물론 기업의 성과와 격차가 발생
한 경우가 많다. 50년 전만 해도 주요 기업 CEO의 임금은 직원 임금
의 20배 수준이었다. 지금은 300배로 벌어졌다.[2]

돈만 밝히는 CEO들의 단기적 판단이 주가를 밀어 올리는 곳이 주
식시장이다. 많은 기업이 여기에 동참하지만 일부는 그러지 않는다.
투자자로서 나는 그러지 않는 기업을 지지하고 싶다.

지지하는 사명에 돈으로 투표하기

기업의 관행을 깊이 생각하게 되면서 나는 정말 좋아할 수 있는 회
사, 즉 내가 지지하는 가치를 공유하며 내 신념과 일치하는 행보를
이어온 멋진 회사를 찾기로 결심했다. 나는 세상의 모든 앤드루 카네
기, 스티브 잡스, 오프라 윈프리를 지지하고 싶었다. 그들은 탐욕에
이끌려 움직이지 않았다. 그들은 완벽하지 않았다. 그들을 이끈 것은
최고가 되고 최고 제품을 만들고 가능한 한 최고의 것을 만드는 데
자신의 삶을 투자하고자 하는 열망이었다. 이런 생각은 단순한 이상
주의가 아니다.

하지만 누가 좋은 사람인지 어떻게 가려낼 것인가? 어떤 회사에
도 투자를 생각할 수 없을 만큼 조심스러울 때는 〈금지된 사랑Say

Anything〉의 매혹적인 열등생 로이드 도블러의 대사가 그대로 들어 맞는다는 생각을 한 적이 있다. 그는 이렇게 말했다. "일로서 해야 한다면 아무것도 팔거나 사거나 가공하고 싶지 않아. 누군가 사거 나 가공한 어떤 것도 팔고 싶지 않고, 누군가 팔거나 가공한 어떤 것 도 사고 싶지 않고, 누군가 팔거나 사거나 가공한 어떤 것도 가공하 고 싶지 않고, 누군가 팔거나 사거나 가공한 어떤 것도 수리하고 싶 지 않아. 알겠어? 일로서는 그 어떤 것도 하고 싶지 않다고." 큰 키에 매력이 넘치는 로이드라면 그럴 수도 있다. 하지만 나는 그럴 수 없 다. 몇 달 전까지만 해도 그랬지만 지금은 아니다. 이제 나는 로이드 가 꺼린 모든 것에 전념하는 사람, 즉 질 좋은 제품을 팔고, 신중하게 고른 물건을 사고, 진실하게 행동하는 사람에게 투자하고 싶다. 내 친구 몇몇은 우리가 군중의 탐욕이 주도하는 기업 파시즘corporate fascism이라는 디스토피아, 즉 반(反)이상향의 시대에 살고 있다고 생 각한다. 우리가 아무것도 하지 않는다면 그 생각이 맞을지도 모른 다. 하지만 나는 미래의 나의 세계를 채울 기업과 CEO를 투표로 선 택할 수 있다.

　나는 돈을 이용해 더 광범위한 방식으로 한 표를 행사할 수 있다는 사실을 불현듯 깨달았다. 우리는 우리 돈으로 우리 도덕률에 따라 행 동한다. 우리 선택에 따라 유기농 식품을 사고, 노동 착취 작업장이 아닌 곳에서 만든 옷을 사고, 국산 자동차를 산다. 하지만 우리에게 는 식료품점에서 돌고래를 보호하는 방식으로 어획한 참치 통조림 을 고르는 것보다 더욱 광범위하고 영향력 있는 방식으로 의사를 표 시할 기회가 있다. 올바른 행동을 하는 회사의 주식을 사는 방식으로 회사가 사명을 이행하도록 지원하는 것이다. 우리 모두의 돈으로 투표한다면 엉망이 된 주식시장도 바로잡을 수 있다.

나는 소비자로서 시장에서 좀 더 많이 보고 싶은 제품에 내가 가진 돈으로 날마다 투표했다. 제초제를 이용해 재배한 농산물을 사지 않는 선택의 결과로 이듬해 유기농 농산물의 생산량이 늘기를 기대한다. 유기농 농산물을 선택하면 유기농 재배를 부추길 것이다. 실제로 전무하다시피 했던 유기농 식료품시장은 30년 만에 식료품 산업의 면모를 바꾸어놓았다. 여기에는 홀푸드Whole Foods에 돈으로 투표해 결국 전통적인 식료품점도 더욱 자연 친화적인 유기농 제품을 판매해야 경쟁할 수 있게 만든 소비자들의 역할이 있었다.

이제 돈으로 투표하는 행위를 주식시장으로 확대해 정확히 같은 방식으로 적용할 수 있다. 물리적 근접성과 소비자로서의 즉각적인 필요에 제약을 받기보다는 모든 주주를 고려해 중요한 결정을 하는 진정성 있는 리더가 운영하는 기업에 내 돈으로 지지를 표시할 수 있다. 나는 투자해야만 한다면, 존재를 유지하기 위해 순이익이 필요하지만 순이익이 유일한 존재 이유는 아님을 이해하는 기업에 투자하고 싶었다. 내가 사랑했던 스타트업의 설립자들이 그랬던 것처럼 세상을 좀 더 나은 곳으로 바꾸겠다는 사명을 품은 기업에 투표하고 싶었다. 이렇게 생각하면 할수록 내가 지지하는 강력한 사명을 지닌 기업들이 다른 누구보다 더 훌륭하게 내 돈을 맡아줄 수 있으리라는 생각이 더욱 확고해졌다.

정직한 대가를 바라며 정직한 일을 찾는 좋은 사람들에게 최소한의 임금을 지급하고 열악하게 대우하는 월마트 같은 기업은 지원하고 싶지 않았다. 월마트처럼 직원에 대한 처우와 관계없이 재무적으로 뛰어난 실적을 기록하는 것은 가능하지만 나는 그런 기업의 장기 전망이 밝다고 생각하지 않는다. 불행한 직원이 많은 기업은 서서히 쇠퇴한다. 윤리적 문제는 둘째 치고 제대로 대우받지 못하는 직원들이 여분의 시간을 투자해 일을 완벽하게 마무리할 리 없고, 고객에게 뛰어난 서비스를 제공할 리 없으며, 다른 일자리를 구할 수 있다면 그 회사에 남을 리 없다. 비좁은 닭장에서 항생제를 잔뜩 투여해 밀집 사육한 닭을 사들이는 맥도날드McDonald's 같은 회사를 소유하고 싶지 않은 것도 같은 이유다. 그런 곳에서 되도록이면 구입하지 않고 사 먹지 않는 것이 내게는 중요한 의미가 있다.

나는 뜻을 같이하지 않는 기업의 물건을 사지 않듯 투자도 하지 않을 것이다.

나는 투자가 실제로 세상에 유용한 역할을 할 수도 있다는 사실을 깨달았다. 좋은 기업은 나와 같은 사람들의 표를 원한다. 윤리적 축산, 유기농 딸기, 제대로 보상받는 노동자에게 돈으로써 지지 의사를 표시해주기를 바라는 것이다. 제일 가까운 홀푸드 매장이 어디에 있든 상관없이 나는 홀푸드 주식을 살 수 있다. 올해 룰루레몬lululemon에서 옷을 사든 더 이상 사지 않든(과연?!) 룰루레몬 주식을 살 수 있다. 나는 술을 끊으려고 성실히 노력하면서도 잭 다니엘스를 제조하는 상장회사 브라운포맨Brown-Forman 주식을 사는 것으로 버번위스키에 대한 애정을 표시할 수 있다. 나는 돈으로 투표한다. 내가 의식하든 의식하지 않든 내게는 한 표가 존재하고, 내가 원하든 원하지 않든 그것은 분명히 존재하는 표다. 투자자 대부분이 그렇듯 이 사실을 무시할 수도 있다. 반면 적극적인 태도로 받아들일 수도 있다.

돈으로 투표할 수 있는 사람은 나 혼자만이 아니다. 규모가 70조 달러에 이르는 전 세계 주식시장에서 85퍼센트는 우리 일반 투자자의 돈이라는 것을 기억하는가? 월스트리트의 전문가들 대부분과 로보어드바이저는 투자를 투표로 여기지 않고 사명 같은 것은 조금도 고려하지 않는다. 그들은 오로지 이익에만 집중한다. 반면 옳은 행동을 하는 기업에 투자하려고 노력하는 사람들은 거의 언제나 큰 수익을 올릴 기회를 희생한다.

성장세를 기록하고 경영 상태가 양호하며 이익을 내는 기업을 사명과 결합한다면 그 결과는 놀라울 것이다. 나는 미래의 대니얼을 위해 투자로 수익을 내고 경제적 자유를 얻으려고 한다. 나는 자격 있는 기업, 즉 선한 행위를 통해 이익을 뒷받침하고 개선하는 의식 있는 자본가에게 내가 힘들게 번 돈을 지원하고 투자하는 방식으로 85퍼센트의 사람들에 합류할 것이다. 이런 일은 이미 있어왔다. 투자자들은 인종 차별로 이익을 얻는 기업과 단체에서 돈을 회수했고 아파르트헤이트는 소멸했다. 투자자들은 담배회사에서 돈을 회수했고 담배회사는 극심하게 위축되었다. 투자자들은 유기농 식품, 자연식품 기업에 돈을 맡겼고 이제는 전통적인 식료품점에서도 자연식품과 유기농 식품을 제공하는 것은 물론 고객이 찾기 쉽도록 해당 제품을 전면에 배치한다.

돈이 곧 힘이다. 미국 주식시장에서 최대 투자자는 워런 버핏과 빌 게이츠Bill Gates가 아니라 캘리포니아 교직원 퇴직연금California State Teachers' Retirement System, CalSTRS으로 이 기관이 주식시장에 투자한 돈은 1,100억 달러가 넘는다.[3] 1,100억 달러는 전체 교직원의 퇴직금, 즉 소시민의 돈이다. 우리 소액 투자자들 모두가 이와 같은 월스트리트의 연금 펀드에서 자금을 전부 회수해 각자 지지하는 가치에 개인적으로 투자한다면 선한 사명이 없는 기업은 변화하거나 소멸할 것이다. 그렇게 된다면 오랫동안 고대했던 미국 기업의 윤리적 혁명도 빠르게 진행될 것이다. 주가는 돈을 쫓아가기 때문이다. 주식시장에서 돈을 회수하면 주가가 하락하고, CEO가 해고되고, 이사회가 교체된다. 몇 년이 아니라 몇 달 사이에도 가능한 일이다. 이렇게 생각하며 나는 작은 전율을 느꼈다.

과다한 보수를 받는 CEO와 패거리 권력이 된 이사진은 더 이상 없을 것이다. 착취당하는 노동자도, 오염을 유발하는 기업도 더는 없을 것이다. 자국 노동자를 고용하고, 적절한 보수를 지불하며, 국내에서 제품을 생산하고, 환경 친화적인 선택을 하고, 중요한 결정을 할 때 이해 당사자를 고려하는 기업이 성장할 것이다. 경영 상태가 좋고 윤리적 경영이 이루어지며 사회적 사명을 이행하려는 기업이 시장을 주도하고 투자자들에게 뛰어난 수익을 돌려줄 것이다. 이처럼 우리 모두가 성인답게 책임 있는 재정적 의사 결정을 했다면 우리는 막강한 힘을 지니게 되었을 것이다. 이런 방식이라면 투자라는 행위는 훨씬 더 재미있을 것이다.

우리에게는 기관의 펀드매니저들을 통제할 방법이 없다. 그들에게서 우리 돈을 회수해 직접 투자하는 것만이 우리가 할 수 있는 일이다.

나는 투자 포트폴리오를 앞에 두고 고민하는 기업가가 된 기분이

들기 시작했다. 다음에는 어디에 중심을 둘 것인가? 세상을 바꾸려면 무엇을 해야 하는가?

나는 사회 개량을 꿈꾸는 스스로에게 깊이 감명했고, 지지하는 사명을 위해 주식시장에서 돈으로 한 표를 행사한다는 생각에 잔뜩 설렌 자신에게 놀랐다. 예전과 달리 나는 더 이상 투자를 두려워하지 않았다.

나는 내가 생각하는 사명을 좋아하는 기업들의 이름 사이 빈 공간에 서둘러 적고 '나의 사명'이라고 제목을 붙였다.

나의 사명

- 직원을 정당하게 대우하고 최저 생활 임금을 보장하는 기업: 비윤리적인 기업은 세상에 좋은 울림을 주지 못한다. 그런 기업의 직원은 자사에 애정을 키울 수 없다. 결국 둘 다 무너진다.
- 올바른 생산물 취급 기준을 준수하는 기업: 인도적으로 동물을 다루고, 친환경적으로 제품을 생산하고, 지속 가능한 방식으로 경작한다.
- 지역의 작은 기업: 지역 사회를 지원하고 기업의 환경, 평판, 직원 채용에 관한 사안에 지역의 통계를 활용한다.

목록에 없는 것이 무엇인지도 알 수 있었다. 내 목록에는 특정 산업이나 제품에 관한 내용이 없었다. 예를 들어, 총기 소지에 반대하는 사람들에게는 스미스&웨슨Smith&Wesson* 주식을 절대로 매수하

---

* 1852년에 호레이스 스미스와 대니얼 웨슨이 설립한 총기회사. - 옮긴이

지 않는다는 원칙이 있을 것이다. 나는 아직 아니지만 이런 절대적인 원칙을 가진 사람들은 분명히 있다. 내가 열의를 갖고 내 표를 행사하듯 그들 역시 나와 같은 열의로 자신이 지지하는 가치관에 한 표를 던질 것이다.

투자금이 너무 적어서 어떤 기업의 주식을 사든 별다른 영향을 미치지 못한다고 말할 수도 있다. 이것은 "내 한 표로 달라질 것이 없으니 투표하지 않겠어", "어떻든 상관없으니 제일 싼 것, 제일 가까이 있는 것, 제일 쉽게 구할 수 있는 것을 사겠어"라고 말하는 것과 다르지 않다. 하지만 단 한 표 혹은 단 한 번의 구매에 수천 개의 비슷한 표와 수천 건의 유사한 구매를 곱하면 그 영향은 어마어마할 수 있다. 무엇보다 중요한 사실은 나는 양심을 거스르지 않기 위해 할 수 있는 모든 것을 하려고 결심했다는 것이다. 나는 카르마, 즉 업이 존재한다고 믿었고 좋은 업을 짓기를 바랐다.

나는 새로 만든 투자 사무실에 섰고 처음으로 이 일에 진정한 의욕이 생겼다. 내게는 의식 있는 자본주의 기업이 의미가 있다는 것을 깨달았다. 나는 홀푸드처럼 훌륭한 사명을 지닌 기업의 주식을 사는 것을 고려하고 있었다. 두 달 전 아버지와 점심을 먹으며 주식을 산다고 생각했을 때는 밀폐된 콘크리트 계단이 나를 향해 조여오는 느낌이었다. 묘하게도 이제는 나 자신이 전사가 된 듯했다. 나는 사명을 지향하는 '임팩트 투자자impact investor*'로서 내가 중요하다고 믿는 가치에 따라 명예롭게 행동하는 기업과 그렇지 않은 기업은 어디

---

* 경제적 이익과 사회적 가치를 동시에 고려해 투자를 결정하는 투자자. - 옮긴이

인지 궁금해졌다.

사명을 지닌 기업에 한 표를 던지겠다는 내 생각을 아버지도 반기겠지만 아버지의 방식에 내 방식을 추가하는 것을 아버지가 어떻게 생각할지는 확신할 수 없었다. 아버지는 자신이 했던 투자 방식 그대로 가르치기를 원했고 아버지가 찾은 해답을 밀어붙일 것이었다. 어렸을 때 아버지는 장거리를 운전할 때면 소크라테스식 대화법을 활용해 내게 철학과 종교를 주제로 질문하곤 했다. 소크라테스는 짜증스러울 정도로 유도신문을 해서 결국 상대에게서 자신이 원하는 답을 이끌어냈으니 아테네 사람들에게 죽임을 당한 것도 놀랍지 않다.

월말이 다가왔고 아버지와 나는 다시 전화로 투자 수련에 관해 이야기를 나누었다. 매주 통화하겠다는 계획은 단 몇 주 만에 무산되었지만 우리 둘 다 시간을 내려고 노력한다는 것만으로도 내게는 충분했다.

나는 단도직입적으로 말했다. "아버지, 저는 지지하고 싶은 가치관을 지닌 회사에 투자해야 해요. 그러지 않으면 결국 후회할 테고, 그러다 보면 흥미를 잃어서 더 이상 투자하고 싶지 않을 거예요."

"좋아! 가치관에 한 표를 던진다. 좋은 생각이야. 기업의 사명과 가치관은 그 기업의 '이야기'를 구성하는 요소이기도 하거든."

이야기라니, 무슨 말인지 전혀 이해할 수 없었다. 기업의 역사 같은 건가?

기업의 이야기

아버지는 이렇게 설명했다.

"기업을 조사하는 과정에서 나는 그 기업이 어떻게 여기까지 왔는지, 누가 경영하는지, 무엇을 왜 했는지 하는 이야기를 머릿속에서 자연스럽게 구성해본다. 이야기를 만들 때는 간단한 개요가 필요해. 바로 의미, 경영진, 해자, 안전마진이야. 아직 다루지 않았지만 곧 살펴보게 될 요소들이지. 기업의 이야기에서 중요한 부분이 또 있어. 기업이 지닌 가치관이 네가 세상에 확산되기를 바라는 가치관과 일치해야 한다는 점이야. 바로 사명이지."

아버지의 설명대로라면 기업에 대한 조사 범위는 급격히 확대될 수 있다. 애플에서 출발해 중국 공장에서 생산하는 초전도체에서 끝날 수도 있다는 뜻이다. 아버지는 기업의 이야기를 항상 염두에 두었고, 좋은 투자 대상인지 여부를 판단할 때 가장 중요한 사안에 늘 집중할 수 있었던 것도 이야기 덕분이었다고 말했다.

"이야기는 글로 적어두나요, 아니면 말로 하나요?"

아버지는 잠시 생각했다.

"오랫동안 해온 일이지만 따로 시간을 내서 형식을 갖춘 문서로 만들지는 않았어. 머릿속에서 이야기를 구성한 다음 믿을 만한 몇몇 사람에게 말하지."

아버지에게 말은 안 했지만 나는 조금 다른 방법을 활용할 것임을 바로 알았다. 내게는 법학대학원에서 배우고 실무를 통해 경험하며 수년간 갈고닦은 논증 방법이 있다. 나는 종이에 활자로 쓴 논거를 반드시 눈으로 보아야 한다. 논거는 내가 직접 작성한다. 글로 옮기는 과정에서 논거는 좀 더 정밀해진다. 단어 선택이 중요하다. 대충 해서는 안 된다.

아버지는 이야기를 만드는 체계를 설명했다. 이야기의 시작은 해당 기업을 발견한 배경과 다른 투자자들의 매수 여부다. 다음은 기업에 대한 이해다. 경쟁에서 스스로를 어떻게 보호하고, 누가 경영하며, 어떤 면에서 가치가 있는지가 특히 중요하다. 다음으로 기업이 속한 산업, 경쟁자, 일관되게 강력한 실적과 탄탄한 경영진이 뒷받침하는 지속 가능한 경쟁우위를 지니게 된 배경을 포함한다. 기업의 가치, 내가 생각하는 적정 매수 가격, 매도자가 매도에 나서게 한 '사건', 사건에서 회복하기까지 걸릴 예상 기간을 풀어 쓴다. 마지막으로 해당 기업을 사야 하는 주요 이유를 세 가지로 요약한다.

"하나하나 다 설명해주실 거죠?"

아버지가 웃었다. "물론이지. 올해 남은 기간 동안 할 일이 바로 이거야."

나는 스타트업 회사를 투자자로서 평가하는 방법에는 무엇이 있을지 생각했다. 회사는 현재 어떤 상태이고 미래 계획은 무엇인가? 이 정도가 내가 확실히 알아두고 싶은 것들이다. 스타트업 전문 변호사로서 나는 투자금의 이탈을 유발할 만한 사안을 찾아내는 일에 꽤 경험이 많다. 이야기를 정반대로 구성해보는 것은 변호사가 늘 하는 일이다.

"이야기라는 명칭이 마음에 들어요. 기업을 보는 제 관점을 의미하겠죠. 제가 생각하는 애플의 이야기는 아버지의 애플 이야기와는 다를 테고요."

"물론이야. 네가 기업의 사명이라고 일컫는 가치관을 반영한다면 더욱 그렇겠지. 사명과 가치관, 네가 그 기업을 좋아하는 진짜 이유와 그 기업이 번영하기를 바라는 이유를 자세히 설명하는 거야. 네가 이야기를 써보면 정말 좋겠다. 네가 생각하는 사명이 나와 다른 만큼 기업의 가치관에 대한 우리의 관점도 다를 테니까 말이야."

기분 좋은 말이었다. 내 투자 수련은 물론이고 아버지의 투자 수련에 기꺼이 내 방식을 적용한다는 사실이 기뻤다. 아버지가 일방적으로 나를 이끄는 관계가 아니라 우리가 함께 배움의 길을 걷고 있다는 생각이 들었다. 내가 하는 말에 아버지가 귀를 기울이고 있으며 내 의도를 이해한다고 느꼈다. 전에 내게 법률 문제에 관해 물었을 때도 이런 경험을 했지만 지금은 아버지의 전문 분야라는 점이 달랐고 아버지는 큰 그림에 몇 가지 변화를 주는 것에 이의가 없는 듯했다. 이 일로 나는 이번 수련과 관련해 아버지를 좀 더 신뢰하게 되었다.

"정말이에요? 아버지의 방식에 제가 다른 것을 추가해도 돼요?"

아버지는 자신 있게 답했다. "물론이지. 사실 그건 네가 투자에 타고난 재능이 있다는 뜻이야. 네가 평생 투자할 기업은 몇 개에 불과할 테니 전적으로 좋아하는 회사여야 해. 버핏도 좋아하는 기업에 한해 투자했어. 하지만 버핏이 좋아한 기업과 네가 좋아하는 기업은 다를 거야. 최근 연례 주주총회에서 버핏은 어째서 여전히 코카콜라에 투자하고 있느냐는 질문을 받았어. 설탕이 좋지 않다는 사실을 모를까? 버핏은 코카콜라를 매일 여섯 캔 마신다고 답하고 그게 자신의 행복이라고 했어. 그리고 홀푸드에 가서 보면 웃고 있는 사람이 단한 명도 없다고 말했지."

"뭐라고요?" 과장되게 놀란 표정을 짓다가 사레들렸다.

"농담이었지만 자신의 가치관에 대해서만큼은 농담이 아니었어. 버핏은 말과 행동이 같은 사람이거든."

지지하는 사명에 돈으로 투표한다는 발상은 투자 대가인 버핏이 이미 했던 것이다. 내 천재적 발상에 대한 이야기는 이쯤 해두자. 당연히 버핏이 지지하는 사명은 나의 것과는 달랐다. 우리는 다르다. 중요한 것은 이것이다. 나는 내게 의미 있는 가치를 지지하고, 그는 그의 가치를 지지한다.

나는 모두가 열망하는 네 번째 숙련 단계인 인식하지 못하는 능력 단계를 떠올렸다. 나는 새들이 노래하고 안개가 걷히면서 하늘에서 내려와 나를 비추는 한 줄기 빛을 상상했다. 그 단계가 나의 목표였다. 나는 그 단계에 도달한 누군가로부터 배우고 싶었다. 버핏이야말로 바로 그곳에 있는 것 같았다.

우리는 와이오밍주 잭슨홀에 있는 집으로 오랫동안 계획했던 가족 여행을 떠났다. 나는 일거리를 잔뜩 짊어지고 떠났고 멀리서도 줄곧 사무실과 연결되어 있었다. 하지만 아버지와 함께 지내며 투자에 관해 이야기를 나누고 다른 일들도 하기에는 더없이 좋은 기회였다.

먼저 나는 워런 버핏과 아버지가 그토록 좋아하는 '가치투자'라는 말의 근본을 알고 싶었다. 다른 사람들도 배우고 싶어 할 것임을 알았다. 함께 거실에 앉아 있을 때 내가 이야기를 꺼냈다. "이 주제로 팟캐스트를 시작하면 좋겠어요. 경제적 자유가 필요한 사람이 저만이 아니거든요. 많은 사람이 저와 함께 투자 수련을 하면서 도움을 받을 수 있을 거예요."

"그래?" 아버지가 물었다. "팟캐스트가 뭐지?"

"아버지가 어렸을 때는 없었던 거예요." '노인네들이란.' 나는 내 휴대전화로 아버지에게 팟캐스트를 보여주었다.

나처럼 금산 복합체에 거부감이 있는 사람들에게 접근하는 훌륭한 수단이 팟캐스트라는 것을 아버지는 금세 이해했다. 〈InvestED: The Rule #1 Podcast(인베스티드: 제1 원칙 팟캐스트)〉는 이렇게 탄생했다. 나는 아버지와 투자에 대해 정기적으로 이야기를 나누는 것을 의무화해서 투자 수련을 순조롭게 진행할 수 있기를 바랐고, 다른 사람들에게도 팟캐스트를 통해 같은 도움을 줄 수 있다고 생각했다.

법과 마찬가지로 투자에는 고유한 언어가 있고 그것은 학교에서 가르쳐주지 않는다. 우리와 같은 '일반인'에게는 도움이 필요하다.

법학대학원 입학 첫해, 나는 짧은 기간 동안 어마어마한 양의 공부를 소화해야 했다. 판결문은 난생처음 보는 단어로 쓰여 있어서 《블랙법률사전(Black's Law Dictionary)》을 옆에 두고 네 가지 색 형광펜을 이용해 사건 내용을 각각 다른 색으로 칠하는 데 많은 시간을 보냈다. 형법학 교수는 법은 언어이며 기능을 제대로 수행하려면 먼저 언어를 배워야 한다고 학생들에게 말했다. 형식이나 용어와 의식적으로 씨름하지 않고 특정 사건을 읽어냈다는 것을 깨닫기까지 6개월이 걸렸다. 언어를 배운 것이다.

앞으로 투자하게 될지도 모를 회사를 이해한다고 생각하니 법학대학원에서 보낸 처음 며칠이 떠오르며 기시감이 느껴졌다. 아버지가 편하게 사용하는 복리, 수익률, 인플레이션과 같은 단어는 내게 외국어나 마찬가지여서 이 단어를 이해하려면 또 다른 단어가 필요하다. 게다가 새로운 어휘도 익혀야 한다. 점점 더 어려워질 것이라는 뜻이다. 그러나 여느 외국어를 배울 때와 마찬가지로 방법은 노력하는 것뿐이라고 나는 혼잣말로 다짐했다.

"버핏이 최고죠?" 아버지에게 물었다.

"그렇지. 하지만 그에서 출발하지는 않을 거야."

'아니라고?'

"버핏의 동업자인 찰리 멍거에서 시작할 거야. 버핏만큼 똑똑한 투자자를 꼽으라면 멍거를 들 수 있지. 멍거는 BBC 방송과의 인터뷰에서 자신들의 투자 전략을 네 가지 기본 원칙으로 간단히 제시했어. 투자와 관련해 내가 하는 모든 일, 그리고 멍거와 버핏이 하는 모든 일의 근거가 바로 이 네 가지 원칙이야."

3개월 차 수련

10분 동안 나만의 투자 사무실을 조성한다. 경제적 자유를 미리 경험할 수 있는 분위기를 만들어주는 것, 힘들더라도 수련을 계속 이어가게 하는 동력이 될 만한 것을 고려해 사무실을 꾸민다. 사무실을 완성하면 돈으로 투표했던 과거 경험을 자유롭게 떠올려본다. 나는 지금 어떤 가치관을 지지하는가? 앞으로도 그 가치관을 지지하고 싶은가? 그렇다면 나의 투자금으로 한 표를 행사할 '사명'의 목록을 작성한다.

1. Marie Kondo, 《인생이 빛나는 정리의 마법(The Life-Changing Magic of Tidying Up)》 (Berkeley, CA: Ten Speed Press, 2014)
2. Robert Reich, 《로버트 라이시의 자본주의를 구하라(Saving Capitalism)》 (New York: Knopf, 2015)
3. https://www.calstrs.com/portfolio-holdings-asset-category

4개월 차
가치투자 제1 원칙

"먼저 기업을 이해할 맥락을 마련하려면 보충이 필요하겠구나. 시장이 어떻게 작동하고 그 이유는 무엇인지 이야기해보자." 아버지가 말을 꺼냈다.

효율적 시장 가설

"사람들이 합리적이라고 가정하자. 이성적이고 합리적인 펀드매니저는 100달러짜리 주식을 50달러에 팔지 않을 테고 50달러짜리 주식을 100달러에 사지도 않겠지. 나도, 너도, 똑똑한 펀드매니저 수천 명 가운데 누구도 그렇게는 하지 않을 거야."

"뭐, 동의해요." 나는 고개를 끄덕였다.

이런 현상을 설명하는 이론이 있다. 바로 효율적 시장 가설Efficient

Market Hypothesis이다. 사람들이 주식의 가치에 기반해 매수와 매도를 결정하는 합리적인 행위자라면 가격은 전적으로 합리적으로 결정된다는 것이 이 가설의 주장이다. 또한 이용 가능한 모든 정보가 언제나 완전히 가격에 반영된다고 가정하는데 이 점이 특히 중요하다. 주가를 밀어 올리거나 끌어내릴 모든 가능성은 그 모든 정보를 보유하고 주문을 내는 똑똑한 사람 수천 명에 의해 즉시 가격에 반영된다. 이 가설에 따르면 주가는 해당 시점에 이용 가능한 정보를 바탕으로 결정되고 시장은 이처럼 '효율적으로' 작동한다. 그러므로 특정 시점의 주식의 '가격'은 해당 주식의 내재가치와 정확히 일치한다.

"효율적인 시장에서 정보가 주가에 거의 즉시 반영된다면 전문가들조차 시장을 이기기 힘든 이유가 설명될 거야." 아버지는 효율적 시장 가설을 이렇게 요약했다. "가격을 제시한 사람은 새로운 정보를 얻는 순간 그 정보를 바탕으로 호가를 조정할 테고, 주가는 새로운 가치를 반영해 즉시 재설정되겠지."

몇 년 동안 꾸준히 시장 대비 초과수익률을 기록한 뮤추얼펀드가 거의 없다는 사실이 떠올랐다. 아버지는 그 이유를 더할 나위 없이 잘 설명하는 것이 효율적 시장 가설이라고 했다. 이 가설에 따르면 '좋은' 기업을 선택해 시장을 이기려는 시도는 헛수고로 끝날 것이다. 좋은 회사든 나쁜 회사든 상관없이 주가가 오를 확률과 내릴 확률이 똑같이 반반인 상태에서 가격이 결정되기 때문이다.

'흠….'

하지만 이에 반하는 사례도 있다. 1956년 버핏투자조합 설립 당시 맡긴 1만 달러는 1973년 250만 달러로 불어났지만 시장지수에 같은 금액을 투자했다면 5만 달러로 증가하는 데 그쳤을 것이다. 효율적 시장 가설이 옳고 누구도 시장을 이길 수 없다면 버핏의 성공은 어떻게 설명할 것인가?

버핏의 성공을 복권이나 슬롯머신, 원숭이의 동전 던지기 같은 단순한 운으로 돌린 학자도 있었다.* 그들의 주장은 이렇다. 동전의 앞면과 뒷면이 나올 확률은 50 대 50이다. 원숭이가 동전을 10억 번 던진다면 앞면과 뒷면이 나올 확률은 반반에 가까워진다. 하지만 어느 운 좋은 원숭이가 동전을 단 100번만 던졌을 때 100번 연속으로 앞면이 나올 가능성은 상상하기조차 어려울까? 종형 곡선bell curve의 꼬리 부근에는 늘 곡선을 벗어난 결과가 일부 있게 마련이고, 따라서 무작위로 움직이는 주식시장에서 버핏 같은 사람이 단 한 사람도 없다면 그것이 오히려 놀라운 일이라는 것이다.

시장이 얼마나 합리적이고 효율적으로 작동하는지 보여주는 효율적 시장 가설 연구는 여러 차례 노벨경제학상을 받았다. 그런 만큼 '워런 버핏처럼' 오랫동안 반복적으로 행운이 따르는 것만이 시장 수익률을 초과하는 수익률을 내는 유일한 방법이라는 주장도 이해는 간다.

---

* 프린스턴 대학교 버튼 맬킬 교수는 1973년 저서 《시장변화를 이기는 투자(A Random Walk Down Wall Street)》에서 효율적 시장 가설을 대중에게 설명했다. 책에서 그는 효율적 시장 가설이라는 방에 있는 코끼리, 즉 모두 알지만 말하지 않는 문제를 언급했다. 바로 버핏이었다. 당시 버핏은 20년 가까이 주식시장을 이겨왔고 맬킬은 그것을 예외적인 경우라고 일축했다.

운 좋은 원숭이들

별안간 '운 좋은 원숭이'가 되어버린 워런 버핏의 반응은… 딱히 없었다.

버핏은 그 후 9년 이상의 투자 수익으로 말했다. 맬킬Burton Malkiel 이 책을 출간한 1973년 버핏에게 1,000달러를 맡겼다면 그 돈은 2015년에 237만 8,280달러로 불어났을 것이다.[1]

1984년 버핏은 자신이 이 토론의 원인이라는 사실을 잘 알고 있고 해당 글도 읽었다는 것을 세상에 알렸다. 버핏은 컬럼비아 경영대학원에서 펴낸 잡지에 '그레이엄-도드 마을의 탁월한 투자자들The Super investors of Graham and Doddsville'이라는 제목의 글을 기고해 자신이 운 좋은 원숭이일 뿐이라는 주장에 이의를 제기했다. 그는 '운 좋은 원숭이들이 모두 오마하의 특정 동물원 출신이라는 것을 발견한다면 분명히 뭔가 있다고 생각할 것이다. (중략) 다시 말해, 성공이 집중되는 상당히 특별한 현상을 발견하면 인과관계가 성립하는 특별한 속성이 집중되어 있다는 것도 밝힐 수 있을지 궁금할 것'이라고 말했다.

버핏을 낳은 '동물원'은 버핏과 멍거의 투자 전략의 기반을 개척한 스승이자 멘토인 벤저민 그레이엄이 설립한 것이다. 그레이엄의 가치투자 전략이라는 '동물원'은 적지 않은 '원숭이들'을 배출해 독립시켰다. 버핏은 "늘 주식이 아니라 기업을 산다는 생각으로" 접근해 원래 가치보다 낮은 가격에 산다는 그레이엄의 전략을 따른 다른 '원숭이들'의 투자 실적을 인용했다. 버핏은 "어느 한 사람이 동전의 한

면을 선택하고 50명이 그를 따라 동일한 면을 선택하는 상황은 반영하지 않은 실적"이라고 밝혀, 그들의 종목 선택이 전적으로 독립적이어서 서로 논의하지 않았고 겹치는 종목도 극히 적다는 사실을 강조했다. 성적은 어땠을까? 그들 중 성적이 가장 부진한 사람의 수익률조차 시장지수 수익률을 크게 앞섰다. 최고 성적을 기록한 릭 게린 Rick Guerin의 수익률은 심지어 버핏의 수익률을 넘어섰다.

버핏은 동일한 방식을 이용해 독립적으로 투자하는 모든 투자자들이 가격과 가치의 차이를 이용할 수 있으려면 시장에 비효율이 존재해야만 한다고 결론지었다. 그는 이렇게 단언했다. "가장 감정적인 사람이나 가장 탐욕스러운 사람, 가장 기분이 울적한 사람에 의해 한계 수준에서 가격이 형성되는 월스트리트에서 주가는 '군중herd'의 영향을 받을 수 있는 만큼 시장에서 언제나 합리적으로 가격이 형성된다고 주장하기는 어렵다. 사실 시장 가격은 터무니없을 때가 많다."[2]

술집에 모여 하던 거래를 발전시켜 세계 최초의 증권거래소를 탄생시킨 네덜란드 사람들을 기억하는가? 버핏은 그들처럼 서로 영향을 주고받는 사람들, 그리고 그들 가운데 자신만 뒤처질까 봐 걱정할 때 시작되는 군중 심리에 관해 이야기하고 있었다. 그의 요지는 펀드매니저들이 결정할 때 의심의 여지 없이 합리적이고 충분한 정보를 근거로 하기보다는 대개 공포나 탐욕에 근거해 사고판다는 것이다.

버핏과 멍거는 감정에 의한 의사 결정이 흔하다는 사실을 알았고 그것을 이용했다. 그들은 공포에 질린 군중이 팔아치울 때 샀고, 탐욕에 빠진 군중이 사들일 때 팔았다. 높은 연간 수익률을 볼 때, 이 전략은 확실히 효과가 있었다.

버핏은 감정과 비효율이 주식시장에 영향을 미치고, 효율적 시장 가설의 주장과는 달리 시장이 의심의 여지 없이 효율적으로 작동하는 것은 아니라고 주장했다. 이런 그의 주장을 받아들여, 경제학자들은 효율적 시장 가설을 가르치는 것을 그만두었을까? 그렇지 않다. 그들은 버핏을 무시하거나 예외로 치부하면서 이 가설을 고수했다. 1999년, 예일대 경제학 교수 로버트 실러Robert Shiller가 쓴 《비이성적 과열(Irrational Exuberance)》이 출간되었다. 책 제목은 1997년 '주식시장이 비이성적으로 과열된 상태'라고 했던 당시 연방준비제도 의장 앨런 그린스펀Alan Greenspan의 발언을 인용한 것이다. 실러는 합리적이고 효율적이라고 여겨졌던 시장이 사실은 조증을 앓고 있다고 주장했다. 논리가 아닌 변덕스러운 감정이 시장을 좌우한다는 것이었다. 실러는 그린스펀이 옳았으며 시장이 꽤 자주 비합리적으로 움직였음을 입증했다. 이것은 효율적 시장 가설이라는 패러다임에 대해 존경받는 학자가 제기한 최초의 비판이었고 그것으로 끝이 아니었다. 실러는 2013년 노벨경제학상을 수상했다.

사람들은 버핏과 멍거가 "시장은 비합리적이며, 시장에 공포가 가득할 때 사서 탐욕으로 넘칠 때 파는 것"이 자신들의 공식이라고 수년간 주장해왔다는 사실을 불현듯 기억해냈다.

효율적 시장 가설이라는 배에 가해진 다음 타격은 옵션 트레이더 출신 학자 나심 니콜라스 탈레브Nassim Nicholas Taleb의 저서 《블랙스완(The Black Swan)》이었다. 그는 1997년 노벨상을 수상한 로버트 머튼Robert Merton 교수의 효율적 시장 가설을 맹렬히 공격했다. 그는 시장이 무작위로 움직이지 않고, 종형 곡선(정규분포 곡선)을 따르지도 않으며, 시장을 이기는 것이 불가능하지 않다고 주장했다. 야생에서 발견되기 전까지는 존재하지 않는다고 생각했던 흑조와 마찬가지로 탈레브의 '블랙스완'은 발생하지 않을 것으로 생각되는 사건을 의미한다. 탈레브는 일어날 가능성이 희박하다고 여겨지는 사건이 실제로는 꽤 자주 일어난다는 사실을 발견했다.

최근 주식시장의 블랙스완 사례로는 인터넷주 급등(고성장 산업에 편승하고자 하는 욕심이 형성한 거품), 2001년 닷컴 버블 붕괴(지나친 기술주 고평가로 인한 공포가 야기한 붕괴), 2008년 부동산시장 붕괴(부실 금융 상품이 발견되면서 대공황 시대에 맞먹는 공포가 시장에 확산)를 들 수 있다. 10년 동안 쉼 없는 상승세를 지속한 시장에서 탐욕은 다시 고개를 들고 있다.

이스라엘 출신 행동경제학자이자 심리학자인 대니얼 카너먼Daniel Kahneman과 에이머스 트버스키Amos Tversky는 30년 학자 경력 내내 애덤 스미스와 효율적 시장 가설의 주장과 달리 인간이 늘 합리적으로 행동하는 것은 아님을 입증하며 효율적 시장 가설에 대한 공격에 가세했다. 실제로 두 사람은 심한 압박이 존재하고 불확실성이 크며 데이터가 급변하는 상황에서 인간은 일반적으로 '빠른 사고fast thinking'에 따라 행동하리라고 기대할 수 있다는 것을 보여주었다. 빠른 사고란 편견과 감정이 바탕이 된 사고다. 사자가 공격할 것 같으면 즉시 도망치는 것이 목숨을 구하는 빠른 사고다. 하지만 압박이 심하고 불확실성이 큰 상황에서 이처럼 과거에 효과가 있었던 행위에 성급히 나서는 인간의 성향은 현재에는 맞지 않는 잘못된 행동을 초래할 수 있다.

주식시장에서 불확실성을 피하는 것이 항상 옳은 것은 아니다. 이들의 연구에 따르면 심한 압박이 존재하고 급변하는 주식시장의 환경을 감안할 때, 경솔한 편견에 좌우되는 수많은 트레이더에 의해 시장이 비합리적인 방향으로 움직일 가능성은 그렇지 않을 가능성보다 크다. 그리고 그 가능성은 공포를 유발하는 예상치 못한 사건이 있을 때 더욱 커진다. 카너먼은 이 연구로 2002년 노벨상을 받았다.

효율적 시장 가설이라는 배에 대한 어뢰 공격은 거세지고 있다. 행동경제학자 리처드 탈러Richard Thaler 시카고대 교수는 모든 인간이 자신의 이익을 추구할 때 전적으로 합리적인 선택을 한다는 효율적 시장 가설의 기본 가정이 틀렸다는 사실을 입증해 2017년 노벨상을 수상했다. 하지만 노병은 싸워보지도 않고 죽지는 않는다. 1960년대 효율적 시장 가설을 입증해 노벨상을 수상한 유진 파마Eugene Fama 시카고대 교수는 "탈러의 연구는 흥미롭지만 공허하다"[3]라고 비판했다. 최근 노벨상의 흐름에도 불구하고 미국의 모든 경영대학원에서는 여전히 효율적 시장 가설을 가르치고 있다. 그리고 효율적 시장 가설 패러다임으로 인해 시장에 여전히 존재하는 어리석은 행동 덕분에 버핏은 여전히 연 20퍼센트 수익률을 달성하고 있다.

이 모든 것은 가치투자가 효과를 발휘한다는 것을 의미한다. 정말 그렇다. 자신이 정말 좋아하는 기업을 찾는다. 불가피한 경기 침체로 상장회사들의 이익이 감소해 시장이 공포의 사이클에 진입하고 투매가 일어나서(주식시장 붕괴) 가격을 본래 가치 아래로 끌어내리기를 기다린다. 펀드매니저 대부분은 동료들이 매도할 때 같이 매도하기 때문에 매수자는 적어지고 가격은 하락한다. 자신이 좋아하는 기업이 원래 가치보다 할인되어 거래되기를 기다린다. 매수한다. 그런 다음 편히 앉아, 경기 사이클이 기업의 이익을 끌어올리고, 실적 회복과 함께 필연적인 탐욕이 작동하기 시작하고, 점점 더 많은 매수자가 등장하면서 시장 가격이 반등하기를 기다린다. 좋다. 이제 남은 주말 동안 무엇을 할지만 생각하면 된다.

나는 아버지의 맞은편에 앉아 말했다. "그렇게 확실하고 간단하다면 어째서 모두들 가치투자를 하지 않는 거죠?"

사건

아버지는 실제 사례를 들어 설명했다.

"2011년 아랍의 봄 시위 당시 이집트의 면화 수출이 어려워 보였어. 길단Gildan이라는 상장사는 세계 1위 티셔츠 제조회사로 월마트에 제품을 납품하는데, 티셔츠를 만들기 위해 이집트에서 많은 면화를 수입하지. 면화 공급이 부족해질 가능성이 대두되면서 면화 가격이 급등했고, 길단의 CEO는 이듬해 흑자를 기록하는 것은 불가능하다고 발표했어. 이것이 바로 '사건'이야."

사건은 제1 원칙 투자 전략의 핵심 개념이다. 이 전략에서 사건은 나쁜 기업의 구제할 수 없는 문제와는 다르다. 사건은 예상하지 못했지만 일시적이고 교정 가능한 재난으로, 기업의 현금흐름에 중단기적으로 불확실성을 초래한다. 사건의 영향은 해당 기업이나 산업에 국한될 수도 있고 시장 전반에 미칠 수도 있다. 중요한 것은 그 영향이 일시적이라는 것, 그리고 기업과 산업을 조사해 그 영향이 어떤 식으로 미칠지 파악함으로써 해당 사건이 해결되고 모든 것이 정상화될 때까지 시간이 얼마나 걸릴지 알 수 있다는 것이다.

아버지는 말을 이었다. "그런데 중요한 것이 있어. 길단의 CEO는 면화 부족이 일시적인 것이라고도 말했어. 예전에도 경험한 상황이고 1~2년 정도면 해결 가능하다는 것도 알았지. 면화 가격이 치솟는 것을 본 조지아의 농부들은 국토 끝에서 끝까지 면화를 재배할 것이고 1년 뒤면 풍작으로 가격이 정상 수준으로 하락할 테니까 말이지."

"대형 투자자에게는 너무 긴 투자 기간이군요." 펀드매니저에게는 그만한 기간 동안 참고 견디는 것이 허용되지 않는다. 고객들(주로 연금펀드)은 펀드매니저에게 '아무것도 하지 않는 것'에 대한 대가를 지급하는 것을 달가워하지 않는다. 시장이 상승할 때는 더욱 그렇다. 펀드매니저가 가격과 가치에 괴리가 발생하기를 기다린다면 그것은 매달 시장 수익률을 하회할 위험을 감수한다는 뜻이다. 분기별로 확인한 수익률이 동료들보다 못하다면 고객들은 돈을 빼서 다른 펀드매니저에게 갈 것이고 그 펀드매니저는 일자리를 잃을 것이다. 펀드매니저 세계의 경쟁은 상당히 치열해서 미식축구는 아이들 놀이처럼 보일 정도다.

"아마 그랬을 거야." 아버지가 동의했다. "나는 펀드매니저들이 군중을 따르는 것 말고는 할 줄 아는 것이 없다고 늘 생각했어. 네 말대로 그들은 길단 주식이 독약이라도 된 듯 팔아치웠지. 비합리적인 결정이었어."

하지만 비합리적이었다고 볼 수만은 없었다.

"무슨 뜻인지는 알지만 펀드매니저들의 행동이 비합리적이라고는 생각하지 않아요. 그들은 아버지가 설명한 자신들의 세계에서, 그곳의 규칙에 따라 합리적으로 행동하고 있죠. 불확실성을 일으키는 사건이 발생하면 펀드매니저는 업계 특성상 매도 압박을 받을 수밖에 없어요. 90일이면 '장기간'이라고 여기는 업계죠. 사건에서 회복되는 데는 그보다 긴 시간이 필요하고요. 모든 사람들이 길단을 팔려고 한다는 것을 알고, 동료들이 모두 길단을 버리고 떠났는데도 포트폴리오에 있는 길단의 주가가 70퍼센트 폭락하는 것을 보고만 있을 수는 없을 거예요. 내키지 않아도 탈출할 수밖에 없는 상황인 거죠."

"그렇구나." 아버지는 순순히 동의했다. 뜻밖의 일이었다. 아버지가 내 의견에 동의했다. 아버지는 이렇게 결론을 내렸다.

"효율적 시장 가설이 옳을 수 없다는 것을 알고 있다는 뜻이네. 가격과 가치가 일치하지 않는다는 얘기니까."

"네. 그리고 장기적인 사건이 발생하면 자금 이탈이 있을 거라고 예상해야 한다는 것도 알아요. 겁에 질려서는 안 되죠."

"정확해. 그들의 매도로 가격이 하락해서 매수할 기회가 생기니까 오히려 좋아할 일이지."

굉장히 반가운 말이었다. 월스트리트의 전문가들보다 반드시 더 똑똑할 필요는 없다는 의미였기 때문이다. 몇 가지 규칙을 따르기만 하면 된다. 바로 버핏의 규칙이다.

시장 전반에 영향을 미치는 사건

나는 시장의 거품과 폭락을 크게 우려한다. 시장에 거품이 형성되기 시작하는 것은 반드시 가치가 올라서가 아니라, 자기가 매수한 가격보다 훨씬 더 많은 돈을 지불하려는 사람들이 있다고 매수자들이 생각하기 때문이다.

주식시장 역사상 최초의 거품 사건은 영국 무역회사 남해회사 South Sea Company가 남미를 식민지화하려는 왕실로부터 남미 지역의 독점 무역권을 보장받으며 시작되었다. 스페인이 통제하는 남미에서 실제로 사업을 수행하기가 거의 불가능하다는 정보는 사실상 알려지지 않았다. 반면 그곳에 있을 막대한 부에 관한 이야기는 모두가 들어 알고 있었다. 남미에서는 아직 매출이 전혀 발생하지 않았지만 투기꾼들이 주식을 사들이면서 주당 110파운드에 거래되던 남해회사 주식은 1년 뒤인 1720년 무려 1,000파운드로 급등했다. 기업과 투자자 사이의 정보 비대칭이 지닌 파괴력이 얼마나 엄청난지 보여주는 대표적 사례다.

주식 수요가 갑자기 늘면서 정보 비대칭은 주가에 전혀 반영되지 않았고 제대로 된 정보가 없는 사람들의 성과는 그때나 지금이나 마찬가지였다. 그해가 끝나기 전 거품이 붕괴되었고 주가는 100파운드로 돌아갔다. 자, 이 사건은 모든 정보가 언제든 주가에 정확하게 반영된다는 주장을 입증하는가? 물론 아니다. 이 사건이 입증하는 것은 정반대 사실이다.

주식시장의 거품 형성 또는 폭락 사태는 간단히 말해 주가가 비효율적이고 부정확하게 형성된 기업이 많고 전체 규모가 크다는 뜻이다. 이런 현상은 예측할 수 없는 것처럼 보였다.

아버지는 미소를 지었다.

"물론 주의를 기울이지 않는다면 그렇게 느껴지겠지. 가격이 잘못 형성되었을 때 그것을 알아차리는 방법을 알려주마. 버핏과 실러가 추천한 방법을 활용하면 시장 가격 형성과 관련해 정보를 얻을 수 있어. 시장은 급등하는데 나만 혼자 뒤처진 것 같을 때 나는 실러 PERShiller P/E과 버핏 지표를 주시한단다."

실러 PER

실러 PER은 《비이성적 과열》의 저자인 로버트 실러가 고안한 지표다. 시장이 얼마나 고평가 혹은 저평가되었는지 판단하기 위해 실러는 경기 변동 요인과 물가 상승률을 감안해 조정한 S&P500 기업 전체의 지난 10년간의 주당순이익을 계산하고 이것을 S&P500 기업 전체의 시가총액으로 나누었다. 이렇게 산출한 것이 실러의 경기 조정 주가수익배수cyclically adjusted price-to-earnings로, 줄여서 실러 PER 또는 CAPE라고 칭한다. 복잡하게 들리지만 도표를 보면 이해하기가 훨씬 쉽다. 다음 도표는 1870년대 이후를 보여준다.

지난 140년 평균 실러 PER은 16.4배다. 1870년 이후 실러 PER이 25배를 넘어선 적은 단 세 차례였다. 1929년 실러 PER은 32배까지 상승했고 그 후 시장은 90퍼센트 폭락했다. 2000년에는 44배를 기록했고 그 후 시장은 50퍼센트 폭락했다. 세 번째가 지금이다. 실러 PER은 2016년 28배를 넘어섰고 2017년 10월에는 31배로 상승했다.

실러 PER

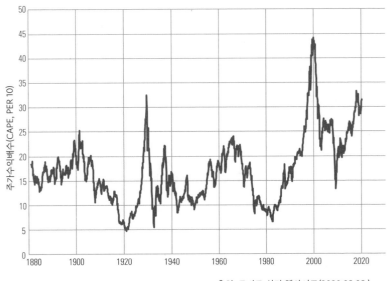

출처: 로버트 실러 웹사이트(2020.03.03.)

아버지는 이렇게 설명했다.

"이 분석 외에도 실러는 시장이 상당히 비합리적으로 움직일 수 있으며 실제로 꽤 자주 그렇다는 것을 발견했고 노벨상을 받았지. 실러 PER은 시장의 붕괴가 임박했다는 것을 알려주는 지표가 아니야. 단지 시장 전반에 걸쳐 가격이 제대로 형성되지 않았을 때 그것을 알려주는 지표지. 시장은 당장 다음 주에 급락할 수도 있고 2년간 더 수직 상승할 수도 있고 3년 동안 정체기에 빠질 수도 있어."

버핏 지표

버핏은 시장 전체와 국가 총수입의 비율을 가리켜 "특정 시점에 시장의 고평가 혹은 저평가 여부를 판단하는 최고이자 유일한 척도일 것"이라고 했다. 그 비율을 보여주는 지표 가운데 '윌셔 GDPWilshire GDP'가 있다. 윌셔 GDP는 미국 국내총생산GDP 대비 윌셔5000 전체 종목의 시가총액지수Wilshire 5000 Total Market Full Cap Index 비율이다. 세인트루이스 연방준비은행이 집계하는 지표로 fred. stlouisfed.org에서 확인할 수 있다.

세인트루이스 연방준비은행은 미국 주식시장에서 거래되는 종목 대부분으로 구성된 윌셔5000지수의 시가총액(지수 전체의 가치)을 미국 국내총생산(미국 기업이 창출한 총수입)으로 나누어 윌셔 GDP를 산출한다.

아버지는 이렇게 설명했다.

"윌셔 GDP가 60퍼센트 수준이면 전반적으로 시장 가격이 실제 가치에 비해 낮다는 뜻이야. 1999년과 2007년처럼 100퍼센트를 넘으면 시장이 고평가 상태라는 뜻이지."

다시 말해 국가의 실제 재화 및 용역 생산과 비교한 시장 가격이 불균형적으로 비싸다면 시장이 깊은 침체에 빠질 위험에 대비해야 한다는 뜻이다.

윌셔 GDP는 2000년 100퍼센트를 넘어섰고 그 후 시장은 폭락했다. 2008년에도 100퍼센트를 초과했고 시장은 다시 폭락했다. 그러나 2009년 미국 연방준비은행이 극단적 개입을 시작하며 시중에 투입한 4조 달러와 제로 금리가 윌셔 GDP, 즉 시장의 추가 폭락을 막았다. 주식시장의 수익률을 대체할 대안이 부족해지면서 주식시장과 부동산 가격은 정부가 의도한 대로 2008년 폭락 이전보다 높은 수준을 회복했다.

월셔 GDP는 다시 100퍼센트를 훌쩍 넘었고 2017년 3분기에는 사상 유례없는 155퍼센트까지 치솟았다. 이 수준에서 주가는 미국 기업이 창출하는 실제 수입과의 역사적 관계에서 완전히 벗어났다. 이런 상태가 영원히 지속되지는 않을 것이다.

"실러 PER과 버핏 지표를 지켜보면 우리가 경기 주기의 어디쯤에 있는지 파악하는 데 도움이 된단다. 그리고 지금 고점에 있다는 사실도 알 수 있어."

"폭락이 오지 않으면 어떻게 되죠? 투자하지 않은 채 10년 동안 기다려야 하나요?" 그건 너무 가혹하다. 이렇게 시간을 들여 공부한 끝에 결국은 '비축하기'가 된단 말인가.

"GDP와 주당순이익 대비 현재 주가 수준이 2년 이상 지속된 적은 역사상 한 번도 없었어. 무엇이든 결국 시장을 급락하게 만들 거야. 하지만 시장이 지금처럼 고평가 상태를 지속한다고 해도 특정 산업의 특정 기업에 투자할 기회는 여전히 있어. 그저 계속 조사하고, 계속 읽고, 계속 찾아야 해. 그러면 산업이나 시장 전체에 영향을 미치는 '사건'이 발생했을 때 준비된 상태로 대응할 수 있지. 이 전략을 믿어보렴. 버핏이 이유 없이 1,000억 달러를 현금으로 보관하지는 않겠지."

"잠깐만요, 뭐라고요? 버핏이 1,000억 달러를 투자하지 않고 현금으로 갖고 있다고요? 말도 안 돼요."

"그렇단다. 버핏도 마찬가지로 '사건'을 기다리고 있다는 사실을 기억하렴."

찰리 멍거의 투자 원칙 1: 이해할 수 있는 기업

우리는 첫 번째 팟캐스트를 녹음하기 위해 마이크를 사이에 두고 마주 앉았다. 아버지가 전화를 만지작거리기 시작했다. 아버지는 유튜브에서 정장을 입은 나이 지긋한 백인 남자의 영상을 재생했다. 다른 사람의 생각은 절대 신경 쓰지 않을 것 같은 사람, '사명'에 투표한다는 것은 젊은 진보주의자들의 터무니없는 소리에 불과하고 그러다가는 극빈자 수용소에 들어가고 말 것이라고 생각할 것 같은 사람, '극빈자 수용소'라는 표현을 쓸 것 같은 사람. 그것이 그의 첫인상이었다. 아버지가 말했다. "이 사람이 찰리 멍거야."

아버지의 보충 설명

하버드 법학대학원을 준최우등magna cum laude으로 졸업한 찰리 멍거는 1959년 컬럼비아 경영대학원에서 워런 버핏을 만났다. 버핏은 그레이엄으로부터 A+를 받은 유일한 학생이었다. 세계 최고의 수재 두 사람은 이렇게 해서 평생의 친구이자 투자 동업자가 되었다. 버핏은 그레이엄에게서 10달러 가치 자산을 5달러에 사는 법을 배웠지만 "적당한 기업을 멋진 가격에 사는 것보다, 멋진 기업을 적정한 가격에 사는 것이 좋다"라는 버핏의 전략을 더욱 발전시킨 것은 멍거였다.

버핏과 멍거는 50년 동안 이 전략에 따라 절대로 팔아치우지 않을 기업을 사들였다. 시간이 지날수록 투자금을 복리로 불리며 최고의 수익률을 안겨줄 훌륭한 기업의 힘을 믿었다. 멍거가 생각한 훌륭한 투자의 핵심 요소는 자신이 모르는 부분이 있음을 인식하고, 합리적으로 판단하고, 잘 아는 기업이 매물로 나오기를 기다리는 것이다. 멍거는 기다림에 익숙했고 매수 후보 기업을 거절하는 데 능숙했다. 버핏은 멍거가 '노No!'를 입에 달고 산다는 뜻으로 그를 '고약한 노맨'이라고 부른다. 이에 대해 멍거는 그처럼 인내심을 갖고 기다린 열다섯 건의 거래가 자신들을 최고 투자자로 만들어주었다고 말한다. 인생, 성실성, 합리성, 인내, 집중, 반전, 일탈, 안티프래질, 나태의 힘, 가격 괴리의 기회, 자기 과신의 위험, 인간적인 약점에 관한 멍거의 지혜는 투자 세계에서 가히 전설적이다.

이 사람이 버핏만큼이나 똑똑하다고?

"멍거는 버핏의 동업자야. 두 사람은 거의 평생 함께 투자해왔지. 이 인터뷰에서 멍거는 제1 원칙의 전략을 네 가지로 세분화했어. 이것만 알아도 투자를 잘하는 데는 충분하단다."*

영상에서 관련 부분의 분량은 1분 남짓이었다. 멍거는 자신과 버핏의 멘토인 그레이엄에서 출발해 1930년 이후 80여 년간 이어진 투자 경험을 1분간의 대화로 간단명료하게 요약했다. 멍거는 다음 요건을 만족하는 기업에 투자한다.

---

* 아버지가 띄운 동영상은 찰리 멍거의 2012년 BBC 인터뷰였다. 유튜브에서 'Charlie Munger Reveals Secrets to Getting Rich'라는 제목으로 검색할 수 있다.

1. 자신이 이해할 수 있어야 한다.

2. 고유한 특성이 지속적인 경쟁우위를 뒷받침해야 한다.

3. 성실하고 유능한 경영진이 이끄는 기업이 바람직하다.

4. 합리적이고 안전마진이 확보된 가격에 매수할 수 있어야 한다.

그의 설명에 따르면 인생에서 무슨 일이든 벌어질 수 있음을 감안할 때 안전마진은 위안이 된다(나는 아직 안전마진이 무슨 뜻인지 모른다). 그는 객관적으로 봐도 이 네 가지 원칙이 굉장히 분명하고 단순해서 더 이상 이야기할 것도 없다고 했다. 이것이 전부였다. '1분 만에 세계 최고 투자자들과 정확히 똑같이 투자하는 (그리고 어쩌면 그들처럼 수십억 달러를 버는) 법'이었다.

더 이상 이야기할 것이 없다니 다행이라고 생각했다.

멍거의 원칙은 단순해 보였다. 요약하면 '인생에서 무슨 일이든 벌어질 수 있음을 감안할 때' (나는 시장의 등락이 전적으로 자연스럽고 불가피한 것임을 강력히 주장하는 이 표현이 마음에 들었다) 기업의 장기 전망을 수월하게 예측할 수 있어야 하고, 기업의 가치보다 싼 가격에 매수할 수 있어야 한다는 것이었다. 찰리는 이것을 잘 설명했다. 가치투자 세계의 원로로 추앙받는 그의 입지를 생각하면 '멍거 씨'라고 해야 옳겠지만 나는 그를 찰리라고 부르겠다. 그에게서는 "요즘 아이들이란…"(여기서 '아이들'은 50세 미만을 가리킨다) 하고 투덜거리고 불쑥 짜증을 내면서도 지혜를 가르쳐주는 할아버지의 애정이 느껴진다. 나는 그가 성가신 '아이들'을 피하는 대신 BBC 인터뷰를 통해 나와 같은 '요즘 아이들'에게 시간을 내준 데 주목한다. 내가 보기에 그것은 그가 아이들을 좋아하거나 관심을 받는 것을 좋아하고 어쩌면 둘 다, 즉 아이들의 관심을 내심 즐기고 있다는 표시다. 그래서 내게 그는 '찰리'다.

"그건 아니지." 아버지가 반발했다. "이야기할 것이 얼마나 많은 데." 나는 버핏의 동업자에게 반기를 드는 아버지에게 속으로 눈을 치켜떴다.

"멍거의 원칙을 하나씩 차례차례 살펴볼 계획이야. 두세 달은 걸리 겠지." 아버지가 말했다.

"정말요? 몇 달씩이나요? 굉장히 단순하고 직관적인 것 같은데 요." 나는 아버지를 살짝 흘겨보았다.

아버지가 웃었다. 찰리를 비웃다니!

아니, 그게 아니었다. 아버지는 찰리의 원칙이 굉장히 쉽다고 생각 하는 나를 비웃고 있었다. 쳇.

"단순해 보이겠지만 심오한 이야기란다. 멍거의 원칙은 많은 내용 을 담고 있는데 일단 시작하면 너도 알게 될 거다. 멍거의 원칙은 중 요도에 따라 순서가 정해져 있어. 앞으로 하나씩 살펴보자꾸나. 이번 달에는 '이해할 수 있다'는 것이 어떤 의미인지 알아볼 거야."

내가 완전히 잘못 짚었다. 찰리는 효과적으로 압축한 네 가지 원칙 에 자신의 투자 기법을 녹여냈지만 그 깊이는 후버 댐만큼이나 심오 하다. 이 원칙은 우리 투자 논의 전체의 뼈대를 이뤄왔다. 그리고 이 제 내 투자 의사 결정의 뼈대가 될 것이다. 과연 이 원칙을 논의하는 일에 끝이 있을지 의문이었다. 찰리 아저씨가 거장으로 통하는 것도 바로 이런 이유다.

첫 번째 원칙이 제일 마음에 들었다. '이해할 수 있다.' 복잡할 것이 없는 말이다. 나는 원래 마음만 먹으면 무엇이든 꽤 잘 이해할 수 있다.

하지만 상장회사를 진정으로, 상당히, 깊이 이해할 수 있다고 자부하는 것이 과연 가능할까? 상장회사에는 내가 결코 알 수 없는 방대한 정보가 존재한다. 정보의 분배 측면에서 기업과 투자자 사이에는 큰 격차가 있다. 게다가 어떤 기업을 진정으로 이해하려면 해당 산업과 경쟁자도 이해해야 하고 그러려면 또 다른 노력이 고스란히 요구된다. 산업을 이해하려면 다른 산업과의 관계도 이해해야 하고, 그러려면 각 산업을 개별적으로 이해해야 한다. 시장 전체를 이해해야만 해당 산업과 기업이 시장과 어떻게 연결되는지 이해할 수 있다는 것도 분명하다. 나는 이제 수련을 시작했을 뿐이고 이 모든 일을 앞에 두고 있다고 생각하니 밀폐된 콘크리트 계단에 갇힌 듯한 기분이었다. 이런 내가 어떻게 시장 전체를 이해할 수 있다고 기대한단 말인가?

계단은 깊다. 나는 아버지 바로 맞은편에서 축축한 어둠 속으로 파고들었다. 아버지가 이 원칙에 대해 할 이야기가 많다고 한 의미를 알아차리기 시작했다.

나는 정신적으로 바닥을 향해 가라앉고 있음을 느끼고 한발 물러나 깊은 숨을 쉬었다. "아버지." 조심스럽게 말을 꺼냈다. "어느 수준까지는 지금 당장이라도 이해할 수 있어요. 하지만 더 넓은 거시경제 수준은 4년쯤 공부하지 않고서는 이해할 방법이 없네요. 대체 무슨 뜻이죠?"

아버지는 고개를 끄덕였다.

"찰리가 '현재' 이해해야 한다고 말하지 않았다는 점에 주목하렴. 찰리는 현재가 아닌 미래 시제를 사용했어. 현재, 그러니까 시작할 때부터 이해하고 있어야 하는 것이 아니라 스스로 '이해가 가능하다'라고 여겨야만 한다는 거야."

그렇다. 큰 차이가 있었다. 공부하면 해당 기업을 이해하는 것이 가능하다고 예측할 수 있으면 되는 것이다. 처음부터 이해하고 있어야 한다는 뜻이 아니다.

찰리조차도 곧바로 기업을 이해하지는 못한다. 기분이 좀 나아졌다.

"공부하면 해당 기업이나 산업을 이해할 수 있을 것이라고 어떻게 미리 알죠? 막다른 길을 뚫으려고 애쓰느라 낭비할 시간은 없는걸요."

아버지는 이렇게 제안했다.

"그 회사를 네가 살 집이라고 생각해보렴. 집을 살 때는 동네를 알아야 하고 그곳의 장기적 전망도 파악해야 해. 상장회사에는 산업이 동네야. 그게 다야. 동네를 파악하듯 산업도 이해하면 돼. 어떤 일이 발생했고, 그 일이 발생하는 주기는 어떻게 되고, 장점과 단점은 무엇이고, 앞으로 10~20년 뒤에는 어떻게 될 것인가 하는 것들이지. 학교 여건은 나아지고 있는지, 상점은 새로 들어서는지 문을 닫는 추세인지, 동네 상점의 수입은 늘어나는지 줄어드는지, 동네 집값은 오르는 중인지 내리는 중인지."

이해했다. 어떤 기업을 이해하는 것은 가능하지만 그 기업의 모든 것을 알기에는 정보의 양이 너무 방대하다. 이처럼 상반되는 듯 보이는 두 개념도 동시에 진실일 수 있다. 아이들을 위한 레모네이드 판매대부터 임대 주택, 언론까지 모든 기업이 마찬가지다. 투자자로서 우리는 이 두 가지 진실 사이에 형성된 긴장 속에서 살아간다. 우리는 두 진실 사이에 서 있다가 예측 불가능한 사건에 기업이 어떻게 반응하고 어떤 행동에 나설지 이해가 가능해지는 '스위트 스폿sweet spot', 즉 최적 지점에 이르면 투자에 나선다. 아파트를 살 때처럼 생각하니 큰 도움이 되었다. 나는 아파트를 분석할 수 있다. 아파트는 가능했다.

"바로 이 점이 중요해. 스스로를 안전하게 지키려면 이 점이 핵심이란다. 볼더의 아파트만큼 선명하지 않으면 투자하지 말아야 해. 그만큼 선명하지 않다면 네게 좋은 투자 대상이 아닌 거야. 우리가 뛰어넘으려는 건 2미터가 아니라 20센티미터 높이 장애물이야. 여기서 출발하는 거야. 선명하게 보여야 해."

"KISS 원칙*처럼요?" 내가 웃으며 말했다.

아버지는 웃지 않았다. "바로 그거야."

아버지는 그것을 '선명성의 법칙'이라고 불렀는데 그 말을 들으니 기분이 좀 나아졌다. 대상이 무엇이든 내가 100퍼센트 확신하지 못하거나 준비되지 않았다면 자신을 밀어붙일 필요가 없다. 나는 내 집을 떠올렸다. 지속 가능한 경쟁우위. 펄스트리트 몰 안에 있음. 대형 건물. 볼더. 콜로라도 대학을 배경으로 한 아름다운 풍경. 덴버까지 40분 거리. 기본적으로 가격만 맞는다면 결정은 쉽다. 넘어야 할 장

---

* 1960년대 미국 해군에서 통용된 디자인 원리로, 단순하고 명료한 것을 목표로 하라는 뜻의 'Keep it simple, stupid'의 줄임말이다. - 옮긴이

애물의 높이는 20센티미터다. 그 정도는 넘을 수 있다. 사실 이미 뛰어넘었다.

아버지는 소리 없이 웃었다. "버핏의 책상 위에는 상자 하나가 놓여 있어. '너무 어려움'이라는 상자야. 버핏은 기업들을 이 '너무 어려움' 상자에 담고 싶어 해. 그래서 그 상자에 던져 넣을 이유를 열심히 찾지. 너도 마찬가지여야 해. 너무 어렵다고 말하기를 두려워할 것 없어. 높은 장애물이 아니라 낮은 장애물을 찾아 뛰어넘는 거야. 찰리는 기업을 조사할 때 자신에게 스위트 스폿에 도달할 잠재력이 있는지, 아니면 단순히 바로 지금 너무 어려운 것인지 자신이 가진 지식과 경험을 이용해서 판단해야 한다고 했어."

"하지만 전부 너무 어렵다는 게 문제죠."

"그렇다면 이 수련 과정에서 네 위치를 아주 훌륭히 파악했다는 뜻이야. 지금은 특정 기업을 이해한다는 것이 과연 가능한지도 판단하기 어려울 거야. 아직 어떤 기업도 공부하거나 조사해본 적이 없기 때문이지. 그렇지만 일단 자료를 읽고 감을 잡으면 이해가 가능한 경우와 불가능한 경우를 충분히 판단할 시각을 금세 갖게 될 거야. 사실 경험이 풍부한 제1 원칙 투자자들은 검토하는 기업 가운데 90퍼센트 이상이 이해하기 너무 어렵거나, 이해가 전적으로 불가능하다고 생각한단다."

"90퍼센트라니! 말도 안 돼요. 이해할 수 있는 기업이 거의 없다는 뜻이잖아요."

"바로 그렇단다. 그걸 기억하렴. 너처럼 초보자라면 이해 가능한 비율이 훨씬 더 적겠지."

"알겠어요. 그러면 아주 소수의 기업에서 출발해서 차츰 키워나가면 되겠군요."

"그리고 산업을 이해해야 해. 네가 충분히 할 수 있는 일이지. 네게 쉬운 산업을 선택하렴. 전혀 모르는 산업을 공부한다고 해서 가산점이 있는 것도 아니거든. 너는 현실 세계에 살고 있고 사실 많은 산업을 알고 있어. 네가 어느 정도 아는 산업을 선택해야 해."

내가 산업이나 기업을 이해할 수 있을지 판단하려면 그 산업이나 기업의 기본 개념이 익숙한 것인지 파악해야 하고 그러려면 사전 조사가 필요하다. 기본 개념이 낯설다면 '너무 어렵다'는 뜻이다. 매물로 나오거나 고평가된 기업에 우호적인 시장 환경인지 여부를 판단하려면 시장 전반의 지표를 검토해야 한다. 그리고 '사건'을 찾아야 한다.

사건은 공포를 지렛대로 삼아 놀라운 투자 성과를 올릴 수 있게 한다. 내가 두렵다면 다른 사람들도 마찬가지일 것이다. 그러나 그들은 공포에 떨며 매도할 것이고 나는 기다림으로 대응할 것이다.

공포가 만연할 때 공격적으로 대응할 준비를 한다는 것은 제1 원칙 투자의 커다란 역설 가운데 하나일 것이다. 우리의 수련은 똑똑한 사람들이 도망칠 때 오히려 투자에 나서는 극도의 인내와 극도의 용기를 필요로 한다. 아버지에 따르면 버핏은 이런 기다림을 '나태에 가까운 게으름'이라고 표현했지만, 사실 기업이 고평가 상태일 때 아무것도 하지 않고, 기업의 주가가 실제 가치를 훨씬 밑돌 때 공격적으로 매수하려면 사냥꾼과 같은 인내심이 필요하다.

나는 지금까지 배운 모든 정보가 미지에 대한 내 두려움을 정말로 무너뜨리고 있다는 것을 알았다. 나는 두려움을 모두 없애려고 부질없는 노력을 기울이는 대신 두려움의 도움을 받아 어리석은 투자를 피할 수 있다는 사실을 깨달았다. 내가 두렵다면 다른 투자자들도 마찬가지일 것이다. 이것은 시장에 관한 소중한 정보였다.

그러나 비합리적인 공포와 실제 위험을 경고하는 공포를 구분하는 것은 어려웠다. 혼자서 알아내기는 힘들었다. 내게는 선생님이 필요했다.

나는 찰리와 같은 실제 투자자들이 가진 정보가 상당히 방대하고, 아버지뿐 아니라 찰리를 비롯한 다른 위대한 투자자들도 나의 선생님이 될 수 있다는 사실을 어렴풋이 이해하기 시작했다. 요가를 배울 때처럼 투자 수련에서도 나는 언제나 학생이다. 버핏과 찰리를 비롯한 주요 가치투자자들과 아버지가 모두 내 선생님이다. 나는 혼자가 아니다. 남들이 이미 설계하고 충돌 시험까지 마친 자동차를 다시 발명해야 하는 것도 아니다. 아버지가 이야기한 거장의 전통은 실제로 존재했다. 투자의 거장들은 1930년대 이후 수백만에서 수십억 달러를 벌어들였다. 투자는 새로운 것이 아니고 미답의 영역도 아니다. 좀 더 자신감이 생겼다. 나는 '미지의 것'이 두려웠던 것이다. 투자라는 전통이 꽤 오랫동안 꽤 잘 작동해왔다는 정보는 두려움을 가라앉혔다. 그리고 지금 내게는 시장 전반에 대한 관점을 형성하는 데 도움을 줄 수단이 있고 그 수단은 상당히 특별하다. 몇 달 전 내가 느낀 강력한 두려움은 시장 전반에 걸쳐 어떤 일이 벌어지는지 전혀 모른다는 것도 한 가지 원인이었다. 우리는 두려움의 범위를 방대한 시장 전반에서 개별 기업으로 좁혔다. 이제 조사에 나설 시간이다.

능력범위

"이제 너의 '능력범위circle of competence'에 관해 가르쳐주마. 기업을 조사하는 법과 한두 개 산업에 초점을 맞추는 방법을 다루려고 해. 버핏은 이것을 능력범위[4]라고 표현했어. 너도 몰랐겠지만 이미 네가 갖고 있는 능력이지. 네가 어떤 식으로든 의견을 갖고 있는 기업들을 전부 떠올려보렴."

나는 내가 의견을 갖고 있는 기업들을 떠올려보려고 노력했다. 아버지는 이렇게 설명했다. "의견이 있다는 것은 이미 어떤 관점을 갖고 있다는 뜻이니까 꽤 잘 아는 산업이 있다는 좋은 단서야. 나는 군인으로 몇 년간 복무하면서 어느 정도 무기 전문가가 되었어. 그래서 총기회사에 투자할 때 의견을 갖기가 수월했지. 그 회사들의 제품에 대한 생각은 이미 있었어. 그래서 그 기업들이 좋은 투자 대상인지 여부를 파악할 때는 단순히 기업 구조와 경영진만 들여다봐도 충분했지. 그 부분은 조사하지 않고는 알 수 없는 내용이니까."

나는 숙련의 네 단계를 떠올렸다. 자신이 모르는 것이 무엇인지 아는 것, 즉 무엇을 알아야 하는지 아는 것은 인식하는 능력 단계다. 그것이 바로 경쟁우위다.

"좋아요. 어디서부터 능력범위를 그릴 것인지 선택해야겠네요. 어느 분야에 시간을 들일지는 어떻게 선택하죠? 살아오면서 제가 저절로 알게 된 산업이 있을 거예요. 요가처럼요. 저는 요리와 오락이 좋아요. 기술 스타트업도 좋아하고요. 하지만 이런 분야가 금융계에서 정확히 어떤 '산업'으로 분류되는지 모르겠어요."

"이렇게 해보자. 짐 콜린스Jim Collins가 《좋은 기업을 넘어 위대한 기업으로(Good to Great)》에서 어떤 기업에 집중할지 결정할 때 사용한 연습법인데 내가 투자를 결정할 때 이용하는 방법이기도 해. 우선 원을 세 개 그릴 거야. 원 세 개가 겹치는 부분이 네 능력범위의 시작점이 되는 거지."

"능력의 벤 다이어그램인가요?"

"그래."

나는 선반에서 리갈패드* 한 권을 꺼냈다. 리갈패드 한 권과 좋은 펜은 나를 행복하게 한다. 돈이 행복을 만드는 한 가지 사례다. 나는 지금과 같은 순간을 위해 즐거운 마음으로 리갈패드를 비축해둔다.

"네가 열정을 가진 분야, 네가 돈으로 투표하는 분야, 그리고 네가 돈을 버는 분야를 각각 원으로 그려 표시해보렴."

원을 그리고 안을 채우는 동안 우리는 15분간 휴식했다.

첫 번째 원은 채우기가 아주 쉬웠다.

열정을 가진 분야: 요가, 자동차, 스타트업, 법률 관련 일, 건강식, 디너파티와 오락, 자고 싶은 만큼 자기, 스노보드 타기.

두 번째 원, 내 돈이 어디로 향하고 있고 큰 고민 없이 이미 돈으로 투표해온 분야는 무엇인지는 한동안 생각이 필요했다.

---

*   줄이 쳐진 노란색 메모 용지 묶음. - 옮긴이
**   1928년 설립된 미국 최대 두루마리 화장지 전문 브랜드. - 옮긴이

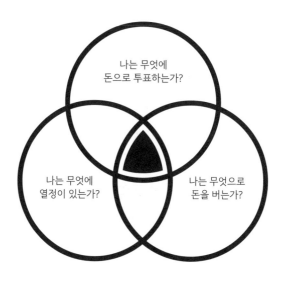

나는 무엇에
돈으로 투표하는가?

나는 무엇에
열정이 있는가?

나는 무엇으로
돈을 버는가?

- 홀푸드, 세이프웨이와 같은 식료품점
- 체이스 은행 주택 담보 대출
- 가구 및 생활용품점 – 레스토레이션 하드웨어, 크레이트 앤 배럴, 티제 이맥스, 윌리엄스 소노마
- 자동차 – 닛산
- 옷 – 자포스
- 항공 – 유나이티드, 델타, 사우스웨스트
- 식당 – 치폴레, 써브웨이

나는 아마존 계정을 열어 최근 내가 돈으로 투표한 기업은 어디인 지 확인했다. 나는 심지어 두루마리 화장지까지 아마존에서 주문했 다. 샤밍Charmin**. 나는 인터넷으로 '샤밍 두루마리 화장지 소유주'

를 검색했다. 샤밍은 1957년 프록터 앤드 갬블P&G에 인수되었다. 샤밍은 '앉거나 쪼그리거나'라는 뜻의 공중화장실 검색 앱 '싯 오어 스쿼트Sit Or Squt'를 개발했다. 〈페어런팅Parenting〉지는 이 앱을 '부모의 생활을 편리하게 하는 우수한 앱'으로 선정했다. 로토루터Roto-Rooter*에 따르면 샤밍은 배관공들이 가장 선호하는 두루마리 화장지다. 〈베터 홈즈 앤드 가든스Better Homes and Gardens**〉는 샤밍 울트라 스트롱을 '2013년 우수 신제품'으로 꼽았다.

내가 지어낸 이야기가 아니다. 샤밍은 굉장해 보였고 두루마리 화장지를 이렇게 관심 있게 본 적은 처음이었다. P&G와 아마존도 목록에 추가했다.

돈으로 투표하는 분야: 식료품 업체, 생활용품, 스타트업, 요가, 멋진 자동차, 건강식, 여행, 스노보드 타기, 옷.

세 번째 원이 제일 쉬웠다.

돈을 버는 분야: 법률 업무, 스타트업, 돈을 벌지는 않지만 돈을 벌 자신이 있는 분야인 디너파티와 오락.

원이 겹치는 분야는 스타트업, 요가, 자동차, 건강식, 오락이었다. 이렇게 글로 써두면 나중에 기업을 검색할 때 간편하게 참고할 수 있을 것 같았다. 나는 아버지에게 결과를 보였고 아버지는 통과했다는 의미로 고개를 끄덕였다.

---

*   미국의 배관 청소, 보수, 서비스 업체. - 옮긴이
**   집, 요리, 정원 가꾸기, 공예를 전문으로 다루는 미국 잡지. - 옮긴이

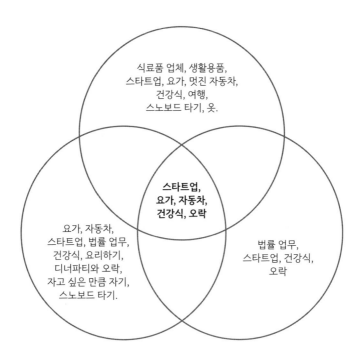

식료품 업체, 생활용품,
스타트업, 요가, 멋진 자동차,
건강식, 여행,
스노보드 타기, 옷.

**스타트업,
요가, 자동차,
건강식, 오락**

요가, 자동차,
스타트업, 법률 업무,
건강식, 요리하기,
디너파티와 오락,
자고 싶은 만큼 자기,
스노보드 타기.

법률 업무,
스타트업, 건강식,
오락

"다음은요? 이게 제 능력범위인가요?"

"거의 그렇다고 할 수 있지. 세 개의 원이 정확히 투자와 관련한 능력범위를 가리키는 것은 아니거든. 세 가지 원을 직접 그려봄으로써 어느 산업에서 출발할지 선택지를 좁힐 수 있어. 어떤 방식으로든 이미 연관을 맺고 있는 기업과 산업에서 출발하는 거야. 그런 다음 다시 능력범위를 그려서 좁혀나가는 거지."

"처음 시작할 때는 최종적으로 한 개 산업만 선택해야 하나요?"

"그래. 한 산업으로 시작해서 집중하는 거야. 그 산업 하나만 공부하는 거지. 이미 알고 있는 기업 중에 어떤 기업이 그 산업에 속할까? 고평가된 시장에서는 나중에 시장이 하락할 때 사고 싶은 멋진 기업들을 '관심 목록'에 담아두면 돼. 이 단계에서는 실제로 사는 것은 생각하지 않아. 그저 사고 싶은 기업의 목록을 작성하는 거야."

"스타트업, 요가, 건강식이 어느 산업에 포함되는지 알아야겠네요. 화장지와는 다르니까요." 나는 샤밍을 조사하며 얼마나 재미있었는지 말했다. 아버지는 그랜드캐니언강을 안내할 때 '화장실'에 가겠다는 손님들에게 햇볕에 달궈진 강가의 부드러운 돌멩이를 화장지 대신 써보라고 했다는 이야기를 들려주었다. 당연히 그다지 도움이 되는 이야기는 아니었다.

"너는 몰랐겠지만 네게는 이미 두루마리 화장지에 대한 의견이 있었어. 많은 기업과 산업이 마찬가지일 거야. 일단 주의를 기울이면 네가 생각하는 것보다 훨씬 아는 것이 많다는 사실을 알게 될 거다. 하지만 지금은 시작이고 연습이니까 네 능력범위에 집중해야 해. 해당 산업에 다른 어떤 기업이 있는지 찾아보고, 기업들이 서로 어떻게 연관되어 있는지 배우는 거지. 업황은 어떤 주기로 순환하는지, 네가 관심을 갖는 기업은 산업의 전반적인 추세와 움직임을 같이하는지 아니면 주기적인 부침을 겪는지, 기업의 이익은 전반적인 경기 호황이나 불황과 흐름을 같이하는지 아니면 경기에 역행하는지 여부 같은 것 말이다."

'그렇다면, 좋아.'

나는 다시 결과를 살펴보았다. 스타트업은 상장이 가능한 기업이지만 투기라는 전혀 다른 게임이 개입할 수 있는 분야였다. 따라서 자동차, 건강식, 요가가 남았다.

내가 타는 닛산 엑스테라Xterra를 떠올렸다. 나는 비포장도로를 야

수처럼 달리는 엑스테라를 좋아하지만 닛산 특유의 요소 때문에 아주 특별히 좋아한다고는 할 수 없었다. 하지만 자동차는 굉장히 흥미로울 수 있는 산업이었다. 다음으로 홀푸드를 떠올렸다. 나는 홀푸드에 특별한 감정을 느꼈다. 자연식품과 유기농 식품을 일상적인 것이자 당연한 제품으로 만든 것부터 사업에 접근하는 의식 있는 자본가적 태도에 이르기까지, 세상을 바꾸는 일에 다양한 방법으로 기여하는 홀푸드에 정말 애정이 있었다.

나는 홀푸드와 닛산 같은 특정 회사를 기초로 식료품 유통 업종과 자동차 산업을 추정할 수 있었다. 반면 요가는 어려웠다. '요가'라는 산업은 없다. 요가나 요가 매트, 비디오 등 관련 용품과 관련된 상장 회사도 많지 않다. 하지만 나는 룰루레몬을 떠올릴 수 있었다. 룰루레몬은 이미지 변신과 브랜드 확장에 노력을 기울이고 있었다. 요가 수업에 가보면 참석한 여성 절반 이상이 룰루레몬을 입고 있다. 이 회사의 요가복은 비싸지만 내구성이 좋고 다른 브랜드 옷보다 더 자주 착용하게 되는 만큼 1회 착용당 비용으로 계산하면 상당히 저렴한 셈이다. 그런데 설립자가 문제였다. 룰루레몬의 요가용 하의는 덩치가 큰 여성들을 위한 것이 아니라는 그의 발언이 문제가 되었다. 룰루레몬은 실제로 라지 사이즈 하의를 만들지 않는다. 운동복 제조사로서 그런 발언은 더더욱 부적절했다. 발언이 있은 지 한 달 만에 그는 강제로 회사에서 퇴출되었고 주가는 3분의 1이 증발했으며 그 뒤로도 계속해서 하락했다. 그러다가 새로운 CEO가 취임한 이후 회복되고 있다.

내가 좋아하는 것들이 어떤 산업에 속하는지 분명하지 않을 때는 어떤 방법으로 찾을 수 있을까? 여기에는 아버지가 도움을 주었다.

"내가 운영하는 웹사이트Rule One Investing나 야후 파이낸스를 이용하면 돼. 인베스트스닙스InvestSnips라는 무료 웹사이트도 있어. 사이트에 들어가면 상단에 '업종Industries' 항목이 있어. 그것을 클릭해서 스크롤을 내리면 '카테고리 링크Category Links'라는 항목이 있는데, 알파벳 순서대로 '광고ad'에서 '아연zinc'까지 총 450여 개로 분류한 업종을 볼 수 있어. 이 사이트는 관련 분야에 따라 기업들을 재분류했는데, 예를 들어 '요가'를 클릭하면 룰루레몬과 가이암Gaiam 두 기업을 볼 수 있어.* 룰루레몬이 요가복을 만든다는 것은 이미 아는 사실이고, 가이암의 사업 내용은 어떻게 알 수 있을까?"

"먼저 연차보고서를 봐야겠죠." 나는 한숨을 쉬었다.

감독 기관인 SEC는 정보 부족 해소와 투자자 보호를 위해 모든 상장회사에 각종 문서를 작성해 제출하라고 요구하는데, 종합적인 연차보고서도 그중 하나다. 보호받아야 할 잠재적 투자자, 바로 나를 가리킨다.

연차보고서는 분량이 상당한데 10K 양식을 이용해 SEC에 제출하므로 '10K 문서'라고도 불린다. 보고서는 회사의 세부 사항, 주된 사업 내용, 계획, 재정 상태, 자칫 회사를 파산으로 이끌 수도 있는 문제점들을 담고 있다. 나는 거대한 기업의 흔들림 여부를 조사를 통해 판단해야 하고, 조사에서 가장 먼저 살펴볼 자료가 바로 연차보고서다.

---

* 현재 요가웍스(YogaWorks)도 추가되었다(http://investsnips.com/) - 옮긴이

변호사로서 업무상 연차보고서를 많이 읽지만 다행히도 직접 작성하지는 않는다. 연차보고서는 지루하기로 악명 높다. 하지만 일단 몇 개를 읽고 나면 정말 중요한 부분이 어디인지 알게 된다. 나머지는 유명인에 관한 잡담이 올라오는 블로그처럼 간단히 훑어봐도 관계없다.

상장회사는 분기마다 10Q라는 분기보고서도 제출하고 애널리스트를 대상으로 콘퍼런스 콜을 진행하는데 모든 내용이 녹음되고 녹취된다. 콘퍼런스 콜 내용은 기업의 웹사이트 IR 항목에서 확인할 수 있고, 회사 웹사이트 환경이 여의치 않을 경우 SEC 웹사이트에서도 볼 수 있다. 아버지는 SEC 웹사이트에 있는 '에드가EDGAR' 시스템이 사용하기 어렵다고 했지만 내게는 어렵지 않았고 공식적인 정보를 얻는다는 점이 마음에 들었다.

"연차보고서를 읽는 게 중요한 과제군요." 내가 불평했다. "아무 기업이나 무작위로 읽으면 되나요?" 잡초가 우거진 숲에서 헤매게 될 수도 있다는 생각이 들기 시작했다. "좀 더 쉬운 방법은 없을까요?"

"물론 있지. 먼저 다른 투자자들을 보는 것도 범위를 좁히는 방법이야. 내가 '대가'라고 생각하는 사람들인데 그들이 사는 종목을 보고 그 기업을 조사하는 방법이 있어."

투자 대가들

아버지가 말한 방법에 대해 생각해보았다. 1억 달러 이상의 펀드를 운영하는 사람은 누구나 분기마다 이전 분기에 매수 혹은 매도한 주식을 SEC에 보고할 의무가 있다.

"좋은 생각이에요. 어쨌든 그들은 정보를 공개해야 하고, 시간이 조금 지난 정보가 되겠지만 가치투자자에게는 큰 문제가 아니죠." 나는 잠시 생각했다. "잠깐만요, 그냥 그 사람들이 매수하는 기업을 그대로 따라서 사면 안 되나요?"

아버지가 웃었다.

"아뇨, 진지하게 여쭤보는 거예요. 그 사람들이 대신 해줄 수 있는 일인데 어째서 직접 이 모든 공부를 해야 하는 거죠? 왜 몇 달 전에 진작 말씀하지 않으셨어요?"

아버지가 웃음을 멈추었다.

"사실 네 말도 맞아. 훌륭한 투자 대상을 찾을 때 내가 선호하는 방법이기도 하지. 실제로 버핏이 꽤 유명해진 시기부터 최근까지 버핏의 투자 내역을 그대로 복제해 투자한 결과를 알아보려고 한 교수들이 있었어. 두 사람은 1976년부터 2006년까지 SEC에 제출된 분기별 13F 문서에서 필요한 자료를 구했지. 가능한 한 보수적으로 복제하기 위해서 버핏의 매수 사실이 공개된 해당 월의 마지막 날에 버핏이 산 종목을 '매수'했고, 버핏의 매도 사실이 공개된 해당 월의 마지막 날에 버핏이 판 종목을 '매도'했지."

아버지가 내게 직접 투자해 성공할 수 있다고 설득할 때 이 연구를 언급했던 것이 어렴풋이 떠올랐다. "그래서요?"

"효과가 있었어. 단순히 버핏을 모방한 두 사람의 모델은 엄청난 수익을 올렸거든."

자세한 내용을 알고 싶었다. 우리는 마틴과 푸텐푸라칼 교수의 연구 자료를 검색했다. 두 사람의 연구 결과 버크셔 해서웨이의 31년간 상장회사 투자를 그대로 모방했을 때 복리 기준으로 연평균 수익률 20.43퍼센트를 기록했다.[5] 시장지수 수익률은 절반 수준이었다.* 두 사람은 버핏의 수익률이 단순한 운이 아니었다는 결론을 내렸다. 게다가 버핏의 수익률은 시장 수익률의 약 두 배였는데 실제 현금 수익은 다섯 배에 달했다. 이것이 바로 복리 효과다. 수익률의 차이는 작아도 시간이 흐르며 수익이 복리로 불어나 실제 현금 수익에는 매우 큰 차이가 발생하는 것이다.

"버핏의 수익률이 단순한 운이 아니었다고 교수들이 인정한다는 것은 꽤 드문 일이야. 그 사람들은 개별 종목을 잘 선택하면 시장을 이길 수 있다는 사실을 인정하려고 하지 않거든."

나는 이 연구를 곰곰이 생각했다. 그렇다면 다른 종목을 볼 것도 없이 그냥 버크셔만 사면 되지 않을까?

"아버지, 우리 이럴 필요가 있나요? 그냥 버크셔를 사면 해결되는 일 아닌가요?"

"정말 싸게 버크셔를 산다면 그래도 되지. 훌륭한 계획이야. 반대할 이유가 없지. 하지만 싸다는 건 어떻게 판단하지? 전권 위임을 생각했을 때와 마찬가지야. 좋아. 전문가에게 전권을 위임할 수도 있어. 하지만 일단 그 사람들을 평가할 줄 알아야 제대로 된 의견도 들을 수 있지. 이것도 마찬가지야. 버크셔를 사는 것도 좋은 방법이겠

---

* 미국 재무 정보 사이트 머니침프(Moneychimp)에 따르면 1976년부터 2006년까지 S&P500지수의 연복리 수익률은 배당금을 포함해 12.86퍼센트였다.

지만 투자를 배우지 않으면 그 매수 가격이 적절한지를 어떻게 판단할 수 있을까?"

할 말이 없었다. '다른 사람을 단순히 따라 하려고만 해도 투자를 알아야 한다니!'

포인.

나는 인정했다. "적절한 가격인지는 몰라요. 감도 잡히지 않는걸요."

"그래. 게다가 버크셔는 싸게 거래되는 일이 거의 없어. 그러니까 버크셔가 사는 것을 모방하는 편이 낫겠지. 그리고 버핏이 영원히 버크셔를 경영하는 것도 아니야. 버핏은 훌륭한 사람들을 적절한 자리에 배치하고 투자자들에게 그들이 잘 해낼 거라고 장담했어. 하지만 어떻게 될지 누가 알겠니? 그렇지만 혹시 버크셔를 충분히 싸게 살수 있다면 나도 버크셔를 살 거야."

"비밀로 할걸." 나는 반쯤 혼잣말을 했다. "그리고 내 사명에 부합한다면 언제든 버크셔가 사는 기업도 살 수 있어."

제1 원칙에 따라 투자해 해마다, 심지어 시장이 이상하리만치 고평가 상태여도 계속해서 높은 수익률을 기록하는 투자자들을 정리한 명단이 있다. 아버지는 버핏과 멍거는 물론 모니시 파브라이, 가이 스파이어, 데이비드 아인혼David Einhorn, 브루스 버코위츠Bruce Berkowitz를 비롯한 투자자 다수를 참고한다. 아버지는 투자 아이디어를 얻기 위해 참고하는 대가들의 명단을 웹사이트에 올려두었다. 이들이 제출한 13F 문서는 SEC 웹사이트EDGAR에서 확인할 수 있다.*

대가들을 모방하는 것은 할 수 있었지만 단순히 따라 하면 된다는 내 생각에는 몇 가지 문제점이 있었다. 자신의 주장에서 허점을 찾아내는 변호사 기질이 그 문제점을 찾아냈다. "아버지, 명백한 문제가 있어요. 매수나 매도가 이루어지고 1분기가 지난 다음에야 보고하기 때문에 늘 오래된 정보일 수밖에 없다는 점이죠. 그렇다면 그 정보는 상당히 주의 깊게 받아들여야 하는 것 아닌가요?"

아버지가 천천히 말했다.

"음, 네게 전화를 걸어 자기들이 지난 90일 동안 어떤 종목을 사고 팔았는지 알려줄 세계적인 투자자가 마흔여섯 명쯤 있다고 해보자. 굉장한 도움이 되지 않겠니? 1년이 지난 정보라도 아이디어나 사례로서 가치가 있을 수 있어. 나는 120일 이상 전에 위대한 투자자들이 매수한 기업은 주가가 하락하는 경우가 많다는 사실을 발견했지. 예를 들면 워런 버핏은 2011년부터 2016년까지 상당한 규모의 IBM 주식을 반복적으로 사들였고 주당 매수 가격은 평균 170달러였어. 그런데 2016년에는 IBM 주식을 120달러에 살 수 있었지. 꽤 흔한 경우야. 하지만 그런 정보도 눈앞에 보이는 것이 무엇인지 알아야 도움이 되겠지. 어쨌든 숙제는 해야 한다는 뜻이야."

"더욱 중요한 건 그 기업의 사명이 나의 사명과 일치하는지 여부예요." 내가 덧붙였다. "대가들이 저의 가치와 상반되는 기업을 살 수도 있잖아요."

"맞아." 아버지는 고개를 크게 끄덕였다. "누군가를 맹목적으로 모

---

* 이 글을 쓰는 시점을 기준으로, 아버지의 웹사이트 외에 www.ruleoneinvesting.com, www.dataroma.com, www.gurufocus.com에서도 SEC 13F 문서에서 수집한 자료를 제공한다.

방하는 것은 전권을 위임하는 것과 매우 유사하지. 기업이 선한 일을 하는지 여부를 알려면 네가 할 일을 해야만 해. 또 한 가지 기억할 것이 있어. 대가들의 매수 내역을 참고할 때는 전체 자금 대비 매수 상황을 파악해야 한다는 거야. 버핏은 현재 약 1,000억 달러를 현금으로 보유 중이고 그것은 13F 문서 어디에도 나타나 있지 않아. 버핏이 얼마를 현금으로 보유하고 있는지 몰랐다면 너는 버핏이 전체 자금을 투자한 상태라고 생각하겠지. 실제로는 경제에 피할 수 없는 폭풍이 몰려와 그동안 눈여겨본 기업이 매물로 나오기를 기다리면서 평생 가장 많은 현금을 보유하고 대기하는 중인데도 말이야."

13F 문서에 '공매도short' 포지션은 기록하지 않는다는 사실도 굉장히 중요하다. 일부 투자자들은 약한 기업을 공매도약한 기업의 주가가 상승할 가능성보다 하락할 가능성에 베팅하고 강한 기업을 사서 위험을 헤지한다. 시장이 상승하면 강한 기업이 약한 기업보다 더 큰 폭으로 상승하고, 시장이 하락하면 약한 기업이 강한 기업보다 더 빨리, 더 큰 폭으로 하락해 그 차이에서 수익을 얻기를 기대하는 것이다.

13F 문서를 참고하더라도 전체 그림을 보지 못하면 오해의 소지가 있다. 그럼에도 불구하고 '옳은' 사람들이 제출한 13F 문서는 꽤 도움이 될 수 있다. 분기마다 신규 매수 종목을 정리한 목록이 만들어진다. 분기마다 500~600개 종목을 새로 살펴보아야 한다는 뜻으로, 아버지가 추종하는 대가들의 매수 내역만 정리해도 이만큼이다. 그들이 무엇을 하고 있는지 파악하는 것은 내 능력범위 안에 있는 일이다. 그렇다면 더 자세히 조사할 수 있다. 하지만 항상 기억할 것은 매수할 기업을 찾는 데 13F 문서가 굉장히 유용한 지름길 역할을 하지

만 그것이 대가들의 투자 상황 전체를 보여주는 것은 아니라는 사실이다.

변호사 일을 하며 훈련한 회의적인 시각이 작동했다. 대가들이 선택한 기업들을 검토하는 동안 나는 매수 이유를 추측할 수 없거나 그들이 매수한 기업의 사명에 동의할 수 없는 경우를 발견했다.

나는 아버지나 대가들에게 맹목적으로 의존하지는 않기로 했다. 전문 투자자들은 머리가 좋은 사람들이지만 투자는 머리가 좋은 것과는 큰 관계가 없다. 투자를 한다는 것은 자신이 매수한 대상의 가치가 10년 후 상승할 것을 안다는 것이다. 투자에는 인내심이 필요하다. 많은 전문 투자자들은 공포에 사로잡혀 어리석은 짓을 저지른다. 멍거는 머리가 좋은 사람들이 수없이 많은 어리석은 짓을 저지르지 않았다면 자신과 버핏은 부자가 될 수 없었을 것이라고 말했다. 이 투자 수련에서 내가 할 일은 어리석은 사람이 되지 않는 법을 배우는 것이다. 타인의 예측 가능한 비합리적이고 감정적인 결정을 내게 유리하게 이용하는 법을 배우는 것. 이것이 바로 아버지가 생각하는 성공적인 개인 투자의 관건이다.

기업을 이해할 수 있는지 여부를 파악하는 것은 어느 정도 익숙해졌다. 하지만 아직 실제로 시험해보지는 못했다. 내 투자 수련이 필요했다. 내 기량을 서둘러 파악해야 했다. 투자를 위한 조사를 잘 해낼 기반을 마련하는 방법은 무엇일까?

투자 심화 훈련

"워런 버핏의 주주서한을 읽으렴." 아버지가 추천한 두 번째 방법이었다. "버핏은 약 40년 동안 주주들에게 편지를 쓰고 있어. 그 편지는 가치투자를 배울 수 있는 굉장한 교육 자료이면서 아주 좋은 읽을거리야."

나는 인터넷에서 '워런 버핏의 주주서한Warren Buffett letters to shareholders'을 검색했다. 그리고 버크셔 해서웨이의 주주서한을 PDF 형태로 내려 받을 수 있는 인터넷 주소를 찾았다. 1977년 이후의 모든 서한을 구할 수 있었다. 나는 버크셔 해서웨이의 기원은 알지 못했지만 버핏이 버크셔 해서웨이라는 방직회사를 매개로 투자회사를 만들었다는 사실을 알아냈다. 버크셔 해서웨이는 펀드가 아니었다. 버핏은 상장회사인 버크셔 해서웨이를 활용해 다른 상장회사와 비상장회사를 사들인 것이었다.

버핏은 매년 버크셔 해서웨이 주주들에게 편지를 쓴다. 이 편지들은 주주서한의 정수로 여겨진다. 상장회사의 임원이 회사가 진행 중인 일, 성공과 실패, 미래 계획, 회사의 가치관, 앞으로의 방향에 관한 회사의 의지를 버핏과 같이 솔직하고 단도직입적으로, 정직하게 주주들에게 편지로 알린다는 것은 매우 드문 일이기 때문이다. 가치투자자들은 버핏의 주주서한을 성서처럼 떠받든다.

나는 아버지에게 계획이 있을 것이라고 생각했다. 주주서한을 읽는 편이 좋을 것 같았다. '버핏의 성서'는 앞으로 하게 될 조사를 위한 기초 작업이 될 것이다. 나는 버핏의 성서를 읽기로 했다. 하루에 세

편씩 읽는다고 가정하면 1977년 이후의 주주서한 전부를 읽는 데 약 2주가 소요될 것이다. 나는 볼더로 귀가해서 주주서한을 읽기 시작했다.

요가에서는 여러 날에 걸쳐 집중적으로 행하는 연습을 '심화 훈련'이라고 일컫는다. 나는 지난 몇 개월간 배운 정보를 기량으로 녹여내기 위해 2주간의 심화 훈련을 계획했다. 초월명상을 배우며 자랄 때 들었던 오랜 격언으로 지금도 종종 떠올리는 말이 있다. '과일을 얻으려면 뿌리에 물을 주어라.' 정신이 필요로 하는 식량이자 물은 곧 명상이다. 명상 외적으로 말하자면 들인 시간만큼 결실로 돌아온다는 뜻이기도 하다. 투자 수련에 적용하면 내가 배워야 하는 이유를 상기시킨다. 물은 제1 원칙 투자 지식이고, 뿌리는 나의 수련 과정이며, 과일은 경제적 자유다.

나는 버핏의 주주서한을 읽고 싶었다. 아버지가 극구 칭찬했고 시장을 보는 시야를 좀 더 넓히고 싶었기 때문이다.

법률 업무를 하며 고객에게 제공하는 조언에는 단순하고 일반적인 문제들에 관한 것이 많다. 일반적인 계약 조건, 스타트업이 흔히 직면하는 일반적인 문제, 설립자 간의 일반적인 갈등, 일반적으로 구비해야 하는 서류들. 모두 일반적이지만 스타트업이나 벤처캐피털리스트에게 필수적인 정보로서 경험이 풍부한 우리가 제공할 수 있는 정보였다. 문득 주식시장에서 일반적인 정보는 무엇인지 궁금했다. 나는 아는 것이 전혀 없었고 시장에 직접 돈을 투자하기 전에 알아두는 편이 좋겠다고 생각했다.

주주서한은 기본적으로 봐야 한다. 또 무엇이 있을까? 추가 정보가 필요했다. 나는 아침에 커피로 잠을 깨우며 인터넷으로 연예계 정보를 확인하는 대신 경제신문을 읽기 시작했다. 연예계 소식으로 마음을 정화하는 시간을 포기하는 것은 큰 희생이 필요했지만 도움이 될 것이었다.

〈월스트리트 저널〉을 먼저 읽고 연예 정보를 읽는 방법도 있었다. 그편이 훨씬 낫겠다고 생각했다.

〈월스트리트 저널〉은 구독료가 꽤 비쌌다. 나는 〈파이낸셜 타임스〉 웹사이트를 열었다. 마찬가지로 비쌌다. 〈뉴욕 타임스〉를 확인했다. 역시 비쌌다. 제값을 주고 네다섯 개 신문을 구독하려면 매달 100달러는 지출해야 한다는 뜻이다. 투자 관련 신문에 1년에 1,200달러를 쓴다는 것은 내게 투자 예산을 잠식하는 만만치 않은 지출이었다.

투자 수련은 확실히 시간뿐 아니라 어느 정도 재정적인 투자도 요구했다. 탄탄한 비즈니스 언론을 지원하는 대신 더 좋은 곳에 내 돈을 쓸 수는 없을까? 그러나 소액 투자자인 내게 '제4의 권력'이라고 불리는 언론은 SEC나 다른 어떤 규제 기관보다 더 효과적인 보호 장치가 될 수 있다. 언론은 추문을 찾아내고, 공개하고, 밀실과 트레이딩 현장의 어두운 구석에 조명을 들이댄다.

나는 〈월스트리트 저널〉에 비용을 지불한 뒤 실제로 얼마나 읽는지 보기로 했다. 그 후에 다른 신문도 유료 구독할 가치가 있다는 판단이 서면 읽을거리 목록에 추가할 생각이었다. 나는 인터넷 브라우저 즐겨찾기에 '투자' 폴더를 만들고 아버지가 알려준 무료 웹사이트들을 추가했다.

나는 심화 훈련 과정의 하나로 2주 동안 매일 '1+3'을 실천했다. 아침에 〈월스트리트 저널〉 경제면 한 장, 잠들기 전 워런 버핏의 주주 서한 세 건을 읽는 것이다.

버핏의 성서는 아버지의 설명대로 유익했다. 버핏에게는 나와 같은 '일반 투자자'가 이해하기 쉽게 금융 관련 개념을 설명하는 놀라운 능력이 있었다. 그런 능력은 흔하지 않다. 사실 굉장히 드물다. 버핏이 상식에 기반한 투자에 능한 이유에 관한 단서도 어쩌면 이 능력에서 찾을 수 있을 것이다.

4개월 차 수련

쉽지 않겠지만 이번 달에는 조사를 시작해야 한다. 나는 몇 번의 시도를 거친 후에야 좋은 자료를 찾을 수 있었고 그 과정에서 지루할 때도 있었다. 간식과 유머 감각으로 무장할 것을 추천한다. 세 가지 원을 그리는 연습으로 집중해서 조사할 분야를 파악하고, 파악이 끝나면 즉시 조사에 착수한다. 신문 한 가지를 골라 경제면을 규칙적으로 읽는다. 심화 훈련 과정으로 넘어가서 버핏의 주주서한을 읽는 것도 좋다. 13F 문서를 읽는다. 자신의 성향과 일정에 가장 잘 맞는 방법이 무엇인지 생각해보고 그 방법을 선택해 실행한다.

1. http://uk.businessinsider.com/warren-buffett-berkshire-hathaway-historical-returns-2015-3?r=US&IR=T.
2. Warren E. Buffett, "The Superinvestors of Graham-and-Doddsville," 1984, reprinted from Hermes, the Columbia Business School magazine
3. Frank Armstrong III, "Richard Thaler, a Giant in Economics, Awarded the Nobel Prize," Forbes, October 13, 2017
4. https://finance.yahoo.com/news/buffett-munger-circle-competence-221834144.html
5. Gerald S. Martin and John Puthenpurackal, "Imitation Is the Sincerest Form of Flattery: Warren Buffett and Berkshire Hathaway," SSRN, April 15, 2008, Table VII

5개월 차
찰리의 경제적 해자와 경영진

이달의 주제

해자

4대 지표와 성장률

편류 성장률

경영진

찰리의 1~3원칙과 체크리스트

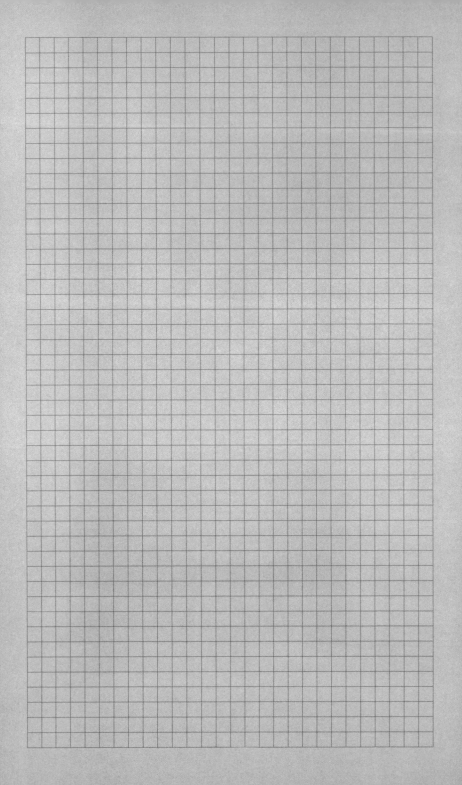

이상한 일이었다. 경제적 자유에 관해 생각하고 그것을 달성하기 위해 노력하자 자유가 찾아왔다. 자유는 예상하지 않은 방식으로 찾아왔다. 스위스 취리히에 사는 대학원 시절 룸메이트에게 한번 찾아가겠다고 약속한 지도 수년째였다. 그러다 스타트업에 주력하는 중소 법률회사로 옮기게 되면서 잠시 쉬는 동안 드디어 친구에게 들를 기회가 생겼다. 친구가 출근하면 나는 혼자서 도시를 구경했고 퇴근한 뒤에는 같이 호숫가에서 햇볕을 쬐며 좋은 와인을 마셨다. 일생의 어느 때보다 온전히 나 자신을 느낀 시간이었다. 자유로웠다.

취리히에서 보낸 마지막 밤, 친구가 '리스크Risk'라는 세계 정복 보드게임을 하자며 자기 친구를 불렀다. 게임이 끝날 때쯤 나는 옆에 앉은 그 남자를 이제껏 만난 어느 누구보다 좋아하게 되었다. 누노Nuno는 포르투갈 출신으로 태도가 정중했고 굉장히 영리했다. 은행을 상대로 전략 컨설팅을 제공하는 그는 일 관계로 취리히에서 지내고 있었다. 그는 삶을 개선하려는 내 노력에 매료된 것 같았고 그것이 고마웠다. 남들에게 투자 수련에 관해 이야기하는 것은 아직 다소 주저되었기 때문이다. 친구들은 내가 투자를 잘 안다고 당연하게 생각하는 것 같았다. 물론 사실이 아니었다.

나는 집으로 가는 길에 옥스퍼드에 들러 며칠간 머물면서 기업가 정신 콘퍼런스에 참가할 예정이었다. 누노는 내가 대서양 너머로 가 버리기 전에 잠깐 들러도 괜찮겠느냐고 물었다. 나는 휴가 중이었기 때문에 "당연하지!"라고 답했지만 다음 날 생각하니 그것은 사실상 낯선 사람이 나를 따라 다른 나라로 오겠다는 상황이었다. 누노의 친구이기도 한 내 룸메이트는 누노가 믿을 만한 친구라고 장담했다. 꿈을 꾸는 듯한 짙은 회록색 눈동자와 흔들림 없이 나를 응시하던 시선이 떠올랐다. 휴가 중이니 어려울 것도 없었다. 누노에게 내가 있는 곳을 알렸다. 그는 런던으로 날아와 차를 빌리고 호텔을 예약했다. 우리는 옥스퍼드 중심부에 있는 킹스암스라는 술집에서 만났고 그는 내게 깊은 인상을 남겼다. 사흘이 지나자 나는 유럽에 사는 남자와 사랑에 빠지기 직전이었다. 집으로 돌아온 뒤 누노에게서 연락이 왔다. 그는 나를 만나러 볼더로 와도 되느냐고 물었고 나는 좋다고 답했다.

누노가 들르기 전, 아버지도 일 때문에 볼더에 들렀다. 아버지와 나는 주말 동안 함께 지내며 멍거의 원칙에 관해 얼굴을 맞대고 이야기를 나누기로 했다. 나는 아버지와의 꾸준한 교류에 익숙해지고 있었다. 전에는 2~3주 간격으로 연락했는데 이제는 1주일에 한 번 이상 통화하거나 문자를 주고받는다. 가치투자에 관한 기사나 우리가 괜찮다고 생각했던 기업에 관한 기사를 발견하면 서로 이메일로 보내주기도 했다. 아버지는 그렇게 내 곁에 머물렀다. 좋았다.

우리는 거실에 앉았다. 찰리의 원칙 두 번째와 세 번째, 즉 기업의 경쟁우위를 확인하고 그 기업을 운영하는 사람들을 평가하는 방법을 배울 차례였다. 바로 시작했다.

찰리 멍거의 투자 원칙 2: 고유하고 지속 가능한 경쟁우위

두 번째 원칙은 매우 인상적이다. 내가 생각하는 찰리 멍거 투자 원칙의 핵심이기도 하다. 찰리는 일단 기업을 이해할 수 있게 되면 그다음으로 해당 기업이 고유한 경쟁우위를 보유했는지 여부를 판단해야 한다고 강조했다. 버핏의 가치투자에서 '해자moat'라고 불리는 개념이다.

익히 알고 있는 것처럼 해자는 성을 감싼 물줄기를 가리킨다. 적의 침입을 막기 위해 성 주위를 둘러서 땅을 파고 그 안에 물을 끌어들인 것이다. 투자에서 성은 기업을 가리키고 해자는 그 기업의 고유한 경쟁우위를 가리킨다. 해자는 경쟁자의 진입을 제한해 장기적인 현금흐름 창출을 가능하게 한다. 탄탄한 해자를 구축했다면 경쟁자들이 그것을 파괴하고 성을 함락하기가 쉽지 않다. 아예 불가능하지는 않더라도 어려운 일이다. 경쟁자들이 발을 들일 엄두를 내지 못할 만큼 어렵다. 돈이 많으면 해당 기업을 살 수도 있겠지만 경쟁은 오히려 어려울 것이다.

"기업의 수명 주기를 생각해보자." 아버지가 말했다. "기업은 필요를 충족하고 문제를 해결하기 위해 설립되지. 문제를 해결하고, 필요를 충족하고, 그러다 어느 정도 시간이 지나면 그 문제와 필요는 더 이상 유효하지 않게 돼. 역사가 100년쯤 되는 기업은 거의 없어. 기업이 수명 주기의 어느 시점에 있는지 파악해야 해. 그리고 그 기업이 가능한 한 오래 살아남을 수 있도록 오래가고 지속 가능하며 고유한 경쟁우위를 제공하는 것이 무엇인지 알아야 한다."

"필요 충족이나 문제 해결 측면에서 아버지와 찰리가 말하는 해자는 기업 실적이 좋은 것과는 별개인가요?"

"완전히, 전혀 다르지! 해자는 순수한 경쟁우위와는 달라. 해자는 첫째, 해당 기업이 갖는 고유한 특성이고, 둘째, 지속 가능해야 해. '해당 기업의 고유한 특성'은 기업 자체와 분리될 수 없는 강점을 의미해. 기업이 본래 가진 특성이야. '지속 가능하다'란 해당 기업이 지닌 고유한 특성을 극복하기가 너무 어렵고 비용이 많이 들어서 아무도 경쟁에 나서지 않고 따라서 그 해자가 앞으로 오랫동안 지속되리라고 기대할 수 있다는 뜻이지."

"전형적인 경쟁우위와 다르지 않은 것 같아요."

"아니, 전혀 달라. 해자는 쉽게 사라지지 않는 경쟁우위야. 경쟁 상대가 될 만한 회사를 설립해서 결국 그 기업을 인수하는 것이 가능할지 판단해야 해."

"그건 항상 가능하죠."

"그럴 수도 있겠지. 그렇다면 다음 질문은 새로운 회사를 설립해 경쟁을 벌일 만한 수준으로 성장시키고 마침내 해당 기업을 넘어서

기까지 비용이 얼마나 드는가야. 누구도 시도하지 않을 만큼 큰 비용이 든다면 역시 실행이 불가능하겠지. 그렇다면 해당 기업이 굉장히 강력한 해자를 보유했다고 판단할 수 있단다."

'음, 그렇군.'

"지속 가능성을 다른 관점에서 생각해볼 수도 있어. 경쟁 제품보다 저렴한 가격을 앞세운 '미투Me too', 즉 유사 제품으로 경쟁에 나선 것은 아닌지, 컴퓨터가 등장했는데 타자기를 만드는 것은 아닌지, 10년 후 강력한 기업으로 성장할 수 있을지 여부를 판단하는 거지."

이렇게 해서 아무런 위협이 없다고 판단되면 해당 기업이 보유한 경쟁우위가 엄청나게 강력하다고 판단할 수 있다.

"고유한 특성이라면 업계에 선도적으로 진입했는지 여부 같은 것도 해당될까요?"

"물론이지. 업계에 먼저 진입하는 것도 내가 설명하려는 여러 해자 가운데 하나야."

"해자에도 여러 종류가 있어요?"

아버지는 가만히 앉아 있을 수 없다는 듯 의자에서 몸을 들썩이기 시작했다. "그럼. 해자에도 종류가 많아. 다섯 가지, 아니 여섯 가지 쯤 될 거다."

해자의 다섯 종류

1. 브랜드: 경쟁 상대가 될 만한 강력한 브랜드가 등장할 가능성이 매우 적은 경우다. 업계에 가장 먼저 진입해 해당 산업을 대표하는 브랜드가 된 경우도 브랜드 해자에 해당한다.

예) 코카콜라와 펩시: 펩시는 코카콜라와 경쟁하기 위해 수백만 달러를 들여 브랜드를 강화했다. 그럼에도 불구하고 코카콜라는 여전히 펩시를 앞서고, 코카콜라의 강세는 세계 시장에서 더욱 두드러진다. 실제로 일부 지역에서는 코카콜라가 탄산음료의 대명사로 통용된다. 브랜드 해자가 강력하면 고객은 제품의 일반적인 명칭보다 브랜드 이름을 먼저 떠올린다. 콜라 대신 코카콜라, 모터사이클 대신 할리, 스마트폰 대신 아이폰, 미용 화장지 대신 크리넥스라는 이름을 먼저 떠올리는 것이 그 예다.

2. 교체: 고객이 경쟁 제품이나 서비스로 갈아타기가 매우 어렵거나, 비용이 많이 들거나, 과정이 번거로운 경우다.

예) 애플은 제품에 단일 운영 체제를 탑재해 이용자 환경을 통합한다. 아이폰, 맥북, 아이패드를 이용하는 나는 안드로이드나 마이크로소프트 운영 체제로 갈아타기가 확실히 어렵고 귀찮다. 게다가 비용도 많이 든다. 아예 불가능하거나 갈아탈 의지가 없는 것은 아니지만 여러 가지 번거로움 때문에 교체를 단념하게 된다. 설령 현재 사용하는 제품이 경쟁 제품보다 뒤처진다고 하더라도 마찬가지다.

2.5. 네트워크 효과: 교체 해자에 포함된다. 사용자가 접근하고자 하는 네트워크를 독점적으로 제공하는 경우다. 다른 서비스로 갈아타는 것 자체는 어렵지 않지만 그렇게 할 경우 기존 네트워크에 대한 접근성을 잃는다.

예) 페이스북: 프렌드스터Friendster[*]를 사용한 우리 세대들은 네트워크

---

[*] 소셜 네트워크 서비스를 개척한 웹사이트로 과거 큰 인기를 얻었다. - 옮긴이

안에 있는 사람들이 다른 서비스로 갈아탈 때 네트워크 효과라는 해자가 어떻게 파괴되는지 잘 알고 있다. 한편, 이 해자가 형성되기 전과 사라진 후에도 일정 규모의 사용자는 존재한다.

3. 유료 교량: 기업이 해당 산업을 독점하거나 독점에 가까운 위치를 확보한 경우다. 유료 교량은 커다란 틈새시장에 유일하게 존재하는 제품 및 서비스를 가리킨다. 즉, 정부 규제나 개입이 돈을 내고 통과해야 하는 다리 역할을 하는 것이다. 물론 정부 규제는 달라질 수 있다. 지리적 요인, 시장 진입에 소요되는 막대한 비용 등도 유료 교량을 형성한다. 예) 대륙 간 철도는 아버지가 좋아하는 유료 교량 해자의 사례다. 벌링턴 노던 레일로드Burlington Northern Railroad는 철도회사다. 다른 회사도 철도를 건설할 수는 있지만 정부 규제, 비용, 선로 점유권 확보 요건 등으로 철도 건설이 어려워지고 현실적 필요에도 불구하고 새로운 철도 건설이 거의 불가능해진다.

4. 비밀: 기업에 재산적 성질을 갖는 비밀이 있어서 다른 기업의 모방을 방지하는 경우다. 특허, 영업비밀, 지적 재산 등 그 종류가 다양하다. 예) 화이자Pfizer와 머크Merck같이 특허 치료제를 보유한 기업은 특허가 만료되어 복제약이 출시되기 전까지 강력한 비밀 해자를 갖는다. 3M과 같이 (특허 출원 요건인) 제조법 공개를 피하기 위해 발명품에 특허를 신청하지 않는 경우도 있다. 영업비밀로 기술을 보호해 역설계reverse engineering**를 피하는 것이다.

5. 가격: 기업이 제품 및 서비스를 다른 기업보다 저렴하게 만들고 제공

** 기존의 제품이나 장치를 분해하고 분석해 원리를 알아내는 과정을 가리킨다. - 옮긴이

할 수 있는 저비용 공급자이면서 그 장점을 유지할 수 있는 경우다.

예) 코스트코Costco는 강력한 구매력과 낮은 진열 비용을 바탕으로 누구보다 저렴한 가격에 제품을 판매하고 어떤 가격대에도 최대 이익을 남길 수 있다. 가격 경쟁을 벌일 경우, 코스트코는 다른 회사가 가능한 수준보다 더욱 낮게 가격을 책정하면서도 여전히 수익을 낼 수 있다. 가까운 곳에 매장이 있는 코스트코와 가격 경쟁을 벌이려는 회사는 머지않아 경제적 다윈주의* 측면에서 교훈이 되는 사례로 기록될 것이다.

5월 초였다. 운 좋게도 주말 동안 화창하고 상쾌한 로키산맥을 볼 수 있어서 나는 아버지에게 하이킹을 제안했다. 볼더를 둘러싼 로키산맥 기슭의 작은 산을 오르며 해자에 관해 충분히 생각할 계획이었다.

해자와 관련해 어려운 부분은 기업이 경쟁우위를 보유했는지 판단하는 것이 아니었다. 나는 좋은 기업 대부분이 경쟁우위를 보유했다는 사실을 근거를 들어 주장할 수 있다. 하지만 그 경쟁우위가 얼마나 고유하며 지속 가능한지 판단하는 것은 어려웠다. 해당 기업에 고유하며 지속 가능한, 진정으로 온전한 해자인가? 핵심은 이것이다.

퍼스트 플랫아이언산을 오르며 나는 머릿속으로 코카콜라와 애플을 시험 삼아 분석해보았다. 두 기업은 상대적으로 쉬워 보였다. 아버지는 고도 1,600미터에서 꾸준하게 호흡하는 데 집중하며 거의 말이 없이 내가 혼자 힘으로 생각을 펼치게 해주었다. 코카콜라와 애

---

* 적자생존, 즉 소비자들이 원하는 제품을 갖춘 유통회사와 기업만이 경쟁에서 살아남을 수 있다는 원리다. - 옮긴이

플의 사업은 모두 소비자를 대면하는 것이어서 두 기업에 관한 직접적 지식과 경험이 있다는 점이 유리했다. 나는 이들의 제품을 사용하고 어디서나 접할 수 있다. 식료품점에 가면 코카콜라가 진열대에서 여전히 강력한 우위를 점하고 있다는 사실을 눈으로 확인할 수 있다. 애플 매장에 들르면 쇼핑몰 안에서 가장 바쁜 매장이라는 사실을 확인할 수 있다. 코카콜라의 해자는 브랜드다. 애플은 브랜드 해자와 교체 해자가 있다. 그러나 이 두 기업에 대해서도 이내 어려운 문제에 부딪혔다.

코카콜라

코카콜라는 확실한 브랜드 해자를 갖고 있다. 비밀 해자도 있을까? 1886년에 출시된 코카콜라의 전통적인 제조법은 기업 비밀의 대표적 사례다. 경쟁사들이 역설계를 시도해왔고 신문과 인터넷에 원조라고 주장하는 제조법이 여럿 등장했지만 회사는 제조법을 여전히 비밀에 부치고 있다. 공개된 제조법이 사실인지 아닌지에 관계없이 코카콜라는 비밀에 싸인 제조법이라는 기존의 '이야기'를 유리하게 활용하고 있다. 코카콜라와 같은 맛을 내도록 음료를 역설계하는 것이 아주 어렵지는 않을 것이다. 그러나 코카콜라의 맛을 재현해서 코카콜라 병과 캔에 담는 것은 불가능하다. 이것은 코카콜라라는 브랜드에 말로는 표현하기 어려운 매력을 더한다.

코카콜라에 비밀 해자는 없다. 코카콜라가 보유한 것은 놀라울 만큼 강력한 브랜드 해자다. 여기에 비밀이라는 요소가 등장해 브랜드 신화의 중요한 부분을 이룬다. 제조 비법은 코카콜라라는 기업에 신비로운 요소를 더하는 브랜드 해자다.

상점에는 코카콜라 말고도 다른 콜라가 많다. 따라서 코카콜라에 교체 해자는 없으며 회사를 보호하는 유료 교량도 없다. 코카콜라 몇 캔을 사도 돈이 많이 들지는 않는다. 그렇다면 가격 해자가 있다고 볼 수 있는가? 아니다. 코카콜라는 콜라시장에서 저가 공급자가 아니기 때문이다. 코카콜라라는 기업의 사업 모델의 핵심은 저렴한 가격이다. 어떤 제품은 생수보다 싸다. 하지만 유통회사 자체 브랜드(제네릭 브랜드) 상품만큼 저렴하지는 않다. 그러나 콜라시장에서는 코카콜라 브랜드에 여전히 가격 프리미엄이 형성되고, 이것은 강력한 브랜드 해자 요인이다. 솔직히 말해보자. 파티에서 유통회사 브랜드 콜라나 일반 콜라를 내놓고 싶은가?

하지만 정반대 주장도 가능하다. 코카콜라의 브랜드 해자는 확실하지만, 지속 가능성은 어떠한가? 비만과 관련이 있다는 인식이 확대되면서 가당 탄산음료는 미국과 유럽에서 인기를 잃고 있고, 뉴욕을 비롯한 일부 도시에서는 소비를 제한하기 위해 추가로 세금을 부과한다. 이런 추세에 대응해 코카콜라는 대표적인 에너지, 건강, 영양 음료 브랜드를 여럿 사들였지만 코카콜라 상표는 내세우지 않았다. 몬스터, 어니스트 티, 스마트워터, 오드왈라는 모두 코카콜라가 소유한 브랜드다.

나는 어니스트 티를 정말 좋아한다. 공정무역 인증을 받은 찻잎을 포함한 유기농 원료를 이용해 첨가물 없이 만든 음료로 건강에 좋고 맛도 뛰어나다. 요컨대 내가 좋아하는 건강한 식품이라는 사명을 수행하고 맛도 훌륭하다. 그리고 코카콜라 소유이지만 일부러 파고들지 않는 한 알아차리기 어렵다. 사회적 의식이 높은 소비자를 대상으로 건강식품시장을 공략하려는 어니스트 티에는 코카콜라 브랜드가 도움이 되기보다 오히려 해가 될 것이다. 코카콜라는 회사의 브랜드 파워를 이용해 소매점에서 어니스트 티의 진열 공간을 넉넉히 확보한다. 하지만 코카콜라와의 연관성은 드러내지 않는다.

잠재적 투자자로서, 나는 기존 핵심 시장이 아닌 다른 시장을 겨냥한 코카콜라의 신제품 투자를 검토하고 회사에 어떤 비전이 있고 어떻게 미래를 준비하는지 확인한다. 코카콜라의 탄산음료는 여전히 전 세계에서 커다란 인기를 누리고 있고 그 인기는 10년 뒤에도 계속되겠지만 그럼에도 불구하고 코카콜라는 새로운 브랜드에 집중하고 있다. 버핏은 코카콜라 주식을 소유했다는 이유로 비판의 대상이 되었다. 콜라에 함유된 설탕 때문이다. 하지만 나는 버핏과 같은 거장이 코카콜라를 계속해서 보유하는 이유를 알게 되었다. 코카콜라의 브랜드 해자는 좋아 보였다.

애플

애플은 분명히 브랜드 해자를 보유했다. 애플 플랫폼에서 데스크톱 컴퓨터로, 아이폰에서 안드로이드 기반 스마트폰으로 갈아타기는 굉장히 어렵고 성가시다. 이것은 교체 해자다.

하지만 코카콜라와 마찬가지로 다른 관점에서도 논할 수 있다. 애플에서 다른 제품으로 갈아타는 것은 아예 불가능한 일은 아니다. 애플 제품을 다루기가 불편해질수록 갈아타기의 번거로움도 덜하다. 스티브 잡스가 세상을 떠난 이후 애플은 변했고 내게는 그 변화가 아쉽다. 경쟁사의 제품 가운데에서도 애플 제품과 동급인 컴퓨터와 스마트폰을 쉽게 구할 수 있고 애플 제품의 가격은 점점 높아지는 추세다. 하지만 애플은 특허를 수천 건 보유하고, 훌륭한 운영 체제를 갖추고 있으며, 제품 보안 문화가 강력하다. 따라서 비밀 해자를 보유했다고 말할 수 있다. 애플은 브랜드 해자와 비밀 해자에 힘입어 여전히 잘나가고 있지만 아이튠즈 등 사용자 인터페이스에 관한 잘못된 의사 결정과 제품 가격 인상은 교체 해자를 약화하고 있다. 애플의 경쟁우위는 내게 인상적이지 않다. 경쟁우위가 해자 단계로 발전한다는 확신이 없기 때문이다.

나는 아버지에게 위와 같은 내 주장을 하나하나 설명했고 아버지는 이렇게 말했다.

"경쟁 업체가 해자를 공격하는 방법에는 기본적으로 두 가지가 있단다. 경쟁자들은 이렇게 말해. 첫째, 우리는 네가 하는 바로 그 일을 더 싸게, 더 잘할 수 있어. 둘째, 네가 필요 없게 만들 거야."

나는 고개를 끄덕였다. "컴퓨터회사는 타자기회사에 두 번째처럼 말했겠군요."

"맞아. 노후화에 직면했다면 앞날을 예견하고 회사를 매각하거나, IBM과 같이 새로운 물결에 합류하는 것 외에는 할 수 있는 일이 없지. IBM은 교체 해자를 갖춘 판매자야. 신기술이 등장하면 그 신기술을 사들여서 고객들에게 신속하게 제공하기 때문에 고객들은 굳이 갈아탈 필요를 느끼지 못하는 거지."

"첫 번째는요? 더 싸게, 더 잘한다? 결국 어느 회사든 끊임없이 가격으로 공격받겠군요."

"맞아. 그럼에도 불구하고 고객을 붙잡아 두는 요인이 바로 해자야. 좋은 품질로 인정받는 브랜드 덕분일 수도 있고, 갈아타지 않고 남아 있는 편이 더 간단하기 때문일 수도 있고, 회사가 경쟁 제품에 맞춰 가격을 내린 덕분일 수도 있지. 네가 선택한 회사가 해자에 대한 공격에 어떻게 대응할 것인지 과거 사례를 검토하고 예측할 수 있어야 해. 애플은 40년 동안 반복적으로 공격받았지만 여전히 건재하지. 그런데 회사가 얼마나 강력한지 알기 위해 주관적인 조사에만 의존할 필요는 없단다."

황당했다. "그럴 필요가 없다고요?"

"그래. 숫자가 있으니까." 아버지가 씩 웃었다.

'아, 안 돼.'

"당황할 것 없어. 몇 개 숫자만 확인하면 돼. 재무제표의 정확히 어디에서 찾을 수 있는지 집에 가서 보여주마. 그 숫자들을 보면 해자가 얼마나 강력한지 알려주는 훨씬 좋은 정보를 얻을 수 있어."

'오, 주여.' 벌써 재무제표를 검토할 차례가 되었다니. 나는 찰리의 원칙 가운데 가격에 관한 네 번째 원칙으로 넘어가기 전까지는 숫자를 피할 수 있겠다고 기대했다. 심호흡을 하고 법학대학원에서 재무제표를 다룬 경험을 떠올렸다. 그럭저럭 잘 해낸 편이었다. 그렇지만 어쩐지 긴장이 됐다. 물론 재무제표에서 확인할 것이 무엇인지는 아버지가 알려주겠지만, 회사를 이해하려면 그 숫자들의 의미를 알아야만 한다. 투자에 관해 공부한 모든 것이 무너질 수도 있는 지점이었다. 그렇다면 적어도 더 늦지 않게, 빨리 알아야만 했다.

SEC는 회계사들로 이루어진 위원회에서 결정한 표준 회계 원칙인 일반회계원칙General Accepted Accounting Principle, 이하 GAAP에 따라 작성한 재무제표를 제출하라고 상장회사에 요구한다. 상장회사는 GAAP를 준수한 재무제표를 제공한다. 또한 회사의 재정 상태를 다른 측면에서 보여주기 위해 비GAAP를 적용한 실적도 흔히 제공한다. 비GAAP 실적은 대체로 실제보다 좋게 보이도록 작성되어 투자자를 호도한다. 따라서 비GAAP를 적용한 실적이 어떻게 산출된 것인지 재무제표의 설명과 주석을 확인해 파악해야 한다. 재무제표에 '조정 이익'이나 'EBITDA(이자 및 법인세 차감 전 순이익에 감가상각비와 무형자산상각비를 더해 산출한다)'가 등장하면 의심스럽다.

재무제표

손익계산서income statement: 얼마를 벌어들였는가(매출)? 비용은 얼마나 지출했는가? 매출에서 비용을 차감한 것이 이익이다. 이익은 수중에 얼마가 남았는지 보여준다. 올해 급여로 8만 달러를 받았고 7만 5,000달러를 지출했다면 남은 이익은 5,000달러다.

재무상태표balance sheet: 무엇을 소유했고(자산), 얼마를 빌렸고(부채), 그 차액은 얼마인가? 집과 차를 소유했고 할머니로부터 물려받은 유산이 있다. 모두 합산하면 50만 달러다. 한편 집과 차를 구입하면서 각각 40만 달러, 1만 달러를 빌렸다. 합산하면 부채는 41만 달러다.

자산을 매각하고 부채를 상환한다고 가정하면 실제로 손에 쥐는 금액은 9만 달러다.

현금흐름표cash flow statement: 다음 사항을 반영해 실제 은행에 있는 현금이다.

- 영업활동으로 인한 현금 유출과 유입(영업활동현금흐름)
- 장비 투자, 사업 인수를 위한 현금 유출, 사업 매각으로 인한 현금 유입(투자활동현금흐름)
- 부채나 주식 발행으로 인한 현금 유입(재무활동현금흐름)

상장회사는 발생주의 회계accrual accounting 원칙을 따르기 때문에 현금흐름표가 필요하다. 회사는 발생주의 회계 원칙에 따라 아직 지급되지 않은 이익을 손익계산서에 이익으로 처리하고, 실제 지급 시점이 아닌 발생 시점에 비용으로 처리한다.

현금흐름표를 보면 은행 계좌에 실제 얼마가 있는지 알 수 있다. 예를 들어, 집을 팔아 돈을 받았더라도 3주 뒤 에스크로escrow* 계좌가 닫힐 때까지는 그 금액이 은행 계좌에 표시되지 않는다. 마찬가지로 실제 현금이 들어오기 전까지는 현금흐름표에 표시되지 않는다.

---

* 거래를 진행할 때 중립적인 제3자에게 결제 대금을 예치해 결제 안전을 보장하는 제도. - 옮긴이

걸음을 옮길 때마다 발이 무거워지고 흙과 돌덩이 사이로 빠지는 것을 느끼려고 노력하며 계속 걸었다. 그렇게 집중하면 불안감을 다스리는 데 도움이 되었다.

"좋아요. 해볼게요. 숫자를 통해 어떻게 해자와 같은 무형의 가치를 알 수 있죠?"

아버지는 미소를 지었다.

"숫자는 대단히 중요한 단서가 되지. 해자는 회사가 영업을 지속하는 데 기여하는 고유한 특성이야. 해자가 중요한 것은 그것을 통해 회사의 미래를 대략이나마 예측할 수 있기 때문이라는 사실을 기억해야 해. 이게 핵심이야. 네 가지 주요 지표가 시간이 지나도 일관되게 유지되는지 봐야 해. 그렇다면 미래도 예측 가능하다는 뜻이니까. 해자가 거대하고 강력하면 미래가 과거와 상당히 유사할 거라고 예측할 수 있어. 해자가 과거에 매우 일관성이 있었고 미래도 예측 가능하다면 현재를 어느 정도 파악할 수 있지. 해자가 달라질 것이라고 의심할 이유가 없다면 우리는 훨씬 수월하게 사업을 이해하고 미래 현금흐름을 대략이나마 예측해서 회사의 가치를 산출할 수 있단다."

등산을 마치고 집에 돌아오자 아버지가 전화로 저녁 식사를 배달시켰다. 숫자 이야기에서 벗어날 틈을 주지 않았다. 우리는 이렇게 재무적 수치에 관해 처음으로 대화를 나누었다. 의미 있는 순간이었다.

아버지는 재무제표에서 확인할 '해자'인 네 가지 지표를 종이에 적었다. 이 네 가지 지표가 매년 성장해야 이상적이다. 아버지는 이것을 '4대 지표'라고 불렀다.

지표	재무제표	정의
1. 순이익	손익계산서	이익 창출에 투입된 모든 비용을 차감한 최종 이익
2. 장부가치(자기자본) + 배당금(있을 경우)	장부가치: 재무상태표 배당금: 현금흐름표	폐업 및 전체 자산 매각을 가정한 가치(자산-부채), 배당금 지급 전 기준
3. 매출액	손익계산서	판매로 벌어들인 금액(수익)
4. 영업현금	현금흐름표	영업활동으로 얻은 실제 현금

주: 재무제표의 어느 항목에 반영되는지에 따라 명칭이 달라지는 회계상 숫자들이 있다. 그럴 만한 이유가 있겠지만 회계 초보인 나는 구분하기가 어려워 답답하다. 모르는 용어를 마주쳤을 때는 인터넷으로 동의어를 검색하면 간단히 해결할 수 있다.

"이 네 가지 지표가 각각 매년 10퍼센트 이상 성장해야 해." 아버지가 말했다. 이것이 '4대 지표 성장률'이다.

"기억하렴. 이 숫자들은 자동차 뒤 유리창 너머에 있어. 다시 말하면, 이 숫자를 들여다보는 동안 너는 과거를 보는 것이고, 과거는 미래에 대해 아무것도 약속하지 못해. 회사가 현재 추세를 확실하게 이어갈 수 있을지 판단하는 데 이 모든 리서치가 필요한 것도 바로 그 때문이지."

'잠깐.' "4대 지표는 매년 성장해야 한다고 하셨잖아요. 그럼 성장이 부진한 해가 한 번이라도 있으면 안 되는 건가요?"

"아니, 그렇지 않아. 중요한 것은 10퍼센트 성장률이 아니야. 이따금 등락이 있더라도 일관성과 예측 가능성이 확보되는지가 가장 중요하지. 예를 들면 버핏이 소유한 시즈캔디See's Candies는 지난 40년 동안 연평균 약 4퍼센트씩 성장했어. 직선적으로 성장한 것은 아니었지만 장기적으로 보면 꽤 일관되게 성장을 계속해왔지.”

“아버지의 목표 성장률 10퍼센트보다는 훨씬 낮네요.”

“맞아. 매년 10퍼센트 성장률을 바라지만 시즈캔디 같은 경우 성장세가 꾸준하고 예측 가능하면서 막대한 이익을 창출하기 때문에 지속 가능한 브랜드 해자가 있다는 것을 알 수 있지. 브랜드 해자는 업계 내에서 어느 기업이 배타적으로 보유하는 것은 아니어서 다른 사탕회사도 브랜드 해자를 가질 수 있어. 만약 4대 지표 가운데 어느 하나가 부진하다면 이유를 알아야 해. 납득할 수 있고 회복도 꽤 빠른 편이라면 너무 걱정하지 않아도 된단다.”

이해가 되었다. 확실한 패턴을 찾고, 회사가 그 패턴을 깨기 위해 어떻게 대응했는지 알아보는 것이다.

“이제 4대 지표 성장률을 알았으니 기업의 전반적인 성장률을 구할 차례야.” 아버지가 말했다.

“평균 성장률 말인가요?” 내가 물었다.

“아니.” 아버지는 단호하게 말했다. “평균 성장률은 확실히 아니야. 네가 조사한 내용을 근거로 판단해야 하는 문제야. 네가 생각하기에 앞으로 가장 실현 가능성이 높은 성장률을 선택해야 해. 명심해라. 네가 가진 모든 숫자는 과거의 실적이고 앞으로 그 실적이 계속된다는 보장은 없어. 회사를 이해할 수 있어야 앞으로 얼마나 성장할지 합리적으로 추측할 수 있지. 네가 이용할 성장률을 직접 선택해야 해. 총을 쏠 때 ‘편류windage’를 고려해야 하는 것과 마찬가지야. 바람이 어느 방향으로든 탄환을 밀어낼 수 있으니 경험을 바탕으로 과녁을 조준해야 해.”

"편류요? 발사된 탄환이 바람 때문에 원래 경로를 벗어나는 현상 말이죠?"

"응!" 아버지가 웃었다.

나는 그 비유가 마음에 들었다.

나는 내가 선택할 성장률에 '편류 성장률'이라는 이름을 붙였다. 편류 성장률은 과거 성장률과 애널리스트들이 추정한 미래 성장률을 바탕으로 산출한다. 보수적으로 낮은 추정치를 이용할지, 아니면 공격적으로 높은 추정치를 이용할지는 내게 달려 있다.

아버지는 여기까지 설명하고 이만하면 충분하다고 생각했다. 우리는 저녁을 먹었고 다음 날에는 폴로 경기를 하러 플로리다로 날아갔다.

주 후반, 나는 내 방에 꾸민 투자 사무실에 자리를 잡고 앉아 수련에 들어갔다. 이것만으로도 벌써 뿌듯했다. 나는 몇 개 회사의 실제 재무제표를 뽑아 엑셀에 각 회사의 4대 지표를 정리했다.

힘들지 않았다는 거짓말은 못하겠다. 회계사들이란. 그 사람들은 뭐든 다른 명칭으로 부르는 것 같았다. 동일한 항목을 어느 회사에서는 '영업현금'이라고 하고, 다른 회사에서는 '영업활동으로 인한 현금'이라고 표기했다. 재무제표의 순서도 이상해서 원하는 정보를 찾기 어려웠다. 인터넷으로 어떤 용어를 찾아야 하는지 파악했고, 그런 다음 검색 기능을 활용했다. 재무제표 대부분은 최근 3년에서 5년 사이의 자료를 보여주었다. 따라서 최근, 그리고 5년 전 10K 문서(연간 사업보고서로, 회사 웹사이트에서 내려 받을 수 있다)를 보면 10년 치 자료를 손쉽게 얻을 수 있다. 나는 매년 연평균 성장률을 계산하고,

최근 10년, 7년, 5년, 3년 연평균 성장률을 산출한 다음, 회사에 관해 알고 있는 제한적인 정보를 이용해 편류 성장률을 합리적으로 추정했다.*

코카콜라의 편류 성장률을 구하기가 가장 어려웠는데, 회사가 제시한 수치가 다소 엉망이고 최근 마이너스 성장을 기록했기 때문이다. 나는 보수적으로 추정해 전반적인 성장률을 0퍼센트로 산출했다.

반면 애플의 4대 지표는 모두 느리지만 꾸준히 성장했다. 쉬웠다. 단, 성장세가 둔화되고 있었고 최근 몇 년 동안 몇 가지 수치가 부정적이었다. 나는 전반적인 성장률을 8퍼센트로 산출했다. 이것이 애플의 편류 성장률이다.

우선은 이만하면 충분했다. 다음 단계인 경영진에 관한 조사로 넘어갈 때는 약간 들뜬 기분이었다. 이제부터가 실전인 것 같았다. 경영진이 회사를 잘 꾸려나갈 것이라고 믿어도 좋을까?

찰리 멍거의 투자 원칙 3: 진정성 있고 유능한 경영진

경영진에 관한 조사는 혼자서도 할 수 있을 것 같아서 시도해보기로 했다. 이 수련 과정에서 능동적으로 나선 것은 이번이 처음이었고

---

* 10K 문서를 비롯한 관련 자료는 야후 파이낸스, 구글 파이낸스, 모닝스타, 구루포커스 및 아버지가 만든 웹사이트(www.ruleoneinvesting.com)를 포함한 다양한 주식 리서치 관련 웹사이트에서 쉽게 찾을 수 있다. 성장률 산출 방법에 관한 추가 정보는 내 웹사이트(www.danielletown.com)에서 확인할 수 있다.

기분이 좋았다.

내가 아는 어느 벤처 투자자는 투자 대상으로서 좋은 스타트업을 찾는 과정을 데이트에 비유한다. 스타트업의 창업자가 자신과 뜻을 같이하는지, 둘 사이에 화학 반응이 있는지 알려면 함께 시간을 보내야 한다. 창업자를 신뢰할 수 있고 함께 많은 시간을 보내고 싶은가? 벤처 투자자는 두 가지 요건을 모두 충족하는 창업자를 찾는다. 그래서 창업자와 직접 데이트에 나선다. 소개팅을 해본 경험이 있다면 알겠지만 사람들은 서류상으로 접할 때와 직접 만날 때 크게 다른 경우가 종종 있다.

상장회사의 경영진에 관한 조사도 데이트처럼 접근해야 하지만 일반 투자자 대부분에게는 CEO를 직접 대면할 기회가 거의 없다. 나는 간접적인 자료를 활용하는 법을 배워야 했다. 나는 알아보고 싶은 CEO 몇 명을 선택하고 컴퓨터에 내가 찾은 자료를 모아둘 폴더를 만든 다음 인터넷 검색을 시작했다.

그 결과 다음과 같은 정보를 확인했다.

- 이력: 해당 인물이 재계에서 떠오르기까지의 과정이 얼마나 수월했는지, 아니면 어려웠는지 살펴본다. 상장회사 경영은 쉬운 일이 아니다. 이 사람은 어떻게 이 단계에 이르렀을까? 혹독한 대가를 치렀을까, 아니면 순탄한 길을 걸어왔을까? 한쪽이 다른 쪽보다 낫다고는 할 수 없지만 배경을 이해할 필요는 있다. 사실 아는 사람 하나 없지만 능력은 뛰어난 까다로운 성격의 자수성가형 CEO보다는 인맥이 두텁고 성격도 원만한 CEO가 회사에는 훨씬 더 도움이 될 수 있다.

- **경영 방식**: 리처드 브랜슨*과 같은 모험가형 기업가인가, 아니면 현상 유지에 능하고 느리지만 꾸준한 성장을 추구하는 기업가인가? 브랜슨 유형은 생계를 위해 이야기를 재미있게 꾸며야 하는 경영서 작가들에게 훌륭한 소재가 되며, 5,000개 단어로 구성하기 좋은 이야깃거리를 갖고 있다. 그러나 좀 더 신뢰할 만한 경영자는 두 번째 유형이다.
- **창업자**: 창업자가 현재 경영진에 포함되지 않았다면 경영진은 창업자의 이탈에 대처하고 있는 중일지도 모른다. 스티브 잡스가 처음 애플을 떠난 것은 다른 사람이 회사를 더 잘 운영할 수 있다고 생각한 이사회에서 그를 쫓아냈기 때문이다. 당시에는 이사회가 옳았을지도 모르지만 그들은 잡스보다 애플 제품을 더 잘 만들 수 있는 사람은 없다는 사실을 간과했고 애플은 잡스가 복귀하기 전까지 내리막길을 걸었다. 나이가 들고 더욱 현명해져서 애플로 돌아온 잡스는 결국 회사를 구했을 뿐만 아니라 업계 전체를 변화시킨 상징적인 제품들의 탄생을 이끌었다. 이 이야기를 아는 것은 애플의 현재 경영진, 그리고 그들에게 드리운 잡스의 그림자의 길이를 이해하는 데 매우 중요하다.
- **이사회**: 이사회는 경영진을 임명하고 해임한다. 나는 이사회가 이 두 가지 일을 처리해온 방식을 확인하는 것이 가능한지 알아보기로 했다.
- **지분**: 많은 CEO는 해임되기 전에 이미 밀려날 것을 알고 회사를 떠난다. 나는 많은 지분을 보유한 창업자나 임원을 찾는다. 그것은 문자 그대로 회사의 장기적 성공에 투자하고 있다는 뜻이기 때문이다.

---

* 버진 그룹 창업자. - 옮긴이

CEO들에 관한 언론 보도를 찾아 기사를 하나하나 읽어나가며 서서히 그 사람을 파악했다. 따뜻한가, 권위적인가? 가족 지향적인가, 공동체 지향적인가, 사명 지향적인가? 업계 전문가인가, 고용된 CEO인가, 연쇄 창업가인가? 시간 관리에 능한가? 회사에 대한 충성도가 높은가, 아니면 이직이 잦았는가?

나는 단서를 찾아 그 사람의 이력을 기록했다. 그리고 이 이력은 불완전한 정보에서 얻은 인상에 근거한 것일 뿐임을 끊임없이 상기했다. 유명한 CEO 극소수를 제외하면 원하는 정보를 모두 구하기가 불가능했다. 잘 알려지지 않은 기업은 CEO에 관한 정보가 거의 없었다. 이는 언론이 그들을 면밀하게 관찰하지 않는다는 사실을 말해주었다.

그때나 지금이나 CEO 조사를 통해 얻을 수 있는 결론은 인터넷 검색 결과, 경영진과 회사에 대한 언론의 관심, 그 관심이 불러온 담당 기관의 주시 정도에 달려 있다. 언론이 우리와 같은 잠재적 투자자를 보호하는 역할을 해주기를 바라는 것도 이 때문이다. 우리는 언론이 하듯 정보에 접근할 수 없고, 우리가 얻는 정보는 언론의 선택과 그 주, 그달의 편집 방향에 좌우될 수밖에 없다. 우리가 통제하지 못하고 알 수 없는 것이 굉장히 많다는 뜻이다.

플로리다에서 폴로 연습을 하던 중 잠깐 시간을 내서 전화를 건 아버지는 내가 경영진을 살펴보고 있다고 하자 약간 짜증스러운 말투로 답했다.

"경영진은 굉장히 어려운 부분이야. 오죽하면 멍거가 겉과 속이 같은 경영진을 보고 싶다고 했겠니."

"그 말은 좀 이상했어요."

"일이 잘못되기 전까지는 믿을 만한 사람인지 아닌지 알기 어려우니까. 찰리와 워런은 사람을 파악하는 능력은 뛰어났지만 그 방법을 말로 설명할 수는 없었어. 그렇게 되기까지 몇 년 동안 분명히 실수도 저질렀지. 경영진에 대한 판단 실수를 피하기 위해서 버핏은 바보라도 경영할 수 있는 기업에 한해 투자해야 한다고 말한 적도 있어."

주주서한을 읽는 것도 임원들에 관한 정보를 수집하는 방법이다. 주주서한에서 중요한 정보를 공개하는 경우는 거의 없지만 주주서한은 그 자체로 중요한 정보 역할을 한다. 제1 원칙을 추구하는 헤지펀드 매니저 매튜 피터슨Matthew Peterson은 이렇게 조언했다. "경영진이 주당 증가율, 잉여현금흐름, 내부 수익률을 말한다는 것은 가치투자 정신을 공유하고 자본 배분 관점에서 판단한다는 신호다. 공개 발언에 등장한 어휘는 매우 유용한 정보가 될 수 있다."[1] 버핏의 주주서한은 에둘러 표현하는 법이 없는 '직설적인' 문장으로 유명하다. CEO가 서한에서 정보를 얼마나 공개하는가? 좋지 않은 소식이 있을 것을 예고하고 지적으로 정직하게 행동하는가? 나는 사후에 관찰한다는 엄청난 장점이 있다. CEO가 예상한 일은 실제로 발생했는가? 실제로 발생했다면 CEO가 제시한 시기 및 내용과 얼마나 근접했는가? 직원들은 경영진을 어떻게 생각하고, 이와 관련해 인터넷에는 어떤 이야기가 떠도는가?

나는 다시 찾지 않도록 조사 내용을 모두 저장한 다음 각 CEO가 발표한 내용에 간단한 설명을 덧붙였다. 설명은 모호해도 상관없었다. 예를 들면 '충분히 괜찮음', '생각을 읽기 어려움', '대학을 졸업하고 경영대학원을 나와 곧장 경영자 과정 이수, 그 후 출세 가도를 달린 듯'이라고 기록하는 것이다.

경제·경영과 CEO에 관한 언론 보도를 읽으며, 내가 의도치 않게 조사했던 임원들의 이야기를 자주 접하게 되었다. 나는 '관찰 대상 임원' 명단을 작성했다. 임원들은 여러 회사를 옮겨 다니기도 한다. 지금은 내가 주목하는 회사에 있지 않더라도 10년 뒤에는 그곳에 있을 수도 있고, 이미 조사해두었다면 그들에 대해 감을 잡은 상황일 것이다. 게다가 내 감이 옳았는지 확인할 10년간의 증거가 될 수도 있다.

가벼운 가십도 많았다. 누가 누구와 일한 적이 있고, 누구는 사적인 추문으로 어느 회사를 나와 어디로 갔고, 누구는 연봉이 너무 높다는 식이었다. 나는 유명 인사들에 관한 의미 없는 가십을 읽기를 좋아하는데 경영진 조사도 기본적으로 다르지 않다. 추문과 이혼, 악당과 영웅, 모두가 인정하는 금융계의 왕과 여왕이 등장한다. 이곳은 할리우드와는 다른 방식으로 매력적인 세상이다.

그렇지만 원하는 정보를 모두 얻기는 어려웠다. 경제·경영 담당 기자들의 실력이 좋더라도 모든 사람을 다룰 수는 없고 불투명한 기업을 속속들이 들여다볼 수도 없다. 누군가 회사에서 횡령을 저지르고 그 사실을 숨기더라도 그들을 미화하는 데 급급한 기자는 물론 탐사 보도 전문가에게도 발각되지 않을 것이다. 언론이 무너지기 전, 언론 고위 임원들에게 아첨하는 기사가 얼마나 많았던가. 그 기사에서 언론의 임원들은 마호가니 향이 짙은 방에서 가죽 장정의 책을 들고 포

즈를 취했을 것이다. 유명 상장회사 임원 대부분은 면밀한 관찰 대상
이어서 그들이 체포되기라도 한다면 신문 1면에 보도되겠지만 작은
회사에 그만한 관심을 기울이는 언론은 없다.

다음 날 나는 아버지에게 전화를 걸어 경영진 조사가 얼마나 재미
있는지 이야기했다.

나는 "경영진에 대해 공부하는 게 제일 마음에 들어요"라고 외쳤다.

아버지는 믿을 수 없다는 듯이 웃었다. "충분한 정보를 얻을 수 없
어서 싫어할 줄 알았어."

"아뇨, 유명 인사들의 가십을 읽는 것처럼 흥미로워요. 하지만 전
부 약간 흐릿하다고 해야 하나, 아무래도 언론의 렌즈를 통해 보고
있다는 생각이 들어요."

"사실 그 문제를 어느 정도 해결할 방법이 있단다." 아버지가 대답
했다.

"그래요?" 흥미로웠다.

"그래. 바로 숫자야."

나는 멈칫했다. "경영진과 숫자요?"

아버지는 내가 이 주제를 피하고 싶어 하는 것을 즐기며 유쾌하게
대답했다. "숫자를 보면 남다른 통찰력과 촌평이 아닌 객관적인 정
보를 바탕으로 누가 좋은 관리자인지 판단할 수 있어."

나는 한숨을 쉬었다. '포인. 이제 막 경영진에 관한 가십을 즐기기
시작했는데 아버지 때문에 다시 숫자로 돌아오다니. 망할 숫자들.'

"어쩔 수 없죠. 알려주세요."

경영진 지표: (1) 자기자본이익률 (2) 총자산이익률 (3) 부채

"4대 지표 가운데 하나인 장부가치를 기억하니?"

"아뇨." 나는 솔직히 대답했다.

"장부가치는 회사법에서 일반적으로 주주 지분을 뜻하는 자기자본과 같아. 자기자본은 재무상태표에서 확인할 수 있지. 우리는 회사가 자기자본으로 얼마나 수익을 올리는지 알려고 해. 이 숫자가 중요한 숫자야. '자기 돈'을 재무 용어로 표현하면 '자기자본'이야. 지금부터 잘 들으렴. 중요한 건 자기자본이익률return on equity, 즉 ROE야."

어쩔 수 없이 웃음이 나왔다. "굉장히 중요한가 봐요."

"물론이지!" 아버지가 힘주어 말했다. "네가 좋아할 만한 게 있어. ROE는 구하기가 쉽단다. 인터넷에서 쉽게 찾을 수 있지. 재무 관련 자료에 기본적으로 제공되거든."

"잠깐만요. 재무제표에는 없어요?"

"응. 재무제표에 있는 숫자를 이용해 계산해야 해."

자기자본이익률ROE = 순이익/자기자본

"ROE는 회사가 주주의 돈으로 얼마나 이익을 내는지 보여주지. 주주 자본* 1달러당 창출한 이익을 보여주기 때문에 경영진의 주주 자본 활용 능력을 평가하는 지표로 활용할 수 있어. 그런데 부채**를

---

* 자기자본. - 옮긴이
** 타인자본. - 옮긴이

늘려서 회계상으로 ROE를 끌어올리는 것도 가능하단다."

나도 모르게 낮은 신음이 나왔다.

"총자산이익률return on assets, 즉 ROA도 경영진을 평가하는 데 사용되지. ROE는 자기자본 대비 얼마나 이익을 내는지 보여주지만 ROA는 자기자본에 부채까지 포함해 계산한다는 점이 달라."

총자산이익률ROA = 순이익/(자기자본+부채)

"ROE와 ROA가 어떻게 나와야 좋고, 어떻게 나오면 나쁜 거죠?"

"지난 10여 년 동안 ROE와 ROA를 매년 15퍼센트 이상 꾸준히 유지한 회사를 찾아야 해. 10년이면 경기 하강 주기도 경험했을 테고 스타트업 단계를 넘어섰거나 경영진 교체도 있었을 거야. 그럼에도 불구하고 높은 ROE를 유지해왔다면 주목할 만한 회사야. 찰리는 지속 가능성을 보라고 했어. 10년 미만은 회사의 지속 가능성을 입증하기에 충분한 기간이 아니지."

사람과 마찬가지로 기업에도 일관성이 중요하다. 그러나 일관성이 없다고 해서 앞으로도 쭉 그럴 거라고 장담할 수는 없는 것처럼, 일관성이 있다는 것이 미래에 어떤 행위를 할지 예측 가능해야만 한다는 뜻은 아니다. 말한 것을 실제로 행하고 또 실제로 행할 것을 말한다고 어느 정도 신뢰할 수 있다면 일관성이 있는 기업이다.

"경영진 판단에 활용할 마지막 숫자는 바로 부채야." 아버지가 말했다. "부채는 회사에 부실을 초래할 수 있어. 부채가 많으면 경영진은 부채를 핑계 삼아 합의파산prepackaged bankruptcy을 신청해서 주주는 내팽개치고 회사의 많은 지분을 보유한 채 재기할 수 있지. 회사에 장기 부채가 있다면 1~2년 치 이익으로 상환 가능한 규모인지 확인해야 해."

나는 되도록이면 부채가 0인 회사가 좋다. 부채는 겁난다. 부채는 경영진이 재무적 수치를 조작할 수 있는 좋은 수단이고 나는 조작된 것을 눈치챌 만큼 재무제표에 익숙하지 않다는 것을 스스로 잘 알고 있다.

아버지와 내가 만든 가상의 레모네이드 가두 판매점을 이용해 '경영진 지표'를 검토해보자. 레모네이드 가두 판매점을 선택한 것은 우선 복잡하지 않고, 어릴 때 아이오와에서 실제로 몇 곳을 이용해본 적이 있기 때문이다. 그리고 매킨토시용 초창기 컴퓨터 게임 가운데 레모네이드 가두 판매점을 운영하는 게임이 있었는데 나는 그 게임에 빠져서 방과 후 몇 시간씩 매달렸던 경험이 있다. 레모네이드 가두 판매점은 단순해 보이지만 복잡한 사업이 지닌 모든 요소를 갖추었다. 우리는 이 가상의 회사에 '레모네이드 스탠드'라는 그럴듯한 이름을 지어주었다.

레모네이드 스탠드

자기자본 1,000달러
부채 1,000달러
총 2,000달러 보유

> 보유한 자본으로 벌어들인 수익 100달러
>
> ROE: 100/1000=10%
> ROA: 100/(1,000+1,000)=100/2,000=5%
>
> 자기자본 대비 이익률은 10퍼센트다.
> 총자산(자기자본+부채) 대비 이익률은 5퍼센트에 불과하다.

나는 경영진 지표를 이용해 부채를 간단히 확인하는 방법을 발견했다. 바로 ROE와 ROA의 차이를 보는 것이다. 그러면 회사에 부채가 있는지 여부와 부채 규모를 빠르게 파악할 수 있다. 부채가 없다면 ROA는 ROE와 동일할 것이다.

"어느새 재무제표를 읽고 있었구나. 해자와 경영진 관련해서 네가 이용한 숫자들 말이야. 모두 재무제표에서 나온 거잖아." 아버지가 놀리듯 말했다.

"아, 그러네요." 나는 미소를 지었다. 아버지가 옳았다. 숫자를 끌어내는 것이 좋지는 않았지만 어렵지도 않았다. 숫자를 끌어내는 이유는 무엇인지, 어떤 기업을 지지하거나 반대하는 내 논거를 발전시키기 위해 그 숫자들을 어떻게 이용해야 하는지도 알았다. 재무적 숫자들은 내 지식을 발전시키는 데 유용했고 덕분에 기분이 훨씬 나아졌다.

하지만 아직 가치 평가로 넘어가고 싶지는 않았다. 나는 주말마다 고된 투자 수련에 매달렸다. 지금 생각하면 당시 나는 기업 평가와 재무 분야에서 내가 가진 역량을 확신하지 못했다. 새로운 언어를 배우기 시작한 기분이었다. 단어, 즉 줄줄이 나열된 숫자를 이해할 때도 있었지만 대부분은 그렇지 못했다. 마음만 앞서서 너무 많은 새로운 정보를 머릿속에 욱여넣는 일은 하고 싶지 않았다. 새로운 것을 배우기 전에 지금까지 배운 것을 연습할 시간이 필요했다.

"이제 폴로 경기하러 가셔야죠." 아버지에게 말했다. "제1 원칙을 잊지 마세요. 말에서 떨어지지 말 것."

"조심할게!" 아버지가 약속했다. 우리는 전화를 끊었다.

공식적인 투자 수련 시간은 끝났지만 나는 그달에 얻은 정보를 어떤 식으로 정리해야 할지 생각하고 있었다. 내 수련을 발전시키기 위해 무언가 추가할 필요가 있었다.

체크리스트

법률 업무를 할 때, 반복적인 일은 체크리스트를 이용해 처리하면 상당히 효과적이었다. 이제 투자 수련을 위한 체크리스트를 작성할 시간이었다. 나는 어느새 투자 거장들의 가치투자 전통에 상당히 의지하고 있었다. 투자자 모니시 파브라이와 가이 스파이어는 그들의 투자 수련에 체크리스트가 얼마나 유용했는지 길게 설명한 적이 있다. 피파 미들턴Pippa Middleton의 칼럼처럼 보이기도 하는 그들의 설명은 이렇다.

"체크리스트는 특정 항목을 기억해야 하는 일을 처리할 때 대단히 유용합니다. 장 보기와 변호, 투자 모두 마찬가지입니다. 주간지에는 '우리와 똑같은 스타들!'이라는 제목으로 커피를 마시고, 장을 보고, 옷에 묻은 얼룩을 닦는 유명인들의 파파라치 사진이 실립니다. 투자도 마찬가지입니다. '성공한 위대한 투자자들: 우리와 다를 바 없다!'"

그래, 그렇겠지. 어쨌든 체크리스트는 유용하다.

체크리스트의 장점은 감정에 휘둘리지 않는다는 데 있다. 아툴 가완디는 그의 대표 저서인 《나는 고백한다, 현대의학을》에서 외과 전공의로서 수련 과정을 설명하면서, 의사도 인간인지라 실수를 저지르지만 그 실수를 줄이는 데 체크리스트의 역할이 대단히 중요했다고 밝혔다. 의사들은 머리가 좋은 만큼 자신의 기억력이 완벽하다고 강하게 확신할 때 실수하게 된다. 의사로서 오만할 때 결과는 끔찍할 수 있다. 그는 이 문제를 간단히 해결할 수 있다고 설명했다. 먼저 체크리스트를 작성하고 다음으로 체크리스트대로 따르는 것이다.

체크리스트의 항목 수는 적절해야 한다. 너무 많고 부담스러우면 체크리스트를 제대로 활용하기보다 항목을 지워나가는 데 더 많은 시간을 소비하게 된다. 반대로 항목이 너무 적으면 해야 할 일을 놓치는 경우가 발생한다. 쓸모가 없어지는 것이다. 실제로 너무 자세한 체크리스트가 원인이 되어 비행기가 추락한 사례도 있다. 조난 신호를 뜻하는 '메이데이Mayday'라는 제목의 중독성 강한 독일 TV 프로그램이 있다. 끔찍했던 비행기 추락 사건을 줄줄이 재현하니 지켜보기 힘들었지만 이를 통해 비상 상황에 대처하는 법을 상당히 많이 배울 수 있었다. 한번은 엔진이 비행기에서 분리되어 떨어진 사고가 있었다. 그런데 알고 보니 '엔진이 탈락했을 때'라는 비상 상황 대응 체크리스트가 존재했다. 믿기 어렵지만 사실이다. 체크리스트에는 항목이 너무 많아서 전부 처리하기도 전에 비행기가 추락할 지경이었다. 체크리스트가 존재하는 것은 오로지 목적에 맞게 유용하게 쓰이기 위해서다. 목적에 부합하지 않는 체크리스트는 아무런 도움이 되지 못한다.

체크리스트

찰리의 4대 원칙

1. 이해할 수 있을 것

☐ 회사는 내 능력범위 안에 있는가?

☐ 내가 스승으로 여기는 투자자들 중에 이 회사를 사거나 판 사람이 있는가?

☐ 이 회사에 대한 자신의 리서치를 어느 정도 신뢰할 수 있는가?

☐ 회사의 사업 내용과 해당 산업을 한 문단으로 기술하라.

☐ 해당 산업의 도전 과제 및 경기 주기를 기술하라.

☐ 회사의 성장 계획은 무엇인가?

☐ 회사의 성장세는 10년 내 정점을 지날 것인가?

2. 해자

- ☐ 회사의 해자는 무엇인가?
- ☐ 경쟁 강도는 어떠한가?
- ☐ 경쟁사와 비교하라.
- ☐ 4대 지표 성장률은? 성장세는 가속화되는가, 둔화되는가?
- ☐ 편류 성장률은? 성장세는 가속화되는가, 둔화되는가?
- ☐ 손실이 발생하더라도 수년간 버티는 데 충분한 현금을 보유했는가?
- ☐ 최근 불황기에 매출과 이익은 어떠했는가?

3. 경영진

- ☐ CEO는 겉과 속이 같은가?
- ☐ CEO는 주주서한에서 얼마나 솔직한가?
- ☐ 일이 잘 풀릴 때 투자자들과 자유롭게 소통하던 경영진이 문제가 생기면 입을 다물거나 책임을 부인하지는 않는가?
- ☐ 직원들은 얼마나 행복한가?
- ☐ 회사에 부채가 있는가? 1년 치 잉여현금흐름으로 상환 가능한가?
- ☐ 회사가 미래에 차입 계획이 있다고 밝혔는가?
- ☐ 경영진이 자기 회사 주식을 매수 또는 매도하는가?

4. 안전마진이 확보된 합리적 주가

- ☐ 아직 없음

4번에서 갑자기 체크리스트의 항목이 줄었다. 적정한 가격 수준을 판단하는 데 시간과 관심을 기울이지 못했다는 사실이 떠올라 머쓱했다. 어떻게 하면 회사의 가치를 정확히 평가할 수 있을까?

그러는 동안 누노가 바다를 건너 미국으로 왔고 내 집에서 3주간 머물면서 나는 수련에 완전히 집중하지 못했다.

5개월 차 수련

수련을 시작한 지 아직 5개월밖에 되지 않았지만 우리는 찰리의 4대 원칙 가운데 이미 세 가지나 알고 있다. 자료를 읽고 관심이 가는 기업 세 곳을 선택한 뒤 각각의 해자를 찾고 편류 성장률을 포함한 '경영진 지표'를 구한다. 어느덧 재무제표와 금융 용어를 능숙하게 사용하는 자신을 발견할 것이다.

1.   "15 Questions with Matthew Peterson," Gurufocus.com, September 21, 2016

6개월 차
능력범위

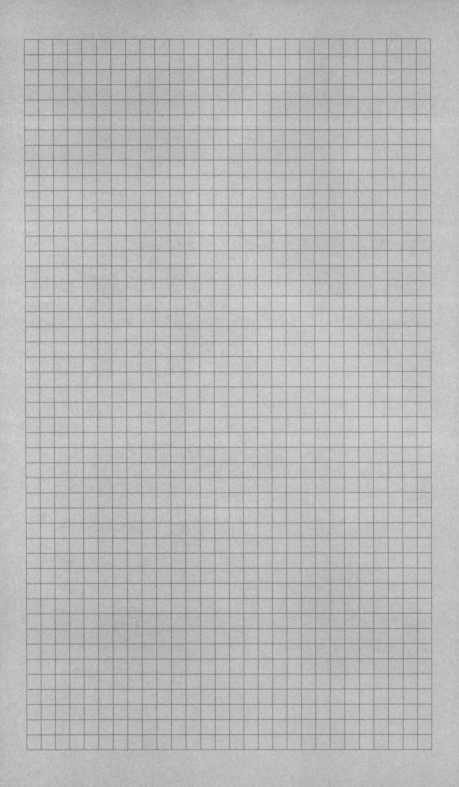

식탁에 투자 사무실을 차리고 아버지와의 전화 통화를 준비하면서 투자 수련도 벌써 6개월째에 접어들었다는 사실을 깨닫고 깜짝 놀랐다. 누노의 방문은 잘 마무리되었다. 정말로 굉장했고, 충격적이었고, 놀라웠고, 행복했다.

나는 그에 관해 아는 것이 거의 없었고 휴가 중에 저지른 실수의 대가를 앞으로 2주 동안 치러야 한다는 생각에 긴장했다. 나는 뼛속 깊이 내성적이고 나만의 공간이 필요한 사람이었다. 집은 좁고 일에 복귀한 뒤 스트레스도 상당했다. 위험한 사람이면 어쩌지? 지루한 사람이면 최악인데.

혹시 내가 사체로 발견되면 추적할 수 있도록 누노의 성과 이름, 직장을 동생에게 단단히 일러둔 다음 불안감에 떨며 덴버 국제공항으로 마중을 나갔다. 입국장의 불투명한 유리문이 양쪽으로 열리면서 안절부절못하고 초조한 기색이 역력한 그의 모습이 나타났다. 그는 내 기억 속 모습 그대로였고 9시간이나 비행했는데도 근사한 향기를 풍겼다. 나는 우리가 잘 지낼 수 있겠다고 확신했다. 나중에 누노에게 긴장했었는지 물었더니 그는 이렇게 대답했다. "아니, 두근거렸어."

여전히 그는 내가 이제껏 만난 어느 누구보다 좋았다. 그와 함께 있으면 어느 누구와 있을 때보다 기운을 덜 써도 되었다. 그는 완전히 내성적인 성격이었는데 내게서 똑같은 느낌을 받았다고 했다. 우리는 균형이 맞았다. 흔하지 않은 일이었다. 처음 만난 그날 밤 서로에게서 이런 점을 알아보았던 것일까? 진정해야 했다.

'큰일이군.' 그가 머물기로 한 일정이 끝나갈 무렵의 어느 날 아침, 나는 사무실에서 조용히 생각에 잠겼다. 돌이킬 수 없는 상황이었다. 나는 여기서 한발 물러나 누노에게 떠나라고 말하고 복잡할 것 없이 단순한 이 생활을 계속 이어갈 것인지, 아니면 다른 문화권, 다른 대륙에서 온 이 남자와 함께 미지의 세계를 향해 되돌릴 수 없는 걸음을 내디딜 것인지 고민했다.

사랑은 깨달음과 같다. 존재의 새로운 상태로 나아가기 위해서는 반드시 이전 상태의 내가 죽어야 한다. 이전에 존재했던 것을 버리는 것이다. 그것은 정당한 목적을 위해 대개 주저 없이 무의식적으로 이루어지는 일이지만 나는 나의 결정이 무엇이고 그것이 나의 미래에 무엇을 의미할지 본능적으로 느낄 수 있었다. 잘 풀리지 않을 수도 있고 상처 이상의 상처를 입을 수도 있지만 그것이 아름답고 위대하고 깨달음을 주고 모든 것을 바꾸는 결정일 수도 있음을 알았다.

나는 뛰어들기로 결심했다.

누노가 와 있는 동안 나는 계속 투자 수련을 위한 자료를 읽었는데 마음에 드는 상장회사를 다른 사람과 공유하는 것이 의외로 재미있다는 사실을 알았다. 소문은 나눠야 한다. 나는 그에게 홀푸드에 대해 이야기했다. 대표 점포인 펄스트리트 지점을 처음 방문했을 때부터 누노는 홀푸드에 완전히 반했다. 그는 내가 출근한 동안 그곳에 가서 나도 찾아내지 못한 새로운 물건들을 사서 집에 들이기 시작했다. 그것이 우리 관계를 검증할 리트머스 시험지였다는 뜻은 아니지만 어쨌든 그는 시험을 통과한 셈이다.

나는 검토할 회사를 찾고 있었다.

"룰루레몬이 상장회사라는 것 알아?" 내가 물었다. 룰루레몬은 누구나 아는 회사다.

"랄라, 뭐라고?"

아, 그렇다. 누노는 요가를 하지 않는다. 그에게 중요한 주식 정보를 알려주는 기분이었다.

"내 요가 바지 말이야."

누노는 그제야 관심을 가졌다. "아….."

소비재회사에 대한 이해도는 누구나 비슷하다고 생각했는데 그렇지 않다는 사실을 그 순간 분명히 알았다. 자동차광인 누노는 내가 잘 모르는 자동차회사들을 언급하며 장점을 말해주었다. 조사를 시작한 지 몇 달밖에 되지 않았는데도 나의 투자 세계는 이렇게 확대되고 있었다.

투자 수련을 시작하기 전에 비해 어느새 나는 내 세계 안의 기업들에 더 많은 신경을 쓰고 있었다. 굳이 의도하지 않아도 식료품 구매와 같은 일상적인 활동에서 변화가 있었다. 나는 스스로를 참여형 소비자라고 생각해왔다. 내가 구매하는 것이 무엇이고 내가 지불한 돈이 어디로 가는지 늘 의식했다.

이것은 새로운 차원의 의식 있는 소비였다. 나는 우리 지역 회사의 제품을 소비하기 위해 늘 볼더에서 장을 보았고 누노에게도 그것을 자랑스럽게 말했지만, 볼더에서 유통되는 제품이 전부 이 지역 회사의 제품이라고 할 수 있는지 누노가 물었을 때 내 목소리는 잦아들 수밖에 없었다. 하지만 이제는 모든 회사가 잠재적 투자 대상으로 보이기 시작했다.

식료품점의 진열대 사이를 걸으면 이제껏 차곡차곡 쌓아둔 생각들이 터져 나오듯 수많은 브랜드가 눈앞에 쏟아졌다. 치약회사들! 견과류가 없는 단백질 바를 만드는 회사들! 냉동 부리토회사들! 누가 어떤 회사를 소유했을까? 소유 관계를 거슬러 올라가면 어디로 이어질까? 진열대 선반에 놓인 제품 중 어떤 것들은 같은 부모에게서 나와 생물학적으로 연결되어 있지만 겉으로 보아서는 전혀 알 수 없었다. 합병과 인수처럼 서로 다른 기업의 결합으로 연결된 제품도 있었다. 거대한 보물찾기였다. 그중에는 내가 실제로 살 수 있는 상장회사들도 있었다. 그러자 투자가 좀 더 현실적으로 보였고 일주일치 장을 보는 일상적인 일이 훨씬 큰 의미를 지니게 되었다.

그래서 더욱 이상했다. 누노가 떠난 뒤 사진들을 꺼내놓고 향초를 켰지만 어째서인지 그날의 투자 수련 통화는 그다지 신이 나지 않았다.

아버지와 내가 함께하기로 한 1년도 벌써 절반이 지났다. 그렇게 생각하니 깊은 한숨이 나왔다.

내게 투자 수련은 커다란 부담이었다.

수련을 시작한 뒤 두려움은 상당히 줄어들었다. 6개월이 지나자 금융이라는 세계는 더 이상 미지의 블랙홀이 아니었다. 나는 수수료를 지불할 필요 없이 스스로 금융계 사람들처럼 투자할 수 있다고 그어느 때보다 확신하게 되었다. 잘된 일이었다.

하지만 어쩌다 방심하는 순간에는 의구심이 되살아났다. 솔직히 말하자면 투자 수련에 진심으로 전념하며 마음이 편하지는 않았다. 지난 6개월간 먼 길을 걸어왔지만 스스로를 애써 다독이며 여기까지 왔다는 사실을 잘 알고 있었다. 대학 시절로 돌아간 것처럼 선생님이 하라는 대로 연습하고 읽고 나만의 투자 수련을 해왔지만 그럼에도 가치투자자들을 멀리서 바라보는 아웃사이더에 불과하다는 느낌을 지울 수 없었다.

아는 사람이라고는 집주인뿐인 투자자들의 파티에 와서 좀처럼 어울리지 못하고 겉돌다가 혹시라도 아는 사람이 나타나 무리에 낄 수 있을까 벽에 기대 살피는 기분이었다. 모두가 즐거워하고 나도 그곳에 있지만 실제로는 주변인일 뿐이었다. 이런 거리감은 이성적으로 말이 되지 않았다. 나는 실제로 투자와 관련된 것들이 좋아지기 시작했다. 배우고 싶었다. 나는 이 일에 시간을 들였다. 나만의 투자 사무실을 꾸민 것처럼 이 세계를 내 것으로 만드는 또 다른 방법을 찾았지만 그럴수록 금융계의 그들과 나의 거리는 더욱 분명해졌다. 어째서 아직까지 진심으로 열정을 쏟지 못하는 것일까? 어째서 이 파티에서 친구를 찾지 못할까?

차츰 익숙해졌다고는 해도 금융계를 생각하면 늘 같은 느낌과 이미지가 떠올랐다. 스트레스, 불확실성, 미지의 것, 너무 복잡해서 도무지 알 수 없는 것, 공포, 거짓말하는 거짓말쟁이들, 숫자들, 재무제표, 계산, 컴퓨터로 만든 모델, 수수료, 대침체, 불황. 나는 형편없는 기분에 사로잡혔다. 투자 수련을 하며 느끼기 시작했던 자유와는 전혀 다른 기분이었다.

나는 모든 단계를 훌쩍 건너뛰어 최종 목표를 달성했다고 상상해보았다. 자유로운 기분이었다. 그러자 금세 '풍요'와 '행복'이라는 단어가 떠올랐고 스트레스 없이 느긋하게 하고 싶은 일을 하는 내가 보였다. 행복한 얼굴이었다. 경제적 자유를 상상하니 그동안 쌓인 스트레스도 조금 가벼워졌다.

나와 그 자유를 연결하는 다리가 '가치투자 수련'이라는 사실을 떠올리며 가치투자로 성공한 내 모습을 그려보려고 노력했다. 나의 투자 사무실을 둘러본 뒤, 눈을 감고 성공한 투자자가 된 내 모습을 시각화하려고 애썼다.

애를 써보았다. 하지만 되지 않았다.

이상했다. 성공한 투자자가 된 내 모습을 도저히 그릴 수 없었다. 마음의 눈으로 본 나는 그곳에 있었지만 짙은 안개에 희미하게 가려져 있었다. 아버지도 같은 안개 속에 있었지만 불이 밝혀진 길이 나 있었다.

문득 아버지를 모델로 삼아 가치투자자로서 성공한 나의 모습을 그린다는 것이 애초에 말이 되지 않았던 것 아닌가 하는 생각이 들었다. 내 역할 모델은 현실에 존재하는 인물이다. 그러니 쉽게 시각화되어야 하지 않나? 하지만 그렇지 않았다. 내가 그린 성공한 투자자로서의 내 모습은 전혀 아버지처럼 보이지 않았고 그렇게 느껴지지도 않았다. 이런 생각을 하자 가슴이 답답해졌다.

나는 아버지처럼 되기를 원하지 않았던 것일까?

속이 메스꺼웠다. 좀 앉아야 했다. 의자를 꺼낸 다음 식탁에 몸을 붙이고 앉아 한 손으로는 머리를 받치고 다른 한 손으로는 마니차를 만지작거렸다. 나는 이해하기 힘들고 다루기 어렵고 아주 오래된 무언가에 다가가고 있었고 전혀 기쁘지 않았다.

나는 금융이라는 세계에 대한 공포에서 벗어나는 방법으로 금융계와 거리가 먼 일을 택해 법률회사에 입사했고 기업 법무 분야에 뛰어들었다. 투자가 아닌 다른 방법으로 돈을 벌어서 투자와 관련된 부분을 건드리지 않고 경제적 자유를 누리려고 했다. 그러나 전혀 아니었다. 일을 통해서는 경제적 자유와 관련된 어떤 것도 느낄 수 없었고 오히려 모든 것이 악화되는 것 같았다.

물을 마셨다. 호흡을 가다듬었다. 도망치고 싶다는 알 수 없는 감정과 스트레스를 다스리는 것도 넌더리가 났다. 마음속에서 경제적 자유의 기쁨과 그것을 누리는 방법으로서의 투자가 충분히 연결되지 않았다. 실제로 둘은 별개였고 전혀 달랐다. 말이 되지 않는다고 생각했다. 아버지가 투자하며 했던 일들을 비슷하게나마 연습해보려고 했지만 나는 결국 매번 도망쳤다. 내가 처한 상황을 알고 문제를 해결해서 성공적인 투자자가 되는 길로 나아가고 싶었다. 나는 투자 수련이라는 길에 나섰고, 아직 그 길 위에 있었으며, 돌아갈 생각도 없었다. 안개를 만나고 나를 긴장시키는 존재를 이해하는 것도 투자 수련의 일부라고 한다면 나중으로 미루기보다는 지금 당장 하는 편이 나았다. 수년간 복리로 불어날 수익을 생각하면 낡고 불확실한 감정에 취해 열차가 탈선하도록 내버려 둘 수는 없었다.

어느새 6월이라는 사실을 거듭 떠올렸다. 벌써 절반이나 지난 건가? 아직까지는 아버지가 함께하고 있지만 6개월 뒤에는 아버지도 다른 일로 바빠 내 곁에서 사라질 것이다. 나는 아직 기업을 조사하는 방법도 잘 몰랐다. 이제껏 한 것이라고는 찰리의 원칙에 따라 실행한 단편적인 일들이 전부였고, 시장의 수많은 회사 가운데 어느 하나에 관한 최종 판단을 어떻게 해야 하는지는 감도 잡히지 않았다.

나는 뭐가 뭔지 알 수 없는 혼란스러운 상태로 앉아 있다가 지금이야말로 아버지에게 전화할 시점이라는 사실을 깨달았다. 회사에 출근할 때 누구나 그러듯, 그리고 나 역시 직장에서 수없이 해왔던 것처럼 혼란스러운 마음을 떨쳐버리려고, 해야 할 일을 하려고 노력했다. 그 순간 가장 하고 싶지 않은 일이 바로 아버지와 이야기를 나누는 일이었다.

나는 생각했던 것 중에 유일하게 긍정적인 이야기를 꺼냈다. "아버지." 머뭇거리며 말했다. "계획한 1년도 반이 지났네요. 우리 그동안 정말 많은 일을 했어요."

"와, 빨리도 지나갔구나. 앞으로 해야 할 일들도 아주 많단다. 네 능력범위에 대해서도 이야기해야지. 찰리의 원칙 가운데 세 가지를 알았으니 이제 해자와 경영진에 관해 진지하게 조사를 시작해도 된단다." 아버지가 말했다.

"네. 실제로 선택할 가능성이 없는 회사들에 시간을 낭비하고 싶지 않아요. 정말로 혼자서도 할 수 있도록 실제 조사 방법을 배우고 싶어요."

"맞는 말이야. 그렇다고 조사할 대상을 아무렇게나 선택해서도 안되지. 네 시간이 무한한 것도 아니고 말이야. 이 문제는 전략적으로 접근해야 해. 네가 좋아하는 산업을 선택하자. 해당 산업에 속한 기업도 이미 어느 정도 알고 있고 좀 더 알아보고 싶은 산업을 선택해서 깊이 파고드는 거야."

"능력범위를 원으로 표현한 것이 마음에 들어요. 원을 확장하려면 능력을 키워야만 하죠."

"맞아. 능력범위를 벗어나면 어떤 일이 벌어지는지 나는 비싼 대가를 치르고 배웠단다."

아, 이런 흥미로운 이야기가 있었다니.

"초창기 투자 시절에 생명공학 기술로 만든 유기 비료회사에 투자했지. 소아마비 백신을 개발한 조너스 솔크Jonas Salk 박사가 이사회 의장으로서 회사에 자신의 신용을 빌려주었고 나는 그 제품과 산업을 충분히 이해한다고 생각했어."

"그런데 아니었군요."

"글쎄, 잘 안다고 생각했어. 생명공학 기술로 만든 제품은 실제로 효과가 좋았고 회사도 성공했으니 틀리진 않았지. 하지만 좀 더 잘 알았다면 그 회사의 CEO가 되는 일은 피했을 거야. 나는 내 자금에 펀드 하나까지, 그 회사에 많은 돈을 투자했어. 어느 날 이사회 회의에 참석했는데 다들 먼저 와 있었는지 커피 잔이 반쯤 비워져 있었지. 피터 솔크가 말하기를, 이사진이 조금 일찍 만나서 CEO를 내보내기로 결의했고 차기 CEO 투표도 마쳤는데 그게 바로 나라는 거야. 어째서냐고 물었지. 이사들 가운데 진짜 직업이 없는 사람이 나뿐이라서 그렇다는 것이 대답이었어."

"뭐라고요?" 처음 듣는 이야기였다. 나는 아버지가 생명공학회사를 경영했다는 사실 정도만 알고 있었다.

"솔크 박사는 나를 하버드 경영대학원 중소기업 경영자 프로그램에 등록시켰어. 그때부터 2년 정도 회사를 경영했는데 그 후 이사회에서 경험이 풍부한 경영진을 영입했고 결국 회사는 상장했어. 다 잘 풀렸지."

"굉장해요. 이 이야기는 처음 들어요. 정말이에요?"

"그렇단다. 하지만 중요한 건 내가 애초에 투자하지 말았어야 했다는 거야. 회사를 정말로 충분히 알지 못했어. 무엇을 모르는지 아는 것이 가장 중요하단다. 나는 알지도 못하면서 안다고 생각하는 실수를 저질렀지."

이해하지 못하는 것에 투자하다니, 그런 자신감이 어떻게 가능한지 공감이 되지 않았다. 나는 아는 것에 투자하는 것조차 걱정스럽다. 나는 충분히 아는지 여부는 어떻게 아느냐고 물었다.

아버지는 잠시 생각에 잠겼다.

"찰리와 워런은 자신이 무엇을 알고 무엇을 모르는지 보통 사람들보다 잘 알고 있어. 찰리는 이것이 자신들의 가장 중요한 비결 가운데 하나라고 했지. 나는 의심하고 계속해서 질문하는 것이 답이라고 생각해. 네가 작성한 체크리스트를 활용하렴. 그리고 항목을 추가해 나가는 거야. 자기 능력범위의 한계에서 가능한 한 멀리 떨어진 안쪽에 있는 기업이어야 해. 그리고 확실히 자리를 잡은 기업에 집중해야 해. 스티브 잡스가 애플을 처음 떠난 뒤 새로운 컴퓨터회사를 만들려고 준비할 때 내가 함께 일했던 것을 기억할 거다. 넥스트The NeXT였지."

"그럼요, '넥스트 빅씽'. 차세대 유망 제품이라며 등장한 검은색 상자 모양 컴퓨터였죠."

"나는 넥스트에 탑재된 문서 관리 시스템 소프트웨어에 투자했어. 좋은 소프트웨어였고 아주 성공적이었지. 하지만 그때 내가 투자한 것은 새로운 운영 체제였고, 넥스트가 잘못되자 소프트웨어회사는 그 운영 체제를 윈도NT에 이식하기로 했어. 그런데 알고 보니 상당히 어려운 일이었고 결과적으로 엉망진창이 되고 말았어. 나는 한 벤처캐피털리스트와 함께 그 소프트웨어회사를 상장회사에 매각하는 거래를 중개했어. 그런데 한 달 뒤 소프트웨어회사의 CEO가 재무제표를 조작했다고 시인하면서 주가가 폭락했고 내 투자금도 날아갔지. 말도 마라. 2,000만 달러가 하룻밤 사이에 200만 달러가 되었단다."

'오, 이런.' 상상할 수 있었다. 수년간 열심히 일해 설립한 회사가 오로지 운영 체제 때문에 망한다. 그것은 영혼을 파괴하는 일이지만 누구도 언급하지 않는 기업가 정신의 어두운 단면이다.

"그때 나는 산업과 제품을 제대로 선택했다는 것은 알았지만 그 제품이 탑재되는 플랫폼을 두 번이나 잘못 선택하면서 투자를 망쳤어. 투자 판단을 위해 꼭 알아야 하는 정보의 범위를 좁히려면 이미 자리가 잡힌 기존 기업들을 고수해야 한다는 것을 이런 실수를 거치면서 납득하게 됐지."

"충분히 알아야 지금 어떤 일이 벌어지는지 파악하고, 또 상황이 달라졌을 때도 파악할 수 있죠."

"바로 그거야. 넥스트 컴퓨터의 경우 나는 넥스트가 끝났다는 것도 몰랐고 소프트웨어 엔지니어들이 스스로 능력을 과대평가하고 있다는 사실도 몰랐어. 구석구석 훤히 알았던 첫 투자를 고수해야 했는데 말이지."

나는 웃음을 터뜨렸다. 아버지의 첫 투자 대상은 당연히 총과 모터사이클이었다. 모두들 원유 선물과 차기 거물이 될 불투명한 기업들에 열을 올리는 동안 아버지는 총기와 탄약을 제조하는 스미스&웨슨과 모터사이클회사인 할리 데이비슨을 선택했다. 글을 쓸 때 흔히 아는 것을 쓰라고 한다. 마찬가지로 아버지는 아는 것에 투자한다.

"진지하게 들으렴!" 아버지가 목소리를 높였다. "산업에 대한 이해가 관건이야. 네 집처럼 속속들이 알아야 해. 그 정도로 훤히 꿰뚫고 있어야 한다는 뜻이야. 디지털 저장 산업에 종사하는 사람은 그 산업에 대해 지금 너와 내가 지금 아는 것보다 분명히 훨씬 더 많은 것을 알고 있겠지. 자기 손바닥을 들여다보듯 훤할 거야. 아, 오해는 마라. 우리도 디지털 저장 산업에 대해 배울 수 있겠지. 하지만 그 사람이 경험을 통해 얻은 지식은 지금 현재 우리가 아는 것보다 훨씬 많을 거야. 단지 직업이라는 이유로 말이지."

"재미로 총을 쏘고 모터사이클을 타는 것도 사실 투자 때문이잖아요. 상당히 중요하고 유용한 경험적 지식을 얻을 수 있으니까요." 나는 아버지를 놀렸다.

아버지는 껄껄 웃었다. "맞아. 1980년대에 이미 할리가 최고의 모터사이클이라는 걸 확실히 알았지."

"할리를 좋아하는 사람들에게는 말이죠."

"글쎄, 알고 보니 할리를 좋아하는 사람들 중에 나 같은 사람이 많더구나."

"세상을 떠돌아다니는 것이나 군 복무가 도움이 되는 면이 있는 것 같아요." 내가 대답했다. 그런 다음 참지 못하고 가시 돋친 말을 내뱉었다. "방랑은 아버지가 전문이잖아요. 넥스트 컴퓨터 문제로 몇 년 동안 딸들 얼굴도 보지 않은 것도 그렇고. 아니, 특히 그때 일을 생각하면요."

아버지는 깜짝 놀랐다. "뭐라고?"

"어려울 때 행동을 보면 믿을 만한 사람인지 아닌지 제일 잘 알 수 있죠."

내 말에 우리 둘 다 놀랐다.

아버지는 잠시 아무 말도 없었다. 심호흡을 했지만 다시 속이 메스꺼웠다. 아버지와 더 이상 이야기를 나누기가 힘들었다. "아버지, 저 그만 쉬어야겠어요. 죄송해요. 나중에 다시 통화해도 될까요?"

"그래, 그러렴." 아버지가 힘없이 답했다.

전화를 끊고 나서도 나는 전화기를 손에 든 채 그대로 앉아 있었다. 이야기가 이상한 방향으로 흘렀다. 내가 투자 수련에 완전히 전념하지 못하는 데는 이런 감정적인 요인도 있었을 것이다.

어쨌든 나는 여러 가지 면에서 아버지를 닮고 싶었다. 아버지는 비범한 사람이었다. 관대했고 친절했고 놀라울 만큼 다정했고 다른 누구도 할 수 없을 만큼 나를 전적으로 지지해주었다. 멋진 아버지였다.

나는 판단하거나 밀어내지 않으려고 노력하며 그런 생각을 애써 눌렀다. 지금이 바로 엉킨 매듭을 풀 때였다. 나는 메스꺼움을 가라앉히고 숨을 가다듬었다. 뭐지? 나는 스스로에게 물었다. 내가 피하려는 것은 무엇이지?

온라인 매수 주문이 처리될 때처럼 대답이 즉시 떠올랐다. '못 믿을 사람이야. 못 믿을 사람은 되고 싶지 않아.'

그 순간 내가 사랑하고 아끼는 사람에게 잔인한 행동을 했다는 사실에 끔찍한 죄책감과 부끄러움이 밀려왔다. 애정을 갖고 나의 수련을 도와주는 아버지를 상대로 한 내 행동은 무자비하고 모질고 냉정했다.

정당화를 할 수 있든 없든 깊숙이 묻어두었던 어린 시절의 감정은 내가 스스로를 구제하지 못하도록 현재의 나를 괴롭히고 있었고 여전히 생생했다. 나는 그 감정을 직시해야 했다. 나는 열한 살 기억 속의 아버지처럼 못 믿을 존재가 되고 싶지 않았다. 그 감정을 정확히 짚어내자 메스꺼운 느낌도 사라졌다. 그것을 생각하는 행위, 그리고 볼드모트처럼 이름을 말할 수 없었던 그것에 이름을 부여하는 행위 자체가 내가 두려워했던 대상에 조명을 비추었고, 일단 실체가 드러나자 그것의 영향력도 줄어들었다.*

'좋다, 그렇다면.' "볼드모트, 볼드모트, 볼드모트, 볼드모트." 나는

---

* 이 비유가 이해되지 않는다면 일단 출판업은 자신의 능력범위 밖에 있다고 생각해도 좋다. 그런데 어떻게 《해리 포터》를 한 권도 읽지 않을 수 있단 말인가?

빈방을 향해 큰 소리로 외쳤다. 나쁜 일은 일어나지 않았다. 이번에는 어둠의 제왕이 아니라 내 어둠을 소환했다. "못 믿을 사람." 애써 소리를 내보았다. 상투적인 표현이지만 그 단어는 늘 가시처럼 목에 걸려 있었다. 나는 물을 한 모금 삼키고 다시 큰 소리로 말해보았다. "못 믿을 사람." 목구멍에서 간신히 소리가 새어 나왔다. "못 믿을 사람, 못 믿을 사람, 못 믿을 사람." 나는 더 크게 소리쳤다. 그러고도 몇 번을 더 외쳤다. 한 번씩 외칠 때마다 심한 모욕감이 나를 강타했지만 아픔은 점점 덜했다. 사실을 받아들이는 데 대한 두려움도 줄어들었다.

나는 아버지가 어린 나를 대하면서 돈을 무기로 삼았다고 생각했었고, 아버지에게서 돈과 관련한 도움을 받을 수 있다고 믿지 않았었다. 우리는 그 시기를 무사히 지나왔고 그때 이후 아버지가 물심양면으로 우리를 지원했지만 그 사실은 중요하지 않았다. 어른들이나 감당할 만한 상황에 던져졌고, 당연히 그 상황을 감당할 수 없었던 어린아이의 무의식에 뿌리내린 깊은 불신과 정서적 유리가 내 안에 자리했다. 돈과 관련한 문제로 아버지와 일하면서 이따금 내 안의 그곳으로 돌아갈 때가 있었다. 나는 요동치는 감정을 어쩌지 못하는 어린아이였고 아버지를 이해하는 성인이기도 했다. 나는 그 사이에 갇혀 꼼짝하지 못했다.

투자에 관해서는 아버지를 완벽하게 믿을 수 있었다. 아버지의 일은 탄탄한 자료를 근거로 했다. 아버지의 의견은 다른 대형 투자자들과 일치했다. 아버지의 책에 대한 동료 투자자들의 평가도 긍정적이었다. 아버지는 2008년 주식시장 폭락을 예측했다. 투자라는 전문

영역에서 나는 아무런 의심 없이 아버지를 인정했다. 그러나 아버지가 나를 위해 했던 모든 일들에도 불구하고 개인적으로는 아버지를 신뢰하기가 여전히 어려웠다.

돌이켜 보면 나는 과거에도 이 문제를 직시하려는 시도를 했었다. 먼저 데이트레이딩, 즉 단타를 시도했다. 어느 해 여름에는 아버지를 도왔다. 좀 더 가까이 지내면서 아버지와 아버지의 방식을 이해해보려는 시도였고 실제로 어느 정도 신뢰를 갖는 데 도움이 되었다. 그때 나는 아버지가 얼마나 성실하고 영리하게 기업을 공부하는지 알게 되었다. 하지만 아버지를 완전히 받아들이지는 못했다. 이번이 세번째 시도였다. 원래 삼세번이니까 말이다.

내가 돈에 관해 갖는 감정은 사실 돈 자체와는 아무런 상관이 없었다. 내 감정은 혼란스러운 머릿속 문제였다. 나는 이 혼란을 정리하고 싶었다.

바로 그때 누노에게서 전화가 왔다. 나는 전화기를 손에 쥐고 같은 자리에, 같은 자세로 앉아 있다가 아무 생각 없이 전화를 받았다. 누노는 문제가 있다는 것을 금세 알아차렸다.

"아, 그냥 아빠한테 좀 못되게 굴었어. 이혼하고 떨어져 살 때 하셨던 일에 대해서 이야기하던 중이었는데 내가 못 참고 '아, 그럼요, 분명히 우리를 떠나셨죠!'라고 말해버렸어."

누노는 잠시 동안 말이 없었다. "지금은 함께 계시잖아. 그것도 꽤 오랫동안. 아니야?"

나는 순간 화가 났다. 우리에게 있었던 일을 제대로 알지도 못하면서 아버지를 변호한단 말인가?

"물론 나는 무슨 일이 있었는지 짐작도 못 하겠지. 하지만 지금은 그분이 네 곁에 있고 네가 투자를 배울 수 있도록 많은 시간과 에너지를 쓰신다는 건 알아. 다른 사람들은 큰 대가를 지불해야 그런 도움을 받을 수 있어. 그나마도 진심으로 내 이익을 위해 나서주는 사람이 있을 때 가능한 일이지만 말이야. 그분은 당신이 줄 수 있는 최고의 선물을 네게 주고 있어. 내 말은 적어도 그 노력은 감안해야 한다는 뜻이야. 안 그래?"

한숨이 나왔다. 누노가 옳았다. 해묵은 아픔을 떨쳐내지는 못했지만 적어도 아버지가 지금 어떤 노력을 하고 있는지는 알 수 있었다. 아버지는 당신이 아는 한 최선의 방법으로 내 곁에 있어주었다. 매주 함께하는 팟캐스트 촬영만을 이야기하는 것이 아니다. 아버지는 이혼 후에도 오랫동안 아버지로서 역할을 했다. 그리고 지금은 우리의 투자 수련을 함께하는 중이다.

"그래." 나는 다시 한숨을 쉬었다. "다시 전화드려야 할 것 같아."

"잘 말씀드려봐, 자기." 누노가 격려했고 우리는 전화를 끊었다.

그 순간 내 안에는 어떻게 하면 아버지를 밀어낼 수 있을지 궁리하는 어린 소녀가 있었다. 상처는 아물었어도 내게는 엉망으로 일그러진 흉터가 남았다. 보통은 흉터를 신경 쓰지 않았지만 어쩌다 잘못 닿기라도 하면 통증이 뼛속 깊이 퍼져나갔다. 피할 방법은 없었다. 아버지의 직업, 그리고 내 인생에서 아버지의 부재에 대해 이야기하면 투자는 물론 돈에 관한 모든 이야기가 복잡해졌다.

무슨 말을 해야 할지, 아니 아버지가 무슨 말을 할지 몰랐지만 나는 공기가 내 머리를 통해 들어와 온몸을 돌고 발가락으로 빠져나가는 것을 상상하며 숨을 길게 들이쉰 다음 다시 아버지에게 전화를 걸었다.

"내가 널 버린 것처럼 말하는구나. 그렇게 생각하니?" 아버지는 믿을 수 없다는 듯이 물었다. "내가 널 버렸다고? 내가 일부러 널 떠났다고?" 한편으로는 안타깝고 한편으로는 화가 난 말투였다.

이 문제를 두고 이렇게 솔직하게 이야기를 나눈 적은 없었다.

"글쎄요, 사실 아닌가요?" 나는 용기를 내서 말을 꺼냈다. "아버지는 캘리포니아로 떠났고 지금에야 일 때문이었다고 말씀하시네요. 제가 이해할 수 있는 이유니까요. 그때 아버지는 개인적인 삶과 일에 미쳐 있었어요."

"그렇지 않아!" 아버지는 벌컥 화를 냈다. "나는 캘리포니아가 아니라 아이오와에서 투자했어. 넥스트가 있는 캘리포니아에 오고 가기는 했지만 절대 너를 떠났던 게 아니야."

'사실일까?'

"대니얼, 너와 네 동생을 위해서라면 목숨도 아깝지 않아. 너희들을 위해서라면 뭐든지 할 수 있어. 결코, 결단코, 절대로 너희를 버린 적은 없어."

"하지만 떠나셨죠." 나는 단호히 말했다. "그게 사실인걸요."

"늘 곁에 있어주진 못했지." 아버지도 인정했다. "하지만 너희들을 버리진 않았어. 절대 아니야. 곁에 있지 못했던 이유를 너도 알아야겠구나."

아버지는 어머니와 헤어진 뒤 얼마나 끔찍한 일들이 벌어졌는지 자신의 관점에서 이야기를 들려주었다. 잔인한 비난, 죽자고 덤벼드는 변호사들, 책망, 전쟁 같은 시간. 이혼의 기본이라고 할 만한 것들이었다. 어머니의 관점에서 들어 알고 있었던 이야기지만 그때까지만 해도 내가 경험했거나 실제로 아는 것은 내 관점의 이야기일 뿐이었다. 이혼 과정에서 아버지가 겪은 일을 듣는 것이 편하지 않았어도 나는 아버지의 이야기를 들었다. 진심으로 들었다. 몰랐던 사실도 몇 가지 있었고 처음으로 새로운 시각에서 아버지에게 깊이 공감했다. 어른들 사이에 벌어지는 일을 알지 못하는 어린아이였던 나는 아버지가 더 잘살려고 떠난 줄로만 알았던 것 같다. 그러나 아버지는 아이들이 있음에도 불구하고 떠난 사람이 아니라 아이들을 위해 자신이 할 수 있는 최선을 다한 남자였다.

"그 작은 동네에서 네 엄마 주변에 머문다는 건 내게도 그렇고 네 엄마와 너희에게도 좋지 않은 일이었어. 상처에 소금을 뿌리는 격이었지. 내 상처이기도 하고 너희 상처이기도 했어. 그곳에 머물면 상황이 더 나빠진다는 생각도 들었어. 빨리 이혼 합의를 마무리하고 너희와 되도록 많은 시간을 보낼 수 있기를 간절히 바랐지. 상황이 진정될 때까지 내가 사라지는 편이 최선이라고 판단했어. 주변 상황이 정리되어야 너희 고통을 줄일 수 있다고 생각했지. 너희는 안중에도 없었다고 느끼게 해서 미안하다. 좀 더 확실하게 오랫동안 너희와 지내려면 잠시나마 거리를 두는 것이 최선의 방법이라고 생각했어."

성숙하게 들리는 영리한 대답이었다.

"절대 끝나지 않을 것 같던 일이었어. 하지만 일단 냉정을 찾은 다음 변호사를 해고하고 중재 재판관의 도움으로 거의 한 시간 만에 합의에 이르렀지. 그런 다음 너희 집에서 몇 집 떨어진 곳으로 이사를 갔고 그때부터 우린 늘 만났어. 그렇지?"

"네. 그랬죠." 나는 고개를 끄덕였다.

"그런데 어떻게 내가 너희를 버렸다고 말할 수 있니? 다시 너희에게 돌아갈 최선의 방법이라고 생각해서 잠시 떠났던 거야. 절대로 너희를 버리지 않았어. 그렇게 생각하다니 마음이 너무 아프구나."

이해할 수 있었다. 아버지의 의도를 이해하고 나니 모든 것이 달라졌다. 아버지가 일부러 나를 떠난 것이 아니었고 항상 돌아오려고 했다는 사실을 알게 된 것이 중요했다. 버림받는 것과 물리적으로 떨어져 있는 것은 다르다. 나는 몰랐지만 아버지는 자신이 돌아오리라는 것을 알고 있었다. 나는 버림받았다고 느꼈지만 아버지는 결코 나를 버린 적이 없었다.

"그런 줄은 몰랐어요." 내가 대답했다. 울음이 터져 나왔다. 울음을 멈출 수 없었다. "모르겠어요. 어렵고 복잡해요. 우리는 기억도 못 할 일을 저지르기도 하고 벌어진 일에 혼란스러워하기도 해요. 전부 엉망이죠. 누구나 그래요."

"그랬단다, 얘야." 아버지의 목소리가 슬펐다. "정말 그랬어."

어른이 된 지금 돌아본 지난날은 달랐다. 어른인 나는 어린아이였던 나와 달리 아버지의 상황을 이해하게 되었다. 아버지에 대한 동질감은 내게 새로운 감정이었다.

"대니얼, 내가 아무리 그때로 돌아가서 다시 해보고 싶다 한들 이미 일어난 일은 일어난 일일 뿐이지. 그때는 최선이라고 생각했던 일이지만 네가 버려졌다고 생각할 줄은 몰랐어. 확실히 내가 한 일은 완전히 잘못된 것이었어. 그 일이 널 얼마나 아프게 했는지 알고 나니 무슨 일이 있었더라도 그냥 머물러야 했다는 생각이 드는구나.”

내 마음의 약한 부분이 저릿하더니 다시 울음이 터졌다. “아버지가 우리를 버리지 않았다는 걸 알겠어요. 그 사실이 큰 도움이 돼요. 정말로요.”

아버지는 말이 없었다. 나는 가슴이 두근거리는 것을 느끼며 간신히 말을 이어갔다.

“그게 인생이죠. 여러 가지 일들이 일어나죠. 형편없는 일들도요. 많은 사람들에게 더 많은 나쁜 일이 일어나죠. 하지만 지금은 제 인생에 아버지가 있고, 그게 제가 원했던 거예요.”

아버지는 기회를 놓치지 않았다.

“나도 그렇단다. 무슨 일이 있어도 항상 곁에 있으마. 너희를 위해서라면 무슨 일이든 할 거야.” 아버지는 잠시 생각에 잠겼다. “확실한 건 네게 돈을 버는 방법을 가르쳐줄 수 있다는 거야.”

나도 모르게 웃음이 나왔다.

“할 수 있다니까!” 아버지가 맞받았다. “네가 필요한 게 무엇이든 내가 늘 곁에 있으마. 약속할게.”

“알아요. 늘 그래오셨죠. 지금도요. 중요한 건 행동이다, 기억하시죠? 제 예상에는 전혀 없었던 일이지만 어쨌든 저는 지금 이렇게 앉아 아버지와 1년 계획으로 투자에 관한 이야기를 하고 있죠. 아버지를 사랑해요. 우리 꽤 잘하고 있어요.”

아버지가 웃었다. 아버지의 안도감이 느껴졌다.

“게다가 즐기고 있고요!” 나는 웃다가 울었다.

아버지도 웃음을 터뜨렸다.

"어떻게 하신 건지 모르지만 아버지 손이 기적을 일으켰나 봐요."

사실은 감사하다는 말을 하고 싶었는데 제대로 된 것 같지 않았다.

"게다가 줄곧 저를 붙들고 계시고요. 아직 저를 포기하지 않으셨죠."

"절대로 널 포기할 수는 없지. 증명해 보일게."

자유를 성취한다는 것은 결국 통장에 얼마가 있느냐보다 훨씬 큰 의미를 갖는다.

뛰어들기

관계가 정상으로 돌아오면서 그 어느 때보다도 아버지가 가깝게 느껴졌다. 투자를 위해 뉴스와 버핏의 성서, 즉 주주서한을 집중적으로 읽는 데 성공했으니 이번 달에는 기업에 대한 조사를 좀 더 심화해보자는 아버지의 의견에 동의했다. 그러자면 강도를 한 단계 높여 연차보고서를 공략하는 것이 유일한 방법이었다.

연차보고서는 지루하다. 원래 그렇다. 하지만 기업에 관해 배우는 가장 좋은 방법이기도 하다. 매일 밤 잠들기 전 연차보고서를 읽는 습관을 들이는 것도 괜찮을 듯했다. 따뜻하게 데운 우유와 수면 유도제도 필요 없을 것이다. 해당 기업의 위험 요소를 상세하게 기술한 변호사의 단어가 만드는 선율에 저절로 고개가 꾸벅꾸벅 떨어질 테니 말이다. 이틀 동안 연차보고서 한 뭉치를 읽어낼 수 있다면 그때부터는 좀 더 효율적으로 읽는 법도 알게 될 것이다. 한 기업이든 여러 기업이든 알고 싶은 기업의 연차보고서를 이틀 동안 읽는다. 무슨 일이 있어도 한 달에 여덟 개를 읽는 것이 목표였다.

다들 그렇겠지만 주말만 바라보고 지내는 사람들에게 한 달은 곧 네 번 돌아오는 유용한 이틀을 의미한다. 그 8일 동안 볼일도 보고, 빨래도 하고, 집 안 구석구석을 손보고, 주중에 미처 처리하지 못한 일도 하고, 가족들과 시간을 보내고, 친구도 만난다. 그리고 지금 나는 장거리 연애 중이다. 전날 밤 술을 너무 많이 마셔 숙취에 시달리며 잠에서 깨 드라마 〈프렌즈〉 재방송을 몰아서 보는 것이 주말 일과였던 시절을 기억하는가? 즐거운 시절이었다.

앞으로 남은 인생을 지탱해줄 여정을 위해 주말을 투자하는 것은 사실 어렵지 않았다. 그것은 우선순위의 문제였다. 선약, 반드시 해야 하는 집안일, 동료가 아닌 다른 사람들을 만나고 싶은 바람, 그리고 진정한 휴식보다 우선순위에 두면 되는 문제였다. 하지만 변호사로서 내 일, 그리고 건강을 유지하기 위해 조금이나마 하고 있는 운동은 양보할 수 없었다. 나는 투자 수련에 본질에 걸맞은 정당한 대우를 하기로 결심했다. 내가 시간을 보내는 최선이자 유일한 방법처럼 투자 수련에 임할 것이다.

나 자신을 최우선으로 두겠다는 결심을 떠올렸고 나를 돌볼 사람은 나밖에 없다는 현실을 생각했다. 이제는 투자에 관한 생각보다는 행동에 나설 때였다. 지난 한 달 동안 심화 과정은 충분히 거쳤고 다시 기본으로 돌아가 조사에 집중하고 싶었다. 나는 연초부터 줄곧 주말 시간의 일부를 투자 수련에 할애해왔다. 이제는 주말 내내 투자 수련에 집중할 계획이었다.

금요일 밤에는 원래 나 자신과 약속한 투자 수련을 수행하려고 했다. 하지만 그날 저녁 직장에서 일이 생겼다. 언제나 그렇듯이 긴급하고 미룰 수 없는 일이었다. 그 일을 끝마쳤을 때는 너무 피곤해서 뜨거운 물로 샤워하고 침대로 기어 들어가 100시간 동안 잠을 자고 싶다는 생각뿐이었다. 나는 곧장 집으로 향했다.

일찍 잠에서 깬 나른한 토요일 아침, 나는 침대를 벗어나지 않은 채 보고서를 읽기로 했다. 지루하더라도 최소한 편하기는 할 것이었다. 나는 이불을 적당히 끌어당긴 다음 발가락을 꼼지락거려 이불 속에 안락하게 파묻혔다. 나는 체크리스트를 꺼내고 PDF 형식으로 된 홀푸드의 10K 문서를 열어 컴퓨터 바탕화면에 있는 '투자 수련' 폴더에 저장했다.

'총 61쪽이군. 해보자.' 다음은 PDF를 읽으면서 기록한 내용이다.

- 텍사스 출신 기업이군! 몰랐던 정보.
- 식품이 유기농으로 인정받을 수 있는 조건에 대해 많이 알게 됨.
- 홀푸드에는 내가 몰랐던 많은 프로그램이 있고 자연식품에 관한 구상도 많다. 생각보다 더 흥미로움. 상당히 빠르게 성장하는 중인 듯.
- 임원의 임금을 자사 정규직원 평균 임금의 19배 이하로 제한함. 흔하지 않은 일. 꽤 멋짐.
- 와, 최고 경영진 전원의 재직 기간이 정말 길다. 베이시스포인트가 뭐지? 알 것도 같지만 느낌만으로는 부족하다. 찾아볼 것. 아마 안 할 듯.

자료를 읽으며 내가 법률 문서를 좋아하는 이유가 떠올랐다. 법률 문서는 정확하고 완벽하다. 주제를 깊고 넓게 파고든다. 연차보고서는 대중에게 회사가 직면한 위험을 말해준다. 업계의 경쟁 환경을 고려하면 이것은 더욱 특별하다.

연차보고서 몇 개를 읽고 나니 더 속도를 내는 것도 가능하다고 생각했다.

알고 보니 10K 연차보고서의 설명 부분은 전체 보고서의 전반부에 불과했다. 나머지 절반은 재무제표였는데 나중에 읽으려고 남겨두었다. 찰리도 승낙할 것이다. 나는 스스로 회사를 이해할 능력이 있는지 여부를 아는 것이 먼저라고 생각했다. 회사를 이해한다는 것은 그들의 용어로 된 자료를 읽고 그들이 한 일을 이해한다는 뜻이다. 그렇게 해서 회사의 전후 사정을 이해하는 것이 먼저이고 나중에 방법을 배우게 되었을 때 재무제표를 검토하기로 했다.

홀푸드에 대한 전반적인 인상은 양심적 자본주의에 실제로 초점을 맞춘 기업이라는 것이었다(게다가 CEO가 실제로 《돈, 착하게 벌 수는 없는가(Conscious Capitalism)》라는 책을 쓰기도 했다). 홀푸드의 사명은 굉장했다. 홀푸드가 내 회사라고 하더라도 이보다 더 열렬히 그 사명을 지지할 수는 없었을 것이다. 홀푸드는 흥미로운 방법 몇 가지로 직원들에게 동기를 부여하고 있었는데 나는 그 방법이 정말 효과가 있는지 궁금했다. 나는 볼더에 있는 홀푸드 매장에서 직원들이 근무 시간표를 두고 불평하는 것을 들었다. 그래서 전반적으로는 마음에 들었지만 홀푸드의 성장 계획과 직원들에 관해 좀 더 깊이 들여다보고 싶었다. 임원들도 궁금했다. 존 매키John Mackey[*]의 연봉이 1달러라는 사

---

[*] 홀푸드 CEO이자 공동 창업자. – 옮긴이

실은 널리 알려져 있지만 다른 임원들의 보상 수준은 어떨까? 매키는 앞으로도 오랫동안 CEO 지위를 유지할 것인가?

나는 거실에서 요가를 하면서 홀푸드의 가장 최근 분기 실적 발표 내용을 녹음한 파일을 청취했다. 바람직하다고는 할 수 없지만 시간을 쪼개 두 가지 일을 동시에 하려면 어쩔 수 없었다. 나는 홀푸드의 연차보고서 두 개를 더 읽었고 홀푸드와 임원들에 관해 오랫동안 인터넷을 검색했다. 전에 아버지는 시대에 맞지 않게 '온갖 소문이 모이는 세계 최고의 우물가'가 인터넷이라고 단호히 말했었다.

그 주말이 지나고 나는 다른 기업으로 넘어갔다. 아버지의 예상대로 나는 연차보고서를 다 읽지도 않고 많은 회사를 탈락시켰다. 10분에서 한 시간 정도 보고서를 읽은 뒤 이해할 능력이 없다고 판단한 기업도 있었고, 보고서가 너무 지루해서 계속 읽을 수 없는 기업도 있었다. 보고서를 계속 읽으니 차라리 시-스팬C-SPAN*을 시청하는 편이 나을 지경인 기업도 있었다. 그런 기업은 버리고 다음 기업으로 넘어갔다. '너무 지루한' 기업이 무더기로 쌓여갔다. 아주 중요한 무더기였다.

나는 내가 탈락시킨 기업의 이름과 이유를 적은 목록을 만들었다. 이유는 대부분 '너무 어려움'이었고 '너무 지겨움'도 있었다. 탈락한 기업과 관련한 기사와 자료는 컴퓨터의 '너무 어려움' 폴더에 저장했다. 같은 과정을 반복하지 않으려면 내가 탈락시킨 기업에 관한 기록이 필요했다.

---

* 케이블 위성 공보 네트워크(Cable-Satellite Public Affaires Network)의 줄임말. 미국의 비영리 공공 서비스 채널로 정부 활동을 전문적으로 다루는 방송이다. - 옮긴이

흥미롭고 이해할 능력이 있을 가능성도 있지만 썩 마음에 들지 않는 기업들도 있었다. 그런 기업은 '관찰' 범주에 넣었다. 이 작업을 조금 더 하다 보면 다시 들여다볼 가능성이 있는 기업들이었다.

그런 다음 좋아하는 기업들을 모아 '관심 목록'이라고 이름 붙였다. 내가 사고 싶은 기업의 목록이었다.

관심 목록	이야기(요약)
홀푸드(WFM)	사명과 가치관에 끌림 브랜드 해자 좋음 ROE, ROA, 부채 좋음 경영진이 매우 좋음
코스트코(COST)	지표에 끌림. 동종 업계 최고 뛰어난 가격 및 브랜드 해자 침체기에도 뛰어난 성과 ROE, ROA, 부채 좋음
세리티지(SRG)	위치 해자 강력한 10년 후 성장 잠재력 버핏이 주당 35달러에 10% 지분 매수 시어스Sears 파산 위험
아마존(AMZN)	베조스는 특별하고 혁신적인 CEO 가치관: '모든 것을 모두에게'라는 목표는 좋지만 소규모 점포의 피해와 직원 처우는 문제 뛰어난 현금흐름 창출 능력
버크셔 해서웨이(BRK)	버핏은 최고의 CEO, 하지만 그가 없다면? 안전하고 꾸준한 분산 투자 성장률: 약 9%
치폴레 멕시칸 그릴(CMG)	업종 내 최고 ROE, ROA 좋음, 부채 없음 훌륭한 설립자와 경영진 신선식품 안전 문제

그리고 아버지가 추천한 것은 아니지만 몇 가지 일을 해보기로 했다.

가상 투자

친구이자 직장 동료인 기업 전문 변호사 일라나Ilana는 야구광이다. 그녀는 야구에 존재하는 모든 통계를 알고 있으며 그것이 굉장히 흥미로운 주제로 들리도록 설명하는 놀라운 능력이 있다. 나는 실제로 그녀와 함께 야구 경기를 보는 것을 좋아한다. 선수와 전략, 경기 자체를 완전히 새롭게 이해할 수 있기 때문이다. 어떤 선수가 타석에 들어서면 그녀가 설명했다. "오, 좋아, 오늘 출전 선수 명단에 이름을 올려서 다행이야. 저 선수는 양손을 모두 쓰는 스위치히터인데 오른손 타석에서 힘이 약간 부족한 편이라 왼손 투수를 만나면 불리해. 그런데 지난 두 경기는 선발 투수가 모두 왼손잡이여서 출전하지 못했어." 그러자 갑자기 경기가 정말 재미있어졌다.

통계가 전문인 일라나는 내 투자 수련에도 관심을 보였다. 어느 금요일, 퇴근 후 와인을 한잔하러 우리 집에 들렀을 때 그녀는 다소 미심쩍은 표정을 지으며 말했다. "저기, 나 말고는 다들 알고 있을 것 같긴 한데, 투자를 시작하는 방법에 대해서 궁금한 점이 있어."

"그래." 나는 웃으며 대답했다. "아는 건 없지만 최선을 다해서 대답할게."

"좋아." 그녀는 한숨을 쉬었다. "음, 조금 황당한 질문일 수도 있는데, 주식을 사는 방법을 설명해주면 좋겠어. 그러니까, 실제로 말야. 어떤 웹사이트에 가야 하고, 어떤 정보가 있어야 하고, 잘 모르겠지만 그런 것들 말야. 내 은행 계좌 정보 같은 걸 주고 주식을 사는 건가?"

사실 그렇다. 주식을 사는 방법을 어째서 당연히 알고 있어야 하는가? 그 방법은 학교에서도 가르치지 않을뿐더러 일반 상식도 아니다. 우리는 둘 다 기업 전문 변호사지만 그 방법을 몰랐다. 머리가 좋은 많은 사람들이 그 방법을 전혀 모른다. 나 역시 실제로 해보고 나서야 비로소 알게 되었다.

그 이유는 이렇다. 사람들은 대개 인터랙티브 브로커, TD 아메리트레이드, 트레이드스테이션, 슈왑, 스코트레이드와 같이 TV 광고를 통해 그들이 제공하는 서비스나 낮은 가격을 강조하는 위탁 매매 전문 증권사에 주식 계좌를 개설한다. 돈을 맡긴다는 점에서 당좌예금이나 저축예금 계좌와 비슷하지만 계좌에 있는 돈은 오로지 해당 증권사를 통해 주식을 살 목적으로만 사용된다. 순자산이 많은 사람들은 은행에 비슷한 계좌를 보유한다. 고객을 유지하기 위해 은행에서 자산 관리와 관련한 상담을 해주고 계획도 수립해주기 때문이다. 누노도 자기 고객인 은행을 상대로 같은 일을 했다. 하지만 사람들 대부분은 간편하고 비용도 저렴한 온라인 증권사의 위탁 매매 서비스를 이용할 것이다.

주식을 사고팔 때마다 거래 수수료가 부과된다. 내가 알기로 온라인 증권사 대부분의 수수료는 5~10달러 수준이다. 이는 거래 금액이 작을 경우 이익이 나더라도 순식간에 수수료에 잠식당한다는 뜻이다. 수천, 수백만 달러를 거래하는 사람들은 신경도 쓰지 않겠지만 내게는 거래 비용이 문제가 될 것이다. 나처럼 돈이 많지 않은 사람들에게 가치투자가 좋은 이유가 또 있다. 가치투자에서는 빈번하게 사고팔지 않는 것이 굉장히 중요하기 때문이다.

우선순위가 더 많은 서비스인지, 적은 거래 비용인지에 따라 위탁 매매 증권사 가운데 한 곳을 선택하고 인터넷으로 계좌를 개설한다. 그들은 과거 주소, 전 직장과 같은 개인 신용과 관련된 질문을 해서 내가 나라는 사실을 확인한 다음 어떤 방식으로 새 계좌에 돈을 옮기고 싶은지 묻는다. 그런 다음 사용자 이름과 비밀번호를 결정하면 순식간에 주식 계좌가 개설된다.

나도 아직 거기까지는 해보지 않았다.

"일라나, 나도 아직 주식 계좌를 만들지는 않았어. 아직 주식을 사지 않았거든. 지금은 페이퍼 투자라고 할 수 있어."

"페이퍼 투자?"

"가짜 투자란 뜻이야. 가상 야구 경기를 생각해봐. 가상 경기의 야구단은 분명히 실제로 존재하는 팀은 아니지만 실제 선수를 선발해서 가상으로 만든 팀이야. 그렇지?"

"그렇지."

"페이퍼 투자, 페이퍼 트레이딩이라고 부르는 이유는 모르겠지만 주식을 가상으로 사는 것이 페이퍼 투자야."

나는 일라나에게 설명할 좋은 방법을 생각하다 페이퍼 투자가 가상 야구 경기와 비슷하다는 사실을 떠올렸다. 다른 점이 있다면 페이퍼 투자가 훨씬 더 지루하다는 것뿐이었다. 장기 가치투자를 가상으로 하면 정말로 할 일이 별로 없다. 몇 개 종목을 고르고 기다리기만 하면 되었다.

가상 투자에서 나는 열이 네 개인 엑셀 시트를 만들고 각 열에 기업명, 매수일, 매수 가격, 수량을 적었다. 그게 전부였다.

내가 보여주지 않는 한 누구도 엑셀 시트를 볼 일은 없겠지만 회사 이름을 입력하면서 왠지 진지해졌다. 내 권리를 주장하는 행위처럼 느껴졌다. 어차피 나 혼자 보는 자료인데도 그 권리가 중요했다. 내 몸에 일어나는 변화에 잠시 동안 집중했다. 가슴이 답답해지더니 발이 찌릿하게 저려왔고 안절부절못했다. 내 몸이 "일어나서 달아나"라고 외치는 것 같았다. 나는 투자의 공포가 바로 이런 느낌이었다는 것을 떠올렸고 그 느낌에 주의했다. 그렇게 한 덕분에 나중에 실제 돈을 가지고 실제로 내 권리를 주장하게 됐을 때도 그 느낌을 심각하지 않게 받아들일 수 있었다. 밀폐된 콘크리트 계단에 선 듯한 두려움에 본능적으로 도망치려고 하는 대신 그것을 일반적인 두려움으로 인식할 수 있게 된 것이다.

나는 심호흡을 하고 두 발을 단단히 땅에 디딘 채, 두 발이 거대한 삼나무 뿌리처럼 땅속으로 뻗어나가는 상상을 했다. 나는 흔들리지 않는다. 나는 각 칸에 정보를 입력했다. 그런 다음 암호를 걸어 스프레드시트를 잠그고 투자 폴더 깊숙이 넣어두었다.

작업을 마친 뒤에는 내 선택에 편안함을 느꼈다. 권리를 주장하는 것은 실행이 어려웠을 뿐이다. 하지만 내 권리를 명시하자 내 것이 되었고 다음 단계로 나아갈 수 있었다.

나는 몇 주 동안 꽤 착실하게 투자 수련을 실행했다. 연예계 소식과 함께 〈월스트리트 저널〉의 기사도 매일 읽었다. 연차보고서도 몇 개 읽었다. 과거에는 보이지 않던 기업들이 일상에서 또렷하게 눈에 들어왔다. 카펫회사! 신발회사! 건설회사!

6월 말, 아버지와 나는 찰리의 4대 투자 원칙에서 시작해 지난 몇 달 동안 기록한 많은 일을 소재로 팟캐스트를 제작했다. 놀랍게도 우리의 팟캐스트는 처음 며칠 동안 아이튠즈 비즈니스 부문에서 최고 순위를 차지했다. 이렇게 많은 사람들이 나와 함께 투자를 배우려고 한다니 믿을 수 없었다. 그것은 투자를 알기 위한 노력을 이어나가게 하는 훌륭한 원동력이 되었다. 내가 할 수 있다면 나를 따라 함께할 누구라도 할 수 있다는 것을 알았기 때문이다.

아버지와 함께하는 팟캐스트는 안전한 공간이었다. 아버지는 매번 유머, 애정, 솔직함, 겸손함, 지적인 정직함을 장착하고 나타났다. 녹음할 때면 원하는 것은 무엇이든 물을 수 있었고 아버지는 탁월한 능력으로 어떤 질문도 피하지 않았다. 아버지는 '적극적으로 달려들기'를 실천했다. 남자답게 내 도전을 받아들였고 대개는 내 의견을 완전히 뒤집어 버렸다. 때로는 문제를 인식하는 나의 다른 시각을 인정했다. 그때가 최고의 순간이었다. 모든 시간과 사안, 논쟁과 연습의 순간에 아버지는 내 곁에 있어주었다. 연습과 실제 행위, 생각, 엄격한 학문적 측면 전반에 걸쳐 자신의 능력을 거듭 입증했다. 나의 안전한 공간은 이곳이 안전한 공간이라는 사실을 알게 된 청취자 수천 명을 위한 공간으로 확장되었고 그 현상에는 놀랄 만큼 큰 위로를 주는 무언가가 있었다.

나는 다시 한번 투자자로서 성공한 내 모습을 그려보려고 노력했다. 이번에는 어지럽고 메스꺼운 느낌 없이 즉시 내 모습을 떠올릴 수 있었다. 그것만으로도 큰 발전이었다. 나를 둘러싼 압박이 한 꺼풀 벗겨진 듯, 내가 떠올린 모습 속의 내게서는 편안함마저 보였다.

다음 통화에서 나는 재정 관리와 돈, 특히 부모님을 비롯한 사랑하는 사람들이 돈에 대해 갖는 시각과 관련해 이상하고 복잡한 문제를 경험한 것이 나만이 아니라는 사실을 깨달았다.

"돈이라는 건 집안에 많은 일을 일으킬 수 있는 문제예요." 나는 곰곰이 생각하며 말했다.

아버지는 다 안다는 듯 웃으며 대답했다. "돈은 가족과 떼려야 뗄 수 없는 문제야. 나는 돈에 관한 우리 집안의 전통적인 시각에서 그럭저럭 벗어날 수 있었지. 우리 집안사람들은 부자가 다른 사람들을 밟고 올라가서 그 자리에 있게 된다고 생각했거든." 아버지는 태연하게 말했다.

'뭐라고?' 나는 놀라서 눈이 휘둥그레졌다.

아버지에게는 돈을 버는 일이 매우 편안해 보였기 때문에 아버지에게도 자신만의 문제가 있을 수 있다는 생각은 해본 적이 없었다.

아버지는 말을 이어갔다.

"그랬어. 그런 분위기가 있었고 부자가 된다는 것에 대해 왜곡된 그림을 그리게 되었지. 외삼촌은 돈을 많이 벌었지만 알리지 않았어. 가족들이 나쁘게 보는 사람들 가운데 하나가 되고 싶지 않았기 때문에 돈이 있다는 내색을 전혀 하지 않았지. 어머니도 외삼촌과 같은 생각이었어. 어머니는 돈과 성공을 절실히 원했지만 자신의 삶에서 두 가지를 조화시키는 것이 불가능하다는 것을 알았지. 어머니는 전적으로 혼자 힘으로 흙벽돌집을 지었는데 정말 아름다운 집이었어."

'흙벽돌집'은 우리 집안의 전설이나 마찬가지였다. 할머니가 직접 식당을 운영하며 아이들을 키우다 은퇴한 뒤 전적으로 혼자서 설계했고 할머니와 할아버지의 손으로 직접 지은 집이었다.

"완성된 집은 정말 인상적이었지. 당시 내가 아는 사람 중에 저렴한 비용으로 흙벽돌집 200채를 지을 자금을 조달하기 위해 자본을 찾고 있는 시행업자가 있었어. 두꺼운 진짜 흙벽돌로 담을 두른 집 말이야. 어머니는 그런 집을 지을 방법을 정확히 알고 있었어. 어머니라면 적은 비용으로 그 사업을 마무리할 수 있었을 거야. 분명히 아주 잘 해냈겠지."

"할머니도 좋아하셨을 거예요." 나도 동의했다. 할머니는 보스 기질이 있는 분이었다. 나는 호통치듯 일꾼들에게 명령하고 하청업자들과 언쟁을 벌이면서 매 순간 그것을 즐기셨을 할머니를 상상할 수 있었다.

"그래." 아버지도 동의했다. "나는 어머니께 설계자로서 그 일을 하실 생각이 있다면 내가 돕겠다고 말했어. 어머니는 내가 당신 손가락을 불속에 집어넣기라도 한 것처럼 뒷걸음질 쳤지. 일이 커지는 것을 감당할 수 없으셨던 거야."

"할머니께는 무리한 일이었다고 생각하세요?" 아버지에게 물었다. 적극적인 할머니에게 무리한 일이 있다는 것은 상상하기 어려웠다.

"아니, 하실 수 있는 일이었고, 하게 됐다면 좋아하셨을 거야. 하지만 그런 큰일을 실제로 하는 자신의 모습을 상상하실 수 없었지. 일 때문이 아니었어. 어머니는 믿을 수 없을 만큼 열심히 일하는 분이었거든. 하지만 실제로 책임을 맡기 위해 필요한 정신적 단계를 밟을 수가 없었지. 성공을 거두고 부자가 된 자신을 상상할 수가 없었어. 너무 두려웠거나 뭐 그런 이유였겠지. 결국 내 추측이지만 말야. 내가 아는 사실은 어머니가 꿈을 꾸기는 했지만 기회가 왔을 때 압박감을 견디지 못하고 포기했다는 거야. 자기 돈과 인생을 책임지는 스스로의 모습을 상상할 수 없었겠지. 그리고 내 생각에 어머니 마음 깊은 곳에서 부자가 된다는 것이 편하지 않았던 것 같아. 어머니는 '안돼, 난 절대 못 할 거야'라면서 더 이상 말도 꺼내지 말라고 하셨지."

맙소사. 할머니는 나와 꼭 닮았다. 아니면 내가 할머니를 꼭 닮았거나. 큰돈을 벌어 부자가 되고 성공할 기회가 찾아왔을 때 내 돈과 경제적 자유를 진정으로 책임지는 내 모습을 상상할 수 없었다. 그것이 어떤 모습일지 마음속에 그릴 수 없었다. 나는 포기하지 않았고 아직은 희망이 있다고 생각했지만 그렇다고 확실히 정면 돌파를 택한 것도 아니었다. 씁쓸한 생각이 들었다. 내게는 할머니가 갖지 못한 심리적 자원이 있고 여성으로서 전혀 다른 시대에 살고 있다. 나는 똑바로 서서 내 마음을 괴롭히는 문제를 할머니와는 다른 방식으로 처리할 수도 있고 할머니의 실수를 되풀이할 수도 있었다. 할머니는 지금 치매를 앓고 있다. 할머니는 당신이 집을 짓고 있고 공사가 끝나면 즉시 입주할 수 있게 준비해야 한다고 간병인들에게 이야기하고 짐을 싸며 하루를 보낸다. 가엾은 할머니, 시대를 잘못 타고나신 분이다.

나는 아버지에게 '부'에 대해 부정적인 감정이 있는지 물었다. 아버지에게서 상상할 수 없는 감정이었다. 내가 기억하기로 아버지는 늘 돈을 벌었고 그것에 크게 만족했다. 아버지는 할머니가 그랬듯 당신도 부자들에 대해 늘 회의적이었지만 부자가 되려는 노력을 시작하면서 비로소 그 사실을 인식했다고 말했다. 강 안내인이었던 아버지는 그랜드캐니언을 떠날 방법이 없다고 생각하면서도 그곳을 벗어나고 싶었고 돈을 버는 것 외에는 선택의 여지가 없다고 생각했다. 아버지는 절박한 상황에서 자신의 편견을 뒤로하고 순전히 필요에 의해 휘청거리는 걸음으로 부를 향해 나아갔다. 아버지는 어느 정도 돈을 모은 뒤, 여기까지 오는 동안 다른 사람을 괴롭히거나 해를 끼치지도 않았고 어느 누구를 밟고 올라선 것도 아니라는 사실을 깨달았다. 아버지는 부자에 대한 편견을 떨쳐냈다.

나는 금융, 부, 돈에 대한 내 선입견을 어떻게 바라볼지 결정해야 했다. 그리고 다음과 같은 절차를 생각해냈다.

1단계: 직시한다. 내 선입견을 직시하고 인정해 선입견의 힘을 약화한다. 오랜 가풍과도 무관하지 않은 선입견이 현재 내 삶에 동전의 양면처럼 긍정적으로도 또 부정적으로도 영향을 미친다는 사실을 인정한다. 나는 선입견 때문에 인생을 변화시키고 경제적 자유를 달성하는 일에 마음을 열지 못했다. 선입견으로 인해 한 번도 경험하지 못한 극심한 스트레스를 느끼고 실제로 건강에도 영향을 받았다. 열한 살의 내가 어떤 식으로 아버지에 대한 믿음을 상실했는지, 돈에 대한 두려움이 어떻게 극심한 스트레스로 이어져 투자 수련에 영향을 미쳤는지 인정하자니 손톱으로 가슴을 뜯어 펄떡이는 심장을 두드리는 느낌이었다. 그러나 선입견을 직시하자 그 힘은 약해졌다. 과거의 기억과 대면하며 아버지가 돌아올 계획이었다는 사실을 알게 되었고, 아버지가 실제로 돌아왔다는 것이 무엇보다 중요했다. 아버지는 신뢰할 수 있는 사람이었고 내 곁에 머물렀다. 정확히 내가 바란 그대로였다. 나는 지금까지 지나온 감정의 여정을 기억하고 그것이 자칫하면 내 투자 수련에 다시 부정적인 영향을 미칠 수도 있다는 사실을 마음 한쪽에서 늘 잊지 않기로 결심했다.

2단계: 감사한다. 돈에 관한 우리 가족의 전통에 감사한다. 나는 할머니가 나를 위해 준비한 긍정적인 본보기, 즉 강인함, 끈기, 성공하려는 열의를 마음에 새겼다. 나는 두려움을 뒤로하고 앞으로 나아갔다. 우리 가족의 전통은 아버지를 통해 내 투자 수련으로 이어졌다. 나는 투자 수련에 점점 더 깊이 빠져들었다. 어린 시절의 감정을 마주하는 일은 고통스러웠지만 그것이 인생이다. 인생에서는 형편없는 일들이 일어나게 마련이다. 많은 사람이 많은 일을 겪는다. 나는 여러 면에서 대단히 운이 좋은 아이였고 어른이다.

3단계: 전환한다. 내가 원하는 방향으로 삶을 풍요롭게 전환한다. 나는 과거의 상처가 내게 영향을 미치고 상황을 실제보다 더 나쁘고 두려운 것으로 만들지 않는지 늘 경계했다. 매 순간 그것을 의식하며 영향을 덜 받기 위해 애썼다. 지난 상처가 나의 생각과 판단에 영향을 미친다는 것을 알았기 때문이다. 자신이 원하는 전통을 새롭게 만들어나가야 한다.

나는 투자자로서 성공한 내 모습을 그려보려고 했다. 세 번째 시도였다. 나는 어떤 모습일까? 이번에는 확연히 달랐다. 걱정하지 않아도 될 만큼 충분한 돈이 은행에 있다는 것을 아는 상상 속의 나는 자신감 있고 흔들림이 없었으며 안심하고 있었다. 돈에 대한 걱정이 완전히 사라진 내 모습은 훨씬 좋아 보였다. 나는 더 안심했고 더 자신감이 넘쳤고 더 안정되었고 더 행복했다. 금융에 더욱 능숙해진 나는 해야 할 일을 알았고 자신 있게 재정과 관련된 일을 처리했다. 좋은 상상이었고 오래된 짐을 내려놓은 느낌이었다. 나는 상상 속 내 모습이 마음에 들었고 그것에 반응하는 내 몸의 느낌이 좋았다.

"우리의 뿌리인 가족의 역사가 이런 방식으로 우리 행동에 중요한 영향을 미칠 줄은 몰랐어요." 내가 말했다.

"물론이야. 내가 가르치는 학생들을 봐도 그래. 모두들 부모를 넘어서려고 노력하지만 생각만큼 쉽지 않은 일이야. 반면 부모님이 돈에 관심이 많았다면 훨씬 더 수월하지. 버핏의 아버지는 주식 중개회사를 소유한 중개업자였어." 아버지가 설명했다.

"아, 그렇다면 버핏에게는 이 세계가 낯설지 않았겠어요."

"물론이지. 지금까지 우리가 이야기한 투자 대가들 중에는 투자자 집안 출신이거나 가족이 금융계에 있는 사람이 많아."

법학대학원에 들어간 지 얼마 되지 않았을 때, 교수가 강의실에 있는 학생들에게 가족 중에 변호사가 있는 사람은 손을 들어보라고 했던 일이 떠올랐다. 나를 제외하고 75퍼센트 정도가 손을 들었다.

"가족 중에 변호사가 있는 사람이 법학대학원에 그렇게 많다는 사실을 그곳에 들어가고 나서야 알았어요. 우리 집에는 변호사가 없고, 저는 변호사가 된다는 것을 한 번도 생각해본 적이 없었죠. 가족 중에 특정한 일을 하는 사람이 있을 때 그 일이 더 현실적이고 가능해 보인다는 것은 일리가 있어요."

내게는 투자가 그런 배경이었다. 하지만 나는 버핏처럼 익숙한 그 길로 진출하는 대신 도망쳤다. 두려웠다. 투자와는 상관없이 지내고 싶었다.

지금까지는 그랬다.

이제 나는 그 길로 들어서려고 한다. 중압감에 못 이겨 달아나지 않고 돈에 관한 선입견에 주저앉지 않을 것이다. 나는 나를 일으켜 세우는 가족의 전통에 스스로를 맡기기로 결심했다.

"저처럼요." 아버지에게 말했다. "제게는 투자를 하는 아버지가 있어요. 그러니 제게도 현실적이고 가능성 있는 일이죠."

"그렇구나." 아버지의 대답은 웃음을 머금고 있었다. "그렇다면 이제 시작해보자. 다음 달에는 조금 더 어려운 단계로 넘어갈 거야. 준비됐니?"

나는 준비됐다.

6개월 차 수련

정말 힘든 한 달이었지만 내 인생과 경제적 자유라는 관점에서 볼 때 진정한 투자자가 되기 위해 내 한계를 넘어선 한 달이기도 했다. 감정적인 혼란을 회피하지 않고 직면한 덕분이었다. 가족들과 대화를 나누거나 과거 기억을 끄집어내어 돈에 관한 가족의 역사를 직시하고, 그것에 감사하고, 새로운 방향으로 전환해 스스로 돌파구를 마련할 수 있도록 노력하자. 그 과정에서 자신만의 '볼드모트'를 발견한다면 스스로를 따뜻하게 보듬어주자.

7개월 차

찰리의 투자 원칙 4: 가격 산정

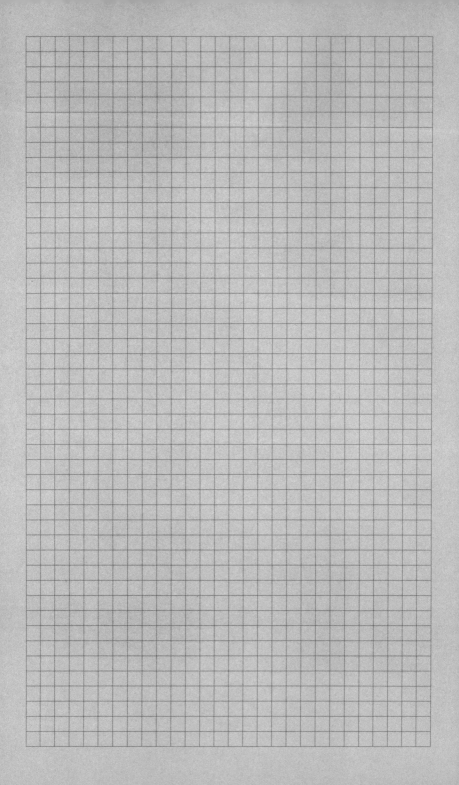

심한 여독에 시달렸지만 상관없었다. 나는 주말을 포함해 4일간 시간을 내서 덴버에서 취리히로 날아가는 정신 나간 여행을 감행했다. 시차 때문에 실제로 누노와 보내는 시간은 사흘에 불과했지만 그럴 만한 가치는 충분했다.

나는 새벽 4시에 일어나 창밖의 가로등을 바라보고, 깊은 밤 취리히의 버스가 이따금씩 웅웅 소리를 내고 지나가는 것을 들으며 소중한 하루하루를 보내고 있었다. 나는 천성적으로 올빼미족이지만 직업상 이른 시간부터 움직일 수밖에 없었다. 일찍 일어나 커다란 창밖으로 떠오르는 해를 보는 것도 좋아하게 되었고, 그래서 시차 때문에 일찍 잠이 깨는 것도 그다지 개의치 않았다. 나 말고는 모두 잠든 밤, 거저 주어진 시간이 있고 무엇을 하더라도 순수하게 즐거운·깊고 고요한 밤에는 좋은 기운이 있다.

취리히에 있는 동안에도 투자 수련을 하고 싶었다. 비행기에서 꽂

꽂이 앉아 잠을 자느라 등이 굳지만 않았어도 대견하다며 스스로 등을 토닥였을 것이다. 이제 나는 성공하고 행복하고 당당한 투자자가 된 내 모습을 필요할 때마다 그릴 수 있게 되었다. 신비한 연고를 바를 생각을 하지 못했다면 뒤틀린 흉터가 마법처럼 사라지는 일은 없었을 것이다. 영혼을 위한 라메르 크림. 마음의 눈으로 본 그런 투자자가 되었을 때 나는 어떤 옷을 입고 있을까? 샤넬이 떠올랐다. 아니, 다시 생각해보니 복리를 이해하지 못했던 6개월 전의 나와 같은 사람들만이 샤넬에 돈을 쏟아부을 것이다(내 위탁 계좌 잔고 단위가 특정 수준에 도달하고 내가 계산한 은퇴 숫자에 큰 영향을 미치지 않고도 원하는 곳에 마음껏 돈을 쓸 수 있게 되면 이 발언을 철회할 것이다. 사람은 모름지기 꿈이 있어야 한다).

취리히의 밤은 아버지가 조금 어려울 것이라고 장담했던 것, 그리고 내가 이 수련의 시작부터 두려워했던 것을 시도할 용기를 주었다. 바로 수학이다. 내 머릿속에서 수학은 굵은 대문자로 쓴 'MATH'였다. 나는 높은 담장처럼 우뚝 선 MATH 너머로 아무것도 볼 수 없었다.

아버지와는 여행에 나서기 전 이미 통화했다. 나는 다시 투자 수련 과정으로 돌아가고 싶었다. 덤벼라, MATH! 나는 속으로 크게 외쳤다. 그런 다음 아버지에게 전화를 걸어 큰 소리로 선언했다.

앞선 통화에서 나는 아버지에게 누노를 만나러 취리히에 간다는 사실을 넌지시 알렸다. 내가 국내에 없고 누노를 진지하게 생각하고 있다는 것을 알리기 위해서였다. 누노가 볼더에 왔을 때 아버지에게 그의 존재를 언급하기는 했지만 지금은 확실히 그때보다 더 진지한 관계가 되었다. 아버지는 잘되었다고 생각했고, 전적으로 지지했으며, 많은 질문을 하지 않았다. 내가 진지하게 생각하는 사람이라면 그만한 가치가 있는 사람이라는 것이 아버지의 생각이었다.

그런 다음 우리의 시급한 과제에 대해 토론을 시작했다. 바로 찰리의 원칙 가운데 마지막 원칙이었다.

찰리 멍거의 투자 원칙 4:
타당한 수준에 안전마진까지 확보한 가격

찰리는 네 번째 투자 원칙으로 기업에 무한정 가격을 지불하지 말라고 말한다. 합리적인 가격을 찾되 사지 않고 기다린다. 즉, 합리적인 수준보다 훨씬 더 가격이 떨어질 때까지 기다리는 것이다. 첫 번째로 중요한 것은 타당한 가격을 지불하는 것이고, 둘째는 안전마진이 확보된 할인 가격을 지불하는 것이다. 이렇게 함으로써 타당한 가격을 잘못 계산한 경우에도 여분의 마진 덕분에 무사할 수 있고 돈을 잃지 않을 수 있다.

나는 이 원칙에 보호받는다고 느꼈고 바로 그것이 핵심이었다. 찰리는 난해한 기업들에 가격을 매기는 것에 대해 나만큼이나 보수적이었다.

기업의 주가를 검토할 때면 머릿속에서 찰리의 느릿한 말투가 들려왔다. '우리는 무한정 가격을 지불하지는 않을 거야. 예를 들면 이런 거지. 저들은 볼트 한 양동이에 얼마나 받으려고 할까?' 바로 그거예요, 찰리. 바로 그것. 나는 중고차를 사는 것과 같은 관점에서 접근했다. 의심이다. 중고차를 싸게 살 수는 있겠지만 먼저 성능을 시험해봐야 하고 차의 상태도 알아야 한다. 판매자는 엔진에 넣은 톱밥이 눈에 띄지 않도록 구석구석 차를 손보았을 것이고 나는 티끌 하나 없이 이루어졌을 작업을 꿰뚫어 보아야 한다(이렇게 표현하니 내가 1970년대 폭력 조직원이 된 것 같다. 요즘도 엔진에 톱밥을 넣는 일이 있을까?[*]).

하지만 찰리의 네 번째 원칙이 가진 의미는 타당한 가격을 지불하려면 적정 가격을 구하는 법을 알아야만 한다는 것이다. 찰리와 아버지는 문제없이 해낼 수 있는 일이라고 생각하는 것 같았다. 나는 확신하지 못했다. "어떻게 하는 건지 가치 평가 연습법을 간단히 보여주실 수 있나요?"

아버지는 내게 무차별적으로 숫자를 쏟아냈다.

"물론이지. 좋아, 이 회사를 살펴보자. 주당순이익EPS은 4달러 50센트이고, 애널리스트들이 예상한 평균 EPS 증가율은 13퍼센트인데 과거 EPS 증가율과 비교하면 지나치게 높은 수준이지. 애널리스트들의 허풍을 감안해서 EPS 증가율을 8퍼센트라고 하고 72의 법칙을 활용하면 10년 뒤 EPS는 약 10달러가 될 거야."

"네?"

"10년 후에 10달러."

나는 가만히 앉아 눈만 껌벅거렸다. "뭐가 10달러예요? 주가?"

"아니, 미래 이익."

"어쩌다 미래 이익이 나온 거예요? 주가를 구하려고 한 것 아니었

---

* 엔진에 톱밥을 넣어 소음을 줄이고 차가 더 잘 나가는 것처럼 보이게 만들었던 과거 중고차 판매 사기 수법을 가리킨다. - 옮긴이

어요?"

"그래, 맞아. 미안하다. 그 부분이 이해가 안 됐구나. 자, 다시 시작해보자."

아버지가 보기에는 모두 말이 됐다. 아버지는 자신의 의도를 분명히 알고 있고 따라서 지금까지 해오던 방식대로 하면 됐다. 반면 나는 어떤 질문을 해야 하는지조차 몰라서 일단 이해해보려고 애썼다. 우리는 다음과 같은 경우 스스로 헤매고 있음을 알 수 있다. 첫째, 덜 헤매는 데 도움이 될 질문을 만들어내지 못할 때. 둘째, 상대가 방금 사용한 수많은 단어 중에 덜 헤매는 데 도움이 되는 단어가 하나도 없을 때.

나는 4대 지표를 잊지 않았고 이해했다.[**] ROE와 ROA, 부채도 이해했다.[***] 나는 준비가 되었다고 생각했다. 그러나 이날의 언어는 도저히 알아들을 수 없었다. 나는 포기하고 전화를 끊었고 취리히에 와서 비로소 이 주제로 다시 돌아왔다.

가치 평가는 쉽지 않은 주제다. 일을 하며 고객들과 이따금 가치 평가에 관해 논의하기는 했지만 늘 법적 관점에서만 다루었다. 나는 법학대학원에서 한 벤처투자자의 강의를 들었는데 그에게 가치 평가는 식은 죽 먹기였다. 한 학생이 투자하기 전 해당 기업의 가치를 어떤 방법으로 평가하는지 좀 더 자세히 알려달라고 요청했다. 그는 가치 평가가 여러 요소의 연금술이며, 해당 분야와 관련한 투자자의

[**]   5장에서 해자에 관해 논의하며 배운 4대 지표는 (1) 순이익, (2) 장부가치(자기자본)+배당금, (3) 매출, (4) 영업현금이다.

[***]   5장 경영진에 관한 논의에서 배웠다.

과거 경험과 기존에 투자된 자금의 규모에 근거한 부정확한 학문이라고 대답했다. 기본적으로 그는 꼭 필요한 경우가 아니라면 법학 강의에서 가치 평가를 자세히 파고들 계획이 아니었다. 이렇다 할 답이 없기 때문이다. 과거 재무 기록이 없는 비상장 스타트업을 평가하는 것은 수년간의 재무제표가 존재하는 기존 상장회사를 평가하는 것보다 훨씬 어렵다. 하지만 이미 해자와 경영진 분석을 통해 배운 것처럼 과거 실적은 미래 실적의 지표가 아니다. 어떤 면에서는 기존 상장회사도 스타트업만큼이나 예측하기 어렵다.

아버지에게서 만족할 만한 설명을 듣지 못한 나는 차선책으로 아버지의 책 《주식투자 절대법칙》을 들고 취리히로 향했다. 가격에 관한 장을 읽으며 커피를 마시다 보면 도시도 잠에서 깨어났고 관련 부분을 다시 읽다 보면 숫자와 숫자 관련 단어들이 머릿속에서 한데 섞여 뒤죽박죽되었다. 아무리 읽어도 공식을 해독할 수 없었다. 실제로 무엇을 해야 할지 몰랐다. 나는 머릿속 숫자들을 적당한 순서로 배열해보려고 애쓰다가 고개를 저었다. 좌절감에 불안은 공황으로 변하기 시작했다.

찰리는 이 모든 것이 아주 간단하고 아주 명확하다고 말했었다. 그가 나를 만났더라면 그렇지 않다는 걸 알았을 것이다.

잠에서 깬 누노에게 MATH를 넘는 데 실패했다고 힘없이 말했다. 누노는 생각보다 오랫동안 웃더니 돕겠다고 나섰다. 그는 내가 헤매기 시작했다는 것을 알았다. "줄 게 있어." 누노가 씩 웃었다. '아! 작은 사랑의 선물인가.' 다정하기도 하지. 누노는 벌떡 일어서더니 표지에 '가치 평가Valuation'라고 적힌 400쪽 분량의 책을 들고 돌아왔다. "지금 가격 산정과 가치 평가를 배우는 중이잖아. 내가 경영대학원에 다닐 때 공부한 책인데 도움이 될 거야."

나는 숨을 깊이 들이쉬고 약간 진정한 다음 간신히 고맙다고 말하면서 좌절감에 눈물이 나오려는 것을 참았다. 이런 책이 도움이 될리가 없었다.

나는 가치 평가 책을 들고 거실에 앉았다. 숫자를 열광적으로 좋아하는 누노는 거실 맞은편에 앉아 다른 책을 읽으면서, 내가 이 방대한 책 속에서 깨달음의 순간을 맞기를 잔뜩 기대하며 기다리고 있었다. 진흙탕을 헤치듯 처음 몇 단원을 겨우겨우 끝까지 읽어나가며 가치 평가 이론과 끊임없이 싸웠다. 샤넬은 아니더라도 드레스를 차려입고 내가 일원이라고 생각한 가치투자 연회장에 자신 있게 들어섰지만 알고 보니 나는 줄곧 따돌림을 당하고 있었다. 내가 할 수 있는 일이 아니었다. 아무것도 할 수 없었다.

누노는 이따금 나를 보며 이해하고 있는지, 견디고 있는지, 혹시 현기증을 느끼지는 않는지 확인했다. 나는 잔뜩 낙담했고 유용한 정보가 필요했다. 타당한 가격이 어느 수준인지 판단할 수 있는 명확하고 절대적인 정보가 필요했을 뿐이다. '도움이 될 만한 것이 없을까?'

그래서 나는 살면서 패배감을 느낄 때마다 했던 일에 나섰다. 책을 내려놓고 설거지를 했다. 손이 바쁜 동안 머리는 아무 생각 없이 쉴 수 있었고 적어도 눈에 보이는 유용한 일을 해냈다는 만족감을 느낄 수 있었다.

나는 그 문제를 머릿속에서 몇 번이고 다시 생각했다. 어떻게 하면 방법을 알 수 있을까? 아버지는 내게 가치 평가에서 가장 기본적인 것도 납득시키지 못했다. 책들도 도움이 되지 않았다. 나는 궁지에 몰려 있었다. 새벽 4시 이후로 줄곧 같은 상태였다.

냄비를 씻는 동안 거실에 있던 누노가 다가와 뺨에 입을 맞추었다. "자기, 잘 돼가?" 그가 물었다.

"응." 나는 작게 중얼거렸다. 그러다 참지 못하고 울음을 터뜨렸다.

당연히 누노는 크게 당황했다. 누노는 수도꼭지를 잠그고 나를 끌어안은 다음 물었다. "내가 뭐 잘못한 거야?"

"아니." 나는 그의 셔츠에 얼굴을 묻고 울었다. "기업 가치 평가를 못 하겠어. 몇 시간이나 투자했어. 몇 시간이나! 그런데도 그 공식들이 다 뭐고 어떻게 활용해야 하는지 도무지 모르겠어. 뭘 해야 할지 생각하면 머리가 핑핑 돌아."

누노는 잠시 멈칫했다. "내 생각엔 당신이 공식을 제대로 이해하기보다 암기하려고 하기 때문에 이런 걱정을 하는 것 같아. 내 기억력 알지? 내가 정말 이 공식들을 전부 외운다고 생각해?"

누노가 볼더 우리 집에 왔을 때 집에서 업무를 처리한 적이 있었다. 그때 나는 누노가 굉장히 어려워 보이는 공식을 외워뒀다가 종이에 적어 이용하는 것을 보았다. "응. 분명히 당신이 모든 공식들을 다 외우고 있다고 생각해. 간단히 머릿속에서 끄집어내는 거지."

"그렇지 않아!" 누노가 잘라 말했다. "외우고 있는 게 아니야. 문제를 생각하고 답을 얻으려면 어떤 도구가 필요한지 논리를 활용해서 판단하는 거야. 정말로 수식을 암기하는 게 아니야. 당신은 지극히 논리적인 사고를 하는 사람이야. 그러니 수식이 아니라 논리적으로 그 과정을 생각하면 공식을 외울 필요가 없어. 수식은 필요할 때 무의식적으로 나오게 되어 있어."

나는 누노의 젖은 셔츠에서 얼굴을 뗐다. "그건 할 수 있어."

"그래." 누노는 더 열을 올렸다. "수학이나 수식은 잊어. 논리를 활용해서 지금 이곳에서 당신이 가려는 그곳까지 가는 거야. 수학은 전혀 걱정할 필요가 없어. 일단 이해하기만 하면 잘 풀릴 거야."

문득 학교에서 수학을 공부한 방식이 떠올랐다. 수업은 늘 헷갈렸기 때문에 나는 학교 수업은 거의 무시하고 집에서 교과서로 혼자 공부했고 그 방법은 효과가 있었다. 고등학교 수학은 모두 그런 식으로 독학했다. 누노는 가치 평가를 순수 논리 차원에서 접근해야 한다고 말했다. 그렇게 했을 때, 해당 방법을 이용해 최종적으로 구한 답이 맞는지, 혹은 답을 구하는 과정에서 뭔가 잘못됐는지 알 수 있다는 것이었다.

가치 평가는 나를 쓰러뜨리지 못한다. 나는 어떻게든 독학하기로 했다. 나는 다시 찰리에게 돌아왔다. 네 번째 원칙. 무한정 값을 지불하지 않는다. 간단하고 분명하지 않은가? 포인.

나는 높이 걸린 빗장을 열 것이다. 가치 평가 방법을 독학해서 기업을 살 것이다.

아버지가 했다면 당연히 나도 할 수 있다.

나는 아버지가 나를 위해 숫자용 두뇌를 단어용 두뇌로 변환할 수 있을 거라고 믿어야 했다. 누노는 거실에서 경쾌하게 컴퓨터 자판을 두드리며 일을 하도록 내버려 두고 나는 식탁 앞에 앉았다. 얼마 후 나는 아버지에게 영상 통화를 걸었다.

"자신감이 바닥이에요. 제일 간단하게 기업을 평가하는 방법이 있을까요? 그런 게 있다면 독학할 방법을 찾아볼게요."

"좋은 생각이야. 그렇지 않아도 초보 투자자를 위해 적절한 매수 가격을 찾는 법을 설명할 다른 방법이 없을지 생각하고 있었단다."

"정말요?" 나는 흥분해서 소리를 질렀다.

"그래. 공식에 숫자를 넣고 돌려보는 과정이 내게는 굉장히 익숙해서, 이 언어가 낯선 사람에게는 두려운 일일 수 있다는 사실을 미처 생각하지 못했어. 더 쉽게 설명할 방법이 있을지 생각하는 중이야. 자, 스승님의 발아래 앉아 가르침을 구해보자.*"

나도 모르게 몸에 긴장이 풀렸다. "잘됐네요."

아버지는 버핏의 2014년 주주서한을 다시 확인하기 시작했다. 이 주주서한에서 버핏은 기업의 가격을 산출하는 가장 간단한 방법을 설명했다. 버핏은 경영과 관련된 개념을 일반 대중이 이해하기 쉽게 설명하는 능력이 뛰어나다. 내게 필요한 것도 바로 그런 설명이었다. 버핏의 방식은 복잡하지 않았다. 토스트기처럼 거대한 책도 필요 없었다. 버핏은 상식을 활용했다.

편지에서 버핏은 기업의 적정 가격은 부동산 매수 가격을 결정하듯 생각하라고 말했다. 내가 조사한 상장회사와 버핏이 매수하는 상장회사가 정확히 같은 범주에 있지 않다는 것은 나도 안다. 부동산을 살 때 필요한 숫자는 매수 가격, 유지비, 매수하지 않고 빌릴 경우 지불해야 하는 임차료, 세금, 보험료 등 몇 개에 불과하고 나는 아파트를 구입할 때 이 숫자들을 사용했다. 부동산의 숫자는 유형의 것

---

*　　산스크리트어 '우파니샤드(Upanishad)'를 번역한 표현이다. - 옮긴이

과 연결할 수 있다. 나는 그 숫자가 왜 필요한지 알고, 어디서 찾을 수 있는지도 알고, 적정 수준과의 차이도 파악할 수 있다. 토요타가 렉서스보다 싸고 룰루레몬 요가 바지가 타깃Target의 레깅스보다 비싼 이유를 이해하는 것과 마찬가지다. 버핏은 상장회사도 똑같다고 말한다.

나는 아버지가 버핏의 '부동산' 설명을 찾아내 알려준 것에 크게 감사했다. 처음 버핏의 주주서한을 읽었을 때는 놓쳤던 부분이다. 나는 아버지가 기업의 가격과 가치를 평가하는 세 가지 방법을 버핏의 예를 활용해 공부하기 시작했다.

그렇다. 방법이 세 가지다. 나도 처음에는 반갑지 않았다.

당시 나는 한 가지 방법만이라도 알고 싶었다. 아니, 한 가지 방법이면 충분했다.

"세 가지 방법으로 가격을 산정할 수 있기 때문에 기업을 더 잘 이해할 수 있고, 기업을 더 잘 이해할수록 적정 매수 가격도 더 수월하게 판단할 수 있단다. 기업이 혹시 재무적으로 조작한 부분이 있다면 세 가지 방법으로 산출한 가격을 비교해서 파악할 수 있어. 이 세 가지 방법이 널 안전하게 지켜줄 거다."

탁월한 대답이었다. 나는 안전한 것이 좋다.

"좋아요. 해보죠." 나는 순순히 따랐다.

가격 산정 및 가치 평가 방법

1. 10캡 가격(주주이익 기준)

2. 투자 회수 기간 가격(현금흐름 기준)

3. 안전마진 기준 가치 평가(이익 기준)

수학에 관한 보충 설명

내가 할 수 있다면 여러분도 할 수 있다.

수학을 더 쉽게 배울 수 있도록 부문별로 세 사업체를 예로 제시하겠다.

(1) 부동산: 렌털하우스(임대 주택)

(2) 비상장회사: 레모네이드 스탠드(레모네이드 가두 판매점)

(3) 상장회사: 홀푸드

상장회사로 바로 넘어가는 것보다 렌털하우스와 레모네이드 스탠드의 숫자를 먼저 살펴보는 것이 더욱 알아보기 쉽고 덜 복잡하고 접근하기도 쉬울 것이다. 이 책 부록에 이들 사업체의 재무제표를 실었다. 투자 수련 초반에 아버지는 기업 전체를 사는 것처럼 생각하고 행동해야 한다고 강조했다. 주식의 적정 가격을 구할 때도 문자 그대로 기업 전체의 가격을 구한다. 물론 나는 상장회사가 주식의 형태로 거래된다는 것을 알고 있고, 언젠가는 더 큰 집이나 기업을 살 수도 있겠지만 아직 실제로 기업 전체를 사려는 것은 아니다. 예로 든 전체 기업을 이해하는 토대가 마련되면 상장회사 1주의 적정 매수 가격을 구하는 방법도 훨씬 이해하기 쉬울 것이다. 그러니 앞으로 몇 장만 참고 읽어주기를 부탁한다. 나는 이 방식 덕분에 회계와 재무제표가 (상대적으로) 편해졌다. 공개시장에서 거래되는 주식을 이용해 기업의 일부를 사는 방법에 대해서는 일단 그 개념을 이해하고, 아니 반드시 이해한 다음이라야 논의에 들어갈 수 있다.

가격 산정 방법 1: 10캡

2014년 주주서한에서 버핏은 네브래스카 농장과 뉴욕에 있는 건물을 매수할 때 가격을 산정한 방식을 설명했다. 버핏은 부동산 투자자들이 '자본환원율capitalization rate' 혹은 '캡 비율cap rate'이라고 부르는 가격 산정 방식을 이용했다. 버핏과 아버지는 자본환원율이 간단한 방법이라며 즐겨 이용한다. 나는 다음과 같은 방식으로 자본환원율을 이해했다.

본질적으로 자본환원율은 부동산을 매수한 가격 대비 발생하는 수익의 비율을 가리킨다. 즉 소유주의 주머니로 들어간 돈이 얼마인가 하는 것이다. 예를 들어 50만 달러에 산 집에서 연말에 5만 달러가 내 주머니에 남는다면 투자 수익률은 10퍼센트다. 10캡. 그것이 내 자본환원율이다. 연말에 주머니에 남은 돈이 2만 5,000달러라면 수익률은 5퍼센트이고 자본환원율은 5캡이다.

기본적으로 수익률이 높을수록 (그리고 부동산 매수 가격이 낮을수록) 자본환원율이 높다. 자본환원율은 높을수록 좋다. 자본환원율은 4캡 (매수 가격 대비 연간 4퍼센트 수익률)에서 15캡(매수 가격 대비 연간 15퍼센트 수익률)까지 다양하다. 버핏과 멍거의 요구 수익률은 10캡, 즉 투자금 대비 연간 10퍼센트 수준이어서 아버지는 이 가격 산정법을 '10캡' 방법이라고 부른다.

버핏은 자신이 정의한 재무 지표인 '주주이익'을 근거로 적정 가격을 계산한다. 주주이익은 운영에 영향을 미치지 않으면서 매년 기업의 주주나 부동산 소유주의 주머니로 들어가는 현금을 가리킨다.

주주이익을 바로 계산해보자. 먼저 농장이다.

1970년대에는 인플레이션과 함께 곡물 가격이 상승했고 중서부 농장의 가격도 폭발적인 오름세를 보였다. 농부들은 지금 농장을 사두지 않으면 몇 년 뒤에는 가격이 터무니없이 높아져 결코 농장을 살 수 없을 것이라고 생각했다. 따라서 농장 가격은 더욱 올랐다. 농장 가격이 계속 상승하고 있었으므로 중서부의 소형 은행들은 이들 농장을 담보로 대출을 해주었다. 그러다 1980년대 초 연방준비은행이 금리를 극도로 높이며 대출금 상환 부담이 늘어났고 농장 가격은 하락하기 시작했다. 높은 금리는 인플레이션을 끌어내렸고 곡물 가격도 하락하기 시작했다. 2~3년 만에 농장 가격은 50퍼센트 급락했다. 비싼 땅에 투자한 농부들은 대출금을 갚는 데 어려움을 겪었고 압류 건수가 급증했다. 농장을 담보로 대출을 제공한 중서부 곳곳의 소형 은행들이 파산하기 시작했고 결국 은행 수백 곳이 파산했다. 압류당한 농장은 규제 당국에 넘어갔다. 규제 당국은 농장을 매물로 내놓고 제한적으로 운영하고 있었다. 그러다 농장의 가격을 붕괴시키는 중요한 '사건'이 발생했다. 그 사건은 수년간 계속됐다.

주요 활동 무대인 오마하에서 버핏이 주목한 것이 있었다. 그는 해자를 갖춘 1.6제곱킬로미터 넓이의 농장을 발견했다. 해자는 네브래스카라는 독특한 입지에 있었는데 이곳은 토양의 종류와 강우량, 햇빛의 조합이 옥수수와 콩의 수확량을 안정적으로 유지할 수 있는 조건을 제공함으로써 세계의 다른 농장에 비해 일종의 지속 가능한 경쟁력을 창출한다. 버핏은 전문 농장 경영진을 고용해 농장의 생산량을 은행이 인수하기 이전 수준으로 돌려놓을 수 있다는 것을 알았다. 그리고 농장 업계에 '사건'이 진행 중이라는 사실을 파악했다. 즉, 1986년 옥수수와 콩 가격이 수십 년 만에 최저 수준에 도달했고 앞으로 오를 가능성이 크다는 것이었다. 다시 말해, 10여 년 후에는 이 농장의 생산량이 더 증가하고 더 많은 돈을 벌 가능성이 높아지고 따라서 미래에는 농장의 가치가 훨씬 더 상승할 가능성이 있었다. 그는 농장의 (크지 않은) 현재 수익을 계산한 다음 노후화된 장비 교체(유지·보수를 위한 자본적 지출)를 포함해 작물의 재배와 수확에 필요한 비용을 차감해 '주주이익'을 산출했다. 이 농장의 주주이익은 소득세 차감전 기준으로 연간 약 2만 8,000달러였다.

"자, 버핏이 생각한 합리적인 가격은 얼마일까?" 아버지가 물었다. "이 수학이 마음에 들 거다. 버핏은 투자금 대비 합리적인 수익을 낼 가격을 기꺼이 지불할 용의가 있었지. 그는 단순히 농장의 주주이익 2만 8,000달러에 10을 곱했어. 28만 달러지. 28만 달러에 농장을 살 수 있다면 주주이익 2만 8,000달러는 첫해에 10퍼센트 투자 수익을 거둔다는 뜻이야. 탄탄하고 훌륭한 수익률이지. 앞으로 곡물 가격이 오르고 수확량도 늘면서 주주이익이 성장하고 더 높은 수익률을 올리게 되겠지. 그래서 그는 매수 가격으로 28만 달러를 제시했어. 그리고 농장을 사들였지. 비유가 아니라 문자 그대로 농장을 샀어.”

'주주이익에 10을 곱한다.' 나는 제대로 이해했는지 확인하기 위해 10캡 공식을 되뇌었다. 10캡 공식은 소유한 첫해에 10퍼센트 수익을 기대할 수 있는 매수 가격을 알려준다.

농장을 매수한 결정에 대해 버핏은 이렇게 적었다.

나는 특별한 지식이나 정보 없이도 이 투자가 손실 위험은 없고 수익 가능성은 크다고 판단할 수 있었습니다. 물론 때때로 흉년도 들고 가격이 하락할 수도 있습니다. 그런들 무슨 문제가 있겠습니까? 때로는 풍년도 들 것이고, 나는 서둘러 농장을 팔 필요도 없었습니다. 28년이 지난 지금, 농장에서 나오는 이익은 세 배로 불었고, 농장 가격은 다섯 배 이상 뛰었습니다. 나는 지금도 농사를 전혀 모르며, 최근에야 두 번째로 농장을 방문했습니다.[1]

버핏은 미래의 생산량을 대략이나마 추정할 수 있다는 자신감을 가져야 한다고 말했다. 그렇게 추정한 미래 생산량이 현재보다 크다면 집이든 농장이든 회사든 전체를 현재 주주이익의 10배 가격에 매수한다. 최초 투자 수익률 10퍼센트를 달성하고, 예측한 대로 미래에 생산량이 증가한다면 그 투자에서 손실이 발생할 가능성은 매우 낮다.

아버지는 버핏이 두 번째로 예로 든 임대 건물을 설명했다. 1990년 대 중반, 버핏은 저축대부조합의 부동산 관련 부실 사태 당시 압류된 건물을 발견했다. 이전 소유주가 시장 평균보다 훨씬 낮은 임대료에 공간을 임대했기 때문에 아무도 그 건물을 사려고 하지 않았다. 다음 은 버핏의 수학이다. 건물을 10캡 가격에 살 수 있다면 임대료를 올리 기 전까지 10퍼센트 수익률을 거둘 수 있고, 임대료를 올린 뒤에는 수 익률이 급상승할 것이었다. 버핏은 10캡 가격을 제시했고, 그 가격에 건물을 샀다. 그는 불과 2년여 만에 건물을 재임대하고 더 낮은 금리 의 대출로 갈아타서 투자금의 150퍼센트에 달하는 수익을 올렸고 건 물에서 발생하는 수익으로 담보 대출을 상환했다. 현재 건물의 가치 는 버핏이 매수한 가격보다 수백만 달러나 높다.

됐다. 나는 이 수학의 원리를 알았다. 이는 기업을 매수하는 합리 적인 가격을 구하는 방법이고, 그 가격은 회사의 실제 가치보다 크게 낮을 것이다.

그런데 첫해 10퍼센트 수익이라니 굉장하다. 10캡 기회는 얼마나 자주 올까?

아버지가 씁쓸하게 대답했다. "바로 그게 문제란다. 10캡 투자가 가능한 뉴욕의 임대 건물이나 버핏이 네브래스카에서 구입한 것과 같은 농장을 살 기회를 얻으려면 30년을 기다려야 할 수도 있지."

"10캡 투자 기회가 그렇게 드물다면 이 방법을 배우는 이유는 뭐 죠?"

"두 가지 이유가 있단다. 첫째, 기회는 여럿이 같이 오고 나는 그중 몇 건을 잡았어. 네 덕분에 내 다리를 구했던 아이오와 집 말이다. 너는 알지 못했을지 모르지만 그 집은 내가 1986년에 구입한 커다란 농장 안에 있었어. 버핏이 네브래스카 농장을 구입한 바로 그 시기였지. 내가 농장을 산 이유도 버핏과 같았어. 굉장히 쌌거든. 나는 농장을 구획별로 쪼개서 팔았고 그 돈으로 우리 집을 지었단다."

"사실 알고 있었어요. 우리 집을 빙 둘러서 사람들이 집을 짓기 시작할 때 알았죠. 하지만 그렇게 싸게 산 줄은 몰랐어요. 하지만 그런 기회가 정말 자주 오지 않는다면 10캡 가격에 살 수 있는 대상을 어떻게 찾을 수 있죠?"

"글쎄, 부동산이나 농장으로는 어려울 수 있지. 버핏은 2014년 주주서한에서 지역 부동산보다 주식시장에서 10캡 종목을 찾는 편이 훨씬 더 쉽다면서 그 이유를 설명했어."

아버지는 버핏이 쓴 편지의 다음 구절로 내 주의를 돌렸다(강조 표시는 우리가 한 것이다).

내가 산 두 부동산과 주식 사이에는 커다란 차이가 하나 있습니다. 주식은 실시간으로 가격이 나오지만, 내 농장이나 뉴욕 상가의 가격은 한 번도 보지 못했습니다. **이렇게 큰 폭으로 출렁이는 가격이 실시간으로 제공되는 것은 주식 투자자들에게 엄청나게 유리한 일일까요?** 실제로 유리한 투자자도 있겠지요. 만일 내 농장 옆에 사는 변덕스러운 농부가 내 농장을 얼마에 사겠다거나 자기 농장을 얼마에 팔겠다고 매일 소리 지른다면, 그리고 이 가격이 그의 기분에 따라 단기간에도 큰 폭으로 오르내린다면, 그의 변덕 덕분에 내가 이득을 볼 수밖에 없겠지요. 그가 외치는 가격이 터무니없이 싸고 내게 여유 자금이 있다면 나는 그의 농장을 살 겁니다. 그가 부르는 가격이 말도 안 되게 비싸다면 그에게 내 농장을 팔거나 그냥 농사를 지을 것입니다.

버핏에 따르면 주식시장은 다른 사람들의 가치 평가에 근거해 움직이고 공포와 탐욕 같은 단기 감정에 훨씬 더 민감하기 때문에 사람들이 기꺼이 지불하려는 가격이 매우 다양하다(즉, 유동적이다). 버핏은 그것이 더욱 많은 매수 기회를 창출한다고 했다. 바로 이런 이유로 감정에 휘둘리지 않는 투자자라면 자신만의 가치 평가를 근거로 그 기회를 활용해 돈을 벌 수 있다. 10캡 기준 가격은 내게 기업의 주가가 이례적인 수준임을 알려주는 닻의 역할을 했다. 좋은 기회는 반기에 한 번 있는 노드스트롬 백화점의 정기 할인 행사처럼 찾아온다. 언제 할인에 들어갈지 정확히 알 수는 없지만 이메일로 소식이 오면 둘러볼 가치는 충분하다. 기업도 늘 할인 가격에 거래되는 것은 아니지만 좋은 조건에 살 수 있는 기회는 주기적으로 찾아온다. 바로 5~10년 간격으로 불황이 찾아올 때, 그리고 산업이나 기업에 불확실성이 존재할 때다. 속한 산업이 시장에서 소외되거나 '사건'이 발생하면 주가가 하락하고 공포가 형성되면서 정말 좋은 기업들이 10캡 가격에 매물로 나오기도 한다. 이것이 바로 버핏이 말한 유리한 상황이다. 주식시장에서는 매일같이 대규모로 거래가 이루어진다. 단지 그 요인만으로도 주가는 빠르게 등락하고 주식시장에는 부동산시장이 경험한 것보다 훨씬 더 큰 변동성이 존재한다.

아버지는 이렇게 요약했다. "우리가 평생 단 한 번이 아니라 주기적으로 10캡 기회를 찾을 수 있는 것은 주식시장 자체의 특성 덕분이야."

내가 처음부터 그토록 걱정하고 두려워하며 이해할 수 없을 것만 같았던 시장의 움직임이 사실은 내게 완벽한 매수 기회를 만들어줄 것이다.

"예를 들면 애플은 최근 몇 주 동안 10캡 기회가 있었어."

"사셨어요?"

"응. 버핏도 애플을 샀지."

그 순간 확실히 알았다. 나는 제1 원칙이 작동하는 원리를 알게 되었다.

제1 원칙 투자자와 시장의 무모함 사이에는 어떤 간극이 있고 나는 문득 그것을 느꼈다. 그 거리감이 꽤 좋았다. 나는 금산 복합체의 특징인 온갖 잡다한 투기와 부침에서 분리되어 있었다.

모든 것을 초월한 기분이었다.

"10캡 수익률을 이용해 적정 가격을 계산하는 두 번째 이유는 바로 주주이익이야." 아버지가 말했다.

주주이익

주주이익은 표준 재무제표가 제공하는 정보는 아니지만 재무제표의 숫자들로 구할 수 있으며 상당히 유용하다. 주주이익은 영업에 영향을 미치지 않으면서 기업의 주주로서 내가 활용할 수 있는 자금의 근사치를 알려준다. 수많은 비상장회사를 소유한 버핏에게 주주이익은 매우 중요하다. 버핏이 소유한 기업의 CEO들은 버핏의 투자 밑천으로 지급할 수 있는 자금을 극대화하는 방식으로 주주이익을 배분한다. 이것이 매년 버핏에게 배분되는 막대한 현금의 원천이다.

주주이익은 몇 가지 이유로 내게도 매우 중요하다는 것을 알게 되었다. 결정적으로 주주이익은 순이익보다 조작하기가 훨씬 어렵다. 추정, 예상, 기대치가 없기 때문이다. 주주이익은 불투명한 미래가 아니라 현재 기업이 창출하는 진짜 현금과 관련이 있다. 주주이익을 근거로 적정 매수 가격을 산출할 때, 해당 기업이 10년 후 어떤 상태일지 정확히 알 필요는 없다. 지금보다 성장해 10캡 기회를 잡을 수 있다면 충분하다.

굉장히 마음에 들었다.

버핏은 1986년 버크셔 주주들에게 보낸 서한에서 주주이익을 가리켜 '주식을 매수하는 투자자와 기업 전체를 인수하는 경영자 모두에게 가치 평가 목적으로 유용한 항목'이라고 말했다. 주주이익은 그가 이처럼 중요하게 여기는 숫자다. 버핏 공식의 완벽성은 아버지도 분명히 인정한 만큼 버핏의 정의를 그의 표현 그대로 소개하면 다음과 같다.

주주이익은 (a) 보고이익*에 (b) 유형자산 감가상각비depreciation, 감모상각비depletion, 무형자산 상각비amortization 및 기타 비현금 비용을 더한 뒤 (c) 기업이 장기적인 경쟁우위와 단위생산량을 온전히 유지하는 데 필요한 생산 시설 및 장비 등에 투자한 연평균 자본적 지출capital expenditure, capex을 차감해 구한다.[2]

---

* 　순이익. - 옮긴이

워런에게 잠깐 실례를 구했다. 도움을 청해야 한다. 꼭 필요한 순간에 찰리 아저씨는 대체 어디 있지?

그래도 생각보다 나쁘지 않다. 아버지는 나를 위해 공식을 단순화했고 필요한 숫자를 재무제표의 어디에서 찾을 수 있는지 알려주었다. 쉽게 풀어 쓴 주주이익 산출 공식을 소개한다.

일반적인 현금흐름표에서 순이익은 '영업활동현금흐름' 항목의 첫 줄에 표기된다. 순이익 아래는 자동차의 감가상각과 같이 특정 자산의 가치 감소를 설명하는 유형자산 감가상각비와 무형자산 상각비 등 비현금 비용이 위치한다.* 같은 영업활동현금흐름 항목에서 매

주주이익 산출 공식

순이익*

+ 유형자산 감가상각비 및 무형자산 상각비

+ 순증감: 매출채권*

+ 순증감: 매입채무*

+ 법인세

+ 유지 목적 자본적 지출**

= 주주이익

주: * 이 항목들의 값은 양수일 수도 있고 음수일 수도 있다. 모두 그대로 합산한다는 데 유의한다.
** 이 항목은 음의 값을 갖는다. 따라서 음수를 더해준다. + 기호는 오타가 아니라 회계 처리 방식이 그렇다.

출채권accounts receivable과 매입채무accounts payable가 전년 대비 얼마나 증가 혹은 감소했는지 확인할 수 있다. 매출채권은 고객이 회사에 진 빚이고, 매입채무는 회사가 공급 업체에 진 빚이다. 매출채권과 매입채무 규모는 매년 다르고 전년 대비 증가 혹은 감소 여부에 따라 주머니에 돈이 들어오기도 하고 주머니에서 돈이 나가기도 한다. 즉, 순증감액은 양의 값이 될 수도 있고 음의 값이 될 수도 있다. 이 항목에서는 단순히 매출채권 및 매입채무의 변동 현황만을 알 수 있다.

손익계산서상의 법인세도 더해준다. 부동산의 가치를 평가할 때와 동일한 방식으로 기업의 가치를 평가하려는 것이므로 주주이익은 법인세 납부 전 기준으로 산출한다.

유지 목적 자본적 지출maintenance capital expenditures, 이하 유지자본지출은 계산하기가 쉽지 않다. 어처구니없게도 기업에는 총자본지출[일반적으로 '유형자산 취득(purchase of property and equipment)']에서 해당 항목을 별도로 구분해 표기할 의무가 없기 때문이다. 유지자본지출은 사업을 지속하기 위해 장기적으로 사용되며 교체가 필요한 것들에 지출되는 돈을 뜻한다. 예로 든 렌털하우스는 15년 단위로 교체하는 지붕널과 공조기, 7년 단위로 교체하는 가전제품, 5년마다 수행하는 외부 도색 작업 등이 유지자본지출에 해당한다. 재무제표를 성실히 작성하는 회사는 현금흐름표의 '투자활동현금흐름cash flows from

---

* 비현금 비용은 해당 기간 동안 발생한, 현금 지급을 필요로 하지 않는 비용으로 소득에서 차감한다.

investing activities' 항목의 주석 사항으로 유지자본지출을 기재한다. 그러나 많은 경우 유지자본지출을 주석에 별도로 표시하지 않기 때문에 연평균 비용을 추정하기 위해서는 회사를 충분히 알아야만 한다.

"나는 주석에서 자본적 지출과 성장을 위한 유형자산, 즉 부동산 및 장비(예를 들면 식당이나 생산 설비) 구입 목적의 자본적 지출 등을 설명한 부분을 찾아서 각각의 금액을 분리하지." 아버지가 설명했다. "우리의 초점은 사업을 계속하는 데 필요한 현금 비용이야. 최악의 경우에는 유형자산 취득 금액 전체를 유지자본지출에 기입한 다음, 그 숫자가 실제보다 더 클 수 있고 내가 회사를 충분히 이해하지 못한 것일 수 있다고 따로 적어둔단다."

나는 렌털하우스의 주주이익을 계산해보았다. 렌털하우스는 레모네이드 스탠드와 마찬가지로 아버지와 내가 고안한 가상의 사업체로 사업 구조가 간단해 이해하기 쉽다. 렌털하우스는 대출을 일으키지 않고 현금으로 주택을 매입해 임대한다.

렌털하우스의 회계 처리는 현금주의* 기준이기 때문에 주주이익을 계산하기가 쉽다. 먼저 임대소득에서 임대인이 일반적으로 부담하는 모든 비용을 차감해 순이익을 구한 다음, 연평균 주요 시설 교체 비용을 차감한다. 그 결과가 내 주머니에 남은 주주이익으로 학자금 대출을 상환하거나 부동산을 추가로 매수하는 데 쓰이게 된다.

이제 같은 방식을 레모네이드 스탠드에 적용해보자. 레모네이드

---

* 현금 발생 시점에 회계 장부에 기록하는 방법이다. 현금을 받을 때 수익으로 인식하고 현금을 지불했을 때 비용으로 인식한다. - 옮긴이

스탠드는 3년마다 교체하는 착즙기 비용이 유일한 유지자본지출이다. 아래 표를 보면 각 항목을 찾기 위해 재무제표 중 어디를 확인해야 하는지 알 수 있다. 부록에 실린 레모네이드 스탠드의 재무제표를 참고하라.

어떤 숫자를 이용해야 하고 어디서 그 숫자를 찾아야 하는지 알게 되면 주주이익은 간단히 계산할 수 있다. 레모네이드 스탠드의 재무

주주이익	렌털하우스
순이익	28,000
+ 감가상각비	N/A(없음)
+ 순증감: 매출채권	N/A(없음)
+ 순증감: 매입채무	N/A(없음)
+ 법인세	N/A(납부 전)
+ 유지자본지출	(4,000)*
합계	$24,000

*주: 재무제표상 음의 값은 괄호로 표시했다. 여기서 괄호는 음수 기호와 동일한 역할을 하지만 알아보기가 훨씬 쉽다. 주주이익을 구할 때 해당 값만큼 차감하려면 뺄셈을 하는 대신 '음수를 더하는' 것이 옳은 방식이다.

주주이익	레모네이드 스탠드	재무제표
순이익	2,000	손익계산서나 현금흐름표
+ 감가상각비	1,000	현금흐름표
+ 순증감: 매출채권	(300)	현금흐름표
+ 순증감: 매입채무	100	현금흐름표
+ 법인세	500	손익계산서
+ 유지자본지출	(500)	현금흐름표 주석
합계	$2,800	

제표에서 해당 숫자를 찾아 공식에 적용하기만 하면 된다.

주주이익은 주주의 돈으로 세전 개념이다. 주주는 사업을 성장시키고, 다른 기업을 사들이고, 스스로에게 분배하고(상장회사는 배당 형태로 분배), 동업자나 다른 주주로부터 지분을 매입하는 데 주주이익을 사용할 수 있고 미래를 위해 이익을 회사에 비축할 수도 있다. 내가 렌털하우스나 레모네이드 스탠드라는 사업체 전체를 소유했다면 주주이익을 활용해 무엇을 할지 결정하는 것은 내 몫일 것이다. 회사를 다른 사람과 공동으로 소유했다면 결정도 함께 내릴 것이다. 회사의 일부만 소유했다면 결정은 경영진에게 맡길 것이다. 바로 이것이 상장회사에서 일어나는 일이다. 3장에서 배운 것처럼 주주는 회사의 주인이며 주주이익은 일반적으로 주주의 소유다. 주주는 자신을 대신해 회사를 운영할 경영진을 (자신들이 선출한 이사들로 구성된 이사회를 통해) 임명한다. 연말에 이사회는 주주를 대신해 주주이익 활용 방안을 결정한다. 상장회사에서 주주이익의 일반적인 활용법을 설명하려면 별도로 한 장 전체를 할애해야 하겠지만 우선 알아두어야 할 개념은 주주이익은 주주의 몫이라는 것이다. 기업이든 부동산이든 농장이든 공개시장 거래 여부와 지분의 크기에 관계없이 모두 동일하다.

아버지는 일부 지분만을 매수할 때도 단순하고 명료하게 생각하기 위해 늘 기업 전체를 인수하는 것처럼 접근했다. 내게도 상장회사는 늘 기업 전체를 산다고 생각하고 접근해야 하며 적정 매수 가격을 산정할 때도 마찬가지라고 가르쳤다. 우선 기업 전체의 가격을 매기고 얼마만큼 살지는 나중에 결정하는 것이다. 내게는 이 방법이 효과적이었고 나는 주주이익을 이용해 기업의 적정 가격을 구하는 단계에 이르렀다. 나는 '수학'을 할 수 있게 되었다.

나는 렌털하우스와 레모네이드 스탠드의 주주이익에 각각 10을 곱했다. 레모네이드 스탠드는 2만 8,000달러, 렌털하우스는 24만 달러라면 헐값이라고 볼 수 있었다. 됐다. 수식에 담긴 논리를 내재화하라는 누노의 말이 옳았다. 일단 논리를 이해하자 마음대로 수식을 불러올 수 있었다.

레모네이드 스탠드: $2,800 × 10 = $28,000

렌털하우스: $24,000 × 10 = $240,000

주주이익을 계산하고 그것을 이용해 (부동산을 비롯한 다양한) 사업체의 적정 가격을 구할 수 있게 되면서 나는 워런과 찰리 같은 위대한 투자자들이 이런 계산을 직접 하는 이유를 이해했다.

나는 아버지와의 영상 통화를 끝내고 만족스러운 마음에 깊은 안도의 한숨을 내쉬었다.

며칠 뒤 나는 볼더 집으로 돌아왔다. 식탁 위에 투자 사무실이 꾸며진 내 집, 나만의 아름다운 공간에 걸어 들어가는 것은 기분 좋은 위안이 되어주었다. 일요일이었고, 더위가 맹렬했다. 집으로 돌아와 내 투자 사무실에 앉기 전에 나는 동네 비싼 커피숍에서 아이스커피를 마셨다. 장인이 내린 커피는 앞으로 해야 할 일에 대비해 두뇌를 단련하는 데 확실히 도움이 되었다. 이제 나는 가격을 구하는 법을 혼자서 연습할 것이다.

나는 홀푸드의 주주이익을 구해보려고 했다. 이것은 재무제표의 주석 사항을 읽고 유지자본지출이 얼마인지 자신 있게 찾아낼 수 있을 만큼 충분히 회사를 공부했는지 알아보는 시험이었다. 이 과정이 너무 어렵다면 회사를 충분히 이해하지 못했다는 뜻이다. 이럴 때는 공식적으로 '너무 어려운' 것이니 다른 기업으로 넘어간다. 다음은 홀푸드의 2015년 재무제표에서 찾은 숫자다(홀푸드를 조사할 당시 기준으로 가장 최근 10K 자료가 2015년 자료였다).

주주이익	홀푸드	재무제표
순이익	536,000,000	2015년 현금흐름표 2행
+ 유형자산 감가상각비 및 무형자산 상각비	439,000,000	2015년 현금흐름표 4행
+ 순증감: 매출채권	(21,000,000)	2015년 현금흐름표 14행
+ 순증감: 매입채무	20,000,000	2015년 현금흐름표 17행
+ 법인세	342,000,000	2015년 손익계산서 10행
+ 유지자본지출	(335,000,000)	2015년 현금흐름표 24행: 기타 유형자산 지출
주주이익	$981,000,000	

아버지에게 공식을 배운 다음에는 필요한 숫자를 쉽게 찾았다. 숫자들은 있어야 할 자리에 있었다. 유지자본지출을 찾으려면 홀푸드의 10K 문서에서 '자본적 지출'을 검색하기만 하면 되었다. 내가 찾는 정보는 22쪽의 '비GAAP 방식'으로 시작하는 알 수 없는 주석과 현금흐름표에 있었다. 총 네 번 클릭하는 데 30초가 채 걸리지 않았다. 가장 찾기 어려운 항목이 이 정도였다.

현금흐름표와 손익계산서에 양의 값이든 음의 값이든 필요한 숫자를 발견한 다음 곧바로 공식에 대입해 산출한 홀푸드의 2015년 주주이익은 9억 8,100만 달러였다.

주주이익을 알면 10캡 기준 가격을 구하는 것은 간단하다. 주주이익에 10을 곱해 적정 매수 가격을 구한다. 9억 8,100만 달러의 10배는 98억 1,000만 달러다. 이것이 바로 기업 전체의 적정 매수 가격이다.

$981,000,000 × 10 = $9,810,000,000

'됐다!'

기업의 가격을 구하는 법을 절대로 배우지 못할지 모른다는 걱정이 가라앉자 마음속에서 '사명'이 고개를 들었다. 나는 내가 지지하는 사명에 돈으로 한 표를 행사하기를 간절히 바랐지만 맹목적으로 할 수는 없는 일이었다. 형편없이 운영되는 기업에 투자한다면 결국 투자금을 날리고 더 이상 행사할 표도 없어 (또는 퇴직해) 이도 저도 아닌 처지가 될 것이다. 주주이익을 배우기 위한 힘겨운 노력은 가치 있는 사명을 지닌 멋진 기업을 좋은 가격에 살 수 있도록 이끌어줄 것이다.

나는 아버지에게 전화를 걸어 내가 해낸 일을 의기양양하게 외쳤다. 나는 가격 산정이라는 언어를 이해했다. 전체 투자 언어 가운데 가장 이해하기 어려운 것이었다. 아버지는 만족스럽게 웃었다.

그러고는 한 단계 더 나아갔다. "10캡 기준법에서 우리가 가정한 것은 주주이익이 적어도 유지되고 세전 기준으로 최소 10퍼센트 수익률을 거둔다는 것이었어. 적정 매수 가격을 간단하게 계산하기 위해 가정한 거지. 그렇지만 우리는 충분히 이해하는 기업 가운데 훌륭한 해자와 경영진이 있고, 무엇보다 성장 가능성이 있는 기업에 한해서만 매수할 거야."

맙소사. 나는 아버지가 무엇을 하려는지 알았다. 성장. 다시 편류 성장률로 돌아온 것이다.

10캡 기준법으로 좋은 기업의 가격을 구할 수는 있지만 두 가지 한계가 있다. 첫째, 주주이익에 대한 버핏의 정의가 어떤 측면에서는 상당히 모호한 것이 사실이고 유지자본지출 값을 구할 때 합리적 추측에 의존해야 하는 기업도 많다. 그러므로 좋은 투자자라면 10캡 기준 가격을 조금 달리해 적용할 수도 있을 것이다.

둘째, 10캡 기준법은 성장을 고려하지 않는다. 버핏은 그것이 오히려 장점이라고 주장하겠지만 10캡 방법을 이용하면 주주이익이 동일한 두 기업에는 성장 속도의 차이에 관계없이 정확히 똑같은 가격이 매겨진다. 성장은 전혀 중요하지 않은 요소가 되는 것이다. 그러나 다른 모든 조건이 동일하다면 현금을 더 빨리 성장시키는 회사가 미래에 더 많은 현금을 창출할 것이고 따라서 현재도 더 높은 가치가 있을 것이다. 10캡 기준법은 보수적 기준에 따라 성장을 고려하지 않는다. 반면 투자 회수 기간 방법은 성장을 고려한다.

가격 산정 방법 2: 투자 회수 기간

투자 회수 기간법은 투자자들이 오랫동안 팔지 않을 회사의 가격을 매기는 데 사용한다. 투자자들이 원하는 것은 도박사가 테이블에서 돈을 거두고 하우스 머니, 즉 도박으로 딴 돈으로 게임을 하듯 자기 돈을 잃을 위험을 없애는 것이다. 아버지의 설명에 따르면 투자 회수 기간은 말 그대로 매수 금액 전부를 회수하는 데 몇 년이 걸리는지를 가리킨다. 이것은 비GAAP 기준 현금흐름 지표인 잉여현금흐름을 이용해 적정 매수 가격을 구하는 방법이다. 이것도 곧 설명하겠지만 먼저 공식을 살펴보겠다.

8년 동안 복리로 불어난 잉여현금흐름(편차 성장률 가정을 적용해 추정)

예를 들어 살펴보면 더욱 확실하다. 다시 연습이다. 이번에는 렌털 하우스였다.

렌털하우스는 많은 사람들이 살고 싶어 하는 해변의 좋은 위치에 있다. 임대료는 대개 매년 3~4퍼센트씩 인상되지만 지출되는 비용은 거의 그대로 유지된다. 보수적으로 가정한 연간 편류 성장률은 3퍼센트다. 나는 8년 동안의 연간 잉여현금흐름에 100퍼센트에 편류 성장률 3퍼센트를 더한 값(1.03)을 곱해 8년 투자 회수 기간을 기준으로 한 적정 매수 가격을 산출했다.

렌털하우스의 투자 회수 기간

투자 기간(년)	잉여현금흐름 (달러)	성장률(%)	다음 해에 적용할 예상 잉여현금흐름 증가(달러)	누적 잉여현금흐름과 투자 회수 기간 기준 매수 가격(달러)
0(매수한 해)	24,000	3	720	-
1	24,720	3	742	24,720
2	25,462	3	764	50,182
3	26,225	3	787	76,407
4	27,012	3	810	103,419
5	27,823	3	835	131,242
6	28,657	3	860	159,899
7	29,517	3	886	189,416
8	30,402	3	912	219,819

내가 구한 렌털하우스의 적정 매수 가격은 21만 9,819달러다. 렌털하우스의 가격이 매년 3퍼센트씩 오른다면 나는 8년 만에 최초 투자금을 모두 회수할 수 있다.

어째서 8년일까? 찰리 아저씨는 비상장회사의 적정 가격은 같은 회사가 상장회사일 때 팔릴 가격의 절반 정도라고 본다. 상장회사는 대개 12~20년 치, 평균적으로 16년 치 현금흐름에 해당하는 가격에 팔린다. 16의 절반은 8이다.

상장회사와 비상장회사의 가격에 차이가 나는 것은 유동성 때문이다. 유동성은 기업의 소유권이 얼마나 쉽게 거래될 수 있는지 보여주는 척도다. 비상장회사를 조각내서 팔기는 어렵다. 이것은 '비유동적'인 투자다. 상장회사는 당연히 거래소에서 거래되고 훨씬 '유동적'이다. 거래량이 많고, 거래소에는 규제가 적용되며, 재무 보고 역시 정부가 강제하는 만큼 대체로 신뢰할 수 있기 때문이다. 펀드매니저는 상장회사의 주식을 지나치게 오랫동안 보유하는 것을 좋아하지 않는다. 신속하게 거래하기 위해서는 유동성이 극히 중요하다. 펀드매니저들은 상당한 규모의 주식을 신속하게 매도할 수 있어야 하고 그렇게 하기 위해 훨씬 더, 실제로 두 배가량 많은 돈을 기꺼이 지불한다.

하지만 워런과 찰리에게는 유동성이 필요 없고 유동성 때문에 더 많은 돈을 지불할 용의도 없다. 멋진 기업이라면 회수 기간을 8년 남짓 설정한 가격이 합리적이다. 워런 버핏, 찰리 멍거, 그리고 내 아버지처럼 투자하고 싶다면 상장회사에 그보다 더 높은 가격을 지불해서는 안 된다.

편류 성장률은 앞서 기업을 조사하며 이미 파악했다. 아버지는 이렇게 설명했다.

"해당 기업과 해자, 경영진을 이해하기 위해 했던 일이 바로 여기서 쓰인단다. 치열한 가격 경쟁으로 인한 잉여현금흐름의 감소나 신제품으로의 고객 이탈을 막아줄 지속 가능한 경쟁우위를 갖춘 커다란 해자가 있는 기업이라면 당연히 미래도 과거와 상당히 비슷하겠지. 유능하고 정직한 경영진이 해당 기업을 이끌고 있다면 해자를 망치는 일도 없을 거야. 기업에 대한 이해를 바탕으로, 해당 기업이 8년 동안 잉여현금흐름을 얼마나 성장시킬지 추정하는 거야. 이론적으로 8년 만에 잉여현금흐름 형태로 투자금을 모두 회수할 수 있다면 멋진 기업을 매수하기에 꽤 괜찮은 조건이지."

핵심은 이해하기 쉬운 기업을 선택하고, 지나치게 어려운 기업은 건너뛰며, 자신이 추구하는 사명과 해자, 경영진 분석을 적용해 적정 가격을 구하는 것이다. 지나온 단계로 돌아가 비수학적인 부분과 연결해 생각하니 특히 수학적 요소를 이해하는 데 많은 도움이 되었다.

이제 잉여현금흐름을 살펴보자.[*]

"잉여현금흐름에는 몇 가지 확실한 장점이 있어." 아버지가 말했다. "잉여현금흐름 숫자에는 주관적 요소가 개입되지 않아. 현금흐름표의 주석에서 잉여현금흐름을 설명하는 회사도 있지. 잉여현금흐름은 성장을 위한 자본적 지출growth capital expenditures, 이하 성장자본지출이 이미 반영된 결과야. 그리고 주식 리서치 전문 웹사이트에서도 잉여현금흐름 정보를 보여주기 때문에 네가 찾은 숫자와 비교해 확인할 수도 있어."

굉장했다.

주주이익과 비교하면 잉여현금흐름을 구하는 법은 턱없이 간단하다. 공식은 다음과 같다.

잉여현금흐름 산출 공식

영업활동으로 인한 순현금

+ 유형자산의 취득(음의 값)

+ 유지자본지출 및 성장자본지출(음의 값)

= 잉여현금흐름

현금흐름표의 약 3분의 1을 차지하는 것은 '영업활동으로 인한 순현금' 항목으로 다른 항목과 굵은 선으로 구분된다. 그 아래에 '투자활동현금흐름' 항목이 있고 '유형자산의 취득'은 여기에 포함된다. 현금흐름표 대부분에서 유형자산의 취득은 기업의 성장과 유지를 위한 모든 자본적 지출을 포함한다. 나중에 살펴보겠지만 홀푸드처럼 성장자본지출을 그 외 모든 자본적 지출과 구분해 기재하는 회사도 있다. 이 경우 성장자본지출 외 모든 자본적 지출은 유지자본지출이라고 추정할 수 있다. 다행히 주주이익을 계산하면서 이미 현금흐름표의 주석 사항을 읽어두었으므로 잉여현금흐름도 간단히 계산할 수 있다. 자본적 지출은 음의 값을 가지므로 '영업활동으로 인한 순현금' 숫자에 음수를 더하는 것이 중요하다. 이렇게 구한 값이 잉여현금흐름이다.

이제 자본주의의 우수성을 보여주는 모범 사례인 레모네이드 스탠드로 돌아가자. 잉여현금흐름을 구하면 다음과 같다.

레모네이드 스탠드의 잉여현금흐름

영업활동으로 인한 순현금	2,800
+ 유형자산 취득과 기타 자본적 지출	(1,300)
잉여현금흐름	$1,500

---

* 　아버지는 투자 회수 기간 개념을 다룬 책을 따로 집필해 두 번째로 〈뉴욕 타임스〉 베스트셀러에 올렸다. 그 책에서는 좀 더 쉽게 접근 가능한 정보인 순이익을 이용해 투자 회수 기간을 산출했다. 우리 책에서는 좀 더 정확한 계산이 가능한 잉여현금흐름을 이용한다.

우리가 마지막으로 확인한 이후 레모네이드 스탠드는 성장에 투자해왔다. 레몬 착즙기를 새로 구입했고 마을 반대편에 2호점을 열었다. 2호점은 1호점보다 영업 성적이 좋았다. 레모네이드 스탠드는 늘 현금이 풍부하다. 잉여현금흐름은 지난 2년 동안 해마다 16퍼센트 증가했다. 나는 앞으로도 이 성장률이 유지될 것이라고 자신 있게 예측하는데 레모네이드 스탠드의 브랜드 해자가 그만큼 강력하기 때문이다. 레모네이드 스탠드는 대로변 모퉁이를 독점하고 있으며, 과하지도 부족하지도 않은 레모네이드의 산미가 일품이다. 이것은 누구도 이길 수 없다. 편류 성장률 16퍼센트는 충분히 방어할 수 있는 수준이다.

나는 잉여현금흐름 1,500달러에서 출발해 내가 가진 숫자들을 연 단위로 계산한 뒤 투자 회수 기간 8년을 기준으로 8년 누적 잉여현금흐름을 구했다. 1,500달러에 16퍼센트를 곱해 연간 잉여현금흐름을 계산하고 이것을 8년 동안 누적한 값을 구했다.

투자 회수 기간법으로 구한 적정 매수 가격은 2만 4,778달러였다.

연간 16퍼센트 성장률의 결과는 엄청났다. 복리 성장률의 힘 역시 분명히 드러나는 결과다.

내가 구한 레모네이드 스탠드의 적정 매수 가격은 10캡 기준 2만 8,000달러, 8년 투자 회수 기간 기준 2만 4,778달러였다. 아버지는 처음에 적정 매수 가격을 구하는 세 가지 방법을 설명하며 이 가격 하나하나를 기준점으로 적정 매수 가격을 선택할 범위를 파악할 수 있다고 했다. 이제 그 의미를 이해했다.

그런 다음 실제 기업을 대상으로 10캡과 투자 회수 기간을 이용해

레모네이드 스탠드의 투자 회수 기간

투자 기간 (년)	잉여현금흐름 (달러)	성장률 (%)	다음 해 예상 잉여현금흐름 증가(달러)	내 투자 기간 동안 누적 잉여현금흐름 (달러)	투자 회수 기간 기준 매수 가격
0	1,500	16	240		
1	1,740	16	278	1,740	= 1년 기준
2	2,018	16	323	3,758	= 2년 기준
3	2,341	16	375	6,100	= 3년 기준
4	2,716	16	435	8,816	= 4년 기준
5	3,151	16	504	11,966	= 5년 기준
6	3,655	16	585	15,621	= 6년 기준
7	4,239	16	678	19,860	= 7년 기준
8	4,918	16	787	24,778	= 8년 기준

적정 매수 가격을 구하는 방법을 연습했다. 실제 기업, 홀푸드 차례였다.

홀푸드의 잉여현금흐름(2015년)

영업활동으로 인한 순현금	1,129,000,000
+ 신규 점포 개발 비용	(516,000,000)
+ 기타 유형자산 지출	(335,000,000)
잉여현금흐름	$278,000,000

주: 홀푸드는 잉여현금흐름을 계산해 재무제표에 제공하는 몇 안 되는 기업이다. 2015년 10K 문서 22쪽을 참고하라.

홀푸드의 과거 잉여현금흐름 증가율은 다소 들쑥날쑥했다. 그래서 살펴본 애널리스트들의 추정 증가율은 14퍼센트였다. 이것을 적용해 잉여현금흐름 2억 7,800만 달러가 8년 동안 매년 1.14배 증가하는 것으로 계산해 구한 8년 투자 회수 기간 기준 가격은 42억 달러였다.

홀푸드의 투자 회수 기간

투자 기간 (년)	잉여현금흐름 (달러)	성장률 (%)	다음 해 예상 잉여현금흐름 증가(달러)	내 투자 기간 동안 누적 잉여현금흐름 (달러)	투자 회수 기간 기준 매수 가격
0	278,000,000	14	38,920,000		
1	316,920,000	14	44,368,800	316,920,000	= 1년 기준
2	361,288,800	14	50,580,432	678,208,800	= 2년 기준
3	411,869,232	14	57,661,692	1,090,078,032	= 3년 기준
4	469,530,924	14	65,734,329	1,559,608,956	= 4년 기준
5	535,265,254	14	74,937,136	2,094,874,210	= 5년 기준
6	610,202,389	14	85,428,335	2,705,076,600	= 6년 기준
7	695,630,724	14	97,388,301	3,400,707,324	= 7년 기준
8	793,019,025	14	111,022,664	4,193,726,349	= 8년 기준

홀푸드의 10캡 기준 가격은 98억 1,000만 달러였다. 8년 투자 회수 기간 기준 가격은 약 42억 달러로 두 가격의 차이는 신규 출점 비용 때문이다. 이렇게 두 가격의 차이가 큰 상황에서 나는 어떻게 결정을 내려야 할까?

"너를 안전하게 지켜줄 세 가지 방법이라고 했던 것 기억하지?" 아버지가 전화로 말했다. "이제 세 번째, 안전마진이다."

안전마진법은 앞서 살펴본 두 가지 방법과 같이 매수 가격을 구하는 것은 물론 회사 전체의 가치를 평가하는 방법이다. 배우고 싶었지만 누노가 준 거대한 가치 평가 책을 내려놓은 뒤로 아직 손을 대지못하고 있었다. 기업 전체의 가치를 평가하는 것은 지금까지와는 완전히 다른 문제였고 그렇게 생각하자 명치가 살짝 떨리는 것이 느껴졌다. 복잡한 수학은 아버지와 내가 이따금 의사소통에 문제를 겪는지점이었다. 하지만 이제는 떨림과 동시에 마음 깊은 곳 어딘가에서전에 없던 자신감이 올라와 나를 진정시켰다. 우리는 이미 두 가지가격 산정 방법을 성공적으로 다루었다. 나는 그 사실을 인식하며 흐뭇했다. 이제 한 가지 방법만 남았다.

7개월 차 수련

매수 가격 산정을 연습할 때는 자신에게 가능한 한 너그러워야 한다. 마음에 드는 기업을 세 곳 선택해 각 기업의 10캡 기준 가격과 투자 회수 기간 기준 가격을 구한다. '주주이익'이라는 버핏의 특별한 계산법을 이용해서 기업의 적정 매수 가격을 구했다고, 그 가치를 알아줄 누군가에게 마음껏 자랑하는 것으로 스스로에게 보상을 준다.

1. Buffett, 2014 버크셔 해서웨이 주주서한
2. Buffett, 1986 버크셔 해서웨이 주주서한

8개월 차

찰리의 투자 원칙 4: 가치 평가

이달의 주제

안전마진 가치 평가
- 주당순이익
- 편류 성장률
- 편류 주가수익배수
- 최소요구수익률

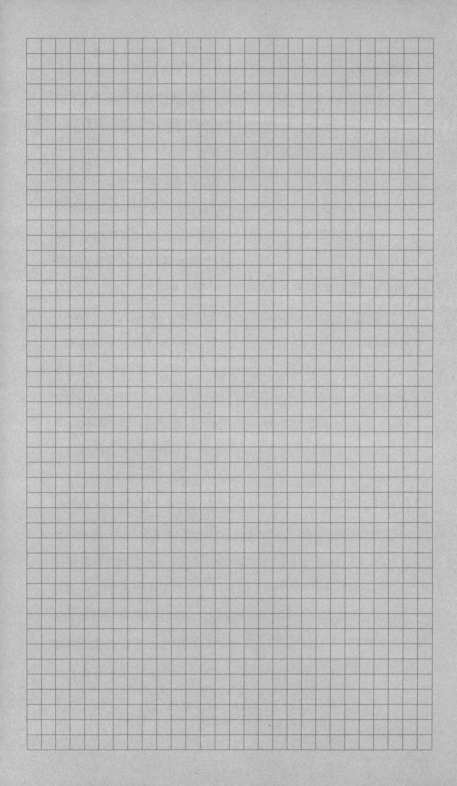

우리 집 에어컨은 쉴 새 없이 바람을 내뿜으며 열기와 장렬히 싸웠지만 8월까지 계속되는 볼더의 무더위에는 상대가 되지 못했다. 나는 더위에 지쳤고, 일에 지쳤고, 온갖 일들로 장거리를 오가는 일에 지쳤고, 어쩔 수 없이 떨어져 있는 동안 누노를 그리워하는 일에 지쳐 있었다. 가슴 한구석이 떨어져나간 듯 아렸다가 다시 만나면 잠시 반창고를 붙이고 상처를 달랬지만 둘 중 누구든 어쩔 수 없이 다시 비행기를 타야 할 때는 다시 가슴이 뜯기는 듯 고통스러웠다. 주말이 오면 터무니없이 짧은 시간을 보내기 위해 다시 취리히로 날아갔다. 말도 안 되는 상황이었다.

무엇보다 수학을 해야 하는 투자 수련 최악의 달이라는 것이 가장 힘들었다. 더 이상 두렵지는 않았지만 지쳐 있었다. 이번 달은 최악이었고 투자 수련을 건너뛰고 싶었다. 무릎 위에 뜨거운 노트북을 올리는 것조차 짜증스러웠다.

그런 나 자신이 못마땅했다.

계속 진도를 나가야 한다고 생각했다. 돈을 내고 피할 수 있다면 그렇게 했을 것이다. 그러나 나를 구해줄 누군가가 나타나기를 기다리고 있다면 바로 스스로 나서야만 할 때다. 그것이 정석이다. 나는 마음의 눈으로 본 성공한 투자자가 되고 싶었고, 몇 달 전 대면했던 짙은 안개 속을 헤치고 나온 지금은 그것이 가능하다는 것을 안다. 나는 내게 의미 있는 사명을 지닌 회사를 찾았다. 돈에 대한 선입견을 직시했다. 가격 결정 문제에 직면했다. 이제는 이번 달의 과제인 수학을 배워야 한다고 스스로에게 상기시켰다. 일어서자. 계속 해내자. 수학일 뿐이다. 뇌 수술이 아니란 말이다.

'기업 전체를 평가하는 법을 꼭 배우고 싶었잖아.' 나는 스스로를 다독였다. 그다지 설득력이 있지는 않았다.

문득 내가 투자 수련을 생각하는 방식에 변화가 있다는 사실을 깨달았다. 내게 투자 수련은 더 이상 겁이 나고, 알 수 없고, 비관적인 암시로 가득한 것이 아니었다. 매달 하는 수련은 그저 과제를 수행함으로써 배우고 내재화할 어떤 것이었다. 밀폐된 콘크리트 계단에 갇혔다는 느낌도 없었다. 이제 수학은 대문자 MATH보다는 math에 가까웠다. 평범한 '수학' 말이다.

나는 조용히 웃었다. 수학을 생각하면 가슴이 울렁거렸지만 배울 수 있다는 자신감도 들었다. 내가 상상한 그림 속의 젊은 투자자는 당연히 수학을 알고 있을 것이고 그녀가 되는 것이 나의 과제였다.

나는 기업 전체의 가치를 평가하는 방법을 절실히 배우고 싶었다.

나는 취리히 시간으로 저녁, 애틀랜타 시간으로 정오에 아버지와 영상 통화를 했다.

"가격을 산정하는 두 가지 방법을 배웠지만 기업의 실제 가치를 구하는 법은 여전히 모르겠어요." 나는 아버지에게 발언권을 넘겼다. "말씀해주세요. 기업 전체는 어떻게 평가하죠?"

"찰리의 네 번째 원칙을 기억하니?"

"타당한 가격."

"찰리도 '안전마진'이라는 용어를 썼는데 알아차리지 못했을 수도 있겠구나. 버핏은 안전마진이 투자에서 가장 중요한 단어라고 말했어. 반드시 안전마진이 확보된 가격margin of safety price으로 사야 해. 적정 가치보다 할인된 가격에 살 때, 그 가격이 안전마진 역할을 하고 대부분의 실수에서 우리를 보호하지. 모든 실수는 아니더라도 대부분은 말이야."

가격 분석을 잘못했을 경우 안전마진은 더욱 중요하다. 내 안의 기업 변호사 기질이 상장회사와 관련해 나와 같은 일반 투자자가 모르는 많은 일이 벌어지고 있을지 모른다고 과민하게 의식하고 있었다. 사람은 실수를 한다. 나쁜 짓을 저지른다. 거짓말을 한다. 많은 돈과 좋은 평판이 위태로울 때는 더욱 그렇다. 임원들의 동기는 일반 주주들의 동기 및 목적과 전혀 다를 수 있다. 어느 회사든 미래는 누구도 완전히 확신할 수 없다. 투자의 본질적 위험은 기업과 투자자 사이의 정보가 비대칭적이라는 데 있다.

"투자자로서 할 수 있는 일은 이해하는 기업에 투자하려고 노력하는 것뿐이야. 아파트를 사듯 편안하게 투자 대상에 접근할 수 있고, 안전마진이 확보된 가격에 살 수 있으면 되는 거야."

"10캡 기준 가격과 투자 회수 기간 기준 가격에도 안전마진이 있나요?"

"둘 다 안전마진을 내포하고 있어. 10캡은 요구하는 수익률이 매우 높아. 즉, 아주 싼 값에 매수해야 한다는 뜻이고 따라서 상당한 안전마진을 확보하지. 매수 가격을 기준으로 투자 회수 기간이 8년이고 그 기간이 동종 상장회사의 절반 수준이라면 약 50퍼센트의 안전마진을 확보한 셈이지."

그러니까 10캡과 투자 회수 기간법은 안전마진이 내재된 가격을 구하는 방법이었다. 이제 안전마진이 내재된 가치 평가 방법을 배울 차례다.

주당 가치지표에 관한 보충 설명

기업 전체의 지표는 1주당 지표와 다르다. 나는 안전마진 확보 가격을 구할 때도 여전히 기업 전체를 매수하듯 접근한다. 그러나 홀푸드 사례에서 보듯 상장회사의 재무 단위는 수십억 달러 수준이어서 계산이 쉽지 않다. 상장회사가 직면하는 이와 같은 문제와, 현실적으로 잠재적 투자자들(우리는 아니다!)의 관심은 대개 자신들이 매수하는 주식에 한정된다는 사실을 감안해 금산 복합체는 기업 전체의 지표를 1주당 지표로 환산한다. 우리에게는 도움이 되는 일이지만 자신이 이용하는 것이 주당 지표인지 기업 전체의 지표인지 늘 유의해야 한다. 일관성 있게 적용하기만 한다면 전체 지표와 주당 지표 중 어느 것을 사용해도 괜찮다. 금융계 사람들은 종종 전체 지표와 주당 지표를 섞어 사용하는데 이것은 매우 성가실 뿐 아니라 혼란을 불러올 수 있다. 나는 내가 이용하는 지표가 어떤 것인지 늘 확인하려고 신경 쓴다. 앞으로 안전마진법을 설명하며 예로 드는 모든 숫자는 1주당 지표다.

가격 산정 방법 3: 안전마진

"주주이익과 잉여현금흐름을 이용해 가격을 산정하는 법을 배웠으니 이제 세 번째 방법으로 이익을 이용해보자. 안전마진법은 수년간의 미래 이익을 얻기 위해 현재 얼마를 지불해야 하는지, 그리고 미래에 실제로 그 이익을 얻을 가능성은 얼마나 되는지 알아보는 방법이야. 먼저, 투자금을 실제로 집어넣는 것이 네게 어떤 가치가 있을지 생각하고, 시간과 위험의 관계를 이해해보자. 가장 확실한 선택은 정말 안전한 곳에 투자하는 것이지. 너는 가장 안전한 곳이 어디라고 생각하니?" 아버지가 물었다.

"침대 밑요?"

"누가 훔쳐가거나 불에 탈 수도 있어. 그것보다 더 안전한 곳이 있을 거야."

"은행요."

"좋아. 꽤 안전한 곳이지. 하지만 훨씬 더 안전한 곳이 있어. 가장 안전한 투자처는 바로 미국 국채야."

"아, 맞아요. 국채! 제가 비축하려던 것도 바로 그거였어요."

아버지는 웃었다. "맞아. 국채는 대표적인 무위험 자산이지. 만일 우리가 돈을 무위험 자산이 아닌 다른 곳, 예를 들어 레모네이드 스탠드에 투자한다면 무위험 수익률을 초과하는 수익을 올려야 해. 그렇지 않다면 돈을 거기 묶어두는 대신 차라리 가지고 있으면서 쓰는 편이 나을 거다."

"투자한 보람이 있으려면 얼마나 수익을 올려야 하는지는 어떻게 알 수 있죠?"

"그걸 알아내는 기발한 방법이 있단다."

'당연히 그렇겠죠.'

"금융업계에서 현금흐름할인discounted cash flow, DCF 분석이라고 부르는 기법이 있는데 그것을 단순화한 방법을 알려주마."

누노가 준 거대한 가치 평가 책이 떠올랐다. 책의 대부분을 차지한 내용이 바로 현금흐름할인 분석법이었다. 설레지 않았다.

가격 산정 방법의 가장 큰 문제는 미래에 거둘 이익을 위해 현재 얼마를 투자해야 하는지 알아내야 한다는 점이다. 오늘 100달러를 투자하고 10년 뒤에 똑같은 금액을 회수한다면 어리석은 일이 아닐까? 나의 적인 인플레이션은 나의 천재적인 '비축하기' 구상을 쓸모없게 만들었다. 비축해둔 100달러의 10년 뒤 구매력은 지금과 같지 않을 것이다. 게다가 아예 돈을 회수하지 못할 위험도 있다. 구매력 감소와 회수 불능 위험을 해소하려면 지금 100달러 미만을 투자해 10년 뒤 100달러를 회수해야 한다. 그렇다면 얼마를 투자해야 하는지가 문제다. 그것을 구하는 것이 바로 안전마진법 가치 평가다. 그렇다. 이것은 사실 현금흐름할인법을 단순화한 방법으로, 일상적인 대화 중에 한마디 언급하면 꽤 그럴듯해 보이는 효과가 있다.

여기서는 쉽게 접근 가능하고 잘 알려진 기업의 지표를 이용해야 우리의 평가 결과와 시장의 평가를 비교할 수 있다. 시장의 평가가 중요한 것은 우리가 시장에서 사고 시장에서 팔기 때문이다. 중요한 것은 다음과 같다. (1) 우리는 주주이익이나 잉여현금흐름이 아닌 이익을 활용하고, (2) 비상장회사가 아닌 상장회사의 가격을 구하며 (3) 따라서 그 결과는 투자 회수 기간이나 10캡 기준으로 산출한 가격과 다를 수 있다.

아버지는 이렇게 설명했다.

"가장 쉬운 방법을 알려줄게. 위험을 부담할 가치가 있으려면 투자금 대비 매년 얼마의 수익률을 올려야 하는지 알아내는 거야. 수년간의 경험을 근거로 내가 양호하고 탄탄한 수준이라고 생각하는 연간 수익률은 주식의 경우 15퍼센트야. 즉 복리 수익률 15퍼센트면 위험을 감수하는 투자에 괜찮은 보상이라는 뜻이지."

아버지는 이 15퍼센트 수익률을 최소요구수익률minimum acceptable rate of return, 줄여서 MARR이라고 불렀다. MARR을 이용하면 10년 뒤 특정 수준으로 불어난 투자금을 회수하기 위해 지금 얼마가 필요한지 구할 수 있다. MARR을 높게 설정할수록 지금 필요한 투자금은 줄어들 것이다. 15퍼센트는 투자 위험을 감안하면 충분히 높은 수익률이지만 합리적인 수준의 투자금을 산출하기에 충분히 낮은 요구수익률이다. 나는 이 지표를 이용했다. 10년 후 희망하는 매도 가격을 추정해 안전마진법 가치 평가를 실시했고 그런 다음 MARR 15퍼센트와 기본 대수학을 이용해 내가 기꺼이 지불할 수 있는 가격을 구했다.

안전마진법 요약

목적	10년 후 해당 기업의 예상 매도 가격을 계산한 다음 기본 대수학을 이용해 현재 기꺼이 지불할 수 있는 매수 가격을 역산한다.
필요 지표	주당순이익(EPS) 편류 성장률 주가수익배수(PER) 최소요구수익률(MARR)

또 새로운 숫자다. 하지만 안전마진법에 필요한 숫자는 쉽게 찾을 수 있다. 주주이익과 잉여현금흐름을 해독하고 계산하는 혹독한 시련을 겪은 뒤라 금세 배울 수 있었다. 심지어 재무제표의 주석을 읽을 필요도 없었다! 안전마진법에 필요한 숫자는 쉬어가는 기회나 마찬가지였다.

안전마진법에 필요한 지표를 찾는 방법은 다음과 같다.

지표	정의	찾는 법	〈예〉 레모네이드 스탠드
EPS	기업 전체의 순이익을 발행주식 수로 나눈 값이다.	손익계산서에 제공된다.	연간 순이익: 2,000달러 발행주식 수: 100 EPS: 20달러 (=2,000달러/100)
편류 성장률	기업의 예상 성장률로 4대 지표를 검토하고 미래를 수월하게 확신할 수 있을 만큼 해당 기업을 충분히 이해한 상태에서 선택한 값이다.	다행히 이미 알고 있다. 한참 전에 해자를 공부할 때 이 성장률 값을 결정해야 했다. 성장률을 합리적으로 추측하면서 주눅이 들었던 것을 생각하면 이번에는 훨씬 쉬운 시간이 될 것 같지 않은가? 성장률이라니! 성장률이라면 벌써 꽤 많이 공부했다.	16%
편류 PER	가격을 이익으로 나눈 값이며 가격이 이익의 몇 배인지 나타내는 지표다. 실러 PER이 시장 전체의 저평가 혹은 고평가 여부를 보여주듯, 개별 기업의 PER은 해당 기업의 주가와 이익의 관계를 보여준다. 비율로 표시되므로 일관성만 유지한다면 기업 전체의 이익과 주당 이익 가운데 어느 것을 이용해도 상관없다.	다음 두 선택지 중 더 작은 값을 이용한다. ① 편류 성장률×2 (% 기호는 버림) ② 해당 기업의 과거 10년간 PER 고점 (인터넷에 공개됨)	① 16×2=32 ② 과거 10년간 PER 수준 19, 22, 20 가운데 역사적 고점은 22 → 편류 PER: 22 (둘 중 작은 값)
MARR	해당 투자 대상에 자금이 묶인 동안 투자자가 요구하는 연간 수익률이다.	항상 15%다.	항상 15%다. (레모네이드 스탠드도 마찬가지임)

	설명	수식
1단계	먼저 10년 후를 추정한다. 해당 기업의 10년 후 합리적인 가격은 얼마일까? 우리는 주당순이익에 PER을 곱해서 주가를 구할 수 있다는 것을 안다. 따라서 우선 10년 후 주당순이익을 구한다. 주당순이익에 연간 편차 성장률을 10년간 적용해 10년 후 주당순이익을 산출한다.	10년 후 EPS = EPS × (1 + 편류 성장률) [10번 반복] * 직접 계산할 수도 있고 스프레드시트를 이용해 계산할 수도 있다.
2단계	10년 후 EPS에 편류 PER을 곱해 10년 후 주가를 구한다. 이제 10년 후 1주당 가격을 안다.	10년 후 주가 = 10년 후 EPS × 편류 PER * 명심할 것: 편류 성장률에 2를 곱한 값과 역사적 고점 PER 가운데 작은 값이 편류 PER이다.
3단계	이제 역으로 계산해 연간 15% 수익률을 기준으로 현재 적정 가격을 구한다 (나중에 다루겠지만 현재 시장에서 실제로 거래되는 가격을 말하는 것이 아니다). 기준 가격=10년 후 미래 주가/(1.15)$^{투자\ 기간}$ MARR 15%를 적용해 분모의 기본값으로 1.15를 표시했다. 이것을 투자 기간 10년과 연결해 1.15의 10승을 구하면 4가 나온다. 투자 기간 10년과 15% MARR을 적용하는 한 분모는 늘 4다. 이렇게 해서 현재 합리적인 가격을 구한다. 됐다! 잠깐, 찰리의 안전마진은 어쩌지?	기준 가격=10년 후 주가/(1.15)$^{투자\ 기간}$ (=10년 후 주가/4)
4단계	기준 가격의 절반이 안전마진 확보 가격이다. 안전마진을 확보한 매수 가격 = 기준 가격/2	안전마진을 확보한 매수 가격 = 기준 가격/2

기업의 성장률과 주가수익배수(이하 PER) 사이에는 오랜 관계가 있는데 상장회사는 대개 두 배 차이가 난다. 아버지는 경험을 통해 편류 성장률에 2를 곱하면 PER에 준하는 값을 꽤 정확하고 간단하게

구할 수 있다는 사실을 발견했다.

나처럼 암산을 어려워하는 사람들이 차근차근 따라 할 수 있는 안전마진법 공식이다. 다음 페이지에 엑셀을 활용한 아버지의 계산법을 정리했다.

일단 수학을 미래로 보냈다가 오늘로 가져와 단계별로 세분화하자 논리적인 그림이 그려졌다. 누노가 수식을 외우지 않는다고 한 것도 바로 이런 의미였다. 나도 이 공식을 정확히 외울 수는 없어도 과정을 생각하며 기억에서 불러내는 것은 할 수 있었다.

나는 이것을 레모네이드 스탠드에 적용했다.

안전마진법 사례: 레모네이드 스탠드

다시 보기	
EPS	20달러
편류 성장률	16%
편류 PER	22
MARR	15%
공식	
1단계: EPS × (1 + 편류 성장률) [10번 반복] = 10년 후 EPS	10년 후 EPS = 88.23달러
2단계: 10년 후 EPS × 편류 PER = 10년 후 주가	88.23달러 × 22 = 1,941.06달러
3단계: 10년 후 주가/(1.15)$^{투자\ 기간}$=10년 후 주가/4	1,941.06달러/4 = 485.27달러
4단계: 기준 가격/2 = 안전마진을 확보한 매수 가격	485.27달러/2 = 242.64달러

* 부록에서 위 가치 평가 방법을 종합적으로 확인할 수 있다.

엑셀을 활용하면 레모네이드 스탠드의 안전마진법 기준 가격을 쉽게 구할 수 있다. '현재 가치present value, PV'와 '미래 가치future value, FV'를 구하기 위해 엑셀에 =PV( )와 =FV( ) 형식으로 입력하면 자동으로 수식이 나타나고 어떤 값을 입력해야 하는지 알려준다.

먼저 =FV( )를 이용해 현재 이익의 10년 후 가치를 구한다. 필요한 값은 편류 성장률, 기간, EPS다.

=FV(16%,10,,-20)
FV(rate, nper, pmt, [pv], [type])

참고로 공식에서 'pmt' 값은 이용하지 않으므로 그 부분은 콤마(,)로 표시하고 건너뛴다. 'pv'값 20달러 앞에 음수(-) 기호를 붙인 것에도 주목한다. 음수 기호를 표시해야 20달러가 해당 기업에 투입되는 것으로 인식해 10년 후 이익을 계산할 수 있다. 'type'에서는 자판의 [enter] 키를 친다.

이 수식으로 얻은 답은 88.23달러다. 우리가 추정한 성장률이 맞을 경우 해당 기업이 10년 뒤 달성할 EPS 수준이다.

이제 이 기업의 10년 후 가치를 추정할 수 있다. 미래 EPS($88.23)에 PER(22배)을 곱한다. 결과는 1,941.06달러다. 엑셀에서 이것은 '미래 가치'다. 미래 가치는 회사가 지금부터 10년째 되는 해에 주당 88.23 달러 이익을 올리고 여전히 연평균 성장률 16퍼센트를 기록할 가능성이 있다면 해당 시점에서 적정한 주당 매도 가격은 얼마인지를 의미한다.

이제 현재 시점에서 해당 기업의 합리적인 매수 가격을 =PV( )를 이용해 구할 수 있다.

= PV(15%,10,,-1941.06)
PV(rate, nper, pmt, [fv], [type])

수식에서 'rate'는 최소요구수익률MARR이고, 'nper'은 기간을 뜻한다. 'pmt'는 '콤마'로 건너뛴다. 'fv'에는 10년 후 회사의 미래 가치를 (음수 기호에 주의해) 입력한다. 'type'에서는 자판의 [enter] 키를 친다. 이처럼 엑셀 수식으로 구한 회사의 현재 가치는 주당 479.79달러로 사람이 직접 계산한 결과와 약간 다르지만 거의 같다. 이 값을 2로 나눈 239.90달러가 바로 안전마진법으로 구한 적정 매수 가격이다.

말도 안 되지만 완전히 이해했다. 네 단계를 거쳤고 해냈다. 무려 네 단계다. 네 단계를 모두 해냈다.

레모네이드 스탠드의 발행주식은 100주다. 내가 계산한 레모네이드 스탠드의 주당 적정 매수 가격은 (1) 10캡 기준 200달러, (2) 8년 회수 기간 기준 247달러, (3) 안전마진법으로 구한 기준 가격 약 480달러, (4) 안전마진을 확보한 매수 가격 약 240달러다. 물론 레모네이드 스탠드는 성업 중이며 매물로 나오지 않았다.

"다 구했어요. 이제 세 가지 방법으로 가치 평가를 할 수 있어요. 정말 굉장해요. 감사해요. 이런 순간이 올 줄은 몰랐어요."

"네가 해낼 줄 알았다." 아버지가 웃으며 말했다.

'정말일까?' 믿기 어려웠다.

"그래, 네가 해낼 줄 분명히 알고 있었어. 너는 많은 것을 배웠고 가격을 매기고 평가하는 더 나은 방법도 보여주었어. 선택할 것은 함께 헤쳐나갈 방법을 찾는 길뿐이었어."

"함께." 나는 아버지를 따라 되뇌었다.

"그래, 무조건 함께야. 이제 쉬운 것만 남았단다."

우리는 인사를 나누고 전화를 끊었다. 이 일이 쉬운 사람이 이 일의 어려움을 진정으로 공감할 수 있다고는 생각하지 않는다. 하지만 괜찮았다. 내 인생에서 경험한 적이 거의 없는 느낌이었다. 나는 불가능해 보이던 것을 정복했다. 강한 사람이 된 것 같았다.

찰리에게는 내 시련이 와 닿지 않겠지만 나는 가치 평가 공식을 가까스로 완전히 이해했고 그중에는 내 힘으로 알아낸 부분도 있었다. 찰리에게 말없이 감사 인사를 보냈다. 나 자신에게도 고마웠다.

이 일을 해냈을 때 어떤 기분일지는 전혀 예상하지 못했다. 가치 평가 방법을 이해한 그 순간 나는 뒤로 공중제비를 돌거나 춤을 추며 집 안을 돌아다니고 싶은 기분이었다. 대신 나는 책상 앞에 앉아 히죽 웃었다. 그냥 가만히 앉아 히죽거렸다. 눈이 작아져서 아무것도 보이지 않을 때까지 히죽히죽 웃다가 급기야 미친 사람처럼 혼자서 큰 소리로 웃었다. 오래된 가치 평가 공식을 정복한 데서 오는 기쁨은 굉장했다. 문득 시간이 늦었다는 것을 깨닫고 잠자리에 들었다. 그날 밤 나는 깊은 잠을 잤다. 다시 즐기고 싶은 수학자의 잠이었다.

아침에는 홀푸드로 연습했다. 생각보다 쉬웠다. 실제 계산식은 오른쪽과 같다.

필요한 값	
2015년 EPS	1.48달러
편류 성장률	① 2009~2015 평균 성장률 16.7% ② 애널리스트가 추정한 5년 평균 성장률 14% 편류 성장률: 16.7%와 14% 가운데 작은 값인 14%
편류 PER	① 14 × 2 = 28 ② 홀푸드의 과거 10년 PER은 10~46으로, PER 고점은 46 편류 PER: 28과 46 가운데 작은 값인 28
MARR	15%. 항상 15%다.

공식	
1단계: EPS × (1 + 편류 성장률) [10번 반복] = 10년 후 EPS	10년 후 EPS = 5.49달러

투자 기간(년)	미래 EPS(달러)	1+편류 성장률
0	1.48	1.14
1	1.69	1.14
2	1.92	1.14
3	2.19	1.14
4	2.50	1.14
5	2.85	1.14
6	3.25	1.14
7	3.70	1.14
8	4.22	1.14
9	4.81	1.14
10	5.49	

공식	
2단계: 10년 후 EPS × 편류 PER = 10년 후 주가	5.49달러 × 28 = 153.72달러
3단계: 10년 후 주가/(1.15)$^{투자 기간}$ = 10년 후 주가/4	153.72달러/4 = 38.43달러
4단계: 기준 가격/2 = 안전마진을 확보한 매수 가격	38.43달러/2 = 19.21달러

홀푸드는 10캡 방법과 투자 회수 기간 방법을 이용해 기업 전체의 가격을 구했다. 이렇게 구한 가격을 발행주식 수로 나누어 안전마진 법으로 구한 주당 가격과 비교했다.

주식 수는 유동적이라서 또 다른 편류 요인이다. 10K 문서에 따르면 홀푸드의 주식은 3억 6,000만 주에서 3억 4,900만 주로 감소했고 이 문서의 서문에는 3억 4,100만 주로 표시되어 있었다. 인터넷과 아버지의 웹사이트, 야후 파이낸스 검색을 통해 찾은 것은 3억 4,100만 주였다. 이 편류 요인을 이용해 나는 다음과 같이 홀푸드의 가격을 구했다.

10캡 기준 가격(총 98억 2,000만 달러): 주당 약 29달러

8년 회수 기간 기준 가격(총 42억 달러): 주당 약 13달러

안전마진 확보 가격: 주당 약 19달러

숫자는 일부러 반올림했다. 이것은 정밀함을 요하는 학문이 아니고 편류 현상도 상당히 많이 발생한다. 내가 구한 것은 가격의 범위이며 나는 그 범위 안에서 타당한 가격을 결정하면 된다.

이것이 내가 할 수 있는 전부였다. 이 가격들 중 무엇을 취하고 버릴지는 나중에 결정하기로 했다. 이것으로 하루의 수련을 마치고 수고한 나에게 초콜릿 컵케이크를 사주기로 했다. 재무제표를 읽는 고통을 감수하기 위해서는 나 자신을 달랠 특별한 뇌물이 필요했다.

문득 스위스에서 컵케이크를 찾기 쉽지 않았던 기억이 떠올랐다. 하지만 상관없었다. 나는 성과를 자축해야 했다. 주방으로 가서 냉장

고를 열었더니 샴페인이 보였다. 그렇다. 나는 샴페인을 마실 자격이 있었다. 샴페인 병을 자세히 살폈다. 프로세코prosecco였다. 그렇다. 나는 프로세코를 마실 자격이 있었다. "누노!" 나는 크게 소리쳤다. "나 프로세코 딴다!"

"오전 11시인데!" 누노가 소리쳤다.

마개는 벌써 열렸다. 재무제표를 속 시원히 해결하고 이제 막 마개를 뽑은 샴페인에서는 경쾌하게 거품이 일었다. 신들의 음료였다.

나는 샴페인을 반 병쯤 비우고 우쭐해서 누노에게 내 수학 실력을 자랑하기 시작했다. "네가 말한 그대로던데! 그냥 논리적으로 생각해서, 주당 이익이 미래 주가와 어떻게 연관되는지 찾아낸 거지. 잘봐, 어떻게 했는지 설명해줄게." 나는 누노에게 세 가지 가치 평가 방법을 설명하기 시작했다. 다른 사람을 도울 수 있다면 기꺼이 도울 것이다. 오프라에게서 배운 사회 환원을 실천하는 것이다. 하지만 각각의 방법 모두 중간에서 설명이 막혔고 나는 뒤섞인 숫자들 속에서 혼란에 빠졌다. 수식을 머릿속에 제대로 새기려면 연습이 좀 더 필요하다는 것을 깨달았다. 그렇게 생각하며 프로세코를 좀 더 마셨다. 그러고는 잠이 들었다.

낮잠. 나는 낮잠을 강력히 추천한다. 열량도 없고 돈도 들지 않는 낮잠은 자신을 위한 또 다른 뇌물이다.

잠에서 깬 후 마음속으로 투자 수련 현황을 다시 검토했다. 나는 세 가지 가치 평가 방법을 배웠다. 갑자기 벽돌로 쌓은 담장에 가로막힌 듯 머리가 멈추었다. 각각의 방법으로 얻은 값이 크게 다르다는 사실이 눈에 들어왔다.

어느 것이 타당한 가격인지 어떻게 판단해야 하는가? 나는 반쯤 공황 상태에 빠져 아버지에게 전화를 걸었다.

"맞아. 세 가지 방법은 측정하는 요소가 다르기 때문에 전혀 다른 결과를 얻기도 하지. 일반적으로 투자 회수 기간법이 가장 정확하고 유용해. 잉여현금흐름을 이용하고, 미래에 그 잉여현금흐름을 더욱 크게 증가시킬 기업의 잠재력도 감안하기 때문이지. 그런데 홀푸드는 신규 점포를 추가해 사업을 성장시키는 데 상당한 현금을 지출하고 있어. 미래에 많은 잉여현금흐름 창출이 예상되지만 현재는 잉여현금흐름이 감소하고 있고, 따라서 8년의 투자 회수 기간을 기준으로 한 매수 가격은 다른 방법으로 구한 가격보다 더 낮을 거야. 홀푸드가 시장에서 정말 헐값에 거래되고 있는지 알고 싶다면 주주이익을 기준으로 산출한 10캡 가격이 도움이 될 거야. 멋진 상장회사를 주주이익의 10배 가격에 살 수 있다면 미래 성장성과 무관하게 성공적인 투자가 될 수 있으니 상당히 괜찮은 거래지. 안전마진 공식을 이용하면 보수적으로 계산한 상장회사의 가치를 알 수 있단다."

안전마진 공식을 이용해 공개시장에서 거래되는 기업의 가치를 구한다. 그런 다음 찰리가 네 번째 원칙에서 말한 '인생의 우여곡절'을 감안해 그 값을 절반으로 할인해 보호 장치를 마련한다. 이 세 가지 방법으로 적정 매수 가격을 구하는 것은 편류 성장률을 결정하는 상황과 비슷하다. 결국 모든 요소를 고려해 내가 판단해야 하는 문제다.

이제 앞서 작성한 체크리스트를 보완해야 했다. 마침내 나는 찰리의 네 번째 원칙에 부합하는 검토 항목 몇 가지를 추가했다.

연습을 통해 지금까지 배운 가격 산정 공식을 정확히 적용하는 것은 내 몫이었다.

나는 아무것도 판단하지 않고 생각이 흐르는 대로 내버려 두었다. 그 느낌에 집중했다. 몇 달 전만 해도 나는 밀폐된 콘크리트 계단에 갇힌 것 같았다. 하지만 이제는 스스로 좀 더 강하게 느껴졌다. 나는 내가 무엇을 하고 있는지 알았다. 오래된 방식을 이용하는 투자자들의 연회에 참석했고 더 이상 어색하지 않았다. 괜찮았다. 많은 사람들이 나보다 훨씬 더 오래 이곳에 머물렀고 훨씬 더 많이 안다. 굉장한 일이다. 내 지식도 이곳에 있을 자격이 있을 만큼 충분했다. 나는 더 이상 외톨이가 아니었다.

문득 실제로 주식을 매수하는 것이 궁금해졌다. 진지하게 주식시장에 투자할 시간이 상당히 가까워졌다고 느껴지기 시작했다. 아버지는 올해 안에 주식을 매수하는 일은 없을 거라고 말했지만 단순히 증권회사에 계좌를 개설한다고 해서 잘못될 일은 없을 것이다. 그렇지 않은가? 결국 언젠가는 이용할 계좌다. 주식 계좌를 실제로 본 것도 꽤 오래 전이어서 지금은 어떤지 알고 싶었다.

주식 계좌 만들기

인터넷으로 '주식 계좌'를 검색하자 전에 이름을 들어본 적이 있는 증권회사가 나타났고 나는 그 회사가 괜찮다고 생각해 선택했다. 15분가량 질문에 답했더니 계좌가 만들어졌다. 계좌로 돈을 일부 이체하자 웹사이트에서 다음 날부터 그 돈을 이용 가능하다는 안내 문구가 보였다.

놀라울 정도로 간단했다. 최소 능력 시험 같은 절차가 필요한 것 아닌가? 나는 주식을 어떻게 사야 하는지도 몰랐다.

사실 홈페이지 자체만 보면 쉽지만은 않았다. 정보, 뉴스, 숫자, 종목 기호, 리서치 메뉴가 잔뜩 뒤섞여 있었다. 내 돈이 임시로 계좌 안에 있다는 것을 확인할 수 있었다. 매수를 부추기려는 목적인지 홈페이지는 계좌의 내 돈이 '이용 가능한' 상태라고 보여주었지만 나는 그 돈을 건드리고 싶지 않았다. 복잡한 홈페이지의 메뉴를 실수로 잘못 선택해 애플 주식 800만 달러어치를 사겠다고 청약하고, 팀 쿡이 그 돈을 받으러 나를 찾아오는 일이 있어서는 안 되었다. 내게 그만한 능력은 없었다.

사실 800만 달러는 애플 직원들의 점심값으로도 빠듯할지 모른다. 애플은 이런 소규모 매수는 신경도 쓰지 않을 것이다. 나는 홈페이지에서 종목 기호와 각종 실행 단추를 들여다보고 있었다. 모든 것이 빠르게 현실화되고 있었다.

수련이다. 나는 혼잣말을 했다. 이것은 수련이다. 숨을 길게 쉬자. 아무것도 사지 말고, 아무것도 만지지 말고, 그냥 숨만 쉬자.

작은 권총을 처음 집어 들었을 때도 비슷한 기분이었다. 그때 나는 열네 살쯤이었고 아버지가 지켜보고 있었다. 우리 마을 번화가에는 사무실용 건물 지하에 작은 실내 사격장이 있었는데 아버지가 나를 그곳에 데려갔다. 내가 소크라테스식 문답법에 제대로 된 논쟁을 하게 되자 무기에 익숙해지는 법을 배울 때가 되었다고 생각했던 것 같다. 탄환은 장전되어 있지 않았다. 아버지가 텅 빈 약실을 보여주어서 탄환이 없다는 사실을 알고 있었지만 막상 집어 들자 총이라는 무기가 가진 힘이 두려웠다. 우리가 미처 보지 못한 탄환이 안에 남아 있을지도 모른다고 생각했다. 아버지는 탄환이 장전되지 않았다는 것을 다시 한번 확인시켜주었다. 총이 조금은 손에 익은 기분이었다. 아버지는 규칙을 강조했다.

"위험하지 않은 물건을 다루듯 총을 다루면 절대, 절대로 안 돼. 언제나 장전된 상태인 것처럼 다루어야 하지. 탄환을 확인하는 것을 잊기 쉽고, 긴장하고 과욕을 부리다가 실수를 범하기 쉽고, 방아쇠를 당기기도 쉽기 때문이야. 생명을 앗아갈 수 있는 무기는 경계심을 갖고 다루어야 해."

새로 개설한 주식 계좌를 보며 매수 단추 근처에 마우스를 가져가지 않으려고 주의했다. 실제로는 아니라는 것을 알지만 탄환이 장전된 것만 같았다. 안전한 투자가 중요하다. 나는 돈을 움직여 내 삶의 경로를 올바른 방향으로도 또는 그릇된 방향으로도 바꿀 수 있는 투자의 힘을 경외했고 조심스럽게 투자에 접근했다.

나는 가상 투자나 주식 계좌 개설에 관해 아버지에게 알리지 않았다. 이런 초보적인 단계를 거쳐야 한다는 것을 아버지가 이해할 수 있을 것 같지 않았다. 게다가 아버지는 내가 올해 안에 주식을 매수하기를 바라지 않는다고 이미 말했다. 금지 행위 목록에 주식 계좌 개설이 포함되지 않는다고는 확신할 수 없었다.

그렇지만 정신적으로뿐만 아니라 신체적으로도 발전하는 느낌이었다. 그달 나는 위장약을 먹지 않아도 될 정도로 건강이 크게 좋아졌다. 약을 먹기 시작하고부터 약에서 해방되고 싶었던 나는 더 이상 매일 작은 알약에 매달리지 않아도 된다는 것 자체에서 자유로움을 맛보았다. 늘 전 세계를 날아다니고 얼마 되지 않는 자유 시간마저 투자 수련으로 보내면서 몸은 여전히 시달릴 것임을 알았다. 하지만 업무와 상관없는 이 일에 행복해졌고 바쁘고 벅찬 일정이 계속되는 중에도 내 몸이 그 행복감에 반응하는 것 같았다.

모든 것이 밝고 무지갯빛이기만 한 것은 아니었다. 주말이 끝나가면서 공항으로 출발하기 직전에 나는 가상 투자 엑셀을 점검했다. 시장에서는 다섯 개 기업 중 네 개의 주가가 하락했다. 나는 급히 시선을 돌렸다. 심장이 쿵 내려앉았다. 실망이 컸다. 문득 내가 은밀하게, 마법처럼 투자를 잘 해낼 수 있다고 기대하고 있었다는 사실을 깨달았다. 알고 보니 투자 영재였고 그래서 "뭐, 그냥 좋아 보이는 기업을 골랐을 뿐인데 잘 풀렸어요!"라고 할 수 있기를 기대했던 것이다.

하지만 아니었다. 내가 선택한 기업은 하락했다. 문득 실제로 투자했을 때 실수를 저지를지 모른다는 본능적인 두려움이 밀려왔다. 나는 '투자의 감정적 법칙'을 떠올렸다. '내가 사면 떨어진다. 내가 샀기 때문이다.' 들을 때마다 재미있다고 생각했지만 더는 예전처럼 웃을 수 없었다. 단기 변동성은 장기적 가치투자와 무관하다는 것을 알고 있었다. 하지만 이 하락이 앞으로 다가올 거대한 추세를 암시한다면 어떻게 할 것인가? 내가 실제로 실수를 저질렀다면 어떻게 되었을까?

나는 현실을 인정했다. 나는 늘 A가 아니라 A+를 받고 싶어 안달했고 1학년 때는 숙제를 더 달라고 졸랐다.

그렇다. 혼자 힘으로 투자하는 법을 배우겠다는 내 생각은 경솔했고 나는 실제 돈을 투자할 준비가 되지 않았다. 다시 겁이 났다.

이 수련의 어디에 허점이 있는지 찾아야 했다.

8개월 차 수련

이미 가치 평가를 마친 세 기업(렌털하우스, 레모네이드 스탠드, 홀푸드)의 안전마진 확보 가격을 계산한다. 세 가지 방법으로 구한 가격을 비교하고 자신의 적정 매수 가격을 결정한다. 여기서 한 가지 중요한 일이 있다. 바로 스스로에게 보상을 주는 것이다.

9개월 차
이야기 반전하기

이달의 주제

값비싼 실수를 막는 체크리스트

이야기 구성하기

이야기 반전하기

실습용 주식

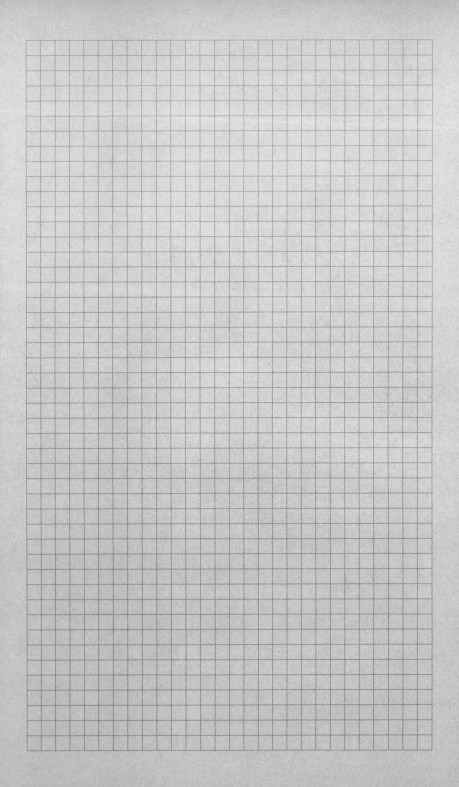

그렇다. 나는 실수를 범했고, 놓친 것이 있었다. 그것은 감수할 수 있었다.

아니, 감수할 수 없지만 상관없었다. 내 판단을 믿고 돈을 걸어도 되는지, 아침 해가 뜨면 아버지와 논의할 것이다.

내가 놓친 것이 무엇일까?

사람과 사랑에 빠지기가 쉽지 않듯, 기업과도 그렇다. 그런 만큼 실제로 사랑에 빠진 후에는 부정적인 인상을 받더라도 무시하거나 어떻게든 해명할 거리를 찾아내려는 유혹에 빠진다. 행동경제학자들은 이를 '확증 편향confirmation bias'이라고 부르는데 기본적으로 자신과 같은 의견을 가진 사람들을 무의식적으로 신뢰하는 경향을 가리킨다. 사랑에 빠진 기업에 관한 부정적인 정보를 무시하려는 유혹은 상당히 커서 잠재의식 차원에서 실제로 그런 정보를 회피하는 현상을 발견한 연구 결과도 있을 정도다. 아끼는 기업에 결함이 있음을 인정하기란 고통스러운 일이라서 우리는 자신도 모르게 "다들 몰라서 하는 소리야"라고 즉각 반응한다.

나는 기업을 조사하면서 처음에는 당연히 회의적으로 접근한다. 그러나 잽싸게 태도를 전환해 신뢰하고 싶을 만큼 멋진 기업을 찾으려고 한다. 굉장한 사명을 지녔고, 내가 이해할 수 있고, 경영진이 막강하며 원칙을 준수한다고 여겨지고, 훌륭한 해자를 갖추었으며, 재무 상태도 꽤 좋아 보이는 기업이다. 그런 기업이 눈에 들어오고 흥분하기 시작한다. X 기업 당첨! 나는 가격을 확인한다. 세상에, 싸다! 나는 자료를 읽고 또 읽는다. 내가 읽는 모든 자료가 이 기업이 세상에서 대단한 일을 하고 있다고 말해준다. 근사한 기업이다. 이 시점에서 나는 사랑에 빠진다. 갖고 싶다. 나는 모든 것을 건다.

나는 감정에 이끌려 사실을 외면해도 좋다고 무의식적으로 허용하고 있었던 것일까? 이 투자 수련이 성공하려면 내게 있는 확증 편향을 항상 인식하는 것이 반드시 필요했다. 내가 무엇을 모르는지 알아낼 방법을 찾아야만 했다.

버핏과 멍거는 서로를 곁에 두고 상대의 투자 아이디어를 비판하는 방법으로 자신의 확증 편향과 싸웠다. 버핏은 "내 말에 반대하는 것이 찰리에게는 인생의 낙"이라고 여러 차례 말했다. 버핏은 그런 찰리의 역할을 소중히 여겼고 2016년 버크셔 해서웨이 주주서한에서 다음과 같이 언급했다. "저는 더 많은 실수를 저지를 것입니다. 기대해도 좋습니다. 다행인 것은 최악의 아이디어에 가차 없이 '아니다'라고 말해줄 찰리가 곁에 있다는 것입니다."[1] 가이 스파이어 역시 뉴욕에 살 때 자신이 '패거리'라고 불렀던 다른 투자자들과 정기적으

로 만나 의견을 나누었다. 덕분에 그는 자칫 잘못했더라면 매수했을 기업의 허점을 놓치지 않았다.[2]

나는 변호사다. 나는 논쟁에서 허점을 찾는 것을 좋아한다. 허점을 찾아낼 수 있다면 내 실수도 찾아낼 수 있을 것이다. 그렇게 된다면 돈을 잃지 않을 것이다.

나는 아버지와 주말에 팟캐스트를 녹음하기 위해 애틀랜타로 날아가고 있었다. 업무에 치이고 항공료도 비싸서 누노와 만나지 못한 지 벌써 몇 주나 되어 기분이 좋지 않았다. 나는 주어진 시간을 집중해서 잘 활용하고 싶었다. 아버지와 며칠 조용히 지내며 빅 그린 에그 사의 바비큐 그릴에는 연어를 굽고 팟캐스트에서는 질문 세례로 아버지를 들볶을 계획이었다.

나는 아버지에게 회사를 사랑하게 되었을 때 허점을 보지 못하는 편향을 어떻게 극복했는지 묻고 싶었다. 소크라테스는 논쟁에 뛰어났다. 그런 소크라테스도 기업을 변호하려는 자신의 논리에 반론을 시도했을까?

아버지가 대답했다. "그렇지! 근사한 기업이 되기를 기다린다면 문제가 크지. 어쩌면 내 가장 큰 문제일 수도 있고."

"'확증 편향'이라고 하죠. 연구가 꽤 많더라고요."

"잘 아는구나. 내가 확증 편향을 피하는 방법은 이렇단다. 나는 다른 투자자들과 내가 값비싼 대가를 치러야 했던 실수를 정리해서 체크리스트를 만들었어. 체크리스트에 있는 모든 질문에 빠짐없이 답해야 하고, 이 과정을 절대 생략하지 않아."

"체크리스트는 벌써 만들고 있어요." 나는 신이 나서 답했다.

"잘했구나! 이제 함께 기업을 조사하면서 체크리스트가 어떤 역할을 하는지 보자."

나는 아버지의 집에 딸린 작은 사무실에 놓인 책상 앞에서 컴퓨터 화면을 같이 볼 수 있도록 아버지 옆에 바짝 붙어 앉았다. 테슬라나 홀푸드, 룰루레몬으로 시작할 계획이었다. 자리에 앉기 전 우리는 둘 다 냉장고에서 라크로이La Croix 탄산수 캔을 꺼냈다. 문득 내가 아는 모든 사람들의 냉장고에 라크로이 탄산수가 있다는 사실이 떠올랐다. 카말라는 라크로이를 그야말로 '물처럼' 들이켠다. 자몽 맛 물. 탄산수는 새로운 제품이 아니고 페리에처럼 근사한 탄산수조차도 새로울 것은 없었다. 라크로이는 출시된 지 얼마 되지 않았다. 하지만 웬일인지 내가 아는 사람들은 모두 라크로이를 샀다. 아버지가 "이걸 찾아보자"라고 말해서 앞에 놓인 라크로이가 우리의 첫 조사 대상임을 짐작할 수 있었다.

아버지는 인터넷을 검색해서 라크로이 웹사이트를 찾았고 이름만 들으면 공기업 같은 '내셔널 베버리지'라는 상장회사가 라크로이를 보유한다는 사실을 알았다. 우리는 아버지가 찾은 최근 연차보고서에서 이 회사가 음료회사와 브랜드를 다수 소유한다는 것을 확인했다. 그러나 우리가 들어본 이름은 라크로이가 유일했다. 우리는 해자와 경영진 지표, 회사가 작성한 보고서를 검토했다. 아버지는 빠르게 가치 평가를 마친 뒤 회사가 상당한 고평가 상태라고 판단했다.*

---

* 내셔널 베버리지는 과거 실적에 비해 이미 고평가 상태였지만 이렇게 분석한 후에도 주가는 계속 급등했다. 모두가 라크로이를 마시고 대적할 경쟁자도 없다는 사실을 알아차린 것은 우리만이 아니었다. 하지만 투자의 제1 원칙에 부합한다고 볼 만한 과거 실적이 없었다. 안타깝지만 그것이 인생이다.

나는 아버지를 포함해 전문적으로 투자하는 사람들이 나와는 크게 다르다고 생각했었다. 그들에게는 분명히 내가 접근할 수 없는 비밀 정보원이 있어서 어두운 밀거래 시장에서 정보를 공유하고 있다고 생각했다. 하지만 이때 우리가 조사한 방식은 정확히 같았다. 아버지는 나보다 훨씬 빨랐다. 아마 10배는 빨랐을 것이다. 하지만 검토한 것은 같았다. 회사의 웹사이트를 확인하고, 어떤 일을 하는지 기본적인 정보를 구하고, 해자를 점검하고, 경영진을 검토하고, 적절한 매수 가격을 결정했다. 어느새 우리는 이 모든 과정을 함께 수행하고 있었다.

나는 우리가 책상 앞에 나란히 앉아 동일한 언어를 공유하고 있다는 것을 깨달았다. 적어도 기초적인 수준에서는 그랬다. 나도 경영의 언어를 말하고 있었다. 이제 그 세계로 짧게나마 여행을 나설 수 있다는 뜻이었다. 화장실이 어디인지 정도는 물어볼 수 있게 된 것이다.

아버지는 고개를 돌려 내게 미소를 지었다. "이렇게 있으니 꽤 좋구나." 나도 아버지를 향해 미소를 지었다. 정말 그랬다.

값비싼 실수의 재발을 막는 체크리스트

"위대한 투자자들도 모두 실수를 저질러왔어. 실수 자체는 문제가 안 돼. 실수를 저지른 뒤 후회와 온갖 감정에 휘말리기 쉬운데 그런 것은 미래에 도움이 되지 않지." 아버지가 말했다.

"그럼 어떻게 해야 하죠? 같은 실수를 두 번 하고 싶지는 않아요."

"그런 생각으로 접근하는 게 정확히 옳은 방법이야. 후회는 피하되 어째서 그런 실수를 저질렀는지 가차 없이 평가해야 해. 생각보다 더 모질게 말이지. 무엇을 놓쳤지? 무엇을 배웠지? 쉽게 대답할 수 있는 질문은 아니지."

딜런 에번스Dylan Evans는 《RQ 위험 인지 능력(Risk Intelligence)》에서 위험을 좀 더 정확히 파악할 수 있는 방법을 분석했다(미리 이야기하면 그는 책에서 인간의 위험 파악 능력이 형편없다고 주장한다). 그에 따르면 전적으로 확률과 위험 판단에 따라 승패가 좌우되는 전문 도박사들은 어떤 방법이 효과가 있었고 어떤 방법은 효과가 없었는지 기록하고 검토하는 방법으로 자신의 강점과 약점을 냉정하리만큼 솔직하게 파악한다. 이 투자 수련에서 내 목표는 도박과 전혀 달랐지만 도박사들의 방법만큼은 내 수련과도 통했다. 나는 불완전한 정보를 이용해 특정 회사를 매수할 때의 위험을 평가해야 했고 내 판단 착오에 대해 가차 없는 태도를 취해야 했다.

"제 실수에 어떤 식으로 접근하는 게 가장 좋을까요?" 나는 아버지에게 물었다.

"무엇보다 애초에 실수를 저지르지 않는 게 가장 좋겠지. 내가 가르쳐주는 것들을 잘 지키면 우리 투자자들이 범한 85년 동안의 값비싼 실수에서 얻는 것이 있을 거야. 나는 실수를 표로 정리해서 기업을 볼 때마다 교차 점검하고 있단다."

아버지는 그 체크리스트를 '값비싼 실수'라고 불렀다. 아버지는 물론 버핏을 포함한 현명한 투자자들은 지금까지 수많은 실수를 범했고, 그들이 무심코 지나친 사실들이 지나고 보니 기본적이고 명백한 징후였던 적도 있었다. 내게는 이처럼 값비싼 실수를 직접 저지르는 대신 그들의 실수에서 배울 기회가 있었다. 모니시 파브라이는 단 일곱 개 항목으로 체크리스트를 작성한다. 아버지가 만든 체크리스트는 그것보다 항목이 많지만 그래도 적은 편이다. 점검할 사항이 많으면 정작 중요한 항목을 놓칠 우려가 있으므로 아버지는 항목을 크게 늘리지 않는다. 아버지가 확인하는 징후는 다음과 같다. 모두 투자에 실패해 값비싼 대가를 치르기 전 저질렀던 기초적인 실수들이다.

값비싼 실수

■ 의미

- 능력범위의 경계에 닿아 있거나 경계를 벗어남
- 투자 대가들의 매수가 전혀 없음
- 해당 기업을 공부하는 것이 즐겁지 않음
- 산업, 기업, 제품을 이해하기가 쉽지 않음
- 반대 논거를 생각하지 않았음
- 산업이 쇠퇴함
- 노조가 비우호적임
- 10년 후 제품에 대한 수요가 불확실함
- 10년 후 생산성 향상 여부가 불확실함
- 해당 산업이 빠르게 변화함
- 10K 문서의 10년 치 주석을 읽지 않았음

■ 해자

- 고유하지 않음

- 지속 가능하지 않음

- 확대 가능하지 않음

- 4대 지표의 성장이 없음

- 특히 장부가치(와 배당금) 증가가 없음

- 주주이익과 잉여현금흐름 예측이 불가능함

- 해외에서 저가 경쟁 제품이 부상하고 있지만 미국에는 아직 진입하지 않았음

■ 경영진

- ROE와 ROA가 하락 추세임

- CEO가 회사의 주인답게 행동하지 않음

- CEO가 자신의 이익을 우선시함

- CEO가 문제를 숨김

- CEO가 너무 많은 주식을 매도함

- 회사가 적정 가치보다 훨씬 높은 가격에 자사주를 매입함

- 최근 CEO가 교체됨

- 부채가 2년 치 잉여현금흐름을 초과함

- 부채가 증가함

- 대출이 곧 만기에 도달함

- 회사가 대출 약관을 위반할 가능성이 있음

■ 가격 산정

- 자신 있게 주주이익을 계산할 수 없음

- 10캡 기준 가격보다 비쌈
- 8년 투자 회수 기간 기준 가격보다 비쌈
- 안전마진 기준 가격보다 비쌈
- 이익 및 잉여현금흐름 증감에 일시적으로 영향을 미칠 사안이 있음
- 자사주 매입을 통해 EPS 증가를 꾀함
- 미래 성장률 및 미래 PER 추정치가 비현실적임
- 사건도 없고 주가 하락도 없음
- 주가는 하락했으나 매도할 만한 사건은 아님
- 사건이 상당한 공포를 유발하며 1~3년 내 해결되지 않을 수도 있음
- 사건이 사업을 영구적으로 손상시킬 수도 있음
- 사건이 너무 복잡해서 이해할 수 없음

나는 가격 산정과 관련된 실수가 체크리스트의 하단에 위치한 것을 발견했다.

아버지는 이렇게 경고했다. "가격은 사실 가장 덜 중요한 요소라는 점을 명심해야 해. 멋진 기업이라면 결국 시간이 실수를 바로잡으니까. 멋진 기업을 비싼 가격에 샀다면 기다리는 시간이 조금 더 길어지는 것뿐이라고 생각하면 돼. 기업이 멋지게 존속한다면 결국 네가 지불한 가격 이상으로 가치가 오를 거야."

나는 웃었다. "가격에 너무 집착하는 게 제 약점이란 뜻이군요."

아버지는 어깨를 으쓱했다. "물론 좋은 가격은 실수에 아주 중요한 완충재 역할을 하지. 하지만 기업을 제대로 선택했다면 가격은 그다지 문제가 되지 않아."

"그렇겠네요." 나는 이 항목을 내 체크리스트에 추가했다. "확증 편향에 빠지지 않는 아버지만의 방법이 또 있나요?"

"나는 신뢰하고 존중하는 동료 투자자들에게 특정 기업에 관한 내 논거를 차근차근 설명한단다. 그 기업을 살지 말지 논의하는 것이 아니야. 매수와 매도 주장을 뒷받침할 논거를 제시하는 거지. 반전한 이야기, 즉 기업에 부정적인 주장도 포함돼. 이야기의 초점을 매수에서 매도로 뒤집는 거야. 논거를 제시한 다음 스스로 자기 논거의 허점을 찾아내기는 어려워. 자기 논거를 완전히 뒤집어서 스스로 틀렸음을 입증하려고 시도해보는 것이 유일한 방법이야. 해당 기업을 소유해야 하는 가장 강력한 근거 세 가지를 제시한 다음 그 근거 하나하나에 반대 논거를 제시해서 소유하지 말아야 한다는 주장을 뒷받침하는 거지. 예를 들어 치폴레가 뛰어난 해자를 지녔다고 주장했다면 반대로 치폴레의 해자가 파괴되었다는 근거를 제시하는 거야."

'이것이 바로 아버지가 논거의 허점을 찾고 확증 편향을 예방하는 방법이다.' 나는 다시 한번 확인했다. "반대 논거를 제시해서 자기 논거를 교차 검토하는 거군요."

"바로 그거야. 해당 기업에 대해 설레는 마음으로 관심을 키우고 크게 좋아할 만한 이유를 찾으면서 며칠, 몇 주, 혹은 몇 달을 보낸 상태라서 생각보다 힘들 거야. 진심으로, 최선을 다해 반대 논거를 펼쳐야 하지. '팔아야 한다. 이유는?'이라고 스스로 질문해야 해."

"한번 해봐도 될까요?"

이야기 구성하기

먼저 이야기를 구성한다. 나는 체크리스트를 꺼내 작업을 마친 다음 홀푸드를 대상으로 나의 첫 이야기를 완결했다.

1. **투자 원칙:** 앞서 배운 투자 원칙을 홀푸드에 하나씩 적용해보자.

- 이해하기 - 기업의 개요를 안다. 어떤 일을 하고 어떤 방식으로 하는지 파악한다. 해당 기업을 어떻게 찾아냈는가? 나는 가급적이면 대가들이 주식을 매수하기 시작하는 것을 보고 해당 기업을 검토 대상으로 선택했다. 해당 기업을 한 단락으로 설명할 수 없다면 충분히 이해하지 못한 것이고 '너무 어려움' 폴더로 분류해야 한다.
  - 홀푸드: 식료품 유통업. 나는 홀푸드에서 쇼핑하면서 그곳이 미국 1위 유기농 식료품 체인이라는 사실을 알았다. 나는 이곳에서 식료품을 사는 것을 좋아한다. 홀푸드는 자체 브랜드 제품과 중소 유통회사들의 제품을 판매하는데 모두 조달, 원료, 지속 가능성 측면에서 심사를 거쳐 홀푸드의 높은 기준을 충족한다고 확인된 제품들이다.
- 사명 - 해당 기업을 좋아하는 이유. 사업 방식에 드러나는 기업의 사명과 가치관.
  - 홀푸드: 사명은 성공한 기업으로서 선한 일을 하는 것, 지구를 지키는 바른 먹거리를 그것을 원하는 고객에게 제공하는 것, 더 높은 기준을 요구하도록 고객을 이끌며 늘 수요보다 한발 앞서는 것이다. 실제로 홀푸드의 해산물 지속 가능성 등급제는 업계 전반의 기준을 높였고, 고객은 해산물을 구입하기 전 출처와 지속 가능성에 관한 정보

얻기를 기대하게 되었다.

- 해자 - 경쟁자는 누구인가? 경쟁자로부터 해당 기업을 보호하는 내재된 특성은 무엇인가?

• 홀푸드: 전통적인 식료품점은 질보다 가격으로 경쟁했으므로 과거 홀푸드의 경쟁자는 유기농 식료품점이었다. 그러나 홀푸드가 크게 성공을 거두면서 전통적인 식료품점이 주요 경쟁 상대가 되었다. 홀푸드의 해자는 브랜드이며, 강력한 브랜드 해자를 보유한 기업으로 꼽힌다. 홀푸드는 윤리적 먹거리를 상징한다. 식료품점에서 특별한 쇼핑을 경험하고 싶고, 자신이 구입하는 먹거리가 양심적으로 조달된 것이라고 절대적으로 자신할 수 있어야 하며, 다른 어느 곳에서도 구할 수 없는 제품을 찾는 소비자라면 홀푸드로 향할 것이다. 이것은 유기농 식품을 판매하는 전통적인 식료품점이 대체할 수 없는 역할이다.

- 경영진 - 누가 회사를 운영하며, 나는 그들의 성실성과 능력을 어떻게 평가하는가?

• 홀푸드: 설립자이자 CEO인 존 매키는 지난 40년 동안 유기농 식품 혁명을 이끈 인물로 현재는 최소한의 연봉을 받으며 회사를 운영하고 있다. 홀푸드는 그에게 자식과 같다. 그는 전통적인 식료품점을 상대로 경쟁우위를 확보하기 위해 공동 CEO를 영입했다.

- 합리적인 가격 - 안전마진이 확보되었는가?

• 10캡 방법으로 구한 홀푸드 매수 가격(주주이익 기준): 주당 29달러

• 투자 회수 기간법으로 구한 홀푸드 매수 가격(잉여현금흐름 기준): 13달러

• 안전마진법으로 구한 홀푸드 매수 가격(이익 기준): 19달러

2. 세 가지 이유: 해자, 경영진, 또는 가격 측면에서 해당 기업을 소유해
야 하는 세 가지 중요한 이유

홀푸드여야 하는 이유 1: 나는 경영진을 암묵적으로 신뢰한다.

홀푸드여야 하는 이유 2: 고객들이 다른 어떤 판매자보다 홀푸드를 선
호하는 만큼 홀푸드의 브랜드 해자가 지속적으로 높은 수익률을 보장
할 것이다.

홀푸드여야 하는 이유 3: 식료품 유통업은 계속해서 빠르게 성장할 것
이고 10년 후 홀푸드의 가치도 더욱 상승할 것이다.

3. 사건: 해당 기업을 매도하게 할 사건을 기술한다. 1~3년 이내에 해결
가능한 문제인가?

• 홀푸드: 전통적인 식료품점이 가격을 무기로 경쟁에 나서고 겁을 먹
은 투자자들이 주가를 고점에서 끌어내리고 있다. 홀푸드는 경영 상태
가 좋은 기업으로 널리 인식되고 있으며 주가가 더 떨어질 가능성은 낮
다. 홀푸드는 영업 구조조정, 가격 인하, 그리고 가장 중요한 확장 속도
조절로 문제를 해결할 것이다. 홀푸드는 신규 점포를 늘리는 데 엄청난
규모의 현금을 쏟아붓고 있다. 이 전략을 철회할 경우 전통 식료품점의
위협에 맞서 싸울 수 있는 상당한 현금을 추가로 확보하게 될 것이다.

아버지가 설명을 덧붙였다. "매수할 이유를 찾았으니 이제 정반대
논리도 입증 가능한지 알아볼 차례다. 똑같은 회사를 두고 이번에는

어째서 형편없고 어째서 사고 싶지 않은지 설명하는 거야."

"솔직히 어려울 것 같아요. 잘 완성해서 작은 리본까지 멋지게 달아둔 논거에서 허점을 찾는 일이 재미있을 리가 없죠."

"쉬운 일은 아니지만 네 안에 그럴 만한 냉정함이 있다는 것은 알고 있지. 너와 찰리 멍거는 둘 다 변호사야. 찰리는 기업 매수 여부를 결정하기 전에 이야기를 반전하는 방법을 고안해냈어. 하버드 경영대학원이 요청한 1986년 졸업식 연설에서도 찰리 멍거는 '야코비도 말했듯이 단순히 뒤에서부터 풀어나가는 것만으로도 많은 어려운 문제의 해법을 쉽게 찾을 수 있습니다. 이것이 사물의 본질입니다'라고 강조했어. 야코비는 '역으로, 항상 역으로' 풀면 어려운 문제의 해법을 찾을 수 있다고 했던 유명한 수학자야."

나는 미소를 지었다. "대가들의 전통은 한참을 거슬러 올라가네요. 그렇죠?"

"정말 그래." 아버지도 나를 보며 미소를 지었다. "이제 홀푸드를 역으로 풀어보자."

'나의 홀푸드를 끝장내러 가는 길이군요, 아버지.' 조지 클루니가 테킬라를 좋아하듯* 나는 언젠가 내게 큰돈을 벌어줄 홀푸드를 사랑했다. 포인.

내게는 홀푸드에 관해 엄청난 편향이 내재되어 있었다. 내 감정은 진짜였다. 볼더는 홀푸드의 유일하고 진정한 경쟁자였던 와일드 오

---

* 테킬라 애호가인 조지 클루니는 테킬라를 만들어 지인들에게 선물하다가 2013년 친구와 함께 카사미고스(Casamigos)를 설립해 본격적으로 테킬라 사업에 뛰어들었다. 그 후 2017년 영국의 주류회사 디아지오(Diageo)에 카사미고스를 매각해 거액을 벌었다. - 옮긴이

츠가 탄생한 곳이다. 홀푸드는 2009년 와일드 오츠를 인수했다. 내가 자란 마을에서는 사람들이 먹거리가 어디에서 왔고 어떤 회사가 만드는지 정기적으로 토론했다. 어떤 식품회사가 어디에 세워졌고 누가 운영하는지 이야기했다. 원재료에 대해서도 상세히 의견을 나눴다. 그래서 홀푸드를 조사했을 때 나는 그들의 사명을 정확히 이해했다. 그들의 사명은 분명했고 성공적이었으며 확대되고 있었다. 이런 홀푸드를 대상으로 찰리가 말한 반대 논거를 펼치는 것은 내게 가장 어려운 일이 될 수도 있었다. 그렇다면 오히려 시험해보고 싶다는, 조금은 삐딱한 생각이 들었다.

이야기 반전하기

아버지는 이렇게 설명했다.

"제법 그럴듯하게 이야기를 반전하는 가장 간단한 방법은 먼저 해당 기업을 사고 싶은 세 가지 이유를 든 다음 그것을 뒤집어 사지 않을 이유로 만드는 거야. 그런 다음 반전한 논거를 하나하나 재반박하는 거지."

1. **반전:** 해당 기업을 소유해야 하는 세 가지 주요 이유를 뒤집어서 소유하지 않아야 할 세 가지 이유를 찾는다.
2. **반전의 재반전:** 해당 기업을 소유하지 않아야 할 세 가지 이유를 하나하나 재반박한다.

우리가 홀푸드에 관해 생각해낸 이유는 다음과 같다.

- ■ 사지 않을 이유 1 – 매키는 나이가 많고 새로운 경영진은 벌써부터 매키와는 다르다는 것을 보여주고 있다.
  - 재반전: 존 매키는 내 아버지보다 젊고 아버지는 자신의 일을 사랑하는 만큼 앞으로 10년 안에 은퇴하고 골프를 치러 떠나는 일은 없을 것이다. 매키 역시 자신의 일을 사랑하는 만큼 자식과도 같은 기업이 고통을 겪도록 내버려 두지는 않을 것이다. 매키는 홀푸드가 정상 궤도에 올라 최고 자리를 되찾을 때까지 홀푸드를 떠나지 않을 것이다.
- ■ 사지 않을 이유 2 – 유기농 식품은 코스트코의 진열대를 빠르게 차지하며 대량으로 판매된다. 홀푸드는 가격 경쟁을 시도할 것이고 지금까지 쌓아온 경력에 타격을 입을 것이다.
  - 재반전: 유기농 식품은 특수한 상품이어서 대량 거래가 불가능하다. 나는 홀푸드가 다른 누구도 대체할 수 없는 양질의 제품과 선택지를 제공한다고 믿는다. 홀푸드의 인력, 관리, 선택지, 공급자, 산업에 미치는 영향, 가치관은 가격을 무기로 하는 경쟁자가 복제하기가 매우 어렵다. 바로 이것이 홀푸드의 브랜드 해자를 안전하게 보호한다.
- ■ 사지 않을 이유 3 – 산업은 빠른 성장세를 유지하겠지만 홀푸드의 이익은 전통적인 식료품 유통회사와 비슷한 수준으로 감소할 것이며 10년 후에는 지금보다 가치가 하락할 것이다.
  - 재반전: 세계 유기농 식료품시장의 연평균 복리 성장률은 13퍼센트로 예상된다.[3] 홀푸드는 엄선된 시장에 소규모 점포인 '홀푸드 365'와 일반 대형 점포를 계속해서 늘려나갈 것이다. 또한 배달 서비스를

시작해 고객 접근성을 높였다. 수익성이 하락하더라도 규모의 확대와 지속적인 기존점 매출same-store sales* 증가는 10년 후 현재 수준을 뛰어넘는 성장과 가치 상승을 이끌 것이다. 10캡 기준 가격을 보더라도 홀푸드는 시간이 흐른 뒤 돈을 벌어줄 가능성이 높은 투자다.

"와, 진지하게 교차 검증을 하는군요."

"물론이지. 어떻게 자신을 믿고 돈을 맡기느냐고 했지? 확신은 바로 이런 과정을 거쳐 갖게 되는 거란다. 마법처럼 얻어지는 게 아니지. 가차 없는 검증이 필요해."

"굉장해요."

아버지는 놀란 듯하더니 씩 웃었다. "정말?"

"네. 저를 자신에게서 어떻게 보호해야 할지 줄곧 궁금했는데 바로 이거였어요. 저는 뭐든지 논증으로 반박할 수 있어요. 그런 저를 납득시킬 수 있다면 괜찮은 투자겠죠. 이야기를 반전하는 것도 얼마든지 할 수 있어요. 정말 마음에 들어요."

"투자에 진심으로 설레는 것 같구나." 아버지가 말했다. "기분이 정말 좋다. 네가 투자를 편안하고 안전하게 느끼고 그래서 실제로 투자에 나서서 15퍼센트, 20퍼센트, 26퍼센트 수익률을 누리기 시작한다면 좋겠구나."

어떤 주장을 하고 다시 그 주장을 뒤집는 주장이 가능하도록 준비시킨 사람은 사실 아버지였다. "차 안에서 엄청나게 몰아붙이면서

---

* 　유통업계 용어. 일정 기간 이상 운영된 점포의 전년 동월 대비 월 매출을 가리킨다. 기존점 매출을 기준으로 신규 점포 개장에 따른 매출액 증가를 추산할 수 있다. - 옮긴이

논쟁하는 연습을 시키셨잖아요." 그때 아버지는 자신이 할 수 있는 최선의 방법으로 나를 도우려고 했다. 나를 강하게 몰아붙여 앞으로 닥칠 상황에 대비하게 함으로써 대학과 인생을 준비시키려고 한 것이다.

"하하!" 아버지가 당황하며 웃었다. "어쩌면 무서웠을 수도 있겠구나. 하지만 지금 이렇게 훌륭히 배우고 있으니 잘한 일이 조금은 있는 것 같구나."

"잘하신 일이 많죠, 아버지."

아버지는 헛기침을 했다. "이제 보호 장치를 한 가지 더 추가할 거야."

"좋아요."

"이야기를 반전했더니 해당 기업에 확신을 갖기 어렵게 됐다면 '너무 어려움' 폴더로 분류해라. '관심 목록'에서 '너무 어려움' 목록으로 옮기는 거야. 그러면 끝이다."

"이 많은 조사를 다 하고요? 시간 낭비 같아요."

"투자 대상을 조사하는 데 들인 시간은 절대로 허투루 쓴 시간이 아니야. 네게 단 한 가지만이라도 깊은 인상을 남겼다면 그걸로 충분해. 홀푸드를 '너무 어려움' 목록으로 옮긴다고 해서 홀푸드 조사에서 네가 배운 것이 사라지는 것은 절대로 아니야. 10년 후 다른 식료품 유통회사를 조사할 때 쓰일 수도 있고, 소매 유통업을 비롯해 다른 비슷한 산업이 네 기준을 충족하는지 알아볼 때도 활용할 수 있지. 몇 년 후 홀푸드가 어떻게 되었는지 실제로 보면서 과거 조사했던 내용을 되짚어서 네 이익이나 손실을 가차 없이 검토하고, 놓친 것이 있는지 아니면 제대로 맞혔는지 알아낼 수도 있어. 결코 시간 낭비가 아니란다.”

조사한 내용을 저장하고, 배운 것을 품고, 앞으로 나아간다. 절대 ‘너무 어려운 것’을 붙들고 시간을 낭비하지 않는다.

“하지만 이야기를 반전한 뒤 네 분석 결과를 더욱 확신하게 되었다면, 다시 말해 반전한 논리로 그 회사가 매수하기에 좋은 회사가 아니라고 스스로를 설득하지 못했다면 할 일을 모두 마친 것이니까 ‘관심 목록’에 올리면 돼. 가격이 맞으면 당장이라도 사도 되지.”

“좋아요. 혼자서 해볼게요.”

“사실 반전 논리를 전적으로 혼자서 생각해내야 하는 건 아니야.”

“그럼 그냥 전화드려도 돼요?”

아버지가 웃었다. “그럼, 물론이지. 하지만 인터넷이 더 큰 도움이 될걸! 특정 기업을 사는 것은 어리석은 짓이라며 글로 주장을 펼치는 사람들이 많이 있거든.”

“아, 맞아요. 기업에 관해 글을 쓰고 인터넷에 올리는 분석가들이 있어요. 그렇죠?”

“그래. 시킹 알파Seeking Alpha와 모틀리 풀The Motley Fool 같은 웹사이트와 신문 기사에도 수많은 반전 논리가 등장해. 특정 회사에 무엇이 문제이고 어째서 투자하면 안 되는지 주장하지. 그것을 읽고 다른 사람들의 조사 결과를 활용해서 반전 논리를 만들어보렴.”

“애널리스트들이 분기별 실적 발표 때 회사에 던지는 질문도 회사의 이야기에 허점이 있다는 것을 잘 보여준다고 생각해요.”

“그럴 때도 있지.” 아버지는 말끝을 흐렸다. “콘퍼런스 콜에서 애널리스트들은 뭐든 대수롭지 않은 문제처럼 언급하는 경향이 있고 CEO를 괴롭히는 질문은 하지 않아. 질의응답 시간에 애널리스트들이 회사를 몰아붙이는 역할을 한다면 콘퍼런스 콜이 훨씬 더 흥미롭겠지. 그래도 이따금 반전 논리가 될 수 있는 날카로운 질문을 던지기도 하지. 그들의 의견에 동의한다면 뒷받침할 논거도 스스로 질문해 찾아야 해."

"조금 전까지도 사랑에 빠졌던 회사에 완전히 등을 돌릴 정도로 마음이 흔들릴 수도 있다는 걸 알았어요." 나도 모르게 추에 올라타 양쪽 의견을 오가면서 영원히 결론에 안착하지 못하는 내 모습이 그려졌다.

"하지만 중요한 사실이 있어. 기업은 달리는 말과 같아. 자세히 들여다보면 문제가 없는 기업이 없거든."

웃음이 나왔다.

"하지만 그것이 네 이야기를 망칠 정도로 심각한 문제일까?"

그때 알았다. 두 가지, 즉 해당 기업이 충분히 멋진 기업이라는 것을 입증하려는 시도와 그 주장을 무너뜨리려는 시도를 모두 해야만 한다.

나는 이야기를 글로 적었듯이 반전한 이야기도 글로 쓸 것이다. 나는 단어를 통해 생각하고 글로써 나를 가장 잘 표현하는 사람이다. 벽이나 거울, 친구를 앞에 두고 말하는 편이 나은 사람도 있을 것이다. 내게는 읽고 변호할 문서에 주장을 글로 쓰는 편이 유용하다. 나는 기업에 불리한 주장을 소논문 형식으로 쓸 것이다. 그런 다음 어느 쪽 논거가 더욱 강력한지 비교하는 것이다. 반전한 이야기를 글로 쓰면 강제로라도 체크리스트에 있는 모든 항목을 고려하게 될 것이고 확실하고 충분히 생각해야 한다는 것을 잊지 않을 것이다. 글로 쓰는 행위는 반전한 이야기에 현실성을 부여할 것이다. 홀푸드의 경우 반전한 이야기에 대한 반감이 너무 커서, 문서에 글로 적힌 논거를 보지 않는다면 실감하기 어려울 것이다. 활자화함으로써 그 주장을 더욱 진지하게 고려하게 될 것이다.

나는 자리에 앉아 컴퓨터의 '투자 수련' 폴더에 또 다른 폴더를 추가했다. 나는 폴더가 좋다. '투자 조사' 폴더 안에는 기업별로 폴더를 만들었다. '홀푸드' 폴더 안에는 다음과 같은 폴더를 만들었다.

- 기업 제출 문서
- 일반 조사
- 찬성 의견
- 반대 의견

이야기를 반전하는 것은 생각보다 힘들었다. 사랑에 빠진 회사에 선의의 비판자 노릇을 한다는 것은 가장 친한 친구를 검증하는 것과 마찬가지였다. 감정적으로는 내키지 않지만 우리는 그 친구의 약점이 어디인지 정확히 안다. 매수의 공포를 떨치기 위해 기업을 공부하면서 나는 좋아하는 기업들에 정서적 애착을 갖게 됐다. 이것은 이야기의 반전이 '비이성적 과열'에 따른 결정에서 나 자신을 보호하기 위한 필수 장치라는 의미였다. 반전 논리를 이기고 살아남은 회사는 교차 검증을 통과한 기업을 모아둔 '매수할 것' 폴더에 자리를 잡았다.

실습용 주식

그 주 후반, 누노가 통화하다 이제 곧 기업을 사는 거냐고 가볍게 물었다. 약간 주저하는 듯했지만 목소리에 힘이 있었고, 한편으로는 답이 어떻든 상관없고 마음대로 할 일이라는 듯 지나칠 정도로 무심한 말투이기도 했고, 또 한편으로는 몇 달 동안 해온 일을 이제 실행에 옮겨야 할 때라고 말하는 것 같기도 했다. 누노는 경쾌했다!

"응."

아니, 그렇게 말하고 싶지 않았다. 그래서 한마디 덧붙였다.

"곧."

나는 어느 것도 곧 살 생각이 없었다. 사지 않기로 아버지와 약속했다.

주식을 사는 것에 관해 정확히 무엇이 두려운지 확신할 수 없었다. 단타 매매의 두려움과는 전혀 다른 문제였다. 이 투자 수련 과정에서 주식을 산다는 것이 앞으로 오랫동안 인생에 영향을 미칠 중대한 결정으로 느껴졌다. 나는 그런 중대한 결정을 하지 않을 것이며, 설령 한다 하더라도 한 시간이나 하루, 또는 일주일 만에 주식을 팔아서 원래대로 돌려놓을 것이다. 이 두려움은 내 주변을 떠돌고 어쩌면 계속해서 나를 따라다닐 것 같았다.

게다가 나는 주식 거래 플랫폼 사용법도 몰랐다. 말 그대로 어떤 단추를 언제 눌러야 하는지도 몰랐다. 모르는 것을 물으면 어쩌지? 나는 걱정이 되었다. 엉뚱한 단추를 잘못 건드려 나눠놓은 자금을 전부 잃거나, 뭔가 잘못되어 원래 의도보다 훨씬 더 많은 주식을 매수하게 되면 어떻게 할 것인가?

'사람들이 어떤 주식을 샀는지 물을 것이다. 나는 내가 매수한 기업과 동일시되며, 그 기업을 대표한다.' 이렇게 생각하니 어떤 종목이 됐든 매수 자체가 불가능할 것 같았다.

불가능하다면, 시험 삼아 해보면 어떨까? 감정의 시운전이라고나 할까?

내가 좋아하고 소유하고 싶은 기업을 선택해서 아주 소액으로 아주 소량 주식을 매수해서 연습하면 된다. 금액은 잃어도 아깝지 않을 정도면 될 것이다. 주가가 싸든, 싸지 않든, 터무니없이 비싸든 상관없다. 가격은 조금도 문제가 되지 않는다. 이것은 경험일 뿐이고 투자가 아니라는 것이 중요하다. 나는 이 주식을 매수해 단 한 푼이라도 벌 수 있다는 기대는 결코 하지 않을 것이고 테니스 강습처럼 주식을 사는 경험에 지불한 수업료로 여길 것이다. 최종적으로는 (1) 내가 사랑하는 회사, 언제나 훌륭한 회사를 소유하고, (2) 돈은 영원히 잃을 수도 있고, (3) 숫자보다 내 감정에 집중하면서 주식을 사는 연습이 될 것이다. 해당 주식은 계속 보유할 수도 있고 다음 날 팔아도 된다. 문제 될 것은 없다. 이것은 연습이다.

그달 말 볼더 집에 돌아와서 아버지와 영상 통화를 했다. 우리는 정기적으로 영상 통화를 해왔다. 서로의 얼굴을 볼 수 있다는 것이 훨씬 좋았고 편했다. 어렸을 때 아버지와 통화하면 늘 어색했던 것과는 대조적이다. 아버지도 감정의 시운전에 관한 내 구상을 흥미롭게 여길 것이라고 생각했다. 지금쯤이면 아버지는 내가 이 차를 어떻게 운행할지, 그래서 얼마나 자신감이 생길지 당연히 알 것 같았다.

아버지는 이 이야기를 듣더니 내가 턱에 주먹을 날리기라도 한 듯 깜짝 놀라며 고개를 뒤로 젖혔다. "그건 내가 지금까지 가르쳐준 걸 모두 무시하는 거야. 그건 투자가 아니야."

나는 눈을 깜박였다. 아버지가 무시당했다고 느낄 거라고는 생각하지 않았다. "맞아요. 투자가 아니에요. 경험을 사서 연습하는 거죠."

"경험? 무슨 뜻이지?"

"진짜 돈으로 실제 투자할 때 겁먹지 않도록 어떤 느낌일지 연습하려는 거예요. '해본 적이 있는 일'로 만드는 거죠. 내가 어떤 감정을 경험할지 미리 알아두었다가 나중에 큰돈이 걸렸을 때 감정을 잘 조절하려는 거예요."

"그래, 얼마나 쓸 생각이니?"

"경험 삼아 써도 부담이 없을 정도여야 하겠지만 그래도 신경이 쓰이고 어떤 식으로든 감정이 생길 만큼은 되어야겠죠. 20달러는 너무 적고 몇백 달러라면 제게는 확실히 큰돈이죠. 몇백 달러 정도는 써야 한다고 생각해요. 사실 중요한 일이니까 몇백 달러는 쓰려고요. 250~300달러 정도는 될 것 같아요."

아버지가 코웃음을 웃었다. 전혀 이해가 되지 않는 것 같았다.

"좋아. 사려고 하지만 실제로 사는 것은 아니고, 아주 비싼 가격에 사서 돈을 허비할 계획인 그 회사는 어떤 회사지?"

"홀푸드요."

"적어도 내기를 걸어볼 만은 하네." 아버지의 말투가 약간 누그러졌다.

"도박이 아닌데… 이게 핵심이라고요!" 나는 말을 더듬거렸다. 그러고는 가만있었다. 진심으로 이해하지 못할 일을 강요하는 것은 무의미했다. 나는 어쨌든 실습용 주식을 살 것이었다.

문득 아버지는 주식을 매수하면서 단 한 번도 긴장한 적이 없기 때문에 공감하지 못하는 것인지도 모른다는 생각이 들었다. 그렇게 묻자 아버지는 나를 가만히 바라보았다. 이를 닦을 때 긴장한 적이 있느냐고 물었을 때나 보일 만한 표정이었다. "아니, 그런 적이 없어." 아버지 머리 위로 전구에 반짝 불이 들어오는 게 보였다. 아버지는 그제야 이해한 것이다. "한 번도 느껴본 적이 없지. 그런데 너는 긴장된다는 거지?"

"네, 정말 겁나요. 너무 겁이 나서 실습이 필요해요."

"그래, 알았다. 나와는 분명히 다르구나. 좋다. 경험이라는 것을 해보자. 그것이 투자가 아니라는 것, 그리고 내가 하는 투자와는 전혀 관련이 없다는 것은 확실히 해야 해."

나는 웃었다. "알아요. 걱정 마세요. 그게 바로 핵심이거든요. 투자가 아니에요. 연습이죠."

"연습이지. 실습용 주식이고." 아버지도 마음에 들어 했다. 진심으로 이해하지는 못했지만 더 이상 반대하지 않았다.

"매수하는 방법을 알려주마."

내 주식 계좌에 접속한 지가 너무 오래되어서 비밀번호를 다시 설정해야 했다. 나는 홀푸드의 종목 기호인 WFM을 입력했다. 커다란 '매수' 단추가 있었고 바로 옆에 커다란 빨간색 '매도' 단추가 있었다. 나는 어느 것도 건드리지 않으려고 조심했다. 실제 주식을 매수하는 화면이 앞에 있으니 흥분되었지만 실수하면 안 된다. 자칫 5,000달러어치 주식을 강제로 사야 할 수도 있다. 나는 마우스를 아주 천천히, 신중하게 움직였고 10주를 입력했다.

그래도 재미있었다. 몇 달 전만 해도 이런 내 모습을 상상할 수 없었지만 이제 번지점프를 뛰기 직전처럼 흥분했고 들떠 있었다.

화면에 어떤 주문을 원하는지 묻는 대화 상자가 떴다. 이런. 예상하지 못한 질문이다. 주문? '지정가 주문limit order'이 기본값이어서 인터넷으로 검색했다. 인베스토피디아에 따르면 지정가 주문은 내가 지정한 가격이나 그보다 낮은 가격에 내게 팔라는 주문이었다. 나는 주문이 확실히 체결되도록 당시의 시가보다 조금 더 높은 가격을 입력했다. 뉴욕 시간으로 오전 9시 7분이었고 뉴욕증권거래소의 개장 시간은 오전 9시였으니 준비는 모두 끝났다. 나는 매수 단추를 클릭했다.

이럴 수가. 제대로 한 걸까?

나는 이것은 투자가 아니라 값비싼 경험이라고 의식적으로 스스로에게 상기시켰다. 나는 투자가 아니라 경험을 하고 있다. 이것은 시운전이다. 호흡을 가다듬자.

화면에 '주문 상태'라고 뜨더니 그 아래 '열기' 단추가 있었다. 좋아. 잘되고 있는 것 같았다. '새로 고침'을 해야 했나? 주가가 뛰어서 내가 지정한 가격이 너무 낮아졌나? 항공권을 살 때 결제가 끝날 때까지 새로 고침을 하면 안 되는 것처럼 실수로 다른 단추를 눌러선 안 됐다. 나는 심호흡을 하고 스스로에게 감사했다. 이것이 실습이고 아직 거액은 아니라서 다행이라고 생각했다. 실습이 중요하기는 하지만 아주 중요한 것은 아니라서 다행이었다.

화면은 여전히 '주문 상태'에 머물러 있었다. 벌써 1분째였다. 아무 일도 일어나지 않았다. 시장은 원래 빨리 움직이지 않나? 왜지? 왜 내 주문이 처리되지 않지? 내가 제대로 하지 못했나? 시장은 9시에 열렸는데. 나는 '뉴욕증권거래소 거래 시간'을 검색했다. 개장 시간은 9시 30분이었다. '관중 여러분, 경기 시간은 오전 9시 30분부터 오후 4시까지였습니다!'

뉴욕은 오전 9시 10분이었다. 아무 일도 일어나지 않은 이유가 설명되었다. 좋다. 다시 심호흡을 했다. 20분만 기다리자.

나는 처음부터 다시 생각하기 시작했다. 주문 가격을 바꿔야 하나? 주문 가격을 바꿔야 한다. 2센트나 5센트, 어쩌면 10센트 더 싸게 살 수도 있을 거야! 주문을 아예 취소하고 처음부터 다시 해야 하나?

머릿속에서 아버지의 목소리가 들렸다. 어떤 기업을 소유하고 싶다면 사소한 가격 변동은 중요하지 않다. 해당 종목을 사고 싶고, 안전마진이 확보된 가격에 살 수 있다면 그것으로 충분하다. 할인된 가격이기만 하다면 순간순간의 가격 변화는 중요하지 않다.

선생님께서 그렇게 말씀하셨으니 어쩔 수 없다고 생각했다. 나는 그냥 두고 보기로 했다. 게다가 지정가 주문은 장이 열리고 내가 지정한 가격보다 더 낮은 가격에서 출발하면 어쨌든 낮은 가격에 주문이 처리된다는 뜻이다. 이것 역시 시험해봐야 하는 일이었다! 나는 주문을 그대로 두기로 했다.

11분 남았다. 빨래를 개기에 유용한 시간이다.

나는 4분 동안 빨래를 개고 6분 동안은 카말라와 친구들이 함께 있는 단체 대화방에서 대화를 나누며 좌절한 모습의 이모티콘을 보냈다. 균형 있게 시간을 썼다.

오전 9시 29분.

오전 9시 30분.

오전 9시 31분.

주문 상태 화면에는 아무런 변화가 없었지만 계좌 잔고가 약 300달러 줄었다. 누군가 내 돈을 가져갔다. 그 대가로 내게 정말 홀푸드 소유권을 준 것일까? 계약 위반으로 고소해야 하나?

나는 필사적으로 찾은 끝에 화면 하단에서 아주 작은 '새로 고침' 단추를 발견했다. 한쪽 귀퉁이에 깊이 숨어 잘 보이지도 않았지만 내게는 중요한 단추였다. 나는 그것을 클릭했고 그제서야 주문 상태가 '체결됨'으로 바뀌었다.

팡파르도, 온라인 주식 중개회사가 보내는 축하 메시지도, 주주가 된 것을 환영하는 홀푸드의 이메일도 없었다. 샴페인을 배달하러 문을 두드리는 사람도 없었다. 하지만 홀푸드를 소유했다! 나는 주주였다. 다른 가치투자자들과 마찬가지로 홀푸드라는 기업 전체의 당당한 주주였다. 나는 행복에 겨워 몸을 들썩였다. 나도 역시 다른 사람들처럼 의식 있는 자본가였다. '어디 한번 해보자! 이제 어떻게 되는 거지?' 먼저 아이폰에서 주식 앱을 열고 WFM을 추가해 가격을 확인했다. 호가 페이지에 WFM을 직접 입력했는데 주가가 내가 지불한 가격보다 무려 11센트나 올라 있었다. 뇌에서 본능을 주관하는 영역인 소위 '파충류 뇌'가 좋아했다. '죄송해요, 아버지.' 나는 보유한 주식의 상승세에 열광했다. 너무 크게 열광했다.

주식 계좌 웹사이트를 닫고 몇 분 동안 시선을 돌렸다가 다시 주가를 확인했다. 내가 산 가격보다 낮았다. 젠장! 괜찮지 않았다. 주가는 금세 다시 올랐다. 주가가 내렸을 때 지정가를 낮추어 기회를 잡지 못한 것이 후회됐다. 시장이 열린 뒤 조금 더 기다려야 한다는 것을 왜 몰랐을까? 나는 최대한 빈틈없는 정보를 얻기 위해 주가 추적 앱을 두 개 더 휴대전화에 내려 받은 다음 마지막 앱은 실행 상태로 열어두었다. 나는 앱에서 주가 정보가 계속해서 갱신되는 것을 들여다보고 있었다. 젠장. 중독 같았다. 머리가 돌 지경이었다.

'이건 투자가 아니다.' 나는 속으로 되뇌었다. '이건투자가아니다, 이건투자가아니다, 이건투자가아니다.' 나는 미쳐가고 있었다. 주가가 내가 산 가격보다 떨어지면 몹시 초조했다. 주가가 1페니만 올라도 크게 행복했다. 페니라면 동전 교환기로 가져가는 것도 번거로워서 아무렇지도 않게 휴지통에 던져 넣었던 나다. 내가 뭘 하고 있는 거지? 나는 주식 앱에서 WFM을 지운 다음 그 앱과 주가 추적 앱 두 가지를 거의 보지 않는 휴대전화 뒤쪽 화면으로 옮겼다. 필요할 때를 대비해서 보관은 하겠지만 필요로 하고 싶지는 않았다. 나는 폴더 하나를 만들어 '고문'이라고 이름을 정한 다음 세 가지 앱을 몰아넣었다. '고문' 폴더를 열고 싶은 사람은 없을 것이다.

그리고 그날 이후 나는 그 폴더를 열지 않았다.

나는 주식을 가장 밑바닥에서 살 수도 없고 맨 꼭대기에서 팔 수도 없다는 사실을 깨달았다. 이 경험은 시점을 잘못 택했을 때를 대비해서 앞으로는 돈을 어느 정도 남겨두고 주문해야겠다고 마음먹은 계기라고 생각하기로 했다. 나는 완벽한 매수 시점과 매도 시점을 찾아낼 만큼 똑똑하지 않고, 우연히 그 시점을 포착할 만큼 운이 좋은 것도 아니다. 심지어 가장 빨리 줄어드는 줄에 서는 재주도 없다. 괜찮다. 자신이 피와 땀과 눈물로 일군 회사의 소유권 일부를 투자자들이 가져간다는 사실에 어쩔 줄 몰라 전화를 걸어오는 스타트업 고객들에게 나는 이렇게 말한다. 가치가 0인 기업 지분 100퍼센트를 소유했을 때 그 지분의 현금 가치는 전무하지만, 가치가 5,000만 달러인 기업의 지분 50퍼센트를 가졌을 때 현금 가치는 2,500만 달러다. 어느 쪽을 택하겠는가?

그런 다음 가치투자자라면 이제 무엇을 할 것인지 생각했다. '고문' 폴더를 열지 않을 것은 확실하다. 모니시 파브라이는 그날의 가격 변동에 영향받지 않기 위해서 장중에는 절대 매수나 매도 주문을 내지 않는다고 말했다. 실습용 주식을 샀을 때 내 경험을 돌이켜 보면 어떤 의미인지 알 수 있다. 천재적인 생각이다.

그럼에도 불구하고 가치투자자라면 해당 기업에 대한 최신 정보를 어느 정도는 알고 있을 것이다. 그렇지 않을까? 무슨 일이 일어나고 있는지는 알아야 한다.

문득 생각이 떠올랐다. 규칙적으로 해야 하는 일이 생기는 것 아닌가? 나는 주가를 확인하는 것을 좋아하지 않는다. 매일 인터넷에 매달리는 것도 싫다. 1주일 동안 휴대전화나 다른 전자 기기 없이 휴가를 떠나고 싶을 때, 매일 시장을 확인하지 못해 걱정해야 하나?

나는 아버지에게 전화를 걸어 드디어 방아쇠를 당겼다고 말했다. 나는 실습용 주식을 샀다. 그리고 지금은 주주가 되는 실습을 하고 있고 투자에 수반되는 모든 걱정을 실습하고 있다. 끊임없이 경계해야 하는 생활 속으로 자신을 몰아넣은 것일까?

"아니, 아니, 아니야." 아버지가 말했다. "그렇지 않아. 매일 주가를 확인하는 것은 나도 바라지 않아. 그렇게 했다가는 스트레스만 받고 주가의 등락에 집착하게 될 거다. 기업은 장기적으로 봐야 해. 하루하루 벌어지는 일을 알아봐야 아무 도움이 안 돼."

"그래도 시장이 무너지거나 무슨 일이 있으면 알아야 하잖아요."

"글쎄. 만약 대규모 폭락 사태가 일어난다면 가격이 내려가기를 기다리면서 주시했던 회사의 주식을 좀 사고 싶겠지. 하지만 가치가 하락한 것이 아니라면 소유한 회사를 팔 일은 없어. 사실 추가로 사들일 거야. 회사의 가치가 좋고 가격도 싸다는 것을 알고 있으니까."

'그래. 동의할 수 있어.'

"주식을 사고 나서야 이 모든 의문이 생겼다는 게 이상해요." 나는 곰곰이 생각했다. "제 말은, 전에는 생각도 못 했는데 실습용 주식을 사자마자 갑자기 이 모든 조사할 거리들이 생각났다는 거예요."

아버지가 웃었다. "이상하지. 하지만 나도 그래! 나도 관심 있는 회사의 주식을 소량 매수할 때가 종종 있어. 주식을 일부나마 손에 넣는 순간, 이론에 그쳤던 때와는 전혀 다른 방식으로 그 회사가 이해되기 시작하지. 내 이름이 그 회사 때문에 위태로워질 수 있다는 사실이 순식간에 현실로 다가온단다. 몇 주를 소유하고 나서 자신의 반응을 보고 추가로 매수할지, 멈추고 기다릴지 판단할 수 있지. 내가 아는 가치투자자들 중에도 이런 방식을 활용하는 사람들이 있어."

'잠깐. 지금 감정적으로 어떻게 대응하는지 보려고 주식을 소량 매수한다고 말씀하신 건가?'

"흠. 잘 들어보세요. 그러니까 마치 어떤 느낌인지 알려고 실습용 주식을 산다는 것처럼 들리네요." 나는 아버지를 놀리듯 말했다. 아버지가 내 말을 충분히 이해하도록 잠시 기다렸다가 말을 이었다. "실습용 주식을 사는 건 완전히 바보 같은 일이라고 생각하시는 분이 그럴 리 없죠."

"어, 아니, 내 말은…." 아버지가 말을 더듬었다. "꼭 실습용이라는 말이 아니라…."

"아뇨, 방금 지식과 감정을 시험해보려고 사는 주식이라고 말씀하셨어요. 제가 했던 그대로요."

아버지는 빠져나갈 길이 없다는 것을 알고 웃었다. "그래. 실습용 주식이나 마찬가지지. 좋은 생각이야." 아버지가 인정했다.

내가 옳고 아버지가 그르다는 것을 아버지가 인정하게 만드는 것에는 영혼이 날아오르게 만드는 무언가가 있었다. 차에서 오도 가도 못한 채 소크라테스의 질문 공세에 시달렸던 여덟 살의 내가 마침내 옳았음을 입증하면서 완벽하게 받아친 기분이었다.

아버지는 내 구상을 마음대로 가져다 썼다. "마음에 들어." 아버지가 큰 소리로 말했다. "실습용 주식. 좋구나."

나는 승리를 거두고 전화를 끊었다.

나는 실제로 주식을 사는 것에 신이 났다. 나는 어떤 기업으로 '트

럭을 가득 채울' 것인지 확실히 결정하고 싶었다. 하지만 아버지가
말한 '트럭을 가득 채울' 만큼이 어느 정도를 의미하는지는 전혀 몰
랐다.

9개월 차 수련

조사한 세 개 기업 가운데 가장 선호하는 기업을 선택하고 해당 기업의 이야기를 구성한 다음 반전한 이야기도 구성한다. 반전한 이야기에는 가차 없는 태도로 접근해야 한다. 해당 기업을 사지 말아야 할 이유를 이해하려고 노력한다. 해당 기업은 어떤 부분에서 잘못될 여지가 있는가?

1. Buffett, 2016 버크셔 해서웨이 주주서한
2. Guy Spier, 《워런 버핏과의 점심식사》
3. Duff & Phelps, Food Retail Industry Insights, 2016. 3.

10개월 차
안티프래질 포트폴리오 구축하기

"아버지, 상상 속에서 하는 트레이딩은 더 이상 하고 싶지 않아요. 실습용 주식으로도 그만하고 싶어요. 진짜 투자를 하고 싶어요. 큰돈을 투자할 준비가 됐어요. 아주 오랫동안 보유할 거예요. 이제 어떤 기업을 사야 할까요?"

우리는 화상 통화로 투자에 관해 이야기를 나눴다. 나는 볼더에, 아버지는 애틀랜타에 있었다. 나는 그달의 임무를 수행하는 중이었다. 투자 사무실을 꾸몄고, 투자를 하고 싶었고, 언제 얼마를 사야 한다는 행동으로 옮길 수 있는 정보가 필요했다.

아버지는 나를 심각한 얼굴로 바라보았다. 컴퓨터 화면을 통해서도 느낄 수 있었다. "아, 한 해가 거의 다 지나가니까 뭔가 해야 한다는 압박감을 느끼기 시작하는구나. 펀드매니저의 세계에 들어온 거야. 투자해야 한다는 압박. 그것이 바로 펀드매니저들이 시장을 이길 수 없는 이유란다. 훌륭한 투자자의 요건이 뭘까? 필요에 의해 의무적으로 사는 것? 아니면 적절한 기업이 적절한 가격에 나올 때까지 사냥꾼처럼 끈기 있게 기다리는 것?"

나는 아버지를 응시했다. "사냥감을 집요하게 추적해야 한다는 말씀인가요?"

"바로 그거야. 의무적으로 샀을 때, 훌륭한 기업을 싸게 살 가능성은 얼마나 될까?"

"음, 가능성이 낮겠죠."

"바로 그거야." 아버지는 화면을 통해 나를 뚫어져라 보고 있었다.

"그건 알지만 제가 투자 수련 중인 걸 아는 사람들이 뭘 가지고 있는지 계속 물어봐요. 신경 쓰지 않는다고 해도 그런 질문을 받을 때마다 기업을 사지 않으면 진짜 투자자가 아니라는 생각이 들어요."

"너 홀푸드 갖고 있지 않니?"

"잊으셨어요? 실습용 주식은 매수로 치지 않기로 했잖아요. 저는 주식이 아니라 경험을 산 거라고요."

"기회를 놓칠까 봐 걱정되니?"

"뭐, 네, 그런 이유도 있어요."

"뒤처진다는 느낌은 사실 제1 원칙 투자자들에게 중요한 문제야. 기회를 놓치고 있는 건 아닌가 하는 걱정이 자기 안에서 목소리를 내기 시작하거든. 집단의식의 힘 때문이야. 매진된 콘서트나 축구 경기를 보러 갔을 때처럼 수많은 관중이 함께하자고 끌어당기는 거야. 그 느낌을 있는 그대로 인정하고 무시하면 돼."

물론 아버지가 옳았다.

"압박감으로 하는 매수는 투자가 아니란다. 전형적인 뮤추얼펀드매니저들이 시장에서 늘 하는 일이 바로 그거야. 이 산업, 저 종목 옮겨 가면서 군중의 방향에 투기를 하지. 그런 사람들은 투자자가 아니야."

"투자자라면 기다려야 한다는 뜻인가요?"

"투자자와 투기꾼을 구분하는 것은 인내심, 매수 대상에 대한 이해 여부야. 좋은 투자의 비결은 기다림이야. 투자를 평생의 수련으로 삼으려고 했던 초심, 훌륭한 투자 실력을 갖추고 평생 유지하기 위해 이 수련을 해오면서 희생한 시간과 에너지를 잊어서는 안 돼. 너는 큰 희생을 한 거야. 올해 다른 곳에 즐겁게 쓸 수 있는 수많은 시간, 에너지, 두뇌를 모두 투자에 썼어. 그건 정말 대단한 거야."

나는 어깨를 으쓱했다. "선택의 여지가 별로 없었죠. 경제적 자유를 얻으려면 뭔가를 해야만 했고, 뭐라도 하지 않으면 제 인생에 스스로 발목이 잡힐 것 같았으니까요."

"게다가 훌륭하게 해왔지. 그래도 그런 압박감을 무심코 지나치지 않은 건 잘한 일이야. 아무리 위대한 투자자라도 그런 압박감을 느낄 수 있단다. 약 20년 동안 투자자들에게 32퍼센트의 복리 수익률을 안겨준 줄리안 로버트슨Julian Robertson이라는 펀드매니저가 있어.[1] 시장이 계속해서 오르고 오르고 또 오르는 동안 투자자들이 가만있지 말고 투자를 실행하라고 엄청나게 압박하자 그는 결국 1999년에 기권을 선언하고 펀드를 폐쇄했지. 1969년에 워런 버핏이 내린 결정도* 같은 맥락이었다고 생각해. 자기 결정의 배경을 이런 식

---

* 1969년 버핏투자조합을 청산하기로 한 결정. - 옮긴이

으로 설명하지는 않았지만 버핏도 기다리고 싶었을 때 버핏투자조합 투자자들로부터 투자하라는 압박을 받았을 거야. 투자자들에게 버크셔 주식을 사든, 새로 설립된 세쿼이아 펀드의 빌 루안에게 투자금을 맡기든, 아니면 차라리 투자금을 찾아가라고 한 것도 그래서였겠지. 이런 위대한 투자자들처럼 너도 압박을 느끼겠지만 굴복해서는 안 돼. 시장에서 기회는 결국 찾아오게 되어 있어."

'포인. 소크라테스님. 알겠어요. 물러섭니다.'

"아버지를 앞지르지 말라는 말씀이시죠?" 내가 놀리듯 말했다.

아버지는 잠시 빙그레 웃었다. "우리의 제1 원칙을 충족하는 기업이 없다면 절대로, 사지, 않을 것." 아버지의 눈빛이 다시 단호하고 진지해졌다. "그것이 공포나 탐욕에 근거한 잘못된 결정에서 자신을 보호하는 유일한 방법이야."

"무턱대고 사지 않는다는 건 알겠어요. 제가 알고 싶은 건 어떤 준비를 해야 하는가예요. 관심 목록에 있는 회사들의 주가가 제가 원하는 가격에 도달했다면 얼마나, 어떤 순서로 사야 하죠?"

아버지는 만족스러운 표정을 지었다. "대니얼, 투자에서 진짜 실력은 바로 여기서 판가름이 난단다. 안티프래질 포트폴리오를 구축하는 것이 제1 원칙 투자의 핵심이지."

안티프래질 포트폴리오

나심 니콜라스 탈레브는 저서 《안티프래질: 불확실성과 충격을 성장으로 이끄는 힘(Antifragile: Things That Gain from Disorder)》에서 혼란을 '안티프래질' 체질을 갖추는 기회로 활용하는 전략이 위대한 성과를 낳는다고 주장했다. 안티프래질은 탈레브가 만든 용어인데 부정적인 사건을 원동력으로 삼아 더욱 강인해진다는 개념이다. 블랙스완, 즉 혼란을 유발하고 시장을 공포로 몰아넣는 예기치 못한 사건이 발생하면 뮤추얼펀드와 지수펀드 투자자들의 포트폴리오에 심각한 피해가 발생한다. 프래질, 즉 충격에 취약한 포트폴리오이기 때문이다. 블랙스완 사건은 주식시장 전체에 타격을 입히는데 일반적인 수준으로 분산된 포트폴리오라면 10~20년 동안은 회복이 불가능한, 재앙과도 같은 주가 폭락을 경험할 수 있다. 1929년, 1941년, 1973년, 2000년, 2008년을 떠올려보자.

그렇지만 늘 들어왔던 조언은 기업, 산업, 심지어 주식시장까지도 대상을 분산해서 투자해야 한다는 것이었다. 분산, 분산, 분산하라. 투자 자금을 각각 다른 곳에 배분하라. 시장을 이길 수 없다는 것이 기본 논지인 효율적 시장 가설을 신봉하는 재무상담사들은 자본을 어떤 식으로 배분할 것인가만 생각한다. 그것 말고는 달리 할 일도 없다. 커다란 위험을 감수하고 행운을 기대하는 것이 높은 수익을 올리는 유일한 방법이라고 믿기 때문이다. 재무상담사로 일하는 친구에게 언제든 보유 종목은 10~15개를 넘기지 않을 생각이라고 말했을 때 친구는 답답하다는 표정으로 나를 보다가 실제로 "아이고" 소리를 냈다. 그렇지만 그녀는 사명과 해자를 갖춘 멋진 기업을 할인된 가격에 샀을 때 두 가지 놀라운 방법으로 제1 원칙에 기반한 안티프래질 포트폴리오를 구축할 수 있다는 것을 알지 못했다.

먼저 아버지는 지속 가능한 해자를 갖춘 기업은 단순히 시장의 혼란을 견디거나 간신히 헤쳐나가는 기업을 가리키는 것이 아니라고 했다. 멋진 기업은 대개 '사건'을 유리하게 활용한다. 물가가 상승할 경우, 해자가 경쟁에서 보호하기 때문에 인건비와 재료비 상승을 반영해 제품 가격을 올릴 수 있다. 물가가 하락하더라도 해자가 고객들을 계속 찾아오게 만들 것이므로 가격을 낮출 필요가 없다. 무엇보다 중요한 것은 강력한 해자를 가진 기업일수록 높은 이윤을 창출하며, 경기 침체를 기회 삼아 인수, 합병, 가격 경쟁 및 기타 공격적인 전략으로 취약한 경쟁자들을 제거할 수 있다는 것이다. 훌륭한 기업은 불황과 혼란 속에서 더욱 강해지고 시장의 틈새를 더욱 강력히 통제한다. 그들의 시장 점유율은 확대되고 현금흐름은 증가할 것이며 주가도 결국 같은 방향으로 움직일 것이다. 그리고 우리는 주주로서 그 혜택을 누리는 것이다.

내가 말했다. "제대로 이해했는지 봐주세요. 지속 가능한 해자를 갖춘 기업은 자체적으로 안티프래질 체질을 갖춘 것이다. 설령 불황과 업계의 혼란 속에서 주가가 하락하더라도 혼란이 끝난 뒤에는 해자가 결국 기업의 가치를 끌어올릴 것이기 때문이다. 맞죠?"

"정확해. 그래서 제1 원칙에 근거해 구축한 우리 포트폴리오는 본질적으로 안티프래질 포트폴리오지."

"하지만 그건 다양한 뮤추얼펀드나 ETF로 채운 포트폴리오도 마찬가지 아닌가요?" 그 차이를 정확히 이해할 수 없었다. 차이가 있어야 했다. 단순히 시장지수에 투자해도 안티프래질이 가능하다면 이 모든 노력은 쓸데없는 일이 될 것이다.

"좋은 질문이야. 우리 포트폴리오는 안티프래질 포트폴리오이고 지수 포트폴리오는 아닌 두 번째 이유를 설명하마. 우리는 포트폴리오에 현금을 담아두고 가격을 끌어내릴 '사건'을 기다리지. 하지만 지수 포트폴리오는 그렇지 않아."

좋은 회사를 모두 살 수는 있겠지만 너무 비싼 가격을 치르면 찰리가 말한 '삶의 우여곡절'이자 우리가 '사건'이라고 부르는 부침이 전체 수익을 크게 잠식할 것이다. 불황에서 회복하기까지 20년을 기다릴 수 있다면 2월에 이야기했던 것처럼 지수를 추종하는 분산된 포트폴리오에서 7퍼센트 수익을 올릴 수 있을 것이다. 하지만 원하는 것이 경제적 자유라면 항상 할인된 가격에 매수하고, 현금을 들고 기다리고, 혼란이 닥쳤을 때 행동에 나설 준비가 되어 있어야만 한다. 버핏은 이것을 '황금 비가 내릴 때 양동이를 들고 밖으로 뛰쳐나갈 준비가 되어 있어야 한다'라고 표현했다.

아버지는 이렇게 설명했다. "양동이를 들고 나갈 준비를 한다는 건 불황이 닥칠 때를 대비해서 투자할 자금을 확실히 확보해둬야 한다는 뜻이야. 그러면 위기가 닥쳤을 때 싸게 사두었다가 모든 것이 정상으로 돌아왔을 때 커다란 이익을 남기고 팔 수 있는 멋진 기업들로 이루어진 포트폴리오를 갖게 되지. 이것이 바로 안티프래질 포트폴리오를 구성하는 비결이야."

소극적이면서 적극적인 전략

아버지가 말을 이었다. "현실에서는 일이 이런 식으로 전개된단다. 시장이 정기적으로 출렁이면서 관심 목록에 있는 기업들의 주가도 하락할 거야. 그렇게 지켜보다 보면 네가 생각한 매수 가격 아래로 주가가 떨어진 기업이 있을 거야. 그럼 그 기업을 사고 싶겠지. 그런데 이상하게 사고 싶지 않다는 생각도 들 거야."

"네?" 나는 의심스러운 목소리로 물었다.

"결정을 내려야 할 때, 인간이기 때문에 어쩔 수 없이 감정에 휩싸이게 될 거야. 공포가 대표적으로 강력한 감정이지. 공포에 대해서는 이야기를 많이 나눴어. '하지 마'라고 말하는 감정이 바로 공포야. 하지만 이 전략을 이해하기 시작하면서 또 다른 감정이 고개를 들 거야. 바로 탐욕이지. 어떤 주식이 하락하는 걸 지켜보고 있어. 좀 더 기다렸다가 가격이 더 떨어졌을 때 사면 나중에 반등할 때 훨씬 많은 돈을 벌 수 있겠다는 생각이 들 거야. 탐욕이 발동하기 시작하고 이제는 사고 싶은 마음이 들지 않아. 대신 가격이 더 떨어질 때까지 기다리고 싶어 하지. 사고 싶은데, 기다리고 싶은 거야. 어깨 위에서 두 악마가 서로 다른 조언을 귓가에 속삭이는 것처럼 말이야."

속이 울렁거렸다. 나도 이미 그 사실을 알고 있었다. 나는 그야말로 탐욕스럽게 매수 시점을 정확히 맞히려고 했고 그러면서도 애초에 멋진 기업이 아닌데 잘못 판단한 것이면 어떻게 하나 걱정했다. 실습용 주식을 샀을 때 내가 산 가격에서 1페니만 떨어져도 스스로에게 화가 났다. 고작 실습용 주식인데도 그 정도였으니 실제 돈이 걸렸을 때의 불안감은 짐작도 할 수 없었다. 투자의 감정적 법칙에 따르면 주가는 내가 사면 떨어진다. 이유는 단 하나, 내가 샀다는 점이다. 내가 실습용 주식을 사자마자 주가가 떨어졌으니 그것은 사실이다. 그리고 매수 시점을 정확히 맞히는 것은 절대 불가능하다는 의미였다.

"네가 한 조사를 믿으렴. 감정에 휘둘려 결정을 망치지 않기 위해서 그 조사를 한 거야. 이 상황에서 네가 저지를 수 있는 유일한 실수라면, 관심 목록에 멋진 기업이 있고 네가 정한 매수 가격 아래로 가격이 떨어졌는데도 가만있는 거야. 이걸 이해해야 해. 해야 할 숙제를 하면서 기다리고 기다리고 또 기다리다가 사야 할 순간이 왔을 때 공격적으로 나서는 거야."

웃음이 터졌다. 서두르고 기다리라니. "그러니까 이건 소극적이면서 적극적인 투자 전략이군요?"

아버지는 미소를 지었다. "바로 그거야. 소극적이었다가 갑자기 적극적이 되는 거지. 나무늘보에 가까울 만큼 게으름을 피우다가 매수 단추를 누를 시점이 되면 순식간에 세상에서 제일 공격적인 투자자가 되는 거야. 조금만 사는 건 아예 사지 않는 것보다 더 나빠. 정말이야. 나중에 그 기업에서 1,000퍼센트 수익이 나면 더 많이 투자하지 않은 너 자신이 미워서 견딜 수 없을 거야. 전적으로 확신하면서도 그 확신에 따라 행동하지 못하는 것이 인간의 나약함이야. 너도 어차피 그런 과정을 거치겠지만 적어도 경고는 한 거다."

문득 중요한 무언가를 이해했다. "시장이 오르내릴 때 아버지가 크게 동요하지 않는 이유를 알겠어요. 시장이 하락하면 매수자가 되니 유리하고, 시장이 상승하면 아버지가 보유한 포트폴리오의 가치도 같이 올라가니 역시 유리하죠."

"바로 그거야." 아버지가 기분 좋게 말했다. "2009년 3월 CNBC 의 마리아 바르티로모와 했던 인터뷰에서 나는 시장으로 돌아간다 고 말했어. 폭락하던 시장이 바닥을 쳤다고 생각해서가 아니었어. 오 히려 시장은 계속 하락할 것 같았지. 내가 매수에 나선 것은 그때 내 관심 목록에 있던 기업 중에서 가장 좋았던 두 기업이 비상장회사만 큼 헐값에 거래되었기 때문이야. 이미 크게 할인된 상태였는데 그 기 업들의 주가가 상승하기 시작했어. 매수할 명분은 그것으로 충분했 어. 두 기업의 주가가 계속 하락했다면 얼마든지 더 오래 기다렸을 거야. 설령 내가 매수한 다음 오름세를 멈추고 더 하락했더라도 기 분은 역시 좋았을 거야. 더 싸게 살 수 있는 기회니까. 나는 다우지수 가 2,500선까지 추가로 하락할지 여부는 알 수 없지만 그래도 상관 없다고 말했어. 이제 트럭을 가득 채울 거니까 말이지."

처한 상황은 달랐지만 기업의 가격을 구하는 법을 배울 때 나도 같 은 경험을 했다. 나는 시장의 관찰자가 된 것 같았고 시장에 휘몰아 치는 감정의 기복에서 벗어나 있었다. 다른 사람들을 움직이는 공포 와 과열이 보였지만 나는 거리를 둔 채 평온할 수 있었다. 무슨 일이 벌어지고 있는지 정확히 파악했고, 내게는 그것을 유리하게 활용할 계획이 있었기 때문이다. 안티프래질은 이렇게 힘을 발휘한다.

나도 버핏처럼 황금 비가 내릴 때 양동이를 들고 나갈 준비를 하고 싶었다. 상당히 구체적인 계획을 세워둔다면 시장의 폭락에 마음이 복잡하고 두려움이 생길 때, 그리고 CNBC에서 늘 소리를 질러대는 사람들이 평소보다 더 시끄럽게 소리를 지를 때 관심 목록 기업에 대한 매수 계획을 곧장 실행에 옮길 수 있을 것이다. 그것은 '비상사태'가 발생할 경우를 대비한 계획이 될 것이다. 나는 그런 비상사태를 기대, 아니 고대하고 있었다.

'비상사태' 매수 계획

아버지는 '트럭을 가득 채울 만큼'이라는 말을 즐겨 한다. 그 실제 의미는 무엇일까? 말 그대로 관심 목록에 있는 기업 전부로 트럭을 채워야 할까, 아니면 특정 기업들로만 채워야 할까?

"원칙은 한 기업당 포트폴리오의 10퍼센트를 투자하는 거야." 그러고 나서 아버지는 즉시 한발 물러섰다. "상관없어. 사실 지침에 가깝지."

"정확한 의미는 뭐죠? 무슨 일이 있어도 한 기업이 전체 포트폴리오의 10퍼센트를 넘으면 안 되나요? 열 개가 안 되거나 넘는 기업을 사고 싶으면 어떻게 선택해야 하죠?"

아버지는 한숨을 쉬었다. "답을 먼저 알려주고 설명은 나중에 할게. 어차피 네가 만족할 만한 설명이 아닐 것 같구나. 제일 좋아하는 기업을 사야 해. 내 생각에 버핏도 '가장 좋아하는 것'을 사라고 추천할 것 같구나. 오랫동안 진지하게 고려해왔던 기업들로 가득 채우라고 했거든."

나는 웃었다. 물론 그것이 답이었다. 하지만 아버지와 버핏이 말한 의미는 이해했다. 나는 시간을 들여 조사했고, 선택했고, 내 관심 목록과 사랑에 빠졌다. 관심 목록에 담아둔 기업은 모두 좋았지만 특별히 선호하는 기업들이 있었다. 자연스러운 것이다. 버핏은 만일 모든 기업이 내가 정한 매수 가격 미만에 거래된다면 그중에서도 특히 선호하는 기업을 사라고 했다. 또다시 스스로 판단해 결단을 내려야 한다는 것이 짜증스러울 법도 했지만 사실 마음에 들었다. 쉽게 생각하자. 단순하게, 내가 특별히 좋아하는 기업을 사는 것이다. 그 정도라면 할 수 있다.

"모든 기업이 할인 가격에 거래된다면 투자에 나서기에 굉장히 좋은 상황이지! 그런 문제를 고민하게 됐다면 감사하게 생각해야 해. 대단히, 엄청나게, 아낌없이 감사해야 할 상황이지. 그런 문제에 처한다면 정말 굉장한 기회니까."

"옳소, 옳소, 옳소!" 나는 웃었다. "그래서 아버지가 제 곁에 있어야 해요. 그런 일이 있을 때 감사할 일이라는 걸 상기시켜주셔야 하니까요! 저라면 아마 기겁할 거예요."

"아니, 너라면 기겁하는 대신 무엇을 해야 할지 정확히 알고 있을 거다. 나는 스스로 이런 질문을 해본단다. '단 하나만 살 수 있다면 무엇을 살 것인가?'"

"그런 선택을 해야만 하나요?"

"관심 목록에 있는 기업들이 모든 면에서 동등하지는 않다는 사실을 인식하는 것은 좋은 수련법이야. 어떤 기업의 주가는 적정 매수 가격을 한참 밑돌고 또 어떤 종목은 약간만 밑돌겠지. 그중에는 네가 절실하게 지지하고자 하는 사명이 있는 기업도 있을 거야. 빠르게 성

장할 가능성이 좀 더 확실한 기업도 있고 '사건'에서 회복할 가능성
이 높은 기업도 있겠지. 좀 더 신뢰가 가는 경영진이 있는 기업도 있
을 거야. 자신에게 물어야 해. '이 기업들 중 단 하나만 소유할 수 있
다면 어떤 기업일까?' 만일 모든 기업이 할인에 들어간다면 나는 과
연 어떤 기업에 매수 주문을 낼 것인지 알게 될 때까지 묻고 묻고 또
묻는 거야."

나는 관심 목록에 있는 홀푸드와 코스트코를 떠올렸다. "저는 홀푸
드를 선택하겠어요."

"어째서?"

"제가 보기에는 홀푸드의 할인 폭이 더 큰 것 같아요. 홀푸드의 주
주이익이 코스트코보다 커서 10캡 기준으로 구한 적정 가격도 더 높
아요. 홀푸드의 가치관과 CEO가 더 마음에 들고요. 만일 이 두 회사
가 비상장회사이고 회사 전체를 소유하는 것이라면 저는 단연코 홀
푸드를 선택하겠어요."

"좋아. 기억할 것은 네가 홀푸드를 특히 선호한다는 사실이 스스로
에게도 아주 분명했다는 거다. 홀푸드가 너의 최우선 기업이야."

아버지는 관심 목록에 두 가지 요소가 필요하다고 설명했다. 기업
의 이름과 매수하려는 가격이다. 실제로 매수할 시점을 알려주는 것
은 시장 전반이 아니라 나의 관심 목록이다.

이해하기 시작했다. "관심 목록이 무엇을 살지 알려주고, 언제 살
지는 매수 가격이 알려준다는 거죠?"

"바로 그거야."

"할인된 종목들의 목록에서 그냥 제일 첫 번째 종목을 사면 되고

요?”

“기본적으로 그게 다야. ‘관찰 목록’이 아니라 ‘관심 목록’이라고 한 것도 그런 이유지. 정말 소유하고 싶은 기업들만 관심 목록에 올려두었다가 가격이 떨어지면 방아쇠를 당겨 매수하는 거야.”

관심 목록에 있는 기업이 (예를 들어 주식시장 폭락 등으로) 모두 하락한다면 가장 선호하는 기업부터 매수한 다음 다른 기업을 하나하나 선호하는 순서대로 사들인다. 모든 기업이 하락하는 것이 아니라면 (예를 들어 특정 회사가 어떤 ‘사건’을 겪고 있는 중이라면) 자신이 정한 매수 가격보다 낮은 가격에 거래되는 기업부터 산다. 다른 기업에 어떤 일이 벌어질지 누가 안단 말인가? 해가 났을 때 기회를 놓치지 말고 건초를 만들어야 한다.

관심 목록 기업 매수 계획서

우선순위	기업	적정 가격 범위	나의 매수 가격	온라인 가격 알림 설정 여부
1	레모네이드 스탠드	10캡: $200 8년 투자 회수 기간: $247 기준 가격: $480 안전마진 확보: $240	주당 250달러 이하에 진지하게 매수를 고려한다.	미설정 (온라인 매수 불가)
2	홀푸드	10캡: $29 8년 투자 회수 기간: $13 기준 가격: $39 안전마진 확보: $19	실습용 주식을 샀고, 추가로 사고 싶다.	설정

나는 관심 목록 기업 매수 계획서 초안을 작성했다.

흠, 홀푸드. 작성한 계획서를 본 아버지가 무언가를 발견했다.

"예전에는 사기가 두려웠는데 지금은 사고 싶어 견딜 수 없다. 이런 두 얼굴의 감정은 위험해. 비이성적인 공포에 휩싸일 때도 흔들리지 않아야 하고, 비이성적으로 흥분될 때도 흔들리지 않아야 해."

"적절한 크기의 공포, 그러니까 자신을 보호할 수 있는 두려움과 비이성적인 공포의 차이를 구분하기가 어려울 때가 있어요."

"누구에게나 어려운 일이야. 내가 여덟 살쯤 되었을 때 텔레비전을 보고 데이비 크로켓*이 이런 말을 했다는 걸 알았어. '일단 자신이 옳다는 확신이 서면 밀고 나가라.' 이 짧은 격언에 경이적인 투자 성과를 거두는 가장 큰 비밀이 담겨 있단다. 아메리칸 너구리 털가죽으로 만든 모자를 쓴 데이비의 활약이 내 눈에는 기적처럼 보였지. 나는 19인치 흑백 텔레비전 앞에 바짝 앉아서 진짜 사나이라면 저렇게 해야 한다고 생각했어. 일단 옳다고 확신하면 직진하는 거야. 워런 버핏도 데이비드 크로켓에게 채널을 고정했던 게 분명해. 이런 말을 했거든. '어떻게 해야 할지 전혀 확신이 서지 않는다면 그저 기다려라. 밀고 나가서는 안 된다.' 바로 그래서 네게도 한 번에 다 사는 것보다는 조금 다른 방식을 추천하고 싶구나. 초보 투자자로서 감정에 휘둘리지 않기 위해서야. 한 기업을 살 때마다 투자금을 4등분해서, 즉 네 개 트랑셰tranche로 나누어 매수하는 거야."

"알겠어요." 나는 천천히 대답했다. '트랑셰?'

---

* 알라모 요새 전투에서 사망한 미국의 민중 영웅이자 개척자, 군인, 정치인인 데이비드 크로켓(David Crocket)의 애칭. - 옮긴이

트랑셰 매수

트랑셰는 금산 복합체 용어로 '조각' 또는 '부분'을 뜻한다.

"네가 해당 기업을 살 때는 어떤 '사건'이 한창 진행 중일 거야. 그렇지? 우리는 천재가 아니니까 완벽한 시점을 잡는다는 건 불가능해. 우리는 기업의 주가가 떨어지고 계속해서 내려가기를 기대하지. 트랑셰로 나누어 산다면 주가 하락을 기회로 멋진 기업의 주식을 훨씬 더 싼 가격에 살 수 있어."

"그러니까 트랑셰는 주가가 계속해서 떨어진다는 가정하에 떨어지는 주가를 유리하게 활용하는 거군요."

"바로 그렇단다. 주가 하락은 훌륭한 기업을 훨씬 더 좋은 가격에 살 수 있는 기회를 만들어주지. 이렇게 생각해보자. 내가 너에게 100달러 지폐를 50달러에 판 적이 있어. 지금은 25달러만 내도 100달러 지폐를 주겠다고 해. 그럼 넌 전에 한 거래 때문에 기분이 나빠질까? 앞으로는 10달러에 팔겠다고 하면 화가 날까?"

"아니요, 처음 샀을 때는 신이 났을 테고, 두 번째는 더 흥분했을 테고, 세 번째는 완전히 짜릿하겠죠."

"당연하지! 세 번째가 훨씬 더 좋은 조건이라고 해서 첫 번째도 훌륭한 가격이었다는 사실이 달라지는 것은 아니지. 모든 투자를 이런 방식으로 생각할 수 있어야 해. 네가 산 다음 주가가 떨어질까 봐 신경이 쓰이고 불안하다면 그것은 해당 기업에 대한 이해가 충분하지 않다고 네 직관이 알려주는 것일 수도 있어. 내면의 목소리에 주의를 기울이고, 이해한다는 확신이 설 때까지 네가 구성한 '이야기'와 반전한 이야기를 다시 검토해야 해. 주가가 떨어지는 이유를 알고 있고, 네가 구한 적정 매수 가격에 확신이 있는데도 여전히 불안하다면 아직도 가격과 가치가 어느 정도 관련이 있다고 생각하기 때문일 거야. 그게 아니라는 사실을 명심해. 가격은 네가 얼마를 지불했는지를 말해줄 뿐이야. 그게 전부야. 가격은 가치와 아무런 상관이 없어."

가격 하락을 준비하는 계획을 세움으로써 나는 불안해하는 대신 매수를 기대하며 들떴다.

나는 4단 케이크를 상상했다. 케이크는 특정 기업에 배분한 투자 예산이다. 각 단은 트랑셰, 즉 그 기업에 투자하려는 전체 금액의 25퍼센트다. 나는 첫 트랑셰, 즉 25퍼센트를 사고 기다리다가 가격이 10퍼센트가량 더 떨어졌을 때 두 번째 트랑셰를 산다. 가격이 10퍼센트 더 떨어지면 세 번째 트랑셰를 산다. 마지막 트랑셰는, 기다린다.

"떨어질 만큼 떨어지도록 내버려 두는 거야. 추가로 30퍼센트 더 떨어질 수도 있지. 기다리는 거야. 그러다가 더 이상 떨어지지 않고 반등한다는 확신이 설 때 네 번째 트랑셰를 사는 거야."

"할 일이 늘었네요." 나는 불평했다. 쉽고 간단했던 '가장 선호하는 것을 산다'는 어떻게 된 거지? "특정 기업을 1만 달러어치 원한다면 그냥 1만 달러어치를 사고 끝내면 안 되나요?"

"그럴 수도 있지. 하지만 그렇게 하면 더 낮은 가격, 그리고 그보다 더 낮은 가격에 살 기회를 틀림없이 놓치고 말겠지. 트랑셰는 감정을 다스리는 데 도움이 되는 전략이지만 내키지 않는다면 괜찮아. 비율을 정확히 맞출 필요는 없어."

나는 가격이 오르기 시작하면 남은 금액만큼 전부 사들이고 끝내기로 결심했다. 가격을 너무 면밀히 추적하거나 휴대전화 속 '고문' 폴더를 열어야만 하는 상황은 원하지 않았다. 주가가 갑자기 뛰어 내가 생각한 매수 가격보다 비싸지면 뒤쫓지 않을 것이다. 주가는 내가 살 수 있는 수준까지 내려올 수도 있고 내려오지 않을 수도 있다. 스트레스를 받아봐야 의미 없는 일이다.

"트랑셰의 비율을 완벽하게 맞출 필요는 없어." 아버지가 거듭 강조했다. "트랑셰 4단 모두 네가 정한 적정 매수 가격 근처에서 쌓는다는 것만 확실히 하면 돼."

"트랑셰가 심리적 위안에 도움이 된다는 건 이해했어요. 내가 사면 가격이 떨어진다는 건 말은 쉽지만 실제로 그렇게 되었을 때 얼마나 고통스러운지는 실습용 주식으로 경험해 알고 있거든요."

"정말 고통스러운 게 뭔지 아니? 관심 목록에 있는 기업들 가운데 할인 중인 기업이 있는데 투자할 자본이 없는 거야. 형편없는 기분이 들겠지. 반면 주가가 하락하더라도 해당 기업에 할애할 추가 자본이 있다면 훨씬 유리한 가격에 더 많은 주식을 살 수 있으니 굉장한 이득이지. 트랑셰는 투자할 때 감정을 통제하는 데 도움이 되고, 완벽한 시점을 잡지 못하는 현실을 기회로 활용할 수 있는 전략이야."

"그 밖에 도움이 될 방법은요?"

"시장이 급등하는데 나는 따라가지 못할 때는 감정적으로 흔들리지 않기 위해 시장의 현재 상황을 보여주는 두 가지 중요한 정보를 주시하지. 바로 실러 PER과 버핏 지표야."

"아, 맞아요. 몇 달 전에 두 가지 지표에 대해 이야기를 나눈 적이 있어요."

"맞아. 이 두 가지 정보가 있으면 시장 전반을 꽤 정확히 파악할 수 있어. 사실 그래서 또 다른 방법 하나는 자동적으로 잊어버리고는 해. 재정적으로 큰 의미는 없어도 내게는 도움이 되는 방법이야."

"좋네요! 자세히 말씀해주세요."

"주가가 내가 정한 매수 가격에 근접하면 내 결심을 시험하기 위해 소량을 매수하는 거야. 매수 금액의 규모가 중요해. 일부를 잃어도 문제가 되지 않을 정도로 적어야 하지만, 내가 안다고 생각했던 것이 실제로는 아는 것이 아니었을 때 마음이 초조해질 정도는 되어야 해. 실제 돈이 걸리면 기업을 보는 관점이 달라지지. 이론에서 실제로 옮아가는 거야. 나는 진정한 확신을 뒷받침할 충분한 근거가 없을 때는 무의식의 어떤 체계가 신경계에 작용해서 몸과 마음이 금세 스트레스를 받아. 정신 나간 소리처럼 들리려나?"

지난달에도 이 이야기를 들었다. 실습용 주식이라는 내 구상을 계기로 아버지 역시 살짝 발을 담그는 방법을 활용하고 있다는 사실을 떠올리게 된 것이 틀림없었다.

"기업에 대해 충분히 안다고 생각한 다음에도 분명히 실수는 있었지. 하지만 나는 의식적으로 접근하는 정보가 전부가 아니고 무의식이 더 많은 정보를 준다고 생각해. 제1 원칙을 지키는 많은 훌륭한 헤지펀드 매니저들이 이 묘책을 활용하지. 현재 상황을 충분히 깊이 조사해서 해당 기업을 '너무 어려움'으로 분류해야 할지, 아니면 확실히 살 기업으로 분류할지 판단이 설 때까지 트럭을 채우는 것을 유보하게 하는 역할을 스트레스가 해주는 거야. 기업을 소유한다고 상상하는 것과 실제로 소유하는 것에는 엄청난 차이가 있단다. 너도 그 차이를 체험하게 될 거다."

"정말 흥미롭네요. 제가 실습용 주식을 살 때 했던 방식과 정확히 같아요. 소량을 매수해서 어떤 감정을 경험하는지 배우고, 정말로 해당 기업을 소유하게 된 이유를 옹호할 수 있어야 하니까 혹시 놓친 것이 있는지 알아내는 거죠."

"방식도 비슷하고 유용하다는 점도 비슷하지. 또 다른 묘책도 있어. 내가 존중하는 투자 판단 능력을 지닌 사람에게 특정 기업을 주시하고 있다고 말하는 거야. 벌써 가지고 있다고 말하면 안 돼. 그랬다가는 그 사람들이 비판의 수위를 낮출 수 있거든. 그냥 지켜보고 있다고 하는 거지. 그런 다음 해당 기업에 관한 '이야기'를 보통 1분 정도 들려줘. 흥미로운 이유를 설명하는 거지. 앞서도 말했지만 그 기업을 좋아한다고 말하면 상대방의 반응이 달라질 수 있으니 그렇게 말해서는 안 돼. 물론 같이 일하는 친구들의 반응을 이미 확인하기는 했지만 그것은 주가가 떨어지기 전의 일이었어. 이 묘책은 실제로 방아쇠를 당길 때가 거의 다 됐을 때 잠재의식을 슬쩍 건드려서 숨어 있던 미지의 것을 작동시키는 방법이지."

나는 웃었다. 맞는 말이었다. 나 역시 존중하는 누군가에게 특정 기업에 관심이 있다고 말해야만 하는 상황에서 그 기업에 대한 의견을 꽤 빨리 분명히 하게 되었다.

마찬가지 이유로 누군가에게 내 인생을 바꿀 필요가 있다고 말해야 했다. 아버지와 긴 화상 통화를 끝내고 스스로를 돌아보고 싶은 기분이 들었다. 나는 카말라에게 전화를 걸어 안부를 물었다. 1월에 꽤 심각한 대화를 나눈 이후 카말라는 직업을 바꾸었다. 그뿐만 아니라 작가들을 위한 명망 있는 공동 생활체의 회원 자격을 신청해 치열한 경쟁을 뚫고 합격했다. 공동 생활체의 예술가와 작가들은 한적한 시골에 머물며 지원금도 받는다. 이제 집중할 수 있는 시간을 갖게 된 카말라는 그 시간을 활용해 프리랜서 작가로서 경력을 쌓는 것을 진지하게 생각하고 있었다. 나는 결국 변화를 만들어낸 사랑하는 친구가 말할 수 없이 자랑스러웠다.

나는 투자 수련을 하면서 1월에 나눈 대화 내용에 내 자신이 부응하고 있는지 돌이켜 생각했고 카말라도 그것을 알고 있었다. 카말라가 안다는 것을 나도 알았다. 하지만 우리 중 누구도 지금까지 그것에 대해 언급하지 않았다. 우리의 인생에서 일어나고 있는 일들을 되짚으며 카말라가 말했다. "연초에 나눴던 이야기 기억해?"

나는 물론 기억한다고 대답했다. "말도 안 되는 일이었지."

카말라가 가볍게 웃었다. "하지만 우리 둘 다 어느 정도 해냈어. 그때 이후로 우리 둘 다 얼마나 달라졌는지 봐. 게다가 아직 1년도 지나지 않았는데 말이야."

"뭐랄까, 놀라운 일이지." 나도 같은 생각이었다. 웃음이 나왔다. 또 뭐가 달라졌을까? 나는 인식하지 못하는 무능력 상태를 벗어나 무능력을 확실히 인식하고 있었고, 이제까지 익힌 기량을 돌이켜 생각해보면 꽤 유능하다고 느끼고 있다는 것도 깨달았다. 직접 하는 투자에 더 이상 무능하지 않다고? 내가? 나는 소리 없이 웃었다.

"우리는 상황을 변화시킬 필요가 있었고, 해냈어. 하지만 이런 식으로 해낼 줄은 절대로 예상하지 못했어."

"절대 못 했지."

이것이 바로 의지의 힘이다. 좋은 친구의 지지가 주는 힘은 말할 필요도 없을 것이다.

10개월 차 수련

나는 선호하는 기업을 선택할 때 저절로 웃음이 난다. 특히 선호하는 기업을 선택하고, 안티프래질 포트폴리오를 구축하기 위해 관심 목록에 있는 기업의 매수 계획서를 작성한다. 그런 다음 편안히 앉아서 자신이 직접 조사했고 그 결과를 바탕으로 사고 싶은 기업들의 목록을 만들었다는 사실을 즐긴다. 불과 몇 달 전과 비교하면 상황이 얼마나 달라졌는가?

1.   Nathan Reiff, "The Greatest Investors: Julian Robertson," Investopedia, October 27, 2017, http://www.investopedia.com/university/greatest/julianrobertson.asp

11개월 차

매도 시점 결정하기

이달의 주제

줄어든 투자 기저 계산하기
- 배당금
- 자사주 매입

매도 시점 결정하기

나는 실제로 투자한다는 생각에 몹시 들떴다. 관심 목록에 있는 기업의 매수 계획표를 스프레드시트에 상세하게 작성해 '투자 수련' 폴더에 저장했다.

더 이상 두렵지 않았다. 더 이상 기다리고 싶지도 않았다. 크리스마스 아침에 트리 아래 놓인 선물 포장을 풀고 싶을 때처럼 안달이 났다. 배운 것을 활용하고 싶었다.

인내심이 관건이라는 것은 알고 있었다. 하지만 당장 뛰어들고 싶었다.

팔기 전에 사는 것이 먼저

아버지는 애초에 올해는 무엇이 됐든 매수할 생각을 하지 말라고 했던 터라, 지난달에 내가 다시 말을 꺼냈을 때 그다지 달가워하지 않았다. 실제로 사고 싶다는 생각이 드는 것이 아버지의 예상보다 수련이 잘되고 있다는 뜻인지 아니면 잘못되고 있다는 뜻인지는 알 수 없었지만 본능을 무시했다면 여기까지 오지 못했을 것이다. 당연히 적당한 시간과 가격을 기다리겠지만 나는 반드시 사고 싶었다.

아버지에게 내 결정을 말하지 말까도 생각했지만 그것은 지난 몇 달 동안 우리가 함께 이룬 모든 것에 위배되는 일이었다. 아버지와 나, 우리는 한 팀이나 마찬가지였다. 아버지는 내게 많은 것을 투자했고 중요한 순간에 아버지를 배제할 수는 없었다. 나는 아버지를 설득할 수 있기를 바랐다. 애틀랜타에 있는 아버지에게 전화를 걸었다. 추수감사절을 맞아 월말에 만날 계획이었지만 매수를 미루고 싶지 않았다.

"홀푸드 주식을 실제로 좀 사고 싶어요. 지금이 적기인 것 같아요."

나는 아버지를 설득했다.

"홀푸드는 방대한 브랜드 해자를 갖췄고 홀푸드라는 이름을 찾아 움직이는 충성 고객을 확보하고 있어요. 주가는 6년 만에 최저 수준으로 떨어졌어요. 저는 홀푸드를 사랑하고 홀푸드의 사업을 이해하고 있어요. 회사의 대출 규모는 현재 보유한 현금으로도 상환이 가능할 만큼 적어요. ROA와 ROE도 식료품 유통회사 가운데 뛰어난 수준이에요. 주주이익도 엄청나요. CEO 존 매키는 대단한 성실성과 가치관을 지닌 천재예요. 현재 주가는 10캡 기준 가격보다 다소 높지만 워낙 잘 알려진 회사인 만큼 우려는 이미 가격에 반영되었고 지금보다 주가가 더 떨어지지는 않을 것 같아요. 두 달을 더 기다린다고 해서 지금보다 나을 것 같지는 않아요. 이제 제대로 된 포지션을 취할 때가 되었다고 생각해요. 전부 다. 바로 지금요."

아버지는 깊은 생각에 잠겼고 전화기 너머로 오랫동안 침묵이 흘렀다. 나는 아버지가 충분히 생각할 수 있도록 기다렸다. 그것은 아버지에게도 중요한 결정이었다. 내가 준비가 되었을까?

아버지가 답했다. "그래, 좋다. 실습도 했고 준비가 됐어. 이제 도전해볼 때가 되었구나."

생각보다 간단했다. 아버지는 실습용 주식도 좋아했다! 그리고 내가 준비가 되었다는 데도 동의했다.

나는 둥지를 벗어나 날고 싶었고 아버지는 내가 날 수 있도록 뒤에서 살짝 밀어주었다. 아버지는 내가 날 수 있다고 믿어주었다. 이것은 사소한 일이 아니었다. 내가 어떤 기업을 선택해 투자할지는 내 스승인 아버지의 이름이 걸린 문제이기도 했다. 늘 그랬던 것처럼 결국 내가 원하는 대로 하게 되겠지만 우리는 투자에서 떼려야 뗄 수 없이 연결되어 있었다. 나는 학교를 졸업하는 기분이었다.

드디어 홀푸드를 실제로 소유하게 되었다. 나는 주당 30.85달러에 홀푸드를 샀다.

식은 죽 먹기였다.

비디오 게임을 하듯 간단했다. 나는 주식을 샀고, 당황하지 않았고, 내가 산 가격을 잊었다. 너무나 쉬워서 내 소중한 투자금의 일부가 실제로 쓰인 것인지, 아니면 5분 동안의 경험이 단순한 상상이었는지도 갈피를 잡기 어려울 정도였다.

주식 계좌에서 로그아웃하면서 실제로 거래가 완료되었는지 확인할 겸 다시 한번 해봐야 하는 것 아닌가 하는 생각이 들었다. 나는 몸을 뒤로 젖히고 의자에 기대앉았다. 같은 자리에 앉아 덜덜 떨며 실습용 주식을 샀던 기억이 떠올랐다. 주식을 매수하는 연습을 해두어서 정말로 다행이라고 생각했다. 그때는 감정의 추가 한쪽으로 심하게 기울어 실제로 경험하면서도 실감이 나지 않았다. 이번에는 주가가 오르기를 바라는 대신 주가가 내려 더 싼 가격에 트랑셰를 추가로 매수할 수 있기를 진심으로 바랐다.

나는 그때 상당한 안티프래질 체질을 키웠다고 느꼈다. 이것이 바로 투자 수련이 필요한 이유라고 생각했다.

추수감사절을 지내기 위해 부모님(이제 두 분은 휴일을 함께 보낼 만큼 잘 지낸다), 아버지의 아내, 여동생과 제부까지 온 가족이 샌디에이고에 있는 여동생 집에 모였다. 손님도 있었다. 누노가 우리 가족을 만나러 취리히에서 날아왔다. 억지로 시킨 일은 아니었다. 내 인생을 변화시킨 이 남자를 모두가 몹시 만나고 싶어 했고 그에게 미국식 추수감사절을 제대로 보여주고 싶어 했다.

칠면조 요리와 매시트포테이토, 와인을 즐긴 뒤 우리는 집 안 여기저기 흩어져 가벼운 이야기를 나누거나 설거지를 하고 축구를 구경했다(미식 축구였다. 손님으로 온 유일한 유럽 남자는 이곳에서 그것을 '축구'라고 부르는 데 영리하게도 토를 달지 않았다). 아버지와 나는 거실 한쪽에 놓인 소파에 푹 파묻혔다. 바로 지금이 질문할 기회라고 무언가 나를 부추기고 있었다.

이제 진짜 투자자가 되었으니 하는 말이지만, 언제 팔아야 할지는 어떻게 알 수 있을까? 언제까지고 계속해서 보유할 수는 없는 일이었다.

아버지는 피노누아 와인에 취한 도가의 선문답처럼 점잖고 느린 말투로 대답했다. "버핏이 말하기를, 회사를 팔기에 적절한 시기는 결코 없단다."

없다고? 추수감사절 칠면조 요리의 트립토판 때문인가? 트립토판은 원래 졸음을 유발한다. 나는 아버지가 잠을 쫓을 수 있도록 에스프레소 한 잔을 만들고 이야기를 계속했다.

"하지만 실제로, 실제로 말이에요. 아버지는 언제 파세요?"

"나도 진지하게 하는 말이야." 아버지가 강조했다. "기업의 '이야기' 에 달라진 것이 없는 한 절대로 팔아서는 안 돼. 복리 수익률은 장기간 보유하는 게 관건인데 나는 이 부분에서 실수를 범했지. 2009년에 많은 종목을 사서 2015년에 팔았는데, 주가가 오르고 있었기 때문에 사실 더 오래 기다리는 것이 옳았어. 결국 태도의 문제야. 무엇을 살지 결정할 때는 절대 팔지 않겠다는 태도로 접근해야 해. 멋진 회사를 좋은 가격에 사는 현명한 투자자라면 결코 그 기업을 팔 생각을 해서는 안 돼. 덜 할수록 더 많은 것을 얻게 되지."

나는 아버지의 이야기를 절대 팔지 않겠다는 태도로 매수에 훨씬 더 진지한 태도로 임하라는 은유로 받아들였다. 감사를 표현하라는 '마로' 철학과 마찬가지다. 어떤 기업을 영원히 소유한다는 계획은 진지하게 헌신하는 마음가짐을 요구할 것이다.

그렇다고 해도 제1 원칙 투자에서 이익을 실현하는 방법은 알아둘 필요가 있었다. 실제로, 현실에서 말이다. 돈을 영원히 묶어둘 수는 없는 일이었다. "버핏도 회사를 팔잖아요."

"물론 그렇지. 버핏도 일상적으로 회사를 팔지. 그러면서도 절대 팔고 싶지 않다고 말해. 그는 어떻게 타협점을 찾을까?"

나는 아버지를 응시했다. 내가 알고 싶은 것도 바로 그것이었다.

"버핏은 이야기가 달라진 경우에 한해서만 팔아. 오직 그때만이야. 달라진 게 없다면 계속 보유하는 거야. 왜 팔아야 하지?"

나는 계속해서 아버지를 응시했다.

"이렇게 생각해보자. 너는 할인된 가격에 살 수 있는 훌륭한 기업을 평생 20개 정도 찾으려고 해. 이 기업들을 훌륭하게 만드는 것은 당연히 이익을 보호하는 강력한 해자, 적은 부채, 커다란 주주이익과 풍부한 잉여현금흐름이고, 이들 기업은 너의 가치관에 부합하는 사명을 수행하는 훌륭한 사람들이 이끌고 있어. 이런 기업 자체를 소유했다면 결코, 절대로 팔지 않겠지."

"절대로요." 나는 동의했다. 게다가 내 은행 계좌로 배당금까지 들어온다면 더더욱 팔지 않을 것이다.

"하지만 기업들은 예전만큼 오래 살아남지 못해. 훌륭한 기업도 마찬가지야. 지금은 새로운 아이디어가 그 어느 때보다도 빠르게 낡은 생각을 대체하고 있어. 100년 전 S&P500 기업의 평균 수명은 60~70년이었어. 지금은 15년이지. 투자자로서 우리는 기업의 이야기가 어떤 식으로 달라지는지 알아야 해. 사람들 대부분의 소비 행태에 중대한 변화가 일어나면서 업계가 급변하고 그 결과 해자가 침해당하지. 아마존이 기존 소매 유통점에 미치는 영향을 보렴. 건강에 대한 관심이 높아지면서 식료품 상점의 중앙 통로 진열대에 놓인 제품도 달라졌지. 아이폰과 노키아, 블랙베리의 관계도 마찬가지야. 쇼핑, 문화, 기술의 변화는 창조적인 파괴의 한 형태란다."

나는 스타트업과 벤처캐피털 관련 일을 하면서 이런 현상을 실제로 여러 차례 보았다. 새로운 아이디어가 등장해 시장에서 작동하는 패러다임을 바꾸는 것이다.

계속해서 전진하고 혁신하는 것은 사회적 측면에서 상당히 좋은 일이다. 투자자에게는 내 기업의 이야기에 어떤 일이 일어나고 있는지 늘 잘 파악하고 있어야 한다는 뜻이다.

"렌터카 업계를 보렴. 승차 공유와 무인자동차 때문에 파멸하기 직전이지. 승차 공유 서비스와 무인자동차의 조합이 의미하는 것은 앞으로 약 2년 후면 테슬라 자동차가 너를 직장에 데려다준 뒤 다른 사람들을 태우고 하루 종일 시내를 돌아다니다 하루 일과가 끝날 때쯤 다시 너를 태우러 직장으로 돌아오는 세상이 된다는 거야. 차 값은 승차 공유에서 발생하는 수입으로 충당하면 돼. 어쩌면 공유용 자동차를 제공하는 사람들을 늘리려고 테슬라에서 차를 무상으로 줄 수도 있어. 확실히 사람들은 전보다 차가 덜 필요할 거야. 니먼 마커스 백화점의 한 영업사원은 샌디에이고에 이사 온 지 1년이 되도록 차를 사지 않았다고 했어. 리프트Lyft 승차 공유 서비스를 이용해 편도 5달러에 집에서 직장까지 오고 간다는 거지. 자동차 구입비, 연료비, 유지보수비, 보험료, 주차비는 전혀 들지 않고 교통비로 월 200달러만 지출하면 돼. 그것도 자동차가 필수였던 샌디에이고에서 말이지. 하지만 이제는 아니야. 이것이 패러다임의 전환이지. 자동차회사, 승차 공유회사, 렌터카회사, 중고차 판매회사, 그리고 이 모든 회사에 보험, 부품, 주차, 대출 등의 편의를 제공하는 업체들에는 이런 파괴적 기술disruptive technology이 무엇을 의미할까? 모든 차고가 텅텅 비게 된다면 창고나 위탁 보관 서비스 업계는 어떻게 될까? 투자자로서 너는 이런 질문에 대해 너만의 의견을 갖게 되거나, 그 회사를 '너무 어려운' 회사로 분류하게 되겠지. 너무 어려운 회사로 분류해도 문제 될 것은 전혀 없단다."

나는 웃었다. "저도 알아요!"

"너무 어렵지 않은 회사에 집중하렴. 예를 들어 버핏과 멍거가 소유한 기업을 보자. 버핏은 애플, IBM, 웰스 파고, 아메리칸 익스프레스, 코카콜라, 크래프트, 필립스 66을 소유하고 있어. 모두 경쟁자가 무너뜨리기 어려운 강력한 해자를 갖추고 있어. 1950년대부터 존재한 식품회사인 크래프트조차도 단지 저렴한 가격과 잘 알려진 이름 덕분이라고는 해도 10년 뒤에도 여전히 건재할 거야. 그것이 바로 가격 해자, 브랜드 해자야. 버핏의 가치관이 너의 가치관과 같지 않을 수도 있지만 중요한 건 그게 아니야. 중요한 것은 너의 가치관에 부합하는 기업을 소유하고, 견디고, 절대로 팔지 않는 거야."

"절대 팔지 말라는 버핏의 말은 '이야기가 한결같다면 절대로 팔지 말라'는 의미군요."

"정확해. 신기술은 많은 기업들의 '이야기'를 바꿔놓을 거야. 영향이 없는 기업들도 있겠지. 그것을 잘 파악하는 게 네가 할 일이야. 빌 게이츠는 버핏에게 '모든 것을 바꿔놓을 것'이라며 컴퓨터를 (더 나아가 컴퓨터회사를) 사라고 추천했어. 버핏은 '컴퓨터가 사람들이 껌을 씹는 방식도 바꿀까요?'라고 답했지. 다른 기업보다 해자에 균열이 발생할 위험에 더욱 많이 노출된 기업들도 있어."

"해자에 확실한 균열이 생기면 팔아야죠. 경영진은요?"

"경영진이 이해 당사자들을 배신했다면 그런 기업들도 팔아야 해. 부채가 증가하기 시작하고, ROA가 감소하기 시작하고, CEO는 실제로 무슨 일이 벌어지고 있는지 말해주지 않는다면, 맞아, 팔아야 겠지."

"좋아요. 해자가 파괴되었을 때와 경영진이 쓰레기가 되었을 때. 또 언제 팔아야 할까요?"

"가끔은 가격이 너무 많이 올랐을 때도 팔아야 하지. 그러나 너처럼 투자에 필요한 현금을 꾸준히 공급해주는 다른 소득원이 있는 제 1 원칙 초보 투자자라면 사랑에 빠진 기업의 이야기에 변화가 없는 한 그 기업을 계속 보유하고, 동시에 시장의 등락에서 스스로를 보호하는 수단으로 '투자 기저 줄이기basis reduction'를 활용할 수 있어."

"설명해주세요."

투자 기저 줄이기

"내가 말하는 '투자 기저'는 네가 주식에 투입한 조정 투자 자본을 뜻해. 포트폴리오 안에서 투자금을 어떻게 배분할지 계획한 것 기억하지? 우리는 한 기업당 투자 총액이 1만 달러가 넘지 않게 하는 것으로 예를 들었어. 1만 달러가 그 기업에 대한 너의 투자 기저야.

투자 기저를 줄인다는 것은 해당 주식에 투자한 금액을 줄인다는 뜻이야. 위험을 낮추고 전반적인 수익은 끌어올리는 버핏의 가장 중요한 비밀 중 하나지. 버핏은 잉여현금흐름으로 자신의 투자 금액을 돌려주는 기업을 샀어. 매년 주주에게 지급되는 잉여현금흐름은 주주의 투자 기저를 줄일 수 있고, 투자 기저가 작을수록 소유에 따른 위험도 줄어들지. 버핏의 포트폴리오는 최초 투자금을 이미 전부 회수한 기업으로 가득 차 있어."

"그 회사들은 현금을 보유하고 성장에 활용할 생각은 하지 않는 건가요?"

"잉여현금흐름은 회사가 성장에 투자하고 남은 현금이라서 경영진과 이사회가 원하는 곳에 어디든 할당할 수 있다는 걸 명심하렴."

아버지는 말을 이어갔다. "가만히 현금을 깔고 앉아서 ROE와 ROA가 하락하는 것을 보고 있을 수 없으니 CEO들은 몇 가지 목적에 초과현금을 사용할 수 있어. 차세대 제품에 투자해 사업을 성장시키거나, 이익을 키우고 ROE를 끌어올릴 수 있는 공격적인 마케팅에 나서기도 하지. 다른 기업, 말하자면 경쟁하는 이동식 주택회사나 카펫회사를 인수해서 몸집을 키울 수도 있어. 이런 방법을 쓸 만큼 다 썼는데도 아직 현금이 남았다면 주주에게 분배할 수 있지. 즉, 버핏의 투자 자금으로 이용되는 거야."

나는 아버지가 쓰는 모든 용어를 완전히 이해했다는 것을 깨닫고 가만히 미소를 지었다. 불과 열 달 만에 많은 것을 배웠다. 멋진 승리의 순간을 아버지는 조금도 눈치채지 못했다는 사실이 더욱 달콤했다. 아버지는 전혀 의심 없이 지금쯤이면 내가 아버지의 언어를 이해하리라고 생각하고 있었다. 우리는 두 사람의 투자자로서 이야기를 나누고 있었다.

"아, 알겠어요. 배당금 말이군요."

"맞아. 기업이 주주에게 현금을 건네는 것을 배당금 지급이라고 하지."

배당금

많은 기업이 분기별로 주주에게 직접 현금을 지급한다. 주식을 보유한 것 말고는 아무것도 하지 않아도 주식 계좌에 실제로 돈이 들어온다. 꽤 멋진 일이다. 배당금은 주주에게 투자 자본 일부를 돌려주어 그들의 투자 기저를 축소하는 역할을 한다. 최초 투자 자본이 1만 달러이고 회사가 지급한 금액이 100달러일 때, 투자 기저 1만 달러에서 배당금 100달러를 단순 차감한 조정 투자 자본은 9,900달러다.

아버지가 말했다. "그런데 말이다. 주식을 볼 때 대부분은 매도해서 얻는 수익만을 생각하지. 나는 오히려 개인 투자자처럼 주식에 접근한단다. 나는 가능한 한 빨리 내 돈을 회수하고 싶어. 내 돈에서 얼마의 수익을 거둘지 걱정하기 전에 일단 원금을 돌려받는 것이 더 중요해." 아버지는 '나는 원금에서 얼마를 회수하는지보다 원금을 회수하는 것에 더 관심이 있다'[1]라고 했던 마크 트웨인과 교감하고 있었다.

"배당금으로 투자금을 전부 회수하기를 바라시는 거예요?"

"물론이지. 그렇게 된다면야 아주 좋지." 아버지는 코카콜라의 배당금 지급을 예로 들었다. 코카콜라는 2005년부터 2015년까지 주당 누적 배당금으로 9.21달러를 지급했다.* 코카콜라 주식은 2005년 초 약 20달러에 거래되었으므로 이를 반영한 10년 후 조정 기저 가격adjusted basis per share은 11달러다. 이는 주가 변동을 감안하지 않고도 실효 수익률이 두 배로 뛰었다는 뜻이다.

수익률이 두 배로 뛰었다! 단지 배당금을 이용해 기저 가격을 줄였을 뿐이다!

배당금의 힘은 모든 사람들이 이미 알고 있는 정보일까?

"그렇지. 주주들은 배당금에 중독되기 쉽고, 기대했던 돈을 받지 못하면 엄청나게 항의할 거야." 아버지가 말했다. 맞는 말이었고 이유도 알 수 있었다. 배당금을 기대하고 코카콜라를 매수했는데 배당금을 받지 못한다면 기분이 좋을 리가 없다. 투자자들은 이런 기대에 갇혀 있고 그것을 아는 기업은 주주들을 걱정시키지 않기 위해, 다른 곳에 쓸 현금을 아껴서라도 계속 배당금을 늘린다. 이런 일은 실제로 일어나고 있다. 코카콜라의 잉여현금흐름은 2014년 최대 규모를 기록한 이후로 크게 감소하고 있지만 회사는 아무 일도 없다는 듯 언제나처럼 배당금을 늘렸다.

배당금 때문에 기업을 산다니 말도 안 되는 일이라고 생각했다. 돈을 맡겨도 좋을 만큼 신뢰하는 경영진이 운영하는 멋진 회사라면 당연히 그들이 옳다고 생각하는 대로 돈을 처리해주기를 바라야 하는 것 아닌가? 신뢰할 수 있는 경영진이라면 불황과 시장의 붕괴, 그리

---

* http://www.coca-colacompany.com/investors/investors-infodividends 추후 이어진 주식 분할을 반영해 조정해야 한다.

고 '사건'에 직면했을 때 그 돈을 절실히 필요로 하는 것은 주주가 아니라 회사라는 판단을 분명히 내릴 수 있을 것이다.

"펀드매니저와 마찬가지로 임원들도 분기별 단기 성과로 평가받기 때문이야. 임원들은 계속해서 주주들을 기쁘게 해주고 싶어 하고 주주 대부분은 숫자를 들여다보는 데 별 관심이 없기 때문에 경영진은 별 어려움 없이 하고 싶은 대로 할 수 있지. 그게 한 가지 이유야. 또 다른 이유는 사람들이 진지하게 배당금에 의존한다는 점이야. 배당금이 은퇴 후 소득에서 중요한 부분이라서, 배당금이 들어오지 않으면 재정 계획에 큰 충격이 발생하는 경우지. 배당금을 계속해서 지급하라는 압력이 워낙 강한 만큼, 회사에 정말로 심각한 일이 벌어지지 않는 이상 경영진은 가능한 한 배당을 유지하려고 할 거야. 예를 들어 브리티시 페트롤리엄은 걸프 지역 유전에서 재해가 발생했을 때 배당금을 줄였지만 영국 연금 수급자 가운데 브리티시 페트롤리엄의 배당금에 생계를 의존하는 사람의 비중이 높아서 최대한 빨리 배당을 재개해야 했지."

배당의 힘을 서서히 납득할 수 있었다. 꾸준히 증가하는 배당금은 투자자들을 끌어들이고 회사에 대한 신뢰를 쌓게 하지만 본질적으로 회사와 주주 사이에 일단 맺으면 회사가 결코 위반할 수 없는 묵시적 계약 상태를 만든다. 기대 배당 계약이다. 기대 배당 계약은 회사는 계속해서 배당금을 늘려 지급하며, 주주들은 배당금 지급을 회사의 재정 건전성의 징표로 해석한다는 데 합의한다. 회사가 완벽하게 재정적으로 건전하고 경영진이 내부적으로 자금을 더 잘 사용할 수 있다고 결정했더라도 배당금 지급을 중단한다면 주주들은 기대 배당 계약 위반이라고 여길 것이고 그렇게 되면 신뢰는 사라지고 주가는 폭락할 것이다.

아버지는 《주식투자 절대법칙》에서 제너럴 모터스가 빚을 내서 배당금을 지급한 일을 예로 들었다. 배당금을 지급하지 않으면 주주들이 공황에 빠지고 주가가 급락할 것을 알았기 때문에 결정한 일이었다. 배당금이 지급되는 한 투자자들은 모든 것이 괜찮다고 여겼다. 앞서 이야기했듯 배당금은 회사가 가진 여분의 현금에서 지불되기 때문이다. 제너럴 모터스는 2008년 파산을 선언할 때까지도 배당금을 지급했다. 배당금 지급 자체에 초점을 맞추는 것은 돈을 제대로 활용하는 것이 아니다. 터무니없는 일이다.

애플은 16년 동안 배당금을 지불하지 않았다. 스티브 잡스는 애플이 마케팅 활동을 강화화고 더 나은 제품을 인수하는 데 투자해서 지속적으로 높은 ROE와 ROA를 달성할 수 있다고 믿었고, 1억 달러의 현금을 비축하고도 실제로 그렇게 했다. 그러나 2011년 잡스가 암으로 세상을 떠난 뒤 그의 후임자는 2012년 첫 분기 배당을 선언했다.[2] 그 후로도 애플은 분기마다 배당금을 지급하고 꾸준히 배당금을 늘리고 있다. 그럼에도 불구하고 이 글을 쓰고 있는 현재 애플은 2,000억 달러가 넘는 현금을 보유하고 있다. ROE와 ROA는 급격히 감소했지만 주주들은 굶주린 시선으로 그 돈을 주시하고 있다. 배당금 지급을 선택함으로써 애플은 스티브 잡스가 피하려고 했던 기대 배당 계약에 진입한 것이다.

기업들도 기대 배당 계약을 알고 있고 유리하게 활용한다. 기업은 재정적으로 튼튼할 때 배당을 선언한다. 그래서 재정적으로 튼튼하다는 인상을 줄 목적으로 배당금을 선언한다. "배당은 교묘한 데가 있어." 아버지는 가만히 생각에 잠겼다. "영업 실적이 좋고 여분의 잉여현금이 필요 없는 기업이라면 배당을 선언하겠지. 하지만 배당금을 지급한다고 해서 당연히 영업이 잘된다는 의미는 아니고 배당이 최선의 현금 활용 수단이라는 의미도 될 수 없어."

배당은 투자 기저액을 줄이지만 최선의 자금 활용법은 아니다. A라는 기업은 배당금을 지급하고 B라는 기업은 지급하지 않는다. 이외에는 모두 동일한 조건이라면 어떤 기업이 더 나은 투자 대상일까? 현금이 필요한 많은 사람은 배당금을 지급하는 기업이 더 매력적이라고 답할 것이다.

그 답은 개인의 판단에 따라 달라진다. 기업에 유리하게 잉여현금흐름을 활용할 방법은 무수히 많다. 다른 기업을 인수할 수도 있고, 수많은 연구개발을 할 수도 있고, 자사주를 매입할 수도 있고, 만일을 대비해 현금을 비축할 수도 있다. 그 현금을 할당할 정말 좋은 투자처가 없는 것이 주주들에게 현금을 지급하는 유일한 이유가 될 수 있다.

이런 경우도 있을 수 있다. 이미 최고의 성장기를 거친 효율적인 상장회사가 효율적인 비상장회사와 마찬가지로 (바라건대) 위에서 이야기한 활용 방법을 모두 적용하고도 여분의 현금을 갖게 되었다. 회사는 이렇게 발생한 잉여현금흐름을 주주들에게 돌려주기로 선택한 것이다. A 기업이 더 나은 선택이 되려면 정말로 배당금 말고는 다른 모든 조건이 정확히 동일해야 하지만 현실적으로 불가능한 가정이다.

아버지는 이렇게 말했다. "현실적으로 어떤 회사도 완전히 같은 조건일 수는 없지. 잉여현금이 얼마나 있는지, 과거에 그것을 어떻게 활용했는지 확인하고 경영진이 그것을 제대로 배분하고 있는지 스스로 판단해야 해. ROE는 얼마인가? 애플처럼 연간 30퍼센트 수준인가? 회사가 배당금 형태로 현금을 돌려주면 나는 그 현금으로 매년 30퍼센트 수익을 올릴 수 있는가? 그럴 수 없다면 회사가 현금을 가지고 있는 편이 나아. 기대 배당 계약의 함정에 빠져서는 안 돼. 계약은 잊어. 계약 같은 것은 없어."

"그렇지만 현실적으로 생각할 때 제 주식 계좌에 돈이 들어온다는 게 꽤 그럴듯하게 들린다는 게 문제예요."

"이 문제에 그런 식으로 접근하는 건 좋은 방법이 아니야. 너는 훌륭한 기업에 투자하고 싶어 해. 훌륭한 기업은 최선의 방법으로 현금을 배분하기 때문이야. 배당이 최선인 사람도 있겠지. 하지만 먹고사는 데 반드시 그 현금이 필요한 것이 아니라면 배당 지급 여부를 근거로 기업을 사면 안 돼. 배당에 집중하다 보면 배당을 지급하는 기업 때문에 더 좋은 다른 기업을 못 볼 수 있어. 그럼 안 돼. 늘 최고의 기업을 찾아야 해. 그리고 현금을 어디에 쓸지는 그 최고의 기업의 결정에 맡겨야 해. 이렇게 접근해야 하는 대표적인 기업이 바로 버크셔 해서웨이야. 버크셔 해서웨이는 지난 50년 동안 지구상에서 가장 훌륭한 투자 대상이었지만 단 한 번도 배당금을 지급한 적이 없지."

아버지는 잠시 말을 멈추고 생각했다.

"좋아, 말하자면, 너는 돈이 굉장히 많고, 포트폴리오에서 발생하는 수익을 재투자하는 대신 생활비로 쓰고 싶어. 그래서 배당금을 지급하는 회사에 투자했지. 분기마다 배당금을 지급받아서 생활비로 쓰고 다행히 주가도 올라. 주가가 오르지 않더라도, 뭐 배당금은 여전히 받겠지."

'음….'

"돈이 많은 사람들에게는 좋은 일이네요." 나는 아버지가 이해해 주기를 바라며 말을 꺼냈다. "하지만 우리 일반인들은….'

아버지가 소리쳤다. "바로 그거야. 우리 일반 투자자들에게 배당금은 세금이 부과될 수 있는 돈이고 곧바로 다른 곳에 투자해야만 하는 돈이야. 경제적 자유를 얻으려는 투자자에게 배당금은 다소 문제가 될 수 있지."

나는 잠시 생각했다. 배당금이 문제가 된다고?

"단순하게 하라. KISS 원칙 기억나니?" 아버지가 물었다. "ROE와 경영진의 선택에 집중해야 해. 제1 원칙 투자의 기본 원리를 지키고, 배당금과 같은 다른 요인에 휘둘려서는 안 돼. 너는 멋진 기업을 찾아 투자하고, 돈을 어떻게 배분할지는 경영진이 결정하게 해야해. 그 반대가 되어서는 안 돼. 배당금과 자사주 매입은 소유할 기업을 결정하는 기준이 아니라 투자 기저를 축소하는 수단으로 이해해야 해."

자사주 매입

기업이 공개시장에서 자사주를 사들여도 투자 기저는 줄어든다.

가만히 있어도 지분율이 높아지기 때문이다. 배당금만큼 직접적으로 투자 기저를 줄이지는 않지만 자사주 매입은 수익률과 중요한 관련이 있다. 찰리 멍거는 스스로를 축낸다는 뜻으로 이런 기업들을 '동족 포식자'라고 부른다. 끝까지 주식을 보유하고 있는 사람은 공개시장에서 유통되던 주식이 제거되기 전에 비해 소유한 1주당 지분율이 올라간다. 기업의 자기자본이 감소했기 때문에 ROE와 ROA는 대개 즉각 상승한다. EPS도 마찬가지다.

진저 스파이스가 스파이스 걸스를 떠나자 걸 파워의 다섯 상징이 갑자기 넷이 된 것과 마찬가지다. 하지만 넷도 (적어도 얼마 동안은) 여전히 스파이스 걸스였다. 아무것도 하지 않고 제자리에 있었을 뿐인데 팀 안에서 각자의 비중은 20퍼센트에서 25퍼센트로 확대되었다. 주식시장에서 벌어지는 일도 똑같다. 다만 규모가 훨씬 커서 쉽게 눈에 들어오지 않을 뿐이다.

IBM은 20년 동안 자사주를 매입해왔다. 1996년에 IBM 주식을 샀다면 지분율은 당시보다 두 배로 늘었을 것이다. IBM이 자사주를 매입하고 소각해왔다는 사실은 확실히 많은 투자자가 알고 있고 바로 그 이유로 IBM을 매수해서 주가를 끌어올린다. IBM에 투자한 자금은 주가 고점을 기준으로 20년 만에 여덟 배 늘었을 것이고 20년 간 연복리 수익률은 약 12퍼센트에 달했을 것이다. 꽤 좋은 수익률이다. 또한 IBM은 주식 분할 조정 기준으로 총 43달러의 주당 배당금을 지급해서 투자 기간 16년이 채 지나기 전에 투자 기저를 0으로 줄였다.

하지만 한 가지가 마음에 걸렸다.

"자사주를 매입한다고 해서 투자자가 실제로 돈을 받는 건 아니잖아요. 실제로 현금이 들어오지는 않아요."

"맞아, 현금이 들어오지는 않아. 하지만 IBM처럼 현금 대신 주가 상승을 누릴 수 있지. 자사주 매입이 주당순이익을 늘리고(주식 수 감소, 동일한 이익, EPS 증가) 보유한 1주당 현금 배당도 늘어나지. 하지만 경영진에게 우리의 자금을 활용할 더 좋은 방안이 없다고 해도 경영진이 해당 기업의 실제 가치보다 높은 가격에 주식을 되사는 것이라면 자사주 매입은 회사에 나쁜 결정이 될 수 있어."

"잠깐만요. 얼마에 사는지가 왜 중요하죠?"

"기업이 자사주를 살 때도 역시 할인 가격에 사야 해. 그렇지 않으면 우리 일반 투자자도 그렇듯 나쁜 투자야. IBM의 가치가 주당 200달러인데 회사가 매수한 가격이 주당 120달러라면 주당 80달러 차이는 다른 주주들에게 혜택으로 돌아갈 거야. 회사는 120달러를 지불하고 200달러 가치의 주식을 얻었어. 어떤 기준으로 봐도 좋은 조건에 이루어진 거래지."

"자사주 매입은 말하자면 상상 속의 이익이네요. 주가가 올라서 기분은 좋지만 배당금처럼 내 주머니에 돈이 들어온 것은 아니니까요."

"바로 그렇단다." 아버지가 말했다. "은행 계좌가 아니라 주식 계좌에 있는 돈이지. 이익을 실현하려면 주식을 팔아야 하지. 하지만 핵심은 바로 여기에 있어. 우리는 최선을 다해서 가진 돈을 활용하는 기업을 원해. 그 돈이 우리 주식 계좌에서 나온 돈이든 은행 계좌에서 나온 돈이든 상관없는 것은 어차피 다시 회사에 투자할 자금이기 때문이야. 복리의 놀라운 힘에 관해 이야기했던 것 기억하지? 주가가 쌀 때 배당금을 다시 그 기업에 투자하면 엄청난 복리 효과를 누릴 수 있지."

"그러니까 배당금을 받아서 포르쉐 911을 사면 안 되는 거예요?" 나는 농담으로 말했다. 아니, 반쯤만 농담이었다.

아버지가 웃었다. "네가 하고 싶은 대로 하되, 복리 수익을 포기했을 때 어떤 결과가 있을지는 알아야지."

미국 기업이 배당금 지급이나 자사주 매입을 선택하는 데는 조세 요인도 작용한다. "세금 효과를 잊어서는 안 돼." 아버지가 내게 늘 주의를 주는 부분이다. 사실이다. 배당금을 지급하는 미국 기업은 주주들을 이중 과세 부담에 노출시킨다. 기업은 소득에 대해 법인세를 납부하고, 배당금을 지급받은 주주들은 기업의 세후 순이익에서 지급된 배당금에 다시 세금을 납부한다. 같은 돈에 두 번 세금이 부과된다. 자사주 매입은 이중 과세 문제가 없다. 세금은 기업이 자사주 매입을 선택할 가장 중요한 이유는 아니더라도 기업이 명심해야 할 중요한 사항이다.

"경비를 세금에서 공제해주는 것도 기업의 의사 결정을 왜곡하는 요인이야." 아버지가 세금에 대해 목소리를 높였다. "기업은 경비 처리가 가능한 대형 항공기를 구입하면 절세 효과 덕분에 상당 부분을 보상받는다는 것을 알고 있어. 우리의 세금 체계는 CEO들에게 경비의 일정 부분을 세금에서 공제해줄 테니 크게 걱정하지 말고 지출하고 지출하고 지출하라고 장려하지. 저축을 보상해주는 세금 제도가 도입된다면 기업들의 수익성은 크게 개선되고 이익의 훨씬 많은 부분이 세전 배당금 형태로 주주들에게 돌아갈 거야. 직원들은 더 많은 임금을 받고 일자리도 늘겠지."

"주주들은 대부분 은퇴 후를 대비해서 저축하는 평범한 사람들이고요." 내가 말했다.

"그래, 그렇지. 소방관과 교사 연금기금, 401k 은퇴연금, 개인퇴직연금IRA…. 이런 연기금들이 미국 기업 주식의 대부분을 소유한 주주들이야. 일부 정치인들이 주장하는 것처럼 기업의 주주가 배부른 자본가들은 아니란 뜻이지. 하지만 사람들은 이런 사실을 잘 모르고 오히려 자기를 억압하는 세력에 투표해. 투자하는 방법을 더 많은 사람들에게 이해시킬 수 있다면 교육받은 유권자들이 늘면서 정실자본주의는 훨씬 약화될 거야."

아버지는 큰 소리로 불만을 토로했다. 이미 백 번은 족히 들은 이야기였다. 아버지가 틀렸다는 뜻은 아니다. 사회주의자에서 자유 지상주의자로 전향한 존 매키 역시 그의 저서 《돈, 착하게 벌 수는 없는가》에서 같은 주장을 했다. 우리의 경제적 자유를 위해 우리의 가치관과 우리 자신의 이익에 한 표를 행사하는 사람들이 더 많았다면, 자신들이 받는 보상 체계와 과세 체계, 연기금 운용 계획에 대해 우리가 영원히 무지하기를 바라고 또 할 수 있는 모든 방법을 동원해 그렇게 만들려는 비윤리적인 CEO들과 월스트리트의 착취자들에게 함락당하지 않은 더 나은 국가를 만들 수 있었을 것이라는 주장이다. 이것이 바로 사명이 중요한 이유다. 나는 비윤리적인 회사가 이해 당사자들을 보호할 것이라고 믿지 않는다.

나는 자사주 매입에 관해 조사한 뒤 두 가지 유의 사항을 발견했다. 첫째, 기업의 자사주 매입 발표만을 신뢰해서는 안 된다. CEO는 때때로 거짓말을 한다는 것을 명심해야 한다. 자사주 매입 발표는 주가 상승을 부추기는 경향이 있어서 때로는 주가를 끌어올릴 목적으로 자사주 매입을 발표하기도 한다. 그런 다음 실제로는 자사주 매입을 이행하지 않는 것이다. 알 만하다. 사기성이 짙다. 비열한 일이다. 회사가 실제로 자사주를 사들였는지 여부를 반드시 확인해야 한다. 둘째, 회사가 실제로 자사주 매입을 완료하면 유통주식 수가 감소하면서 주당순이익이 즉시 증가한다. 이 경우 회사는 회계상으로 전보다 나아 보이고 CEO에 대한 시각도 더 좋아진다. 회사가 목표한 주당순이익과 연계해 CEO에게 주어지는 보상이 결정되기도 한다. CEO로서는 주당순이익을 끌어올릴 자사주 매입을 간절히 바랄 수밖에 없는 보상 구조다. 그들은 이것을 '금융 공학'이라고 부른다. 이익이 성장하는 것처럼 보이도록 만드는 게임이다. 그래서 나는 주당순이익 증가가 정기적인 자사주 매입과 관계가 있는 것은 아닌지 확인한다.

아버지와 나는 소파에 등을 기대고 앉아 주방에서 나는 기분 좋은 설거지 소리를 들었다. 그랬다. 집에는 아버지와 나 말고도 다른 사람들이 있었다. 누노가 어머니에게 리스본에 관해 이야기하고 있었다.

"이렇게 하면 좋겠구나." 아버지가 나지막이 말했다. "앞으로 10년 뒤에는 투자 기저를 모두 회수하고 매년 배당금으로 괜찮은 수익이 꾸준히 발생하는 기업들로 구성된 포트폴리오를 갖고 있어야 해."

"그렇게 되면 굉장하겠어요." 나는 이 수련이 효과를 발휘할 너무 머지않은 그날까지(내 정확한 은퇴 숫자가 기억나지 않았다) 수련에 몰두하고 성공적으로 직접 투자를 해내서 원하는 것은 무엇이든 하면서 남은 인생을 사는 내 모습을 상상하려고 노력했다. 자유다.

"주식매수선택권stock option을 이용해 추가 위험을 전혀 부담하지 않으면서 포트폴리오에서 더 많은 현금흐름을 창출하는 법도 다음에 알려줄게." 아버지가 제안했다.

'뭐가 더 있다고?!' 나는 정확히 올해 배운 것만 꾸준히 연습하겠다고 생각하며 기분 좋게 웃었다. 어쩌면 새로운 요령을 몇 가지 터득할 수도 있고 그렇지 않을 수도 있을 것이다. 찰리는 절대로 요령을 부리지 않았다. 나는 찰리 곁에 남을 것이다.

아버지는 내 처음 질문에 아직 제대로 대답하지 않았다.

"팔기에 적절한 시기라는 건 절대 없다는 것은 알겠어요."

"이야기가 달라진 것이 없다면 그렇지."

"팔아도 될 만큼 이야기가 달라졌는지는 어떻게 판단하죠?"

항복을 선언하고 팔아야 할 때

아버지는 말했다. "매도 시기를 안다는 것은 이야기를 반전하는 데서 출발해. 해당 기업을 무너뜨리고, 더 이상 멋질 것 없는 기업으로 만들고, 더 이상 싸다고 볼 수 없게 만드는 요인들을 알아내야 해. 손상된 해자, 불명예스러운 CEO, 급등하는 주식시장 같은 것이 그 요인이지. 어떤 의미에서는 기업을 관심 목록에 올린 순간 이미 매도 시기를 판단하는 과정을 시작했다고 볼 수 있어."

"잠깐만요. 아직 갖지도 않았고 절대 팔지도 않을 무언가를 언제 팔 것인지 생각한다는 거죠?"

"맞아."

나는 웃음을 터뜨렸다. 대단한 모순이다.

아버지가 웃으며 반박했다. "매도 시점을 찾는 것은 곧 매수로 이끌었던 이야기의 변화와 관련된 문제이기 때문이야. 우리는 이야기가 달라질 때 매도할 거야. 다시 말해, 팔아야 할 때가 되면 기업이 어떻게 보이는지를 반전한 이야기가 알려준다는 뜻이야."

나는 반전한 이야기를 통해 기업에 발생할 수 있는 문제를 이미 파악했다. 반전한 이야기에 새로운 정보를 연결하면 상황이 더 나빠질 가능성이 있는지 알 수 있을 것이다.

아버지가 예를 들어 설명했다. "2009년에 치폴레 멕시칸 그릴 주식을 55달러에 샀다고 하자. 2014년까지 이 회사의 이야기에는 달라진 것이 없었어. 단, 주가는 600달러가 넘었어. 이야기가 달라진 거야. 회사는 절대 그만한 가치를 지니지 않았고 근접하지도 않았거든. 치폴레를 매도해서 연복리 수익률 60퍼센트를 실현할 때가 된 것이지. 치폴레는 이제 관심 목록에 있어. 주가가 떨어지면 다시 살 계획이지. 유감스럽게도 주가는 계속 상승해 749달러까지 올랐어. 그런데 이메일로 대장균 관련 뉴스가 들어왔어. 이건 큰 '사건'이야. 반전한 이야기에 이 뉴스를 연결해야 해. '건강에 좋은 양질의 음식을 제공한다는 브랜드 해자에 식중독은 어떤 영향을 미칠까?' 부정적인 일이겠지? 그러면 원래 주장은 이렇게 뒤집혀. '이 회사를 사지 말아야 해. 브랜드가 타격을 입었고 치폴레 식당에 가는 사람도 없을 거야.' 사실일까? 나가서 알아봐야 해. 근처 치폴레에 가서 대체 무슨 일이냐고 물어보는 거야. 우리는 이 문제가 오래가지는 않을 것이라고 판단해. 하지만 매수하기에는 주가가 여전히 비싸지. 바로 그때 또 다른 '사건', 즉 대장균 공포가 다시 등장하고 주가는 400달러로 떨어져. 이제 주식을 사야 할 때일까? 이번에도 원래 이야기가 뒤집혀. '사지 말아야 해. 대장균이 브랜드를 파괴하고 있어.' 매출과 이익은 분명히 감소할 거야. 이제 재반박해. '이 문제는 얼마나 지속될까? 2년, 3년, 아니면 10년? 다른 패스트푸드점 사례에서 대장균 공포의 지속 기간은 얼마였지?' 장기적으로 해자를 파괴하는 요인이 아니라는 판단이 서면 주식을 매수할 시점이라는 뜻이야. 하지만 얼마에 사야 하지? 이제 2~3년 동안의 처참한 이익이라는 새로운 정보를 이야기에 연결하거나 편류 성장률을 낮춰 잡아야 해. '최초 3년 동안 이익이 전무했던 기업이 앞으로 10년 뒤 이익을 위해 무엇을 하고 있지?' 네가 판단한 적정 매수 가격은 약 300달러야. 이제 치폴레는 목표 주가 300달러로 관심 목록에 올라가지."

휴. 끊임없이 경계해야 한다니, 내 발등을 찍은 걸까? "실제로는 어떤 의미죠?" 내가 물었다. "이런 기업들에 얼마나 많이 신경 써야 한다는 뜻이에요?" 관심 목록에 있는 열 개 기업을 따라잡는 것만으로도 오랜 시간이 걸리는 고된 일이 될 것 같았다.

"아주 많이는 아니야." 아버지가 나를 안심시켰다. "매수하기 전에 기업을 조사하는 과정에서 필요한 일은 모두 마친 셈이야. 우선 너는 신뢰하는 경영진에게 기업을 맡겼어. 진정성 있게 네 기업을 관리하는 경영진은 SEC에 제출하는 분기보고서를 통해서 분기마다 네가 알아야 할 모든 것을 알려줄 거야. 보고서를 공개할 때는 실시간으로 30분 정도 웹 세미나를 진행하는데 보고서 발표 뒤에는 대형 투자은행과 헤지펀드 분석가들과의 상세한 질의응답 시간이 이어지지. 대개 발표 당일에 녹취록이 올라오니까 인터넷으로 내려 받아 읽을 수 있어."

"10K 연차보고서를 발표할 때도 질의응답 시간이 있죠."

"그래. 연차보고서 발표는 분기보고서보다 대개 두세 시간이 더 걸리는데 마찬가지로 실시간 방송을 청취할 수 있고 녹취록으로 확인이 가능해. 연례 주주총회도 마찬가지야. 보고서 검토에는 기업당 약 여섯 시간이 소요돼, '이야기'에 크게 달라진 것이 없다면 말이야. 열 개 기업이면 총 60시간이니까 1년 기준으로 보면 1주일에 약 1시간이 필요하겠구나."

"좋아요, 그 정도는 할 수 있어요. 또 뭐가 있죠?"

"뉴스를 따라잡고 조사도 계속 해야 하지. 그리고 경쟁 업체와 해당 산업에 대한 지식을 지속적으로 향상시킬 수 있도록 〈월스트리트 저널〉, 〈배런스Barron's〉 〈포춘〉, 〈포브스〉를 읽는 습관을 들여야 해. 시킹 알파의 분석 자료도 읽으렴."

내 관심 기업에 대해서는 이미 이메일 알림을 설정해두었다. 해당 기업들에 관한 뉴스가 등록되면 즉시 내 이메일로 전달되는 방식인데 덕분에 중요한 소식들을 놓치지 않는다. 관심 기업들이 SEC에 자료를 제출할 때도 이메일로 알림이 오게 했다.

"SEC에 제출된 13F 보고서*를 이용해서 투자의 대가들이 네 관심 기업과 관련해 무엇을 하고 있는지 추적하는 것도 잊어서는 안 돼."

아버지가 강조했다. "SEC 제출 마감일 때문에 최장 90일이 지연될 정보일 수는 있지만 13F 보고서를 보고 모니시 파브라이, 가이 스파이어, 워런 버핏이 네 관심 목록에 있는 기업을 사거나 팔기 시작했다는 정보를 얻는다면 굉장히 유용하지."*

워런과 찰리가 무슨 일을 하고 있는지 분기마다 말해준다니 굉장한 일이다.

"그리고 치폴레 사례처럼 가격과 가치의 차이를 계속해서 추적해야 해. 워런은 이렇게 말했어. '제 매수 여부를 결정하는 것은 단순한 규칙입니다. 모두가 욕심을 낼 때 두려워하고, 모두가 두려워할 때 욕심을 내는 것입니다.'**" '사건'에 매수하고, 너무 비싸지면 매도한다는 뜻이다.

"지속적으로 시간을 들여야 하는 것에 대해 너무 걱정할 것 없어. 어차피 관심 기업 열 개를 단번에 찾을 수는 없어. 지금은 관심 기업이 몇 곳 안 되니까 그냥 네가 좋아하는 기업을 배우기 시작하고, 이해가 가능해지면 내가 가르쳐준 대로 따라가면 돼. 네 속도대로 하는 거야."

나는 웃었다. "좋아요, 아버지." 이것을 평생의 수련으로 삼겠다던 생각을 다시 떠올렸다. 요가를 배울 때처럼 할 수 있는 단계에서 다시 시작하기를 반복하고 그 시점의 능력을 앞지르지 않으려고 해야 했다.

---

*   일정 규모 이상의 자산을 운용하는 기관 투자가가 미국 SEC에 제출하는 분기보고서. - 옮긴이

** 2008년 10월 17일 〈뉴욕 타임스〉 기고문으로 유명하다.

"실제는 찰리의 말처럼 단순해. 하지만 너도 배웠듯, 단순한 것이 곧 쉽다는 뜻은 아니야. 쉬워지려면 숙련이 필요하고, 숙련되려면 수련이 필요하지. 네가 올해 배운 것들은 앞으로 네가 평생 하게 될 모든 진정한 투자에 적용될 거다."

내가 배운 법칙들은 부동산 투자, 합자회사, 농장, 개인 사업 창업이나 가맹점 계약, 레모네이드 가두 판매점 창업 등 모든 것에 두루 적용된다. 이 지식을 바탕으로 우리는 많은 실수를 피할 수 있고, 앞으로 잘될 것이라는 확신이 있을 때만 투자에 나서게 될 것이다. 우리는 멋진 기업에 투자할 것이다. 적정 가격을 잘못 산정하더라도 제대로 선택한 기업은 결국 수익을 안겨줄 것이다. 멋진 기업을 산 것이 맞다면 입지가 좋은 부동산처럼 결국 시간이 모든 실수를 바로잡을 것이기 때문이다. 자신이 굉장한 것을 가졌다는 사실을 알고, 지불한 가격에 대해 너무 많이 생각하지 않는 것이 단잠을 자는 비결이다. 결국 그 멋진 기업은 다른 어떤 투자보다도 훨씬 더 좋은 결과를 낼 것이다.

"팔아야 하는 유일한 상황은 기업의 이야기가 달라졌을 때다." 나는 가만히 되뇌었다. "그것이 아니라면 탈출할 시점이라는 것은 결코 없다. 이메일로 알림을 받아서 투자한 기업의 상황을 훤히 꿰뚫고 있고 기업이 제출하는 문서에 주의를 기울인다. 만일 달라진 사실이 있다면 그것을 '이야기'와 '반전한 이야기'에 연결해서 탈출하고 싶은 상황인지 검토한다."

"수련을 계속하렴, 대니얼." 다시 도가의 선문답 같은 말투였다. "지난 몇 달 동안 믿기 어려울 정도로 많은 것을 배웠구나. 이제 완전

하고 자신 있게 인식하는 능력 단계에 이르기 위해 필요한 모든 것을
가르쳤어."

'모든 것?'

11개월 차 수련

지금까지 조사한 기업들 중 배당금을 지급하거나 자사주 매입을 한 기업이 있는지 살펴본다. 실제로 매수할 시간이 가까이 왔을 수도 있고 아닐 수도 있다. 매수 기업, 조정 투자 자본, 기업의 매출 추이를 추적할 방법을 미리 마련하고 완전한 준비 태세를 갖춘다. 이제 수학은 끝났다!

1. Mark Twain Performs, October 28, 2017, http://marktwainperforms.com/quotes.html
2. Chris Nerney, "Apple Declares First Dividend in 16 Years," ITWorld, March 15, 2012, http://www.itworld.com/article/2730792/mobile/apple-declares-first-dividend-in-16-years.html

12개월 차

감사하는 삶

지속적인 투자 수련을 위한 체크리스트

감사하기

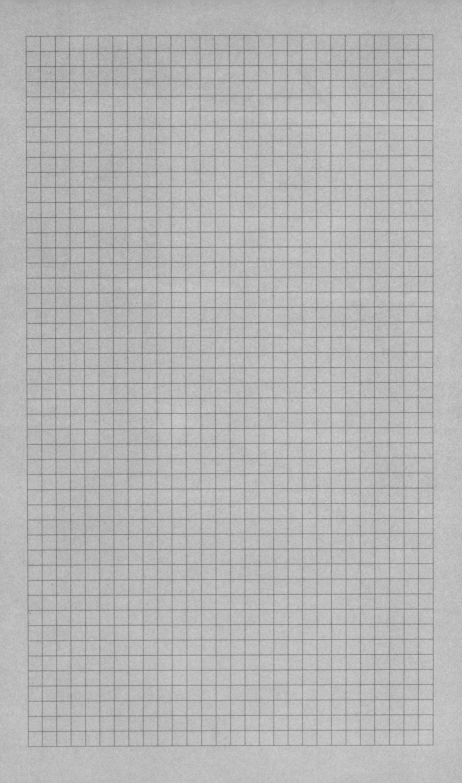

12월 휴가철에 들어섰고 나는 아버지와 늘 하던 주말 투자 수련 통화를 하기에 앞서 큰 의자에 앉았다. 연말과 휴일을 앞두고 일이 많아 바쁘게 지냈던 터라 의식적으로 잠시 휴식을 취했다. 투자 수련으로 보낸 올해도 거의 저물어가고 있었다.

굉장한 한 해였다. 올해는 내가 인생을 대하는 방식에 그동안의 모든 실질적인 변화보다 훨씬 큰 영향을 미쳤다. 올해 1월, 정확히는 1월 전까지 나는 평생 동안 어땠는지를 떠올려보았다. 거의 1년 전, 지금과 똑같은 의자에 앉아서 건강과 직업, 미래 재정 문제로 전전긍긍하며 정신적으로 크게 흔들리고 있었다. 불안정했고 불안했다. 재정 상황이 나아지려면 어디에 집중해야 할지, 아니 어디서 출발해야 할지 몰랐다. 무엇보다도 두려움이 컸다. 미래가 두려웠고, 행동에 나섰을 때 어떤 일이 발생할지 두려웠고, 재정적으로 그릇된 결정을 내릴까 두려웠고, 돈을 잃을까 두려웠다. 그리고 내게 선택권이 없다는 사실이 내 삶에 무엇을 의미할지 두려웠다.

그 순간 특별한 일이 일어났다는 것을 지나고 나서야 분명히 알게 되었다. 나는 내 의도를 밖으로 외치고 우주에 도움을 청했다. 그것이 어떤 반응을 일으킬지 알지 못했고 어떤 형태의 도움을 받을지 짐작도 하지 못했다. 그저 도움이 필요하다는 것만 알았다. 나는 1월에도 같은 의자에 앉아 카말라와 대화를 나눴다. 더 나은 방향으로 변화할 가능성에 대해서는 우리 둘 다 절망적이었다. 현실적으로 무엇이 달라질 수 있을지 전혀 알지 못했기 때문이다. 그럼에도 불구하고 나는 자유를 생각했고 자유에 대한 나의 열망을 밖으로 소리 내어 외치며 도움을 청했다.

나는 자유를 향한 열의를 우주로 띄워 보냈다. 그러자 우주는 내가 예상하지 못했던 방식으로 나를 도와주었다. 열의를 밖으로 표현하자마자 그처럼 곧바로 도움이 될 선택지들이 주어질 줄은 몰랐다. 행동에 나서기로 결정하기가 그처럼 어려울 줄도 몰랐고, 결정 과정이 내 투자 수련의 핵심과도 같은 '사명'으로 귀결될 줄도 몰랐다. 1년 남짓 투자 수련을 하면서 내 주변의 사람들과 환경에 더욱 단단히 연결된 느낌을 받게 될 줄도 몰랐다. 나는 투자자의 눈으로 세상을 보게 되었다. 기업이 하는 선한 일을 근거로 기업의 가치를 구하는 방법을 배우게 되고 기업이 하는 선한 일의 가치를 인식하는 것만으로도 나를 둘러싼 세계를 좀 더 이해하게 되었다. 투자를 회피하게 만든 두려움에 올해 내내 매달리게 될 줄은 몰랐다. 나는 도움이 되지 않는 두려움을 달래는 법을 배웠고, 도움이 되는 두려움은 존중하는 법을 배웠다. 1년 전에 비하면 두려움은 이제 훨씬 가까운 친구가 되었다.

투자 수련으로 인해 어린 시절의 상처를 직면하고 투자 수련을 통해 아버지와의 관계가 훨씬 더 가까워지리라는 것도 물론 예상하지 못했다. 사실 아버지와 충돌하는 것도 두려운 일 중 하나였다. 투자에 대한 부담을 덜기도 전에 실행에 나서도록 아버지가 너무 거세게 몰아붙인다면 우리 관계는 더 벌어질 것 같았다. 하지만 그런 일은 일어나지 않았다.

아버지는 내 속도를 존중했다. 아마 내 생애 처음이었을 것이다. 찰리의 4대 투자 원칙을 들었을 때를 떠올렸다. 나는 더 이상 논의할 것이 없다고 생각했고 혼자였다면 거기서 그만두었을 것이다. 하지만 아버지는 내가 진정으로 배우기를 원한다는 것을 알았고 아버지가 내 앞에 준비해둔 일을 해내도록 나를 믿어주었다.

무엇보다 아버지는 나를 믿고 내가 생각한 방식을 수련 과정에 적용할 수 있게 해주었고 자신이 해온 오랜 관행의 일부를 바꿀 만큼 융통성을 발휘했다. 예를 들면 기업의 적정 가격을 구하는 자신만의 방식을 변경해서 내 이해를 도왔다. 우리 둘 다 예상하지 못했던 일이다. 가격 산정과 가치 평가 공식을 배울 때도 나를 믿어주었고 그래서 내 것으로 만들 수 있었다. 아버지가 보여준 신뢰는 결코 잊지 못할 사랑의 소통이었다. 아버지는 내가 이 투자 수련을 잘 해내리라고 믿었고 나 역시 아버지가 잘할 수 있다고 믿었다. 우리는 함께 수련 방법을 발전시켰고 그것은 아버지의 기대 이상이었을 것이다. 우리는 함께하는 투자 수련을 각자 가진 것의 합 이상으로 키웠다. 그래서 아버지와 나의 관계도 되돌렸다.

아버지와 나, 우리가 함께하는 투자 수련 통화 시간이 되었다.

"이제 제 투자 수련도 공식적으로 마지막 달이네요."

"잠깐, 정말?" 아버지가 외쳤다. "함께하는 수련에 어느새 꽤 익숙해졌구나, 얘야."

"저도요."

아버지에게 정기적으로 배움을 구하는 일에 정말로 익숙해져 있었다. 아버지는 좋은 선생님이었다. 나의 걱정과 두려움에 진지하게 귀를 기울였다. 그리고 그것을 즐기는 것 같았다.

"네가 진짜 투자자가 되어가는 것을 보는 일이 꽤 좋았어. 이 일을 해온 지도 오래되어서 배운 기억조차 희미한데 너를 가르치면서 두근거림이 되살아났지. 너와 투자 이야기를 하면서 내 투자도 더 나아졌어. 내가 제대로 가르치고 있는지 확실히 하고 싶어서 예전보다 훨씬 더 신중하게 생각하게 되었거든."

"저 자신을 소중히 여기는 방법을 배웠죠. 느낌이 특별해요. 정말 기대하지 않았던 일이에요."

"그랬니? 기대했던 건 뭐야?"

"몇 가지 기본적인 것을 배우고 우리도 잘 지냈으면 했죠."

아버지가 웃었다. "사실 그 부분은 우리 둘 다 놀랄 만큼 잘 해왔다고 생각해. 이렇게 정기적으로 이야기하게 된 것도 정말 특별한 일이고 이제는 네가 나를 좀 더 신뢰하고 있다는 기분이 드는구나."

"뭐, 어련하시겠어요." 내가 놀리듯 말했다.

"아니, 아니. 내 말은 네가 더 넓은 의미에서 나를 더 신뢰하게 된 것 같다는 뜻이었고 그게 사실이라면 좋겠구나."

"사실이에요." 나는 조용히 인정했다. "아버지는 줄곧 저와 함께하셨고 힘들 때도 그랬어요."

"당연히 그랬지. 올해가 끝나가지만 우리가 함께하는 투자 수련은 끝나지 않을 거야. 아직 수련할 게 많단다."

"그렇겠죠. '무엇을 모르는지 아는 것'이 제대로 배우고 투자하는 데 굉장히 중요한 부분이라고 말씀하신 것 기억해요?"

"그럼, 물론이지."

"음, 제가 모르는 것이 많다는 건 아주 잘 알고 있어요. 오해는 마세요. 배운 것이 많다는 것도 잘 알아요. 저는 아버지의 투자 방법을 배우기를 기대했어요. 아버지의 방법을 내재화해서 제 것으로 만들 수 있으리라고는 정말 기대하지 않았죠. 완전히 무능력하다고 느낀 몇 달 동안은 특히 그랬어요."

완전히, 지독하게, 좌절감을 느낄 만큼 무능력하다는 생각에 가슴이 답답했었다. 올해 중에서 좋았다고 말할 수 없는 시기였다. 한동안은 과연 달라질 수 있을지 확신하지 못했다. 내가 잘하고 싶어 하는 일에 무능력하다는 것을 예민하게 의식하면서 겁이 났다. 아버지의 지식과 나에 대한 아버지의 확신만이 그 두려움을 달래주었다. 안개 속을 벗어나 시야가 좀 더 선명한 곳으로 나아가기까지 무수히 작은 걸음을 내디뎌야 했다. 인생의 대부분 기간 동안 나는 투자자로서 '인식하지 못하는 무능력' 단계에 있었다. 그리고 '인식하는 무능력' 단계에 이르렀을 때 가장 먼저 인식한 것은 두려움이었다. 두려움이 투자 수련을 방해하는 대신 투자 수련에 도움을 줄 수 있도록 지식을 키우기까지는 몇 개월이 걸렸다.

이제 나는 뉴스를 꾸준히 챙겨 보고 정기적으로 기업들 안에서 나의 가치관에 부합하는 사명을 찾는다. 나는 매일 마주치는 수많은 기업들에 주목하고 그 회사를 경영하는 사람들에 관해 기록한다. 더 큰 시장과 거시경제적 변화를 관찰하고 그것에 대해 내 의견을 가질 만큼은 알게 되었다. 내 포트폴리오와 정서에 안티프래질 체질을 키우기 위해서는 어떻게 해야 하는지도 안다. 시장의 침체기에 대응할 계획도 있다. 1월에 느낀 엄청난 두려움은? 지식은 위대한 평형추 역할을 한다. 나는 이제 강하다고, 아니 안티프래질 체질을 갖추었다고 느낀다. 과거에는 시장의 폭락에 겁먹고 침대 매트리스 밑에 돈을 넣어두고 싶었다. 이제는 시장이 폭락할 때 어떻게 해야 하는지 정확히 안다. 심지어 일반적인 정서와는 정반대로 시장이 폭락하기를 바란다. 다른 사람들의 손실을 원해서가 아니다. 가격이 가치를 넘어서며 과열되고 탐욕이 지배하는 시장은 어렵게 번 돈을 맡길 건강한 장소가 아니기 때문이다. 그런 시장은 현실로 돌아와야 하고 나는 그때 시장에 투자할 것이다.

나는 몇 달간의 수련으로 적절한 가격에 멋진 기업을 선택할 수 있다는 것을 알았다. 굉장한 일이다. 나는 소파에 앉아 편안하게 기업을 조사하고, 신뢰할 수 있는 경영진인지 판단하고, 세 가지 방법으로 가격을 구하고, 내 판단에 따라 적절한 매수 가격을 결정하고, 내 포트폴리오에서 얼마만큼의 비중을 할당할지 결정할 수 있다.

이제 나는 내가 틀릴 수도 있고 틀려도 괜찮다는 것을 안다. 안티프래질 체질을 키우는 이 수련 과정에는 안전장치, 즉 커다란 안전마진을 확보한 가격, 여러 기업에 대한 투자, 치밀하게 조사한 체크리스트가 탑재되어 있고 나는 조금이라도 확신이 서지 않는다면 기다려야 한다는 것도 배웠다. 이보다 더 감사한 일이 있을까? 이것으로 충분했다. 나는 필요한 자질을 갖추었다.

아직 모르는 것이 많다는 것도 알고 있다. 나는 아버지가 얼마나 수월하고 편안하게 기업을 평가하는지 안다. 몇 달 전 나란히 앉아 함께 라크로이를 조사한 것은 우리에게 의미 있는 순간이었다. 다음 단계로 조사와 평가를 더욱 신속하게 수행해야 했다. 나는 산업과 기업에 관한 정보와 관점을 더욱 내재화했고, 잘 알려진 경영진의 배경을 더욱 자세히 파악했고, 더욱 확신을 갖고 가격을 산정했다. 내가 버텨내기만 한다면 회계에 대해 훨씬 더 많은 것을 배울 수 있을 것이다. 나는 '인식하는 능력' 단계에 이르기까지 오랜 연습이 필요하다는 것을 알았다. 거장들에게도 다음 단계는 언제나 있는 법이다.

"앞으로 알게 될 것이 훨씬 더 많다는 것을 알았죠." 나는 아버지에게 말했다. "그래서 다시 처음부터 시작하는 느낌이에요."

아버지는 껄껄 웃었다. "요가처럼 말이지! 그게 바로 수련이란다. 점점 더 쉬워지고 점점 더 능숙해질 거야. 하지만 자세히 들여다보면 늘 미세한 조정과 신중한 연습이 필요한 과정이지. 언제나 더욱 개선할 부분이 있어. 체크리스트에 추가해야 할 새로운 경고 신호가 나타나는 것도 늘 있는 일이야. 제1 원칙 투자를 배우는 것을 수련이라고 생각한 네 접근법이 굉장히 좋았단다. 수련이란 그런 거야. 숙련에 이르기 위해 평생에 걸친 배움과 훈련을 수련한다는 마음가짐으로 임한다면 더 이상 바랄 게 없지."

"이제 이 수련을 제 것으로 생각하게 돼서 좋아요. 제 방식은 아버지의 방식과는 조금 다르죠. 아버지의 방식은 제 것과 다르고요."

"그래." 아버지도 동의했다. "제1 원칙 투자를 내 딸이 했을 때 어떻게 전개되는지 알게 된 것도 내게는 진정한 공부가 됐어. 누구나 나처럼 할 줄 알았는데 너는 확실히 너만의 방식을 더했고 그게 마음에 들어. 이 수련 과정에 너만의 묘미를 더했다는 것이 좋아. 결국 똑같지만 어쨌든 이 수련은 네 거야."

"실습용 주식처럼요?" 나는 아버지를 놀리듯 말했다. 아버지가 웃었다.

"알고 보니 내가 실습용 주식을 활용하고 있었더구나! 그래, 바로 그거야. 너는 기업의 구조, 경영진, 투표의 힘, 지수와 주식시장이 작동하는 방법에 대해 많이 생각했지. 나도 알고는 있었지만 너처럼 자세히 생각하지는 않았어. 네 방식 덕분에 내가 더 나은 투자자가 된 것은 확실하구나."

다정한 말이었다. 나는 어떻게 대답해야 할지 몰랐다. "다행히 팟캐스트가 있어서 아버지를 계속 귀찮게 할 수 있겠어요. 분명히 우리 수련은 아직 끝나지 않았어요."

"그래, 아직 끝난 것은 아니지. 그런데도 지금 너는 예전보다 훨씬 자유로워 보이는구나. 너도 느끼니? 확실히 해방감을 느낀다고 해야 할까?"

나도 느꼈다. 아버지가 옳았다. 밀폐된 콘크리트 계단은 몇 달째 나타나지 않았다.

"사실 미래에 대한 끊임없는 두려움 없이 사는 것이 자유라는 생각을 많이 해요." 나는 잠시 생각했다. "그간의 여정에는 여러 기복이 있었고 아직 끝나지 않았다는 것을 알지만 솔직히 현실적인 측면에서는 재정적 두려움이 없는 삶이 자유로운 삶이죠. 그 두려움에 대처하지 않은 채 투자에 나설 수 있다고는 생각하지 않아요."

아버지도 진심으로 동의했다. "문자 그대로의 경제적 자유, 즉 숫자에 대해서도 마지막으로 한 번 더 이야기해보자. 이제 투자에 나설 준비가 되었으니 우리가 추정한 금액과 기간도 좀 더 실감이 날 거야. 그렇지?"

"솔직히 말씀드리면," 나는 중얼거렸다. "제 은퇴 숫자를 기억 못 하겠어요. 그러고 싶지도 않아요! 괜히 우울해지거든요."

아버지는 할 말을 잃은 듯 대답이 없었다.

"너무 큰 숫자여서 아예 불가능하다고 느껴져요." 내가 설명했다. "저는 숫자에는 영 재능이 없어요! 죄송하지만 그건 수련으로도 달라지지 않았어요. 차라리 대체로 목표에 가까워지고 있다는 것만 알면 좋겠어요. 제게는 그것으로도 충분해요."

"네가 그러고 싶다면 그래야지." 아버지는 조용히 동의했다. "일단 투자로 조금이라도 돈을 벌고 나면 숫자에 대해서도 좀 더 편안해질 거다."

그렇게 하는 편이 좋을 것 같았다. 그것이 좀 더 현실적이다.

"사실 너는 내가 기대했던 것보다 훨씬 더 많이 준비가 되어 있단다. 내가 계획하기도 전에 실제로 주식을 사고 싶어 했잖니."

"저도 준비가 된 줄 알았어요."

"그래도 괜찮아. 은퇴 숫자는 이 수련에서 확실히 정점에 해당하지. 그런 만큼 네가 올해 투자 수련을 하면서 주식을 산 것은 적절했어. 이제 전부 다 했어."

"투자를 시작하기에 좋은 기업들을 찾았고 '관심 목록'에 있는 기업들이 싸지면 매수할 계획도 세워두었죠."

"너는 준비가 됐어. 주가가 네가 정한 매수 가격에 도달했다면, 매수하기가 겁나니?"

"전혀요. 가슴이 뛰는걸요."

서로를 충분히 축하한 뒤 좀처럼 다른 실질적인 주제로 넘어가지 못한 우리는 인사를 나누고 전화를 끊었다.

불과 몇 달 사이에 내 삶은 크게 달라져 있었다.

전체는 부분의 합보다 크다. 내 투자 수련의 각 부분들이 모여 이처럼 가슴 깊이 와 닿고 삶을 변화시키는 아름다운 전체를 만들 것이라고는 전혀 기대하지 않았다. 기업과 주식시장에 대해 배운다고 해서 어떻게 삶이 나아질 수 있단 말인가? 하지만 그렇게 되었다.

이제 많이 편안해졌다. 제1 원칙 투자 수련은 재화를 만들고 서비스를 제공하고 어떤 식으로든 기업가 정신을 발휘하고 선한 일을 행하는 사람들이 씨실과 날실처럼 엮여 짜인 직물과도 같은 것이 사회라는 사실을 가르쳐주었다. 그들은 가려져 잘 보이지 않는다. 이제 투자자로서 내게는 그들이 보인다. 그들의 기업은 내가 이해하기에 너무 어려울지 모르지만 나는 그들을 볼 수 있고 내 투자금으로 그들의 사명을 지원할 수도 있을 것이다. 내 투자로 영향을 미칠 수 있다는 사실에 짜릿했고 내가 옳았다. 내가 지지하는 사명에 투자하기로 했기 때문에 사랑에 빠질 기업을 찾을 때 흥미를 잃지 않았고, 수련을 내려놓고 좀 더 쉬운 일을 추구하고 싶을 때도 계속해서 열중했고, 10K 문서를 읽다가 지루해져 눈빛이 흐려질 때도 집중력을 잃지 않았다.

내게 자유라는 목표는 무엇보다도 스트레스를 덜 받고 건강하게 사는 삶을 의미했다. 아직 자유에 이르지는 못했지만 자유에 초점을 맞추고 인생에서 도달할 목표에 자유를 위한 공간을 마련하는 것만으로도 어쩐지 자유를 얻은 것 같았다.

조용히 지내며 일에만 집중하던 내가 이제는 예기치 않았던 정기적인 여행을 하고, 예기치 않았던 '인베스티드InvestED' 팟캐스트라는 가슴 뛰는 일을 하고, 내 삶에 연인을 위한 자리를 만들었다. 이 가운데 어느 것도 예상하지 못했던 일이다.

내가 자유로움을 느끼는 데 필요한 것은 얼마가 됐든 내 은퇴 숫자의 정확한 액수만큼 은행 계좌에 채워진 거액이 아니었다. 나를 자유롭게 하는 것은 나의 재정, 그리고 나의 재정을 불안하게 하는 것들에 대해 통제권을 갖는 것이었다. 내가 줄곧 진정으로 초점을 맞춘 것도 바로 이것이었다. 내가 돈에 대해 가진 느낌은 사실 돈과는 아무런 상관이 없다. 오히려 내 머릿속에 있던 다른 많은 것들, 즉 나의 배경, 경험, 감정과 관련이 있다. 금융이라는 세계는 어떤 사람들에게 돈에 대해 좋은 감정을 가질 기회를 풍부하게 제공했다. 그러나 돈에 대해 좋은 감정을 갖기 위해 내게는 내적인 훈련이 필요했다. 투자, 재정, 그리고 그 세계에 있는 나 자신을 보는 방식은 크게 발전했다.

기업의 장기적 가치에 초점을 맞추면 앞으로 자신의 삶 전체에 영향이 미친다는 것을 알게 된 사람은 나만이 아니다. 가이 스파이어는 가치투자자로서 받은 교육이 자신의 가치관을 발전시키는 깨달음을 주었다는 내용으로 책을 썼을 정도다. 버핏과 멍거는 오마하에서 열리는 버크셔 해서웨이 연례 주주총회에서 좋은 삶을 사는 방법에 대해 조언하면서, 멋진 기업을 사는 데 초점을 맞추는 것이 인생에 장기적으로 도움이 되는 선택임을 실제로 목격해왔다고 말했다.

나는 생각했던 것보다 훨씬 더 이 수련에 애정을 갖게 되었다. 이 수련으로 얻은 지식은 내게 부족했던 힘과 내 삶을 통제하는 능력을 주었다. 나는 투자 수련을 법률 수련보다 더 사랑하고 있었다.

남자 친구는 바다 건너 살았고 우리 둘 다 자유로운 직업이 아니었다. 누노는 모든 것을 포기하고 볼더로 오겠다고 제안했지만 내가 정말 원하는 것인지 스스로도 확신하지 못하는 법률회사 중심의 삶을 살기 위해 그를 낯선 나라로 오게 하고 싶지는 않았다.

나는 진짜 투자자가 되고 싶었고 아버지와의 팟캐스트에 집중하고 싶었다. 아직 내 은퇴 숫자를 달성하지 못했고 근처에도 가지 못했지만 우리의 팟캐스트와 주택시장 덕분에 나는 법률회사 일을 그만두고 투자에 집중해서 내 힘으로 경제적 자유를 달성하는 것이 가능하다는 사실을 깨달았다. 지금은 그것으로 충분했다.

주어진 삶을 할 수 있는 한 충분히 누리지 않는다면 인생이 무슨 의미가 있겠는가? 내게는 아이도, 부양할 가족도, 머물러야 할 이유도 없었다. 스타트업 기업들의 공동체에서 일했던 것이 몹시 그립겠지만 나는 결국 어떤 식으로든 그 세계로 돌아가서 내가 아프고 지친 변호사였을 때보다 더 효과적인 도움을 줄 수 있을 것이다. 그 세계를 떠난 것은 아주 좋았다. 무엇보다 건강을 되찾았다. 나는 충분히 쉬었고 좀처럼 가시지 않던 극도의 피로도 더 이상 느끼지 않았다.

위통은 가라앉았고 더 이상 머리카락이 뭉텅이로 빠지지도 않았다. 나는 약을 끊었고 매일 한 움큼의 보조제에 의존해 하루를 버티는 일도 더 이상 없었다.

단호하고 강인하며 집중하는 나 자신을 다시 느끼기 시작했다. 성공한 투자자로서 상상했던 내 모습과 조금 닮은 것 같다는 생각이 들기 시작했다.

나는 결정을 내렸다.

주택시장의 분위기는 광적이었다. 나는 집을 팔아 이익을 실현해 학자금 대출을 갚고 일대 변화를 감행했다. 나는 법률회사를 그만두었다. 말도 안 되는 행보에 두려움도 있었지만 미래에 있을 엄청난 미지의 것에 대한 기대감에 흥분했다.

나는 가구를 모두 보관 창고에 맡기고 여행가방 몇 개에 짐을 챙겨 와이오밍에 있는 어머니 집으로 들어갔다. 나는 공식적으로 어머니와 함께 살았다. 그런데도 어쩐지 세상 밖으로 나온 것 같았다. 내게는 그것이 자유였다. 남들이 어떻게 생각하든 상관없었다. 나는 인생에서 급격히 방향을 전환했고 강물의 흐름에 몸을 맡긴 듯 깊은 평온함을 느꼈다.

나는 즐거움을 느꼈다. 자유를 느꼈다.

나는 취리히에 몇 주 머무른 뒤 누노와 함께 리스본에 가서 그의 가족과 크리스마스를 보냈다. 누노의 부모님은 영어를 잘하지 못했고 나는 포르투갈어를 전혀 하지 못해서 우리는 포르투갈어와 영어를 적당히 버무린 대화와 와인으로 휴일을 보냈다. 정말 좋았다.

내 시선은 미래를 향하기 시작했다. 나는 수련을 계속 이어가는 데 도움이 될 만한 것이 무엇인지 생각해 표로 정리했다.

실제로 시장에 돈을 투입하는 것이 겁이 나고 불안하고 걱정될 때 이제는 체크리스트가 해결사 역할을 할 것이다. 체크리스트에 내가 충족시켜야 할 요건과 함께 적힌 냉엄하고 엄연한 사실은 나를 안정시키는 힘이 될 것이다. 중요한 것을 잊지 않도록 보장해주는 것이 체크리스트의 역할임은 두말할 것도 없다.

지속적인 투자 수련을 위한 체크리스트

☐ 관심 목록 기업 현황: 관심 목록에 있는 각 기업의 분기 및 연간 보고서 발표 일정을 컴퓨터의 '내 캘린더'에 별도 범주를 만들어 관리한다. 확인하고 싶은 일정이 아니라면 '보기에서 제거' 기능으로 감출 수 있다. 투자자를 위한 최신 소식을 각 기업의 웹사이트에서 구독 신청하고 SEC에 자료가 제출되면 이메일로 알림이 오도록 설정한다. 받은 메일함이 알림으로 뒤죽박죽되지 않도록 기업별로 필터를 설정해 자동으로 분류되게 한다. 일정표와 마찬가지로 메일함을 이렇게 정리하면 필요할 때 쉽게 확인할 수 있고 성가신 일을 피할 수 있다.

☐ 분기에 한 차례씩 '이야기'와 '반전한 이야기'를 다시 읽어 출발점을 상기한다. 작은 변화는 간과하기 쉽다. 분기 실적 보고서의 가장 최근 수치를 이용해 세 가지 적정 매수 가격을 다시 계산한다.

☐ 시장 전반의 지표를 주시한다. 정기적으로는 아니더라도 실러 PER과 버핏 지표를 유심히 지켜본다.

☐ 가치투자 세계에 대한 책을 더 읽는다. 처음 시작하기에 적당한 책은 《Poor Charlie's Almanack(가난한 찰리의 연감)》이다. '찰리 아저씨'의 격언과 이야기, 전기가 수록된 두꺼운 개론서로, 거실 탁자에 두고 아무 때나 읽기에 좋다. 내가 아는 어느 투자자는 손이 닿는 곳에 이 책을 두고 조언이 필요할 때마다 들추어 보는데 그때마다 늘 도움이 될 만한 것을 찾아낸다고 했다.

☐ 조사: 나는 〈월스트리트 저널〉을 계속해서 유료 구독하기로 했다. 조사하고 뉴스를 확인할 때 〈월스트리트 저널〉을 자주 활용했고 이 신문에서 시장에 대한 중요한 관점을 얻었다. 내년 초에 〈배런스〉나 〈파이낸셜 타임스〉 같은 비싼 자료를 유료 구독 대상에 포함할지 판단할 계획이다.

크리스마스를 전 세계에 흩어져 보낸 우리 가족은 일주일 뒤 샌디에이고에 모여 새해 첫날을 축하했다. 나의 투자 수련의 첫해가 끝났고 우리가 '새해의 크리스마스'라고 이름 붙인 이날은 지난 한 해 동안 일어난 모든 변화를 축하할 적기였다.

가족들이 축제를 즐기는 동안 아버지와 나는 잠시 시간을 내어 우리만의 이야기를 나누었다.

아버지가 나를 바라보았다. "정말 굉장했지?"

우리 둘 다 고개를 끄덕였다.

"그런데 지금까지 했던 것처럼 많이 이야기를 나누진 못하겠지? 정말로 더 이상은 내가 필요 없을 테니 말이다." 아버지가 농담

조로 말했다. "혼자서도 잘하잖니."

나는 깜짝 놀랐다. "말도 안 돼요. 제가 한 일을 아버지와 점검해야 하고 아버지의 생각도 훔쳐야 하는걸요. 투자 통화는 계속할 수 있는 거죠?"

아버지가 미소를 지었다. "그래, 그래야만 이야기를 나눌 수 있다면, 물론이지."

나는 아버지의 말뜻을 이해했다. "아니에요, 아버지. 당연히 다른 일로도 통화할 수 있죠. 그냥… 하면 되죠."

"우리가 발전시킨 이 관계를 잃고 싶지 않구나."

"그런 일은 없을 거예요." 나는 약속했다. "전적으로 우리에게 달렸네요. 이건 좋은 문제예요." 나는 내 문제들에 깊이 감사했다. 나는 자신을 신뢰하는 법을 배워야 했다. 아버지를 신뢰하게 된 것은 덤이었다. 공식적인 투자 수련의 한 해는 끝났지만 나의 수련과 새로운 삶은 이제 막 시작되고 있었다.

12개월 차 수련

1년간의 투자 수련을 마쳤다. 지난 한 해 동안 해왔던 자신의 수련을 잠시 돌아보자. 자신의 삶이 어떻게 달라졌는지에 주목한다. 자신이 안고 있던 문제들에 변화가 생겼는가? 앞으로의 투자 수련을 책임질 자신만의 계획을 세운다.

나가는 글

2017년 6월, 나는 아마존이 홀푸드를 주당 42달러에 인수할 것이라는 알림을 이메일로 받았다. 내가 홀푸드를 사랑한다는 것을 아는 친구들이 보내는 문자로 전화기가 불이 났고 아버지도 전화로 축하해주었다. 내 생일 같았다.

내가 옳았다! 홀푸드의 잠재력이 완전히 발휘되는 것을 막을 수도 있었던 것이 많았다. 그래서 훌륭한 사명을 지닌 훌륭한 기업으로 홈런을 치자 게임에서 이긴 기분이었다. 골치 아픈 일들, 연차보고서를 읽으며 보낸 시간들, 조사, 감정적 기복, 의심, 이 모든 것들을 가치 있게 만들었다.

취리히는 초저녁이었다. 대서양을 가로지르며 만나기를 계속하던 누노와 나는 오래지 않아 결혼을 약속했다. 다른 사람들에게는 우리가 서두르는 것처럼 보였겠지만 우리는 작은 비눗방울 안에서 정지된 세상을 바라보듯 시간이 더디게 간다고 느꼈다. 곧 결혼식을 올리려고 서로 다른 대륙에 있는 바쁜 가족들 사이에서 몇 달 동안 일정을 조율했지만 번번이 실패했다. 우리는 결국 포기하고 둘이서 도망쳤다. 어느 비 오는 날 볼더에서 우리는 제시간에 나타나는 것 말고는 아무것도 신경 쓰지 않은 채 금방이라도 주저앉을 듯한 어느 판사의 사무실에서 부부가 되었다. 가족들과는 나중에 따로 파티를 열면 될 것이었다. 우리는 그날을 두 사람만의 추억으로 소중히 간직했다.

머지않아 옷과 가구로 가득 찬 컨테이너 한 대가 배에 실려 나를 따라 취리히에 도착했다. 결혼과 동시에 다른 나라로 이사해 새로운 곳에 동화되기가 쉽지는 않았지만 나는 그것을 즐겼다. 정말로 완전히 새로운 삶이었다.

그날 저녁, 나는 내 큰 의자에 앉아 내가 보유한 홀푸드 주식을 어떻게 처리할지 아버지에게 조언을 구해야 한다고 생각했다. 아버지에게 전화를 걸었다.

"홀푸드를 팔아라." 아버지의 지시였다. "지금."

홀푸드 주식은 인수 가격인 42달러를 약간 웃도는 가격에 거래되고 있었고 아버지는 주가가 떨어지기 전에 잡기를 바랐다. 때로는 인수 발표 이후 또 다른 구매자가 나타나 더 높은 가격을 제시하기도 한다. 인수가 무산되는 경우도 있다. 존 매키가 매수자로서 아마존 외에 다른 누구도 원하지 않는 것이 분명했던 만큼, 우리 둘 다 그럴 가능성은 거의 없다고 생각했다.

아버지가 옳았지만 모든 일이 굉장히 빠르게 일어나고 있었다. 소식을 들은 지 불과 몇 시간 지났을 뿐인데, 이제 내가 사랑했던 기업을 팔아야만 한다고? 나는 풀이 죽었다. 이 회사와 함께 거쳐온 모든 것이 중대한 국면을 맞이한 시점에서 아무 회사나 팔아치우듯 인정 사정없이 이 회사를 판다고? 내게 아무 의미도 없었던 것처럼?

우리는 '절대 팔지 않기'를 강력히 바랐지만 매도는 이 수련에서 막을 수 없는 요소였다.

나는 심호흡을 하고 해야만 하는 일을 하기로 결심했다. 조금도 즐겁지 않았다.

나는 매도 주문을 입력하고 어떤 상자를 선택해야 할지 추측했다. 주식을 어떻게 팔아야 할지 기억나지 않았다. 나는 매도 단추 위에 커서를 올려놓았다. 그런 다음 무심코 한 클릭에 내가 사랑했던 회사와의 관계가 끝나지 않도록 안전한 곳으로 커서를 옮겼다. 나는 커서를 매도 단추로 다시 가져왔다가 다시 치웠다. 매도 단추를 클릭하는 것은 어려웠다. 이 주식은 내 것이었다. 나는 이 주식을 계기로 투자를 시작했다. 투자를 연습한 것도 이 주식이었다. 이 주식을 팔면 1년간의 투자 수련과도 단절되는 것일까? 아예 없던 일이 될까?

그렇지 않다. 누구도 내 지식이나 내가 수련한 것을 빼앗을 수는 없었다. 이 매도는 단지 수련의 일부일 뿐이었다. 나는 다른 것을 수련했던 것처럼 매도하는 수련을 해야만 했다.

일단 마음먹자 내 안에서 탐욕을 담당하는 부분이 작동했다. 단 몇 푼이라도 오를 수 있으니 기다리기를 바랐다. 투기였다. 머릿속에서 아빠의 목소리가 들렸다. 우리는 투기적인 판단을 근거로 행동하지 않는다. 우리는 확실성을 근거로 행동한다. 그때 내 앞에는 확실한 이익이 있었다. 나는 매도 단추를 눌렀다.

화면에 "주문 제한 시간을 초과했습니다"라는 안내가 떴다. 가만,

이건 팔지 말라는 신호인가? '젠장. 결국 이 주식을 보유해야 하나? 아니, 됐어, 그냥 팔아치워.'

나는 다시 주문 내용을 입력하고 매도 단추를 눌렀다. '주문 완료' 안내가 나타났다. 나는 다른 기업은 생각할 수 없었다. 모두 끝이었다.

요가를 하는 동안 (역설적이게도) 아마존 프라임 채널의 방송을 시청하는 것으로 이별의 감정을 달래고 있을 때 누노가 집으로 돌아왔다. 나는 주식을 매도할 때 겪은 극적인 감정의 기복에 대해 누노에게 들려주었다. "그 회사와 사랑에 빠졌기 때문이야." 누노는 미소를 지으며 말했다. 그의 말이 맞았다. 나의 승리라는 것을 알았지만 패배한 느낌이었다. 나는 첫사랑을 잃었고 또 다른 사랑을 찾을 수 있을지 확신할 수 없었다.

거의 일주일 동안 홀푸드를 잃은 것을 마음껏 슬퍼하고 난 다음에는 내가 얼마를 벌었는지 정확히 계산하고 싶었다. 회사에서 받은 배당금을 합해서 투자 기준 금액을 계산한 뒤 매도 가격과 비교했다. 잠깐. 내 투자 수익률은 41퍼센트. 무려 41퍼센트였다!

41퍼센트!

멋진 이별 선물이었다. 나는 목표를 달성했다는 것만 생각했다. 41퍼센트는 아버지가 최적의 수익률로 정한 26퍼센트보다 컸고 나는 속으로 미소를 지었다. 훌륭한 출발이었다. 이제 기업 조사로 돌아가서 두 번째로 선호하는 회사를 찾아야 했다. 나는 이 수련에 푹 빠져 있었다. 그리고 앞으로 나아가고 있었다.

후기

대니얼과 나는 이 책을 쓰면서 오마하에서 열린 워런 버핏의 연례 주주총회를 실시간으로 시청하고 있었다. 버핏과 찰리 멍거는 청중에게서 질문을 받았는데, 무엇을 유산으로 남기기를 바라는지 묻는 질문이 있었다. 버핏은 좋은 스승으로 기억되고 싶다고 대답했다.

물론 버핏은 세계적인 부자이며 100달러로 투자 인생을 시작해 자수성가했고 세계 어느 누구보다 많은 돈을 자선단체에 기부한 사람이다. 그런데도 우리에게 그 어떤 성공보다도 올바르게 투자하고 더 나은 사람이 되는 방법을 가르치는 것이 더 중요하다고 말한 것이다.

나는 버핏이 자신의 유산을 제대로 선택했다고 생각한다.

나는 버핏과 멍거가 지난 100년 동안 가장 큰 영향력을 발휘한 스승에 포함되며 그들의 가르침이 금융에 미친 영향으로 평가한다면 현대의 가장 중요한 스승으로 꼽힐 것이라고 생각한다. 두 사람의 일관된 장기 투자 성과는 효율적 시장 가설에 위배되는 주요 사례였고 효율적 시장 가설을 권좌에서 끌어내리려는 현 세대 경제학자들의 노력에 박차를 가하는 역할을 했다. 두 사람에게는 '부를 창출할 책임'은 물론 '세대를 이어 지속되는 부를 창출하는 방법에 관한 지식'을 창출할 더욱 중요한 책임이 있었다. 나는 대니얼에게 '세대를 이어 지속되는 부'를 창출할 투자에 관한 지식을 가르치려고 노력했다. 그 지식은 순수하게 재정적 부에 관한 것이기도 하지만 무엇보다 자신의 돈을 책임지는 것은 자신의 가치관이어야 한다고 요구한다. 가치관과 돈의 단단한 연결 관계는 대니얼이 부를 쌓는 이 전략을 의미 있게 여기게 했고 나는 그것이 멋지다고 생각한다.

이것은 내게 중요한 문제였다. 나는 대니얼이 태어난 후 줄곧 대니얼이 투자에 흥미를 갖게 하려고 노력했다. 아기 때 한밤중에 배앓이를 할 때면 아기를 안고 어둠 속을 서성이며 '래그타임 카우보이 조 (Ragtime Cowboy Joe)'라는 노래를 불러주곤 했다. 아기를 재우는 마법의 힘이 있다고 내 아버지가 말했던 노래다. 처음에는 회의적이었지만 이 노래를 부르면 대니얼은 조용해졌다. 때로는 내 품에서 안정을 찾고 편안해진 대니얼을 그대로 안고 집 안을 돌아다니며 내가 투자하고 있는 회사들에 관해 이야기를 들려주었다. 그러면 대니얼은 세상모르고 잠이 들었다.

우리는 더없이 가까웠지만 대니얼이 어릴 때 아이 엄마와 내가 헤어지면서 아이는 내가 자신을 떠났다고 생각했고 나에 대한 신뢰도 잃었다. 나는 신뢰를 회복할 방법을 전혀 알지 못했다. 그런데 이 책과 우리가 함께하는 팟캐스트가 내게 대니얼의 곁에 있어줄 다른 기회를 주었다. 전혀 기대하지 못했던 기회다. 워런과 찰리를 신뢰하기로 한 대니얼의 결정은 나를 신뢰하겠다는 결정이기도 했다. 나는 최선을 다하고 싶었다.

세대를 이어 계승되는 부를 창출할 힘이 있는 방법을 다음 세대에 물려줄 기회가 있다면 그것은 판을 바꿀 수 있는 중대한 사건이다. 모니시 파브라이는 그의 훌륭한 저서 《투자를 어떻게 할 것인가(The Dandho Investor)》에서 파텔 가문을 예로 들었다. 파텔은 세대를 이어 계승되는 부를 창출했다. 그 지식은 누구도 빼앗을 수 없는 것으로, 눈에 보이는 재산보다 더욱 큰 가치가 있다. 호텔을 소유하고 운영하는 방법을 알고 있었던 파텔 가문은 1960년대에 그 지식과 단 몇천 달러만 들고 미국으로 이민을 왔고 낡은 모텔을 사서 새 출발을 했다. 불과 50년이 지난 지금 미국 전체 호텔과 모텔의 40퍼센트가 파텔 가문의 소유다. 이것이 바로 세대를 이어 계승되는 부를 창출하는 전략의 힘이다.

나는 원하는 삶을 사는 데 필요한 자신만의 자원을 확보하는 방법을 대니얼에게 가르치기 위해 내가 할 수 있는 최선을 다했다. 이것만큼은 확실히 말할 수 있다. 대니얼은 제1 원칙 전략을 진정한 자신의 것으로 만들었다. 어쩌면 나보다 더 나은 방식일 수도 있다. 나는 제1 원칙을 배웠을 때 찰리가 말한 그대로 '모든 것이 굉장히 쉽고 분명해서 남은 학기에는 무엇을 해야 할지' 고민했다. 하지만 대니얼은 제1 원칙과 전략을 배우기 위해 깊이 파고들 수밖에 없었고 이것을 이해하기 위한 노력이 우리 두 사람을 위한 깊은 배움의 우물을 만들었다. 내게는 정말 그랬다. 어떤 것에 통달하고 싶다면 다른 사람에게 가르치라는 옛말이 있다. 나는 여기에 진심으로, 진심으로, 진심으로 통달하고 싶다면 여러분의 영리한 자녀에게 가르쳐보라고 덧붙이고 싶다.

워런과 찰리는 가히 혁명적인 일을 해냈다. 두 사람이 고안한 전략을 면밀히 따른다면 누구라도 부자가 될 수 있다. 파텔 가문의 구성원들은 세대를 이어 계승된 자산을 활용한 환대 사업으로 또다시 부를 일군다. 우리 가족들은 제1 원칙 투자 전략을 활용해 주식 투자로 부를 이룰 수 있다. 이 전략을 추종해온 우리는 우리의 할아버지, 즉 워런과 찰리에게 세대를 이어 계승될 신세를 진 셈이다. 그리고 딸을 되찾은 나는 두 사람에게 무엇으로도 갚을 수 없는 특별한 빚을 졌다.

사랑한다, 대니얼.

필 타운

이 책을 읽는 여러분은 혼자가 아닙니다. 워런 버핏의 멘토인 벤저민 그레이엄이 정확히 이 투자 전략에 관한 책을 쓴 1934년에 출발한 성공한 투자자 가문의 일원이 바로 여러분입니다. 이 투자 전략은 지난 80여 년에 걸쳐 세계 상위 부자들의 재산을 포함해 놀라운 부를 창출하는 데 책임 있는 역할을 해왔습니다. 그 결과 우리는 투자 수련을 시작하고 지속하는 데 유용하게 활용할 많은 자원을 갖게 되었습니다.

먼저 제 웹사이트 대니얼타운닷컴(danielletown.com)이 있습니다. 이곳은 여러분의 투자 수련에 도움이 될 맞춤형 질문, 은퇴 숫자 계산기, 실습용 주식 매수를 위한 조언, 그리고 자신만의 투자 공간을 마련하는 법을 비롯해 집중 훈련과 투자 모임을 시작하는 데 도움이 될 만한 도구와 읽을거리들을 제공하고 있으며, 더 많은 자원을 제공할 예정입니다. 이 웹사이트는 여러분이 (그리고 제가!) 투자 수련을 해

나가는 동안 필요로 하는 것들에 빠르게 응답할 것입니다.

구체적인 계획은 수련을 지속하는 데 유용합니다. 저는 월별 수련 계획 전체를 한눈에 볼 수 있도록 정리한 표가 앞으로 해야 할 일들을 파악하는 데 도움이 되었습니다. 월별 수련 계획표를 원하는 독자는 이메일(danielle@danielletown.com)이나 웹사이트(https://www.danielletown.com/contact/)를 통해 요청해도 좋습니다.[*]

또한 웹사이트(danielletown.com)에 이메일 주소를 등록하면 제가 투자 수련으로 깨달은 내용과 흥미롭게 생각하는 기업에 관한 정보, 우리가 개발한 최신 자원에 관한 내용 등을 담은 월간 소식지를 받을 수 있습니다.

다음은 제가 어떤 기업을 보고 있고 무엇을 하고 있는지 실시간으로 알 수 있는 개인 계정입니다.

페이스북: Danielle Town
트위터: @danielle_town
링크드인: Danielle Town
인스타그램: danielletown

저 역시 독자 여러분과 소통하기를 원합니다. 위 계정에 여러분이 이 책을 읽었으며 자신만의 투자 수련을 시작했다는 코멘트를 남겨

---

[*]   다음 링크에서도 월별 투자 수련 계획표를 PDF 파일로 내려 받을 수 있다.
     https://www.danielletown.com/wp-content/uploads/2018/03/Invested-Monthly-
     Practices.pdf - 옮긴이

주세요.

아버지가 운영하는 웹사이트(ruleoneinvesting.com/book)에서도 투자와 재무 관련 자료를 이용할 수 있습니다. 이곳에서 여러분은 유용한 계산기와 기본 회계 정보는 물론 아버지가 가장 좋아하는 투자의 권위자들과 그들이 현재 매수하고 있는 종목 등 다른 곳에서 찾기 어려운 정보를 얻을 수 있습니다. 위 사이트에서 '도구상자Toolbox' 메뉴를 선택하면 다양한 수치와 재무제표 정보를 이용할 수 있습니다. 원하는 기업을 검색해 미국 SEC에 제출된 모든 문서를 한자리에서 통합해 볼 수 있고, 이를 통해 성장률을 계산하고 해자 및 경영진 관련 수치, 가격 산정 및 가치 평가 관련 정보도 얻을 수 있습니다. 검색 결과에서 여건이 나아지고 있는 기업은 다른 색으로 강조되어 쉽게 알아볼 수 있습니다. 아버지가 진행하는 정기 워크숍에는 저도 가끔 참석하는데 위 사이트에 등록하면 참가 신청이 가능합니다.

우리가 함께 진행하는 팟캐스트(InvestED: The Rule #1 Podcast)는 아이튠즈, 구글플레이, 사운드클라우드를 비롯한 다양한 팟캐스트 앱과 웹사이트 인베스티드팟캐스트닷컴(investedpodcast.com)에서 청취할 수 있습니다. 아버지는 제게 이 팟캐스트로 투자 방법을 가르쳤고, 이 팟캐스트를 듣는 여러분도 저와 동일한 교육을 받게 될 것입니다. 질문 하나하나마다 집요하게 답을 요구해 아버지를 괴롭히면서 때로는 아버지가 마음을 바꾸도록 설득하고, 또 때로는 서로 웃음을 터뜨리고 마는 상황을 듣는 것도 재미있을 것입니다. 처음부터 가장 최근 방송분까지 모두 들은 다음, 제대로 이해했는지 확인하기 위해 첫 방송분부터 다시 듣고 있다는 청취자들의 이야기를 들었습

니다. 팟캐스트에 관한 질문이나 의견이 있다면 이메일(questions@
invested podcast.com)로 보내주시기를 부탁드립니다.

경제적 자유를 찾으려는 여러분의 특별한 수련에 관한 이야기, 그
리고 이 투자 수련을 온전히 소화해 자신의 것으로 만든 여러분의 방
법을 듣기를 고대합니다.

진심을 담아

대니얼

부록

숫자로 보는 렌털하우스 이야기

재무제표	
손익계산서, 재무상태표 없음	
현금흐름표	
순이익	$28,000
영업활동으로 인한 순현금	$28,000
유지자본지출	($4,000)
성장자본지출	$0
편류 성장률	3%
주주이익	
순이익 + 유형자산 감가상각비 및 무형자산 상각비 + 매출채권 순증감 + 매입채무 순증감 + 법인세 + 유지자본지출	$24,000
잉여현금흐름	
영업활동으로 인한 순현금 + 유형자산 취득 (+ 기타 유지 및 성장 자본지출)	$24,000

숫자로 보는 레모네이드 스탠드 이야기

재무제표	
손익계산서	
수익 또는 매출액	$10,000
비용	$8,000
법인세	$500
순이익(매출액 - 비용)	$2,000
재무상태표	
자산	$6,000
부채	$1,000
자기자본(자산 - 부채)	$5,000
현금흐름표	
순이익(손익계산서에서 가져옴)	$2,000
유형자산 감가상각비 및 무형자산 상각비(손익계산서에서 가져옴)	$1,000

순증감: 매출채권	($300)
순증감: 매입채무	$100
영업활동으로 인한 순현금	$2,800
유지자본지출(재무제표에 제공되지 않음. 현금흐름표를 검토해 유지 관련 자본적 지출을 찾아 합산함)	($500)
성장자본지출(재무제표에 제공되지 않음. 현금흐름표를 검토해 성장 관련 자본적 지출을 찾아 합산함)	($800)
주주이익(순이익 + 유형자산 감가상각비 및 무형자산 상각비 + 매출채권 순증감 + 매입채무 순증감 + 법인세 + 유지자본지출)	$2,800
잉여현금흐름(영업활동으로 인한 순현금 + 유형자산 취득 (+ 기타 유지 및 성장 자본지출)) (대개 재무제표에 제공되지 않지만 레모네이드 스탠드는 매우 철저한 회사라서 이용 가능함)	$1,500

해자: 4대 지표 성장률

과거 10년간 순이익 증가율	18%
과거 10년간 장부가치(또는 자기자본) 증가율	16%
과거 10년간 매출액 증가율	17%
과거 10년간 영업이익 증가율	18%
편류 성장률	16%

경영진 지표(ROE와 ROA 10% 이상)

ROE	40%
ROA	33%
장기 부채	$1,000
잉여현금흐름으로 2년 안에 부채 상환이 가능한가?	그렇다

주주이익

순이익 + 유형자산 감가상각비 및 무형자산 상각비 + 매출채권 순증감 + 매입채무 순증감 + 법인세 + 유지자본지출	$2,800

잉여현금흐름

영업활동으로 인한 순현금 + 유형자산 취득 + (기타 유지 및 성장 자본지출)	$1,500

안전마진 지표

EPS	$20
편류 성장률	16%
편류 PER	22
MARR	15%

재무제표	
손익계산서	
수익 또는 매출액(홀푸드는 투자이익도 합산함)	$15,406,000,000
비용	$14,870,000,000
법인세	$342,000,000
순이익(매출액 - 비용)	$536,000,000
재무상태표	
자산	$5,741,000,000
부채	$1,972,000,000
자기자본(자산 - 부채) (재무제표에 제공됨)	$3,769,000,000
현금흐름표	
순이익	$536,000,000
유형자산 감가상각비 및 무형자산 상각비	$439,000,000
순증감: 매출채권	($21,000,000)
순증감: 매입채무	$20,000,000
영업활동으로 인한 순현금 또는 영업현금	$1,129,000,000
유지자본지출	($335,000,000)
성장자본지출(신규 점포 개발 비용)	($516,000,000)
총자본지출	$851,000,000
주주이익(순이익 + 유형자산 감가상각비 및 무형자산 상각비 + 매출채권 순증감 + 매입채무 순증감 + 법인세 + 유지자본지출) (레모네이드 스탠드처럼 홀푸드도 매우 철저한 회사라서 2015년 10K 문서 22쪽에 현금흐름 수치를 제공한다.)	$981,000,000
잉여현금흐름(영업활동으로 인한 순현금 - 총자본지출) (2015년 10K 문서 22쪽)	$278,000,000
해자: 4대 지표 성장률	
과거 10년간 순이익 증가율	20%
과거 10년간 장부가치(또는 자기자본) 증가율	10%
과거 10년간 매출액 증가율	10%
과거 10년간 영업이익 증가율	5%
편류 성장률	14%

경영진 지표(ROE와 ROA 10% 이상)	
ROE	15%
ROA	16%
장기 부채	$62,000,000
잉여현금흐름으로 2년 안에 부채 상환이 가능한가?	그렇다
주주이익	
순이익 + 유형자산 감가상각비 및 무형자산 상각비 + 매출채권 순증감 + 매입채무 순증감 + 법인세 + 유지자본지출	$981,000,000
잉여현금흐름	
영업활동으로 인한 순현금 - 총자본지출	$278,000,000
안전마진 지표	
EPS	$1.48
편류 성장률	14%
편류 PER	28
MARR	15%

슈퍼 투자자의 투자 성과(감사 후)

슈퍼 투자자	그레이엄 또는 버핏과의 관계	투자 기간 (년)	수익률 (%)	출처
벤저민 그레이엄	가치투자의 아버지이자 워런 버핏의 멘토	25	17	인베스토피디아
월터 슐로스	그레이엄에게 고용됨	28	21	버핏의 컬럼비아 대학교 강연
톰 냅	그레이엄의 제자	15	20	버핏의 컬럼비아 대학교 강연
워런 버핏	그레이엄에게 고용됨	13	29	버핏의 컬럼비아 대학교 강연
빌 루안	그레이엄의 제자	13	18	버핏의 컬럼비아 대학교 강연
찰리 멍거	버핏의 동업자	13	20	버핏의 컬럼비아 대학교 강연
릭 게린	멍거의 친구	19	33	버핏의 컬럼비아 대학교 강연
스탠 펄미터	버핏의 친구	17	23	버핏의 컬럼비아 대학교 강연
워싱턴 포스트 펀드매니저 1	버핏의 제자	5	27	버핏의 컬럼비아 대학교 강연
워싱턴 포스트 펀드매니저 2	버핏의 제자	5	29	버핏의 컬럼비아 대학교 강연
워싱턴 포스트 펀드매니저 3	버핏의 제자	5	27	버핏의 컬럼비아 대학교 강연
워싱턴 포스트 펀드매니저 4	버핏의 제자	5	27	버핏의 컬럼비아 대학교 강연
버크셔 해서웨이	버핏과 멍거가 경영	52	21	주가 27만 5,000달러 기준 연평균 주가 성장률 14%
줄리안 로버트슨	그레이엄과 버핏	20	32	인베스토피디아
데이비드 아인혼	버핏	20	17	인베스토피디아
스탠리 드러켄밀러	그레이엄과 버핏	20	30	인베스토피디아
에드워드 소프	버핏	20	28	《머니 사이언스》
세스 클라만	버핏(250억 달러 운용)	20	21	https://www.valuewalk.com/2017/09/seth-klarman-cash-return-time-sell

아빠와 딸의 주식 투자 레슨

초판 1쇄 | 2020년 3월 15일
　8쇄 | 2024년 9월 15일

지은이　| 대니얼 타운, 필 타운
옮긴이　| 김인정

펴낸곳　| 에프엔미디어
펴낸이　| 김기호
편집　　| 양은희
기획관리| 문성조

신고　　| 2016년 1월 26일 제2018-000082호
주소　　| 서울시 용산구 한강대로 295, 503호
전화　　| 02-322-9792
팩스　　| 0303-3445-3030
이메일　| fnmedia@fnmedia.co.kr
홈페이지| http://www.fnmedia.co.kr

ISBN　　| 979-11-88754-25-0

이 도서의 국립중앙도서관 출판예정도서목록(CIP)은
서지정보유통지원시스템 홈페이지(http://seoji.nl.go.kr)와
국가자료공동목록시스템(http://www.nl.go.kr/kolisnet)에서 이용하실 수 있습니다.
(CIP제어번호: CIP2020008483)